AF552062

KNAUR

ANDREAS DUTTER

♉ Zodiac Love ♌

HOPE IN OUR UNIVERSE

Roman

KNAUR

Besuche uns im Internet:
www.knaur.de

Hat dir dieses Buch gefallen? Lesetipps und vieles mehr rund um unsere romantischen Lieblingsbücher findest du auf Instagram: @knaurromance

Aus Verantwortung für die Umwelt hat sich die Verlagsgruppe Droemer Knaur zu einer nachhaltigen Buchproduktion verpflichtet. Der bewusste Umgang mit unseren Ressourcen, der Schutz unseres Klimas und der Natur gehören zu unseren obersten Unternehmenszielen. Gemeinsam mit unseren Partnern und Lieferanten setzen wir uns für eine klimaneutrale Buchproduktion ein, die den Erwerb von Klimazertifikaten zur Kompensation des CO_2-Ausstoßes einschließt.
Weitere Informationen unter: www.klimaneutralerverlag.de

Originalausgabe September 2023
Knaur Taschenbuch

Ein Imprint der Verlagsgruppe
Droemer Knaur GmbH & Co. KG, München

Dieses Werk wurde vermittelt durch
die Literarische Agentur Michael Gaeb, Berlin.
Redaktion: Anika Beer
Covergestaltung: SO YEAH DESIGN, Gabi Braun
Coverabbildung: © SO YEAH DESIGN,
Gabi Braun und luma_art/Gile68/shutterstock.com
Satz: Adobe InDesign im Verlag
Druck und Bindung: CPI books GmbH, Leck
ISBN 978-3-426-52981-2

2 4 5 3 1

Bei manchen Menschen lösen bestimmte Themen ungewollte Reaktionen aus. Deshalb findet ihr am Ende des Buches eine Liste mit sensiblen Inhalten.

Für alle, die sich fragen: Wer bin ich und was will ich eigentlich?
Bin ich überhaupt gut genug? (Ja!)

Kapitel 1

Quinn

Auszug aus *Astro-Logic-y – My Zodiac Love* by Cara Mitsou:
Ist Astrologie real? Oder die eigentlich viel wichtigere Frage:
Wenn du dich durch die Astrologie mehr mit dir selbst
beschäftigst und neue Seiten an dir kennenlernst, dich
reflektierst und entwickelst, ist die Antwort dann nicht egal?
Und was ist schon real?

Warum kehren wir in unseren Alltag zurück, wenn wir ihn mit hängenden Mundwinkeln empfangen? Warum ändern wir nichts, anstatt uns in einwöchigen Urlauben mal gut zu fühlen?

Zwischen dem Lärm von ratternden Rollwägen, auf denen Koffer polterten, Beeilt-euch-Rufen und monotonen Roboterdurchsagen erkannte ich ohne Probleme genau das: welche Menschen auf dem Weg in den Urlaub waren (und welche nicht). Die Tristesse ihres Lebens verschwand mehr und mehr aus ihren Gesichtern, je näher sie ihrem Gate kamen (außer sie hatten Flugangst) – in freudiger Erwartung darauf, den Urlaub einzuläuten und den Sonnencremeduft möglichst lange auf sich zu tragen. Im Gegensatz dazu die Leute, deren Reise hier ein Ende fand. Ihre Mienen verloren das Strahlen. Mit jeder Sekunde, in der die Mundwinkel weiter nach unten gingen, schienen sie eines zu realisieren: Ich bin wieder zurück und laufe meinen Alltagsproblemen wieder in die Arme.

Über allem waberte die Frage: *Warum brechen wir nicht aus?*

Oh, und die Frage, warum Felix mich gezwungen hatte, am Boden zu sitzen statt auf den Stühlen im Empfangsbereich.

»Du hörst mir nicht zu.«

Felix' Anschuldigung hatte ich nichts entgegenzusetzen. Er beugte sich vor und schenkte mir einen skeptischen Blick, der mich zwang, wieder in die Realität einzutauchen.

»Sorry. Was hast du gesagt?« Mit meinen Händen stützte ich mich am dunkelbraunen Boden ab und hob meinen Körper etwas an, um meinen Hintern zu entlasten.

»Ob es okay ist, dass du meine Schicht morgen übernimmst, damit ich mit Owen seine Ankunft zelebrieren kann.«

Zelebrieren bedeutete in Felixsprache: Sex.

»Jaha. Wie oft noch?« Felix und ich hatten das gesamte Jahr von Owens Abwesenheit miteinander verbracht. Genauer gesagt: ein Jahr und drei Monate. Owen war vor Weihnachten nach London gegangen und kam jetzt Mitte März zurück, nachdem er seine Nachfolgerin im *Mamdouh Institute of Cognitive Disorders* – kurz MICD –, das sich für die Parkinsonforschung einsetzte, eingelernt hatte. Vierhundertsechsundvierzig Tage. Keinen Tag würde ich länger aushalten, Felix dabei zu lauschen, wie er zwischen *»Owen verlässt mich«*, *»Owen und ich hatten Telefonsex«* und *»Ich vermisse Owen«* switchte.

Natürlich verstand ich ihn. Owen und er hatten sich vor über einem Jahr gerade gefunden, da musste Owen seine neue Stelle im MICD in London annehmen, worauf er sein gesamtes Medizinstudium hingearbeitet hatte. Trotzdem waren meine Freundin Nala, Owens beste Freundin Róisín, Felix' Mitbewohnerin Cara, seine Studienkollegin Yoshiko und ich uns einig: Owens Ankunft war unser aller Segen.

Zum Glück waren die letzten knapp eineinhalb Jahre aber nicht nur geprägt gewesen von Owen-Vermissungsarien. Wir waren als Cork-Gang mehr und mehr zusammengewachsen. Selbst Robin, den Felix damals gekorbt hatte, war ein Teil unserer Gruppe geworden. Vor allem seit er Yoshiko einen Nebenjob im *Royal Hotel Cork* vermittelt und die beiden sich zu einem unzertrennlichen Team zusammengeschlossen hatten. Wenn ich auf diese eineinhalb Jahre zurückblickte, war ich für eines dankbar: für diese Leute. Unvergessen blieb der Campingtrip, bei dem wir nach drei Stunden wieder nach Hause fuhren, weil wir Angst vor der Dunkelheit im Wald hatten. Oder unser unbezahlter Videodreh für den Imagefilm vom *Royal Hotel,* dem Arbeitsplatz von Robin. Der hatte damit geendet, dass wir betrunken im Keller des Hotels aufgewacht waren und Felix geglaubt hatte, wir wären in einem Saw-Film.

»So oft, bis ich dir glaube, dass du es nicht sagst, weil du nicht Nein sagen kannst.« Mit diesem Satz riss Felix mich wieder aus meinen Gedanken. Punkt für ihn. Ich war ein schlechter Neinsager.

Ertappt strich ich meinen smaragdgrünen Pulli glatt, unter dem ich ein zu großes, blassrosa Shirt trug, das an allen Enden rausguckte, und zupfte ein paar Flusen von meiner weiten Jeans. Alles in der Hoffnung, mir würde eine plausible Ausrede einfallen. »Hä? Ich kann Nein sagen. Sieh her: Nein, nein, nein.«

Felix rutschte ein Stück vor, und ich überlegte indessen, wie viel Erfolg ich damit hätte, dem Flughafen eine Rechnung zu schicken. Dafür, dass Felix und ich mit unseren Hintern den Boden wischten. »Quinny.«

»Nenn mich nicht so. Du tust wieder einen auf empathischer Fisch, aber nur, weil das dein Sternzeichen ist …«

Felix unterbrach mich mit erhobenem Zeigefinger. »Ah! Ah! Ah! Wie war das?« Jetzt fing er wieder mit seinem Astrologiezeug an. »Du weißt genau, dass das umgangssprachliche Sternzeichen eigentlich das Sonnenzeichen ist. Es gibt an, in welchem Sternbild die Sonne, das Zentrum des Universums, bei unserer Geburt stand. Darüber hinaus zeigt es unsere grundlegendsten

Überzeugungen auf.« Felix spulte sein Wissen ab, und ich nahm es mal wieder als Rauschen im Hintergrund wahr, während ich zusah, wie sich zwei Mädchen ihre Nackenkissen für den Flug richteten. »Na, egal. Heute lasse ich dir das durchgehen.« Felix wuschelte durch meine Haare. »Ich liebe deinen Mittelscheitel, aber deine Haare gehören mal wieder geschnitten.« Das sagte Felix nicht zufällig so breit grinsend. Es handelte sich um einen Spruch, den eine Stammkundin mir ungefragt reingedrückt hatte. »Und jetzt gib zu, dass du nicht Nein sagen kannst.«

Mal wieder checkte Felix den Anzeigebildschirm mit den Ankunftszeiten.

»Ich, ähm. Mir wird das zu albern. Erzähl mir lieber, was Owen macht, wenn er wieder in Cork ist.« Das müsste reichlich Futter für Felix sein, um ihn von meinem Neinproblem abzulenken. Vielleicht sagte ich nicht gerne Nein, aber warum auch? Wenn ich ehrlich war, hatte ich kaum etwas anderes in meinem Leben als Dads Herrenausstatterladen, das *Murphy's*. Dort arbeitete ich, seitdem ich nicht mehr schulpflichtig war. Oft war ich froh, wenn jemand etwas von mir wollte und sich etwas in meinem Leben tat. Seitdem ich dank Felix in eine größere Gruppe von Leuten gestolpert war, überwog das Gefühl der Einsamkeit nicht mehr, spannend war mein Alltag dennoch nicht.

»Er hat Onlinebewerbungen gehabt. Mit Video und so. Hat ihn nicht überzeugt, oder sie haben abgesagt.« Ähnliches hatte Felix öfter erwähnt, dabei konnte ich mir nicht vorstellen, dass Owen keinen Job fand. »Es tut ihm sicher gut, zu entspannen. Arbeit findet er noch.« Seine Wangen färbten sich rötlich, und er knabberte an seinen Fingernägeln mit dem abgekratzten schwarzen Nagellack.

»Mach nicht auf fürsorglich. Du bist doch happy, dass du ihn öfter um dich hast. Cara tut mir leid. Ihre Chatverläufe werden gefüllt von Auberginen sein.« Das war Felix' und Caras Emoji für *Setz Kopfhörer auf, Sexytime steht an.*

Geschockt öffnete Felix den Mund und schlug gegen mein

Schienbein, was ihm offensichtlich mehr wehtat als mir. »Wie kannst du so was sagen.« Er rieb sich die Hand. »Das ist eine grauenhafte und absolut wahre Behauptung.« Felix schnaubte belustigt, beugte sich vor und stützte sich lachend auf meinen Beinen ab. »Bin ich ein schlechter Mensch, wenn ich mich freue, dass Ow noch keinen Job hat?«

»Auf jeden Fall.« Ich streichelte Felix' aschblonde Haare. »Aber wer würde das denn nicht?« Nach meinen einfühlsamen, aufbauenden Worten erhob ich mich. Wieder auf den Beinen, knetete ich meine Seiten, meinen Rücken und meine Schultern durch. »Ich hol mir etwas zu trinken, magst du auch was?«

»Quinn. Dein Vater ist mein Chef, du weißt, was ich verdiene. Ich habe gestern ein Hotelzimmer für Owen und mich gebucht. Wasser ist bis zum Monatsende ein Luxusartikel.« Felix lehnte sich mit verschränkten Armen am Hinterkopf gegen die Wand. »Geh ruhig. Ich verdurste solange, wartend auf meinen besten Freund.«

»Richte ihm schöne Grüße aus.« Im Gehen winkte ich Felix über die Schulter zu und hörte sein scharfes Lufteinziehen, ehe ich mich grinsend umdrehte. »Ich nehme dir, hmm …«, ich ging rückwärts weiter, »ein Wasser mit, okay?«

»Danke, mein Herr. Felix wird das niemals vergessen.«

Dass Felix sich traute, mir das quer durch die Halle hinterherzurufen, freute mich für ihn. Seit einem Jahr verfolgte er konsequent seine Therapie, um seine Vergangenheit in einem konservativen Dorf in Österreich zu verarbeiten, und wir alle merkten seine Veränderung täglich ein Stückchen mehr. Früher hätte er niemals etwas von mir angenommen und sicher nicht durch den Flughafen gebrüllt.

»Was für ein Quatschkopf.« Ich machte kehrt und eilte um die nächste Ecke zum uralten Getränkeautomaten.

Exakt in diesem Augenblick stieß ich gegen jemanden, der zeitgleich um dieselbe Ecke bog. Zwar wich ich instinktiv aus, erwischte den Anzugtypen aber trotzdem seitlich. »Entschul…

Ah!« Überrascht war ich zwei Schritte weitergewankt und gegen seinen Koffer gestolpert, den er hinter sich herzog. Der riesige Trolley erwischte mich mit voller Wucht und riss mir den Boden unter den Füßen weg.

Einen halsbrecherischen Stunt über das große Teil später landete ich auf dem Untergrund und war mir hundertprozentig sicher, meinen Hintern völlig zerstört zu haben. »Au.« So gut es ging, ignorierte ich die Blicke der Leute um uns.

»Pass doch auf.« Koffertyp reichte mir seine Hand. Noch etwas benommen vom Schmerz an meinem Steißbein, griff ich danach, ohne ihm richtig ins Gesicht zu sehen.

»Ich?« Hätte ich können, er jedoch auch. »Logischerweise kann keiner von uns beiden um Ecken blinzeln, und meinen Röntgenblick habe ich heute noch nicht aufgesetzt.« Als ich meine Haare richten wollte, fiel mir auf, dass er noch meine Hand hielt, und ich linste in sein Gesicht.

Erst jetzt bemerkte ich, dass er mich abcheckte. Nicht auf eine Ah-okay-wer-ist-das-da-vor-mir-Weise, sondern als würde er überlegen, ob er mich kennt.

»Stimmt, entschuldige.« Irritiert blickte er von mir weg, als suchte er nach etwas. Dabei vergaß er meine Hand, die er immer fester und fester zusammenquetschte.

»Darf ich meine Hand wiederhaben?« Ich nutzte die Zeit und begutachtete seine markanten Wangenknochen, die sich unter der Haut abzeichneten, als er die Lippen zu einem O formte.

»Oh. Ups.« Er ließ seinen Koffer los und kratzte sich am linken Ohr, an dem ein schwarzes, rundes Piercing hing, und von dort aus rutschte seine Hand über seine kurz geschorenen, schwarzen Haare runter zum Nacken. »Sorry.«

Der feste Griff löste sich, und er legte seine Hand an den beigen Anzug. »Wo geht es noch mal schnell zu den Taxis?« Abwechselnd ließ er seinen Kopf nach links, rechts und wieder zurück sausen. »Mein Orientierungssinn und ich werden in diesem Leben kein Team mehr.«

Von seinem Sakko, das er gerade aufknöpfte, blickte ich hinter ihn. Ein Pfeil zeigte leuchtend nach rechts zu den Taxis, und ich fragte mich, wie schlecht ein Mensch sich in dem kompakten zweistöckigen Terminal zurechtfinden konnte. Corks Flughafen war alles, aber kein Labyrinth. Um das hinter mich zu bringen, hob ich meine Hand zum Taxischild.

»Wenn du keine Ahnung hast, sag's doch. Ich bin im Stress.«

Dieser Typ musste mich für einen Volldeppen halten, anders konnte ich mir nicht erklären, warum er auf seine protzige Armbanduhr deutete, als verstünde ich ihn nicht auch so.

»Stress? Echt? Hätte ich gar nicht bemerkt. Links. Nach links geht es zu den Taxis.« *Arschloch.*

Den sah ich ohnehin nie wieder, sollte er sich in dem Irrgarten, bestehend aus einem geraden, offensichtlichen Weg mit nur einem Ausgang, verlaufen. Nicht mein Problem. Wenn der in ein echtes Labyrinth kam, wäre er verloren.

»Danke.« Das Danke hörte sich nicht dankbar an, aber damit konnte ich leben.

Grinsend neigte ich meinen Kopf und kämpfte mich durch die Menge weiter zum Getränkeautomaten vor. Durch die Glasfront vor mir erkannte ich Flugzeuge, die beladen wurden, Koffer, die durch die Gegend geschmissen wurden, und eine graue Wolkendecke, die vom nächsten Flieger durchbrochen wurde. Neben mir vernahm ich die typischen Gespräche über die Freude, jemanden wiederzusehen, und Flugangstszenarien, die zwei Freundinnen durchspielten à la »Ich habe keine Angst vorm Fliegen, sondern vorm Abstürzen«.

Von Weitem erblickte ich das Schild am Getränkeautomaten. Außer Betrieb.

Danke fürs nichts.

Ich streckte dem unnützen Ding, das offenbar, seit ich Felix das letzte Mal von hier abgeholt hatte, als er Owen in London besucht hatte, nicht funktionierte – oder schon wieder nicht in Betrieb war – meinen Mittelfinger entgegen und schlenderte in die entgegengesetzte Richtung zum WHSmith, wo die Snacks so viel wie ein Buch kosteten. Drinnen kaufte ich zwei Wasser zum Preis einer Niere und begab mich zurück zu Felix.

»Quinn!«

»Ich bin ja schon da.« Etwas zu lasch warf ich Felix das Wasser zu.

»Nein, nein. Darum geht es nicht. Aber danke.« Felix öffnete den Verschluss und trank, bis die Flasche laut knackte.

Wie ich das hasste, wenn jemand etwas anteaserte und mich dann warten ließ. »Spuck's aus jetzt.«

Felix setzte ab und deutete auf seine Wangen voller Wasser.

Belustigt schnaubte ich. »Nicht das Wasser. Was du mir sagen willst.«

Das folgende Schluckgeräusch klang ein wenig ungesund, und Felix schraubte die Flasche zu. »Vor ein paar Minuten ist ein bekannter Astrologiekolumnist an mir vorbeigegangen. Wenn Cara das gesehen hätte.« Felix wedelte mit seinen Händen. So schnell, dass seine Finger an die Handflächen klatschten. »Ich lese seine Tweets jeden Tag. Nein, ich meine, ohne Witz, jeden Tag.«

Meine Wasserflasche knackte nun auch, nicht weil ich trank, sondern mich verkrampfte. Bitte, liebes Karma, warum? Ich wettete auf den Laden meines Dads, dass dieser Typ exakt der war, von dem ich dachte, dass er es war. »Hat er einen Anzug getragen? Ein Piercing am Ohr? Einen gigantischen Trolley? Abrasierte Haare?«

»Ja. Woher weißt du das? Hast du ihn gesehen? Hat er Wasser gekauft? Dasselbe, das wir trinken? Oder seid ihr euch auf der Toilette begegnet?« Nach seinem letzten Satz legte ich den Kopf schief, und Felix zuckte zusammen, als verdrängte er eine üble Erinnerung. »Streich das Letzte.«

»Hab ich längst. Nein, er hat mich nach dem Weg gefragt, aber ich habe ihm den falschen gezeigt, weil er mich angerempelt hat und unhöflich gewesen ist.« Jedes meiner Worte sprach ich langsamer als das davor aus. Felix' Miene verzog sich nämlich mehr und mehr zu einer geschockten Grimasse.

»Angerempelt? Wie Körper an Körper?«

»So funktioniert das meistens.«

»Habt ihr euch berührt?«

»Felix.«

»Haben eure …«

»Felix«, schob ich bestimmter hinterher. »Du brauchst definitiv Owen wieder.«

»Habe ich da meinen Namen gehört?« Diese Stimme würde mich auf ewig verfolgen, nachdem Felix mich täglich mit Videos von ihm überschüttet hatte.

»Ow!« Für Felix' Verhältnisse glich dieses *Ow* einem lauten Schrei.

Grinsend wandte ich mich zu Owen, der seine roten Locken unter einer grünen Cap versteckte. Nur eine lugte vorne an dem Loch für die Größeneinstellung raus. Seine blauen Augen erstrahlten beim Anblick von Felix, und auch mir schenkte er eine Sekunde gnädiger Beachtung.

Felix lief zu ihm. Kurz bevor er Owen umarmte, hielt er allerdings einen Moment inne und sah sich um. Ich verstand sofort, dass Felix Angst hatte vor den Reaktionen um uns. Owen anscheinend auch. Er schenkte Felix ein beruhigendes Lächeln. »Wir müssen uns hier nicht um den Hals fallen, wenn du nicht willst. Wir haben jetzt alle Zeit der Welt.«

Felix unterbrach ihn mit einem Kopfschütteln. »Nein, ich kann das, Ow.« Seine Umarmung war zaghaft, aber entschlossen. »Nichts und niemand kann mich mehr von dir fernhalten.«

Owen drückte ihn dafür umso fester an sich. »Ich habe dich so vermisst. Und du trägst dein Parfüm!«

»Ich dich auch.« Felix verpasste Owen einen Kuss auf die Wange und atmete tief ein. »Du riechst nach dem Birnenparfüm von damals«, wisperte er.

Auch Owen streifte mit den Lippen Felix' Wange. »Und du nach dem Gucciparfüm, das du im Laden getragen hast.«

»Na klar!«, murmelte Felix. »Das habe ich auch ganz spontan entschieden und nicht schon vor Monaten geplant.«

Die beiden so zu sehen, Felix mit dem glasigen Blick, den er in der Mulde zwischen Owens Nacken und Schulter versteckte, und Owen, der seine rot werdende Nase kräuselte, ließ mich etwas einsam zurück. Es erinnerte mich wieder daran, dass ich mit fast zweiundzwanzig keinen blassen Schimmer hatte, was ich vom Leben wollte. Vom Liebesleben.

»Du.« Zuerst nahm ich dieses Du kaum wahr, eher wie ein Gesprächsfetzen im Hintergrund, der mich nichts anging. Nach und nach fiel mir auf, dass nach diesem Du von niemandem eine Erwiderung kam und es etwas bedrohlich geklungen hatte.

»Du.« Das zweite Du folgte, und da schlussfolgerte ich, es könnte an mich gerichtet sein.

Links von mir registrierte ich den Anzugtypen, der auf mich zustürmte.

»Felix?« Gehetzt tippte ich mit meinem Zeigefinger auf seinen Rücken. »Ich will euch ja nicht stören, aber ...«

Ich bekam bloß ein grimmiges Brummen zur Antwort. »Hm?«

»Es ist wichtig.« Mein Finger glich einer Nähmaschine auf höchster Stufe, so hektisch tippte ich gegen Felix' Körper. »Ihr könnt eure französischen Indiefilmdialoge zu Hause fortführen. Ist das der Astrologietyp? Der, der mit stampfenden Schritten auf uns zueilt?«

»Was?« Felix sah endlich nach vorn. Er sog scharf die Luft ein. »Beim Universum, das ist er.«

»Wer?« Owen verfolgte Felix' Blick, der sich mehr und mehr von Staunen in Begeisterung wandelte.

»Du!« Okay, das dritte Du. Das war so was wie der internationale Code für: Ich habe ein Problem.

»Los, los, los, ihr traurigen Wasserzeichen, wir müssen hier weg.« Ich schnappte mir Felix und Owen und rannte los.

Zigarettenqualm hing in der Luft. Wie ich diesen kalten Aschenebel hasste. Ich vertrieb die Schwüle mit meiner Hand, bis ich endlich das Fenster erreichte. Die Fensterläden knallten gegen die Hauswand, und ich atmete tief ein.

Nach der Taxifahrt, die Owen mit seiner Autofahrangst mit mehr Würde als gedacht ertragen hatte – er hatte nur Felix' Hand wund gedrückt und bei jedem Überholmanöver gewimmert –, überkam mich die Einsamkeit. Der Flughafen lag nahe an Cork, und bei jeder Straße, die ich mich meinem Zuhause genähert hatte, hatte sich mein Magen einmal mehr überschlagen. Ich hasste es hier. Bis auf die Tatsache, dass ich den Anzugtypen dank seiner schlechten Orientierung abgehängt hatte und er mich zu Hause nicht heimsuchen konnte.

Vom Nebenzimmer drang nicht nur Zigarettenrauch, sondern auch Tastaturgeklapper in die Wohnküche. Dass der alte Laptop überhaupt noch funktionierte, glich einem Wunder. Dad besaß ihn so lange, dass die weißen Buchstaben der schwarzen Tastatur vom Tippen abgerieben waren. Glücklicherweise konnte er schreiben, ohne auf die Tasten spähen zu müssen. Vertieft in seine Unterlagen, hatte er mein Nachhausekommen nicht bemerkt. Nichts Neues. Ein, zwei Minuten verweilte ich noch am Fenster, ehe ich mir einen Kaffee machen und mit einem Croissant in mein Zimmer verschwinden wollte. *Wollte.* Wäre da nicht dieses Getuschel aus Dads Zimmer gekommen.

Seit meiner Kindheit praktizierte ich den Trick, den Dad nie durchschaute. Im perfekten Winkel stellte ich mich so zum Spiegel vor Dads immer offen stehendem Zimmer, dass ich ihn darin wie in einem Fernseher mit Goldrahmen betrachtete.

Das Zimmer meines Dads sah aus wie üblich. Auf dem Schreibtisch stapelten sich volle Aschenbecher – wobei er auch gerne Einmachgläser oder Teetassen dazu umfunktionierte –, Akten, Papierkram, leere Tablettenschachteln von Medikamenten gegen Schlafprobleme und Schmerzen. Selbst auf seinem winzigen Bett verteilten sich Rechnungen wie eine zweite Bettdecke. Ich fragte mich oft, was unsere Kundschaft wohl dachte, wie wir lebten. Unser hochwertig und edel eingerichteter Laden stand in völligem Kontrast zu diesem Chaos. Dad achtete auch penibel darauf, dass ich von unserer Wohnung keine Postings online stellte. Nicht, dass ich mein Privatleben online ausbreiten wollte. Aber er bekam schon rote Flecken am Hals, wenn ich Nala ein Bild vom Esstisch schickte. Es könnte ja über Umwege ins Netz geraten.

»Früher geht es nicht.« Mein Dad hockte zwischen all dem Müll und hatte sich das Festnetztelefon ans Ohr geklemmt. Ob er wieder Aufträge verschob? Er nahm mehr und mehr Bestellungen an, dabei kam er bei den Teilen, die er noch selbst schneiderte, nicht mehr hinterher. »Die *Druids,* die *Druids,* ich kann's nicht mehr hören.«

Die *Emerald Druids?* Richtig, es war März, die neuen Studierenden starteten bald in ihr erstes Semester, und damit stand auch wieder die Ritualnacht gegen Ende April an. Das hatte ich beinah verdrängt. Wie ich diese reiche Bande hasste, die einen auf Elite machten. Früher hatte ich diese Rich Kids vom UCC mit ihren lächerlichen Umhängen nie richtig ernst genommen. Nachdem Felix vor über einem Jahr in eines ihrer Aufnahmerituale geraten war, hatte ich mehr und mehr den Eindruck gewonnen, dass ich sie womöglich doch unterschätzte. Ich hatte plötzlich das Gefühl, dass die Stimme meines Dad nervöser klang, wenn er wie jetzt wegen der Ritualnächte mit ihnen telefonierte. Aufgebrachter. Hatte sich etwas verändert? Oder nahm ich es nur anders wahr? Bisher hatte ich die geheime Verbindung reicher Studierender eher mit gezwungen-genervtem Respekt betrachtet, wenn sie – wie jetzt gerade – mal wieder auf ihre Umhänge für die halbjährlichen Feiern drängten. Wir brauchten ihr Geld und konnten den Auftrag nicht ablehnen, das wusste ich. Aber an der Art, wie Dad jetzt mit ihnen sprach, glaubte ich mit einem Mal zu erkennen, dass vielleicht doch mehr dahintersteckte als ein paar Vögel, die dachten, mit ihrem Geld Unfug machen zu können.

»E-es tut mir leid. Ich weiß. Die Sachen kommen.« Da war sie wieder. Die Furcht in Dads Stimme, die richtig fremd dadurch klang. Er war tatsächlich eingeschüchtert von der Person am anderen Ende der Leitung, und das brachte mich ehrlich gesagt ziemlich ins Grübeln. Bisher hatte ich mir vorgenommen, den Zirkus nicht mitzumachen und die *Druids* abzuschießen, sobald ich den Laden übernahm. Übernehmen musste. Aber so langsam bekam ich das Gefühl, dass mein Dad mehr als nur Geld in ihnen sah. Konnte ich sie dann so einfach loswerden?

»Ja, ja. Bald. Ich melde mich. Ja, ja, ich mach das. Tschüss. Ja, bye.« Dad legte mit einem lauten Knall auf. Die aggressive Geste wurde von einem Stapel Papier abgefedert.

Kratzend drehte er das Reibrad am Feuerzeug. Bis auf ein paar Funken tat sich nichts. Er seufzte und stieß, mit der Zigarette zwischen den dünnen, rissigen Lippen, genervte Laute aus. Wieder und wieder versuchte er die Zigarette zu entzünden, bis er es aufgab, sie samt Feuerzeug wegwarf und den Kopf in seine Hände stützte. Er rieb sich die Halbglatze, über die er vergeblich seine roten Haare mit dem grauen Ansatz gestrichen hatte. Nun standen sie wirr ab. Kleine ausgebleichte Würmchen. Ewig nicht mehr nachgefärbt.

Die Atmosphäre verdichtete sich, und ich atmete wie durch Gelee. Wann würde sich wieder etwas ändern? Verstohlen blinzelte ich zum Bild meiner Mutter. Oder würde sich nach ihrem Tod nie wieder etwas ändern? Wie gern wäre ich ausgezogen, um mein eigenes Leben zu starten. Mich selbst neu zu erfinden. Am UCC zu studieren. Doch das ging nicht. Der Laden warf nicht genug ab, und ich konnte meinen Dad damit nicht im Stich lassen, denn irgendwann würde das *Murphy's* mir gehören. Musste mir gehören.

Mein Dad lehnte sich zurück. Der Stuhl knarzte, und sein Bauch schob sich über den Schreibtischrand. Mit hinter dem Kopf verschränkten Händen verfiel er in eine Art Paralyse. Seine graubraunen Augen, die ich als einziges äußerliches Merkmal von ihm geerbt hatte, starrten an die Wand, wo das uralte Kinderfoto von ihm hing. Manchmal fragte ich mich, was aus der Fröhlichkeit dieses Kindes geworden war. Wohin war das Lächeln vom Foto verschwunden? Gab es das nur noch auf diesem Bild? Aufgehängt, um sich daran zu erinnern? Als hätte der Grauton im Bild die Fotografie verlassen und das Leben meines Vaters eingenommen.

Ein Hustenanfall lenkte meine Aufmerksamkeit wieder zurück zu meinem Dad. Er riss die Schublade neben sich auf und durchforstete sie. Vermutlich auf der Suche nach einem …

In seiner Hand lag ein neues Feuerzeug. Hatte ich es doch geahnt. Kopfschüttelnd schlich ich zurück und hinein in mein Zimmer. Wo es nicht nach Rauch stank. Wo es aufgeräumt war. Wo ich mich geborgen fühlte.

Drinnen stellte ich den Kaffee ab und legte mich auf mein Bett. Die Decke verrutschte dabei, was meine Zeitungsartikel über das britische Königshaus zum Rascheln brachte. Die gesamte Wand neben dem Bett hatte ich damit volltapeziert. Irgendwie faszinierten mich die britischen Royals. Keine Ahnung, warum. Vielleicht konnte ich mich ein wenig mit ihnen identifizieren. Mit dem schönen Schein. Der Firma, seit Ewigkeiten im Familienbesitz, die die nächste Generation übernehmen musste. Als Ire war Royals-Fandom ein solider Grund, gemobbt zu werden. Aber wenn ich mich so seitlich drehte und über Prinz Harrys Wange streichelte, fühlte ich mich gesehen, auch wenn die natürlich noch ein weitaus mühsameres Leben hatten als ich. Der Artikel über Prinzessin Diana, bei dem sie in die Menge lachte, obwohl sie nachweislich oft unglücklich war, stimmte mich jedes Mal traurig. Natürlich betrachtete ich die ganze Royalssache und die Dinge, die Prinz Harry so abzog, sowie einige seiner Ansichten auch angemessen kritisch, aber hey, manchmal war ich eben nicht nur verkopft, sondern Quinn, der sich im Schlaf zu Prinz Harry träumte. Vor allem zu dem Harry, den ich zu Schulzeiten heimlich bewundert hatte, weil er seiner Familie und den Traditionen die Stirn bot. Weil er sich für die einsetzte, die er liebte. Schon damals waren meine Fantasien über die Royals mein Fluchtort gewesen, wenn die Kinder aus meiner Klasse sich über mich lustig gemacht oder mich ignoriert hatten. Über den langweiligen Snob, der sich als Sohn eines Ladeneigentümers ins gemachte Nest setzte. Ha! Als wäre das *Murphy's* eine Goldgrube. Die meisten hatten mich aufgrund meiner Eigenheiten gemieden, oder weil ich so unnahbar und langweilig gewirkt hatte. Ich war eben der Junge aus dem alten Herrenausstatterladen, der Prinzessin-Diana-Shirts trug, auf gute Stoffe – die zum Anziehen, nicht die zum Reinziehen – stand und dessen Berufswunsch niemanden interessierte. Ich würde ja ohnehin Dads Laden übernehmen. Und unnahbar? Na gut, um fair zu bleiben: Ich *hatte* mich etwas isoliert. Schließlich wusste ich, dass ich nach den Pflichtschuljahren alle Kontakte verlieren würde, wenn die anderen für Ausbildung und Studium in die Welt zogen.

Aber egal wie oft ich mich fragte, wo mein Platz war, wen ich liebte, was ich wirklich war – wenn ich die Royals so vor mir sah, mit ihren Liebesdramen und Skandalen, wusste ich eines: Ich wollte jemanden in meinem Leben, der mich mochte, ohne Dramen – vor allem ohne die von Prinz Harry –, ohne Spielchen. Einen Menschen, der mich nahm, wie ich war.

Um meine Sorgen zu verdrängen, hievte ich meinen Körper auf die andere Seite, betrachtete meinen Arbeitsbereich, in dem ich Klamotten schneiderte, die so gar nicht in unseren Herrenausstatterladen passten, und zog die beste Waffe gegen böse Gedanken. Mein Handy. Zuerst überlegte ich, *The Crown* zu rewatchen, aber das hob ich mir für den Herbst auf.

Es dauerte, bis ich mich in die virtuelle Welt geflüchtet hatte, doch irgendwann verschwammen die Farben im Hintergrund, und es gab nur noch mich und TikTok. Reisen, Menschen, die ihre Träume lebten, die mit ihren Liebsten feierten, und Personen, die exakt wussten, welches Label der queeren Community auf ihre Stirn passte.

Und von alldem hatte ich nichts. Ein Häufchen Nichts.

Meine Lider wogen schwerer, und ich merkte, wie der Schlaf heranschlich, um mich ins Reich der Träume zu ziehen. Dort, wo sich Ich-selbst-Sein so unglaublich leichtfüßig anfühlte. Aber noch wollte ich nicht einschlafen, denn in meinen Gedanken spielte ich eine Szene durch, die kurz davor war, ziemlich hot zu werden. Also hot im Sinne von: Ich heiratete einen Prinzen, und nach der Feier landeten wir in unserem megagroßen Bett, und er trug seine Uniform. Ich war zwar weder ein Fan von Uniformen noch von Vereinen, die Uniformierung verlangten, aber das war ja meine Traumwelt, in der es ruhig oberflächlich sein durfte. Mein Handy leuchtete auf, was ich auch mit geschlossenen Augen mitbekam. Außerdem spürte ich das Vibrieren auf meiner Matratze. Genervt linste ich zum Display. Das hatte ich davon, dass ich mein Handy nicht wie üblich auf meinen Schreibtisch gelegt hatte. Es riss mich aus meinen Einschlafgeschichten. Eigentor.

Ich tastete danach. »Felix?« Meine Stimme klang rau, und ich griff nach der Wasserglasflasche, die neben meinem Bett stand. Während ich trank und das Wasser meinen Hals belebte, las ich die Nachricht.

Hier ist übrigens der Astrotyp, den du verärgert hast.

Felix hatte bestimmt bis jetzt Sex gehabt. Sein breites Grinsen und seine Stimme, die in Dauerschleife *»Ich hatte grade Se-he-x«* sang, konnte ich mir perfekt vorstellen.

Der Link öffnete sich.

»Takeru Hinode. Astrologiekolumne *Hope in Our Universe,*

täglich auf Twitter und wöchentlich im Astrologieteil *AstroCork* des Magazins *Mayfield & Glanmire*«, las ich mir leise vor. »Dreihundertvierundsechzigtausend Leute folgen dem?« Unten erkannte ich noch eine Regenbogenfahne, eine Japanflagge, außerdem das Symbol für das Sternzeichen Löwe und ein Noten-Emoji. Eine Nachricht ploppte auf.

Du antwortest nicht, bist du bei den Bildern angekommen? 🥵🔥🌶️

Felix, bitteeeee.

Nachdem ich die App gewechselt hatte, erkundete ich Takerus Bilder. Auf dem letzten hielt er ein Avocadosandwich hoch, trug eine grellblaue Anzughose und ein weites, dunkelblaues Shirt aus einem leinenähnlichen Stoff.

Na ja, ist ganz okay. Trotzdem ein Arsch.

Zerstör meine Illusionen nicht.

Was für Illusionen, schmeiß dich lieber an Owen ran. Oder stalkst du wieder Oliver und Hudson auf Insta?

Wahrscheinlich nicht, denn dann hätte er mir die Bilder bestimmt auch wieder weitergeleitet. Oliver und Hudson gehörten zu den *Emerald Druids*, denen Felix auf diesem Aufnahmeritual begegnet war. Oliver kannte ich nur von diesen Bildern und Erzählungen, Hudson dagegen hatte schon öfter bei uns vorbeigeschaut, sobald wir für die Umhänge länger gebraucht hatten. So oder so hatte ich genug *Emerald-Druids*-Leute in meinem Arbeitsleben.

Quinn! Jetzt muss ich unseren Chatverlauf löschen.

Ich habe Screenshots und erpresse dich für immer damit.

Hasse dich <3

Same <3

So witzig es in unseren Gesprächen auch klang – dass Felix letztes Jahr mit den *Emerald Druids* in Kontakt gekommen war, gefiel mir nicht. Zum Glück war er da heil rausgekommen, wobei er mir ruhig früher von seinem Herumgeknutsche mit Oliver hätte erzählen können, und von der Pille, die Hudson ihm verabreicht hatte. Andererseits hatte ich ihm bisher ja auch nicht verraten, dass ich mir wegen dieses Clubs zunehmend Sorgen machte. Oder dass sie meinen Dad offenbar ernsthaft ängstigten. Ohnehin fand ich es ein bisschen kompliziert, zu entscheiden, was ich meinen Leuten erzählen sollte und was besser nicht. Unsere Aufträge mit den Umhängen waren zwar kein Geheimnis in der Gang – konnten sie ja gar nicht sein. Nala wusste durch ihre Arbeit bei uns im Laden davon. Felix, Owen, Yoshiko und Cara hatten es selbst erlebt, und, na ja, der Rest der Clique war nach und nach auch eingeweiht worden. Wir konnten generell nur schwer etwas voreinander verheimlichen. Aber auch wenn das im Grunde total schön war und ich langsam in diese Gruppenzugehörigkeit hineinwuchs … war ich doch bisher die meiste Zeit meines Lebens alleine gewesen und musste mich noch mit diesem Wir-reden-über-alles-Ding anfreunden. Darum erzählte ich ihnen bisher nicht mehr als nötig. Ich wollte sie nicht grundlos beunruhigen oder langweilen. Schon gar nicht, bevor ich nicht herausgefunden hatte, wovor mein Dad sich fürchtete. Und wenn die *Druids* tatsächlich gefährlicher waren als gedacht? Dann durfte ich sie ohnehin nicht hineinziehen. Nein, ich musste die Lage erst mal alleine klären. Die *Druids* waren wie eine Familienkrankheit. Das Erbe, das auf meiner Familie lastete, nicht auf Nala und Co.

Hoffentlich würde mir dieses Erbe nicht zu großen Kummer bereiten und ich könnte das bald abhaken.

Kapitel 2

Takeru

Hope in Our Universe by Takeru: Kennt ihr diese Menschen, die nicht an Astrologie glauben? Nein? Ich auch nicht, aber falls ihr einen trefft, schickt ihm diese Kolumne. Das wird zwar seine Meinung nicht ändern, aber mir bringt es Reichweite, haha. So, zum heutigen Thema: Stehen meine Planeten gut für einen Neubeginn?

Die Wut brodelte in meinem Magen. Sicherheitshalber drückte ich mir eine Kautablette mit Minzgeschmack aus der Packung, um Sodbrennen vorzubeugen. Ich könnte kotzen, wenn ich an diesen Esel am Flughafen dachte, der mir den falschen Weg gezeigt hatte. Mein Flug hatte ohnehin eine Verzögerung gehabt. Jetzt kam ich verspätet bei meiner Schwester an, die ich seit Ewigkeiten nicht gesehen hatte. Da zählte jede Sekunde.

Neben meinem Ärger war da auch dieses Ziehen im Hinterkopf, wenn ich an den Flughafentypen dachte. Er kam mir bekannt vor. Nur, woher?

Mit dem Taxi fuhr ich an bunten Häuserreihen vorbei. Seit eineinhalb Jahren war ich nicht hier gewesen. Wie lange würde ich bleiben? Vor allem: Gehörte ich noch nach Cork? Wollte ich das überhaupt? Wenn Tokio mich eines gelehrt hatte, dann, dass ich von überall aus arbeiten konnte.

Ich schüttelte die Gedanken ab und nahm die Gegend unter die Lupe. Mein Kopf brauchte ein wenig, bis er die Ruhe Corks fassen konnte. Mein Unterbewusstsein war nach über einem Jahr in der größten Stadt der Welt auf laut, bunt, höher und weiter geprägt. Mehr Menschen, mehr Häuser, mehr Autos und mehr Lärm. Und doch … wie ich das satte Grün vermisst hatte!

Nur das Grau um uns passte nicht. Für meine Ankunft hätte es ruhig besseres Wetter haben können. Wofür hatte ich mich sonst den ganzen Flug über auf Sonnenstrahlen gefreut, die auf dem Fluss funkelten? Als der River Lee auftauchte, schnippte ich sanft gegen das Fenster. »Danke für nichts, Cork«, nuschelte ich in mich hinein.

»Freundchen, in meinem Taxi schlägt niemand gegen die Scheibe.« Die griesgrämige Frau starrte mich über den Rückspiegel mit ihrem Todesblick an. »Diese Anzugleute habe ich gefressen, bevor sie einsteigen.«

»Jaja, Augen auf die Straße.« Wenn die mir auch noch so mies gelaunt kam, würde ich bald explodieren.

»Ich geb dir gleich, Augen auf die Straße. Na, so was haben wir hier ja gerne.« Sie bleckte ihre Zähne und pustete ihren Zigarettenrauch nach hinten.

»Was habt ihr, äh …« Mir stieß es sauer auf, und ich beschloss, es dabei zu belassen. Manchmal wünschte ich mir, die Ratschläge, die ich in meinen Kolumnen gab, auch selbst beherzigen zu können. »Okay, okay.«

»Ts.« Die Abneigung in ihren Augen richtete sich wieder gegen die Straße, und ich sank etwas tiefer in den Sitz. Nicht jeder Kampf muss gekämpft werden. War ja nicht das erste Mal, dass Leute dachten, ich wäre nicht aus Cork. Und da mich das Taxi am Flughafen aufgegabelt hatte, lag es womöglich ausnahmsweise nicht an meinen japanischen Wurzeln. Vermutlich hatte die Frau nach Jahren in diesem Beruf eine solide Grundskepsis gegenüber Menschen entwickelt. Wenn die jeden Tag gemeine, gereizte Leute herumkutschieren musste, konnte ich es ihr nicht verübeln, alle als potenzielle Arschlöcher zu verdächtigen. Trotzdem hatte ich wenig Lust, mich weiter schräg anmachen zu lassen.

»Können Sie mich hier absetzen? Ich laufe das letzte Stück.« Wir hielten an einer Ampel, und die Gelegenheit schien mir günstig. Es war ja wirklich nicht mehr weit.

»Das fällt dir ziemlich früh ein, Junge. Gibt's ja nicht. Steig aus.« Mit ihrem Kopf deutete sie so hektisch nach draußen, dass ihr die Asche von der Zigarette auf den Schoß fiel. »Guck, was du gemacht hast. Diese Leute bringen mich noch ins Grab.«

»Ich glaub eher, das erledigt die Zigarette, aber danke. Bye.« Rasch stieg ich aus und lief um das Auto herum. Als ich den Kofferraum öffnete, empfingen mich wilde Beschimpfungsarien zum Abschied. Noch bevor es Grün wurde, hatte ich mich auf den Gehsteig gerettet, und sie fuhr mit quietschenden Reifen los. Schade eigentlich, dass ich schon per App bezahlt hatte.

Ich atmete tief ein. Feuchte Flussluft statt Zigarettenqualm. Was für eine gute Idee, zu Fuß um die letzten Ecken bis zum Haus meiner Schwester zu gehen. Diesen Weg fand selbst ich von hier aus wieder.

Ein paar Straßen weiter erklomm ich schließlich mit meinem Koffer die Stufen zur rosa Eingangstür und klopfte an. Drinnen erklangen sofort die lauten Schritte meiner Schwester. Niemand ging so stampfend wie sie, als liefe sie nur auf ihren Fersen.

»Henry!« Mein Name hallte durch den Postschlitz zu mir, und ein Lächeln legte sich auf meine Lippen. In Tokio hatte ich mich Takeru genannt. Mein Pseudonym für meine Sternzeichenkolumne. Wieder Henry zu sein fühlte sich beinahe ungewohnt an – zugleich war Róisíns Stimme, ganz in echt und nicht über Telefon oder Facetime, wie der erste Schluck Kaffee am Morgen, wenn das warme Dunkelbraun die Lippen berührte. Sie war Zuhause. Familie. Egal wie sie mich nannte.

Die Tür schwang auf. »Hen«, schallte es mir laut entgegen.

»Ró«, rief ich ihr nicht weniger peinlich laut zu.

Sie sprang mich an, und ihre Beine umschlangen meinen Körper. »Du bist es wirklich.«

»Wär schlimm, wenn nicht, und du machst das bei einem Fremden.« Ich bemühte mich, meine Schwester zu halten, ohne nach hinten die Stufen runterzufallen. »Bald müssen wir mit dieser Tradition brechen, ich werde alt.«

Róisín betrachtete mich mit einem bösen Funkeln und rutschte an mir hinab. »Niemals.« Das düstere Schimmern verschwand, und zurück blieb ehrliche Freude. »Komm rein! Mam ist auch da.«

Mam? Ich hatte gehofft, mit Ró alleine zu sein und mit ihr den Tag zu verbringen. Es war zwar nicht ungewöhnlich, dass sie Ró besuchte, lieber wäre mir allerdings gewesen, sie wäre in ihrem Vorort Church Bay geblieben.

»Okay, dann auf in den Kampf.« Zusammen mit meinem Koffer schleppte ich mich zur Treppe. Ein Kampf konnte es tatsächlich werden. Der Abschied zwischen Mam und mir, bevor ich nach Tokio aufgebrochen war, hätte besser verlaufen können, und wir hatten das noch nicht geklärt. Ró hatte bestimmt bemerkt, dass ich über Facetime manchmal seltsam abweisend reagierte, sobald wir über Mam sprachen, und vielleicht versuchte sie auf diese Weise, den Frieden zurückzubringen. Deshalb schluckte ich meine Enttäuschung über ihr Kommen runter. Wenigstens am Tag meiner Ankunft wollte ich nicht wieder einen Löwenaufstand machen.

Ich trat in den Hausflur. Keine Ahnung, warum meine Schwester darauf bestand, in ihrer kleinen Wohnung zu bleiben. Es waren drei winzige Zimmer im zweiten Stock eines Hauses, den ihre Vermieterin zu zwei Apartments umgebaut hatte. Was dazu führte, dass sie sich ihr Badezimmer mit einer Frau teilte, die auf der Toilette rauchte.

»Hach, schön, dich wieder hier zu haben.« Rós freudiger Unterton bestätigte mir, dass ich es heute ruhig angehen lassen sollte. »Und jetzt kriech schneller die Treppe hoch.«

Schmunzelnd hievte ich meinen Koffer auf die erste Stufe. Hochkriechen. Seitdem wir klein waren, sagten wir ›die Treppe hochkriechen‹, weil Ró länger als üblich nicht aus der Krabbelphase gekommen war. Große-Bruder-Pflicht Nummer eins: sie damit für immer aufziehen.

»Jaja, mach ich ja.« Machte ich auch. Im Schneckentempo. »Ich wäre schneller, wenn du mir den Koffer abnimmst.«

»Okay. Okay. Komm schon, Mam freut sich auch auf dich. Sie ist extra für dich gekommen.« Ró half mir mit dem Koffer, und wir krochen die knarzenden Stufen mit dem Teppichläufer darüber hoch.

Ich unterdrückte ein Seufzen. Es war nicht so, dass ich meine Mam nicht vermisst hatte. Aber dass sie mich kurz vor meiner Abreise geradezu gedrängt hatte, ein Pseudonym anzunehmen, damit niemand über meine Kolumne auf Ró stieß, nagte noch an mir. Zugegeben, das Pseudonym war ursprünglich meine Idee gewesen. Aber als Schutz für *mich*. Das war Mam wie immer nicht mal in den Sinn gekommen.

Vielleicht war es deshalb heilsam gewesen, dass ich Zeit in Tokio verbracht hatte. Der Abstand zu meinen Eltern hatte uns gutgetan. Es hatte mir geholfen, mich zu entfalten und meine Kolumne aufzubauen.

Oben an der Treppe bewegte sich etwas. Mam tauchte auf. »Oh, mein Henry.« Ihre sanfte Stimme legte sich wie Honig um mich. Honig, der gleich danach über Feuer erhitzt wurde und sich in meine Haut brannte. »Gebt mir den.«

Sie schnappte sich meinen Koffer, mobilisierte ihre Mutterkräfte – anders konnte ich mir beim besten Willen nicht erklären, woher diese zierliche Elfe diese Power hatte, wenn nicht aus der Magie einer Mutter, die ihren Kindern half – und hob ihn alleine die letzten beiden Stufen hoch. Laut polternd kippte er gegen den Türrahmen des schmalen Flurs in die Küche der Wohnung.

»Hey, Mam.«

Die langen Ärmchen umschlangen mich und drückten mich an sie. Die uralten selbst gebastelten Ohrringe aus Holzperlen schlugen dumpf aneinander. Sie roch nach Rosmarin und Honig. Wie immer. Alles war wie immer. Vertraut und dennoch mit ein wenig Bauchweh. »Wie du mir gefehlt hast, mein Schatz.«

Ich finde, dass du das machen musst. Für deine Schwester!

Ihr Spruch von damals, vor meiner Tokioreise, zuckte durch meinen Körper wie ein Gedankenblitz.

»Ja.« Ich schluckte den Flashback hinunter. Zu gern hätte ich mich fallen lassen, um ihre Herzlichkeit zu genießen.

Die Atmosphäre verdichtete sich. Ich spürte, wie Ró sich hinter mir verkrampfte – war so ein Geschwisterding von uns – und wie meine Mam nicht mehr atmete und sich ein wenig schwerer auf mir anfühlte.

Ich räusperte mich. »Ja, ich dich auch.«

Mam atmete wieder. Ró schlüpfte hinter mir vorbei und sauste Richtung Küche.

»Es riecht nach Pizza?« Ró, bekennende Nicht-Aushalterin-von-unangenehmen-Momenten, klatschte in die Hände und bedeutete uns, in die Küche zu kommen.

»Pizza? Seit wann gibt es bei dir Ungesundes, Mam?« Ich schlängelte mich aus ihrer Umarmung und folgte Ró.

»Das ist Pizza mit Blumenkohlboden, selbst gemachter Tomatensoße, Rucola, Basilikum aus unserem Garten, Kürbisstücken, auf die dein Vater so stolz ist, und ohne Käse.« Sie zählte das auf, als leitete sie mich an, einen Zaubertrank zu brauen. In solchen Dingen war sie sehr genau. Wie auch in ihrem Versuch, bei ihren queeren Kindern alles richtig zu machen. Alles musste sie nach Lehrbuch und zugleich in ihrer verpeilten Art durchziehen. Dass sie dabei auch auf uns indivduell eingehen müsste, bemerkte sie nicht.

»Natürlich.« Ich warf Ró einen belustigten Blick zu, und sie schenkte mir ihr übliches Schulterzucken. Ihre kurzen platinblonden Haare hüpften dabei auf und ab.

»Schon wieder eine neue Frisur?« Das hatte ich auch vermisst. Unsere Neckereien.

Mit ihrem Zeigefinger wickelte sie eine Strähne ihrer glatten Haare auf. »Die langen Blonden waren irgendwie zu bieder für mich.«

»Dabei ist in diesen Farben so viel Gift.« Mam setzte ihren scharfen Ton ein, der ungefähr wie eine friedvolle Lichtelfe klang, die böse wirken wollte.

»Jaja, ich hole mal die Teller.« Aus dem offen stehenden Hängeschrank nahm Ró einen und platzierte ihn auf den beiden, die auf der Arbeitsplatte lagen. Direkt neben Rós geliebte Nasensprays. Einiges änderte sich nie. Indessen schepperte daneben das Besteck aneinander.

»Nächstes Mal kaufe ich dir einen Behälter für dein Besteck. Oder besser gleich neues Besteck, das auch zusammenpasst.« Mam kramte sich durch das Sammelsurium aus Messern, Gabeln und Löffeln.

»Soll ich auch etwas machen?« Ich zog mein Sakko aus und knöpfte das Hemd auf. Wie ich Klamotten nach einem Flug hasste. Irgendwie waren die danach verschwitzt und kalt, aber auch zu warm. Keine Ahnung, eben so, dass ich aus ihnen rauswollte. Nicht zu vergessen der Zigarettengeruch aus dem Taxi.

»Nein, nein, Liebling, mach dich etwas frisch.« Natürlich. Sie wusste, wie ich Flugzeugklamotten verabscheute.

Die Zeit bis zum Essen nutzte ich, um mich umzuziehen und mich zu waschen. Außerdem fand ich endlich eine Minute und konnte meine E-Mails checken. Mein Postfach zu aktualisieren war, seit meine Kolumnen gehypt wurden, beinahe eine Sucht geworden.

Die Mail meiner Redaktion öffnete ich sofort.

Hi, Takeru, anbei findest du die redigierte Version deiner neuen Kolumne. Den Teil mit den negativen Aspekten habe ich gelöscht, das will keiner lesen. Victor wird sich demnächst auch noch mit News melden.

Ein Ziehen waberte durch meinen Magen, und ich presste meine Zähne zusammen. Ruhig bleiben. Nicht heute. Die Leute beim Magazin nahmen sich die letzten Wochen mehr und mehr raus. Ja, sie hatten mir eine Plattform geboten, aber meine Texte auf Social Media hatten den Erfolg gebracht. Musste ich da echt so zu Kreuze kriechen? Und News? Welche News?

Egal. Würde ich noch erfahren. Jetzt nachzudenken brachte ohnehin nichts. Ich nutzte die Zeit, um ein paar Notizen zu machen, in meine Story zu posten, wie der Flug so gewesen war, und wechselte dann in mein Dokument auf dem Handy. Da blinkte die Überschrift für mein nächstes Experiment.

Löwe und … – Wie vertragen sich die beiden Sternzeichen, liebestechnisch natürlich.

Mir fehlte nur noch ein Sonnenzeichen, das ich dafür daten und ausprobieren konnte. Über einen längeren Zeitraum allerdings, keine reinen Bettgeschichten mehr. Davon war ich weg, seit sich ein paar Leute beschwert hatten, sich in meinen Texten wiedererkannt zu haben. Also eine Art experimentelle Beziehung. Welches Zeichen wäre da überhaupt spannend? Vielleicht ein Wasserzeichen? Oder Stier wäre auch nice. Die waren ja eher geerdet, und da konnte es mit mir durchaus ein wenig krachen.

Ich switchte zum nächsten Dokument, in dem meine heutige Kolumne darauf wartete, beendet zu werden: Standen meine Sterne gut für einen Neubeginn?

Der Cursor blinkte im Dokument, und ich tippte – wohl wissend, dass sich bald wieder eine Sehnenscheidenentzündung ankündigte, wenn ich am Handy schrieb – meinen Text ein.

Löwen und ein Neubeginn ist ja so eine Sache. Haben wir kein erdendes oder ausgleichendes Zeichen in unserem Aszendenten oder als Mondzeichen, neigen wir dazu, uns ein wenig zu sehr ins Rampenlicht zu rücken. Das wird uns nachgesagt – sagt der Löwekolumnist im Rampenlicht –, aber wir können auch sehr unsicher sein, wenn …

»Hen?« Ró griff um den Türrahmen ihres kleinen Arbeitszimmers mit meiner kleinen Schlafcouch und schwang sich hinein, und ich schmiss mein Handy auf die Seite. »Magst du noch etwas Chilisoße auf die Pizza, wie früher?«

»Ähm, klar.« Innerhalb einer Sekunde war ich auf den Beinen, und einen Kick später klappte mein Koffer zu, in dem Dinge obenauf lagen, die nichts für Familienmitglieder waren.

Ró funkelte mich wissend an. Ich tat, als hätte ich es nicht gesehen.

»Wolltest du noch was?«

»Tatsächlich. Ja. Meine Freundin Nala und der Freund meines besten Freundes Owen arbeiten bei einem Herrenausstatter, du weißt schon, *Murphy's*. Wir treffen sie manchmal dort, damit sie sich nicht langweilen. Kommst du nächstes Mal mit? Würde gerne mit meinem Bruder angeben, der in Tokio gewesen ist.«

Ich unterdrückte ein Seufzen und verkniff mir die Frage, wieso sie mit etwas angeben musste, zu dem ich so komplizierte Gefühle hatte? Ró konnte das nicht verstehen – vor allem natürlich, weil ich es ihr bisher nicht zu erklären versucht hatte. Japan war eine großartige Erfahrung gewesen, trotzdem hatte ich mich dort nie hundertprozentig angenommen gefühlt. Mein Kumpel Takeru und dessen Schwester Yoshiko waren bis zu diesem Zeitpunkt mein einziger Berührungspunkt mit der japanischen Kultur gewesen, weil meine leibliche Mutter zu früh gestorben war, um mir irgendwas nahezubringen. Deshalb war es für mich eine Art kleine Offenbarung gewesen, als ich Yoshi am UCC kennenlernte. Witzige Laune vom Universum eigentlich, dass sie mittlerweile zur Cork-Gang meiner Schwester gehörte. Wir hatten uns von Anfang an extrem gut verstanden, und auch mit ihrem Bruder – auch das so eine Universumslaune, sein Rufname war derselbe wie mein Zweitname! – hatte es echt perfekt gepasst. So perfekt, dass ich keine Sekunde überlegen musste, als er mich gefragt hatte, ob ich nicht Lust hätte, mit ihm nach Tokio und auf die Suche nach meinen Wurzeln zu gehen. Wir hatten so viel gemeinsam, dass ich es sogar für eine gute Idee hielt, ihm vorzuschlagen, unseren gemeinsamen Namen als Pseudonym für meine Kolumne zu nehmen. Er zum Glück auch. Die Zeit mit Takeru hatte mich ein wenig näher an meine leibliche Mutter gebracht, die bis dahin ein völlig fremdes Wesen für mich gewesen war – auch weil mein Vater mir nie etwas über sie hatte erzählen wollen. In Tokio aber war ich durch die Straßen gewandelt, die ihr bekannt gewesen waren. Hatte Dinge betrachtet, die sie mit ihren Augen gesehen hatte, und das war ein bittersüßes Gefühl gewesen, als würde ein fehlendes Puzzleteil an seinen Platz gesetzt. Aber zugleich war mir dadurch auch erst richtig klar geworden, wie viele weitere Teile dem Bild trotzdem noch fehlten. Eines Tages, bald, musste ich unbedingt dorthin zurück. Um mehr zu erfahren. Mehr zu lernen. Mehr von meiner leiblichen Mutter zu fühlen. Aufzusaugen.

»Henry?« Ró wartete mit verschränkten Armen darauf, dass ich ihre Frage beantwortete.

»Ähm … klar. Kann ich machen.« Auch diesmal behielt ich meine Gedanken über Tokio für mich. Meine Wurzeln waren etwas, womit ich mich auf meine Weise auseinandersetzen musste. Zwar hatte Yoshiko mich erst mal abgelöst und begleitete ihren Bruder noch eine Zeit lang weiter durch Japan, sodass ich unseren Kontakt nicht gleich wieder aufnehmen konnte. Aber sobald die zwei zurück waren, würde ich mich wieder an sie wenden und etwas mehr in die japanische Community von Cork eintauchen.

»Perfekt!« Róisíns Augen strahlten. »Und bei meiner nächsten Schicht mit der Cateringfirma begleitest du mich auch mal, ja? Bald bin ich zum Beispiel im *Royal Hotel Cork,* da arbeitet auch Robin.« Sie blinzelte mich mit ihrem Dackelblick an.

Um ihren magischen Augen zu entkommen, denen ich in diesem Leben nichts würde abschlagen können, huschte ich nach draußen in den Flur und von dort in die Küche. »Arbeitest du dort noch immer?«

Ró blieb mir auf den Fersen und versuchte, meinen Blick wieder einzufangen. »Ja, ich will schließlich nicht nur auf deine oder Mams und Dads Kosten leben. Und mein Job bei dem Medizinmagazin wirft noch nicht so viel ab. Noch bin ich freie Mitarbeiterin und werde pro Artikel bezahlt. Muss sie erst überzeugen, dass meine Beiträge über OPs von trans Personen langfristig gut ankommen.«

Ein flüchtiger Blick von mir streifte meine Mam, und sie erwiderte ihn scheu, ehe sie sich darauf konzentrierte, den zerbrechlichen Blumenkohlboden der Pizza nicht zu zerstören. Ich hätte meinen Hintern darauf verwettet, dass sie Ró gern finanziell unterstützt hätte, um sie zu entlasten, aber wenn Ró das nicht wollte, mussten wir das anerkennen.

»Wie du meinst. Dann, äh … ist das Catering erst mal eine gute finanzielle Basis. Aber zurück zum Herrenausstatter. Das kommt mir sogar gelegen. Ich brauche ohnehin einen neuen Anzug, ich darf nämlich ein Liveinterview für das Magazin führen. Vergiss aber nicht, sollte mich jemand erkennen, dass du mich Takeru nennst und nicht Henry, ja?«

»Klar, dein Pseudonym ist bei mir sicher.« Hinter meiner Schwester ertappte ich meine Mam, wie sie zusammenzuckte. Ja, sie sollte das ruhig hören.

»Mit wem hast du denn das Interview?« Flink pickte Ró sich ein Blatt vom Rucola und stopfte es sich in den Mund.

»Mit einer bekannten Astrologie-TikTokerin, die ihr erstes Buch veröffentlicht. *Astro-Logic-y – My Zodiac Love.*« Stolz richtete ich mich auf und trug die Platte zum Tisch.

»Du meinst doch nicht meine Cara Mitsou, oder?« Da klingelte etwas in mir. Stimmt, irgendwann hatte Ró etwas von einer Cara erzählt. Das war also *die* Astrologie-Cara? Damit hätte ich nicht gerechnet. Ró hatte damit ja nichts am Hut. Über diese Bekanntschaft würde sie mir definitiv mehr erzählen müssen. Und darüber, was für geheime Superkräfte die anderen Leute ihrer Cork-Gang so hatten.

Hätte ich mich gestern weniger lange mit der Interviewvorbereitung beschäftigt oder mit Ró, die alles über meine Zeit in Japan wissen wollte, hätte ich mich heute vielleicht nicht wie ein nasser Sack gefühlt. Selbst schuld. Im Gehen massierte ich meine Schulter und erreichte das Ende des Campus-Areals des *University College of Cork*. Von dem vorderen Eingang aus lag das uralte Gebäude des UCC am Ende des Weges, und wieder einmal begeisterte mich das majestätische Steingebäude, das früher ein Kloster gewesen war. Wobei ich auch den Charme der *University of Tokyo*, der *Tōkyō Daigaku*, mochte, in der ich Creative-Writing-Seminare besucht hatte. Es hatte sich auch dort geschichtsträchtig und gleichzeitig voller Leben angefühlt. Ich hatte es geliebt, morgens durch das alte Tor zu laufen, das noch diese japanische Tempelarchitektur mit den leicht nach oben gebogenen Dächern aufwies. Nur um dahinter im Campus auf die verschiedensten Gebäude, manche modern, manche älter mit Torbögen und Säulen, zu treffen. Vor allem das Yasuda-Auditorium hatte es mir angetan. Das Gebäude lief mittig hin spitz zu wie ein Dreieck und wirkte mit seinen kleinen, roten Steinen als Fassade völlig einzigartig. Nur in einem gewann das UCC: Hier fühlte ich mich zu Hause.

Der Wind strich über meinen Kopf. Ich musste mich noch daran gewöhnen, ihn so deutlich zu spüren, seit ich mir die Haare, dank des Buzz-Cut-Trends, kurz abrasiert hatte. Von mir aus trieb der Luftzug weiter durch die Jungfernreben, die über die Steinmauer und den Bleiglasfenstern des UCC wuchsen. Ich liebte den Perpendicular-Stil, der auch senkrechter Baustil der Spätgotik oder Tudor-Gotik beziehungsweise viktorianische Gotik genannt wurde. Woher ich das alles wusste? Dank einer Sondervorlesung, die ich mir nur wegen einer Frau angehört hatte, um dann herauszufinden, dass sie vergeben war.

Ich setzte meinen Weg über den sattgrünen Rasen des Innenhofs fort und bestaunte dabei weiter das Gebäude, das wie ein Viereck mit einer offenen Seite um den Hof gebaut worden war. Die irische Luft, die meinen Körper bei jedem Atemzug reinigte und von der Müdigkeit befreite, hatte ich in Tokio wohl am meisten vermisst.

»Ich bin wieder da.« Der Wind trug mein Wispern zu den Gemäuern, die einige Geschichten erzählen konnten.

Danach bog ich nach rechts ab in einen Korridor. Dort befanden sich die uralten Ogham-Grabsteine, die an Metallhalterungen befestigt und mit altirischen Codes beschriftet waren. Langweilig, aber wenigstens auch für Menschen mit unterirdischem Orientierungssinn unverfehlbar. Ich wollte gerade an die Tür des Büros für Besuchende des UCC klopfen, da eilte jemand unter dem Notausgangschild hindurch und rempelte mich an der Schulter an. Liefen mich in Cork nun alle über den Haufen?

»Sorry.« Er hob beschwichtigend die Hände, die glatten blonden Haare fielen ihm in die Stirn, und seine Umhängetasche verrutschte. »Henry?«, stutzte er.

Ich zuckte ein wenig zusammen, als er meinen Namen aussprach. »Hudson?« Das mit meinem Namen musste ich so bald wie möglich korrigieren, bevor es die Runde machte. »Wo wir uns gerade sehen … Nenn mich von jetzt an bitte bei meinem Zweitnamen, Takeru, ja? Habe seit Kurzem eine Astrologiekolumne, die gut ankommt und, ja … Privatsphäre und so.« Es war witzig, bei Hudson etwas über Privatsphäre zu labern, wenn ich daran dachte, wie oft wir früher gefeiert hatten. Damals, als ich noch recht ziellos gewesen war.

»Klar, kein Ding. Junge, tut mir voll leid, bin in Eile. Hab gedacht, du bist tot.« Sein überraschter Blick checkte mich von oben bis unten, während er sich die Haare richtete.

»Nee, ich habe nur eine Auszeit in Tokio genommen und dort kreatives Schreiben weiterstudiert. Und meine Kolumne online bekannter gemacht.« Ich ließ meine Hände langsam in die Taschen meiner hellrosa Stoffhose gleiten.

»Ah, verstehe. Und die läuft gut, ja? Wir sollten uns mal treffen. Quatschen und so.«

»Gerne. Wäre schön, ein wenig an alte Kontakte anzuknüpfen.« Bilder ploppten in meinem Kopf auf. Hudson und ich in einem Club, wir tranken mit zwei Strohhalmen aus einem Eimer Sangria. Cut. Wir hingen über der Kloschüssel und gaben der Welt die Sangria wieder zurück.

»Stimmt. Stimmt.« Hudson wirkte plötzlich weit weg. Er musterte mich, als stünde ich zum Verkauf. Gleich danach schüttelte er den Kopf. »Hey, lass uns das echt machen, ja? Erzähl mir dann mehr von deinem Erfolg. Siehst gut aus.«

Mit diesen Worten lief Hudson weiter. Der Typ war die personifizierte Eile auf zwei Beinen.

Ich besann mich auf mein eigentliches Vorhaben und klopfte endlich an die Bürotür. Eine Frau mit grauem Haar streckte ihren Kopf heraus. »Ja?«

»Poppy?«

»Henry!« Poppys spitz zulaufende Brille rutschte auf die Nasenspitze, bis die Goldkette sie auffing. »Du bist wieder da.« Sie öffnete die Tür nun vollständig. Ihr braunes Kleid, mit dem sie wie aus der Zeit gefallen, aber dennoch passend zum alten UCC-Gebäude wirkte, roch nach dem Rauch von Tausenden Zigaretten.

»Lange nicht gesehen.«

Poppy musterte mich. »Du siehst so erwachsen aus.«

»Tokio hat mir gutgetan.« Auf vielerlei Arten. Es hatte mich näher zu meinen Wurzeln gebracht, aber auch meinem Selbstbewusstsein hatte es nicht geschadet, sich in dieser gigantischen

Stadt zu behaupten. Na ja, und dass ich ein wenig berühmt geworden war, trug auch seinen Teil dazu bei.

»Fabulös. Was führt dich hierher?« Poppy neigte den Kopf und warf mir einen skeptischen Blick zu.

»Zuallererst, warum bist du in diesem Büro?« Denn eigentlich hatte ich Poppy nämlich darüber kennengelernt, dass sie mir im Studierendensekretariat bei den Formalitäten für meinen Auslandsaufenthalt geholfen hatte. Außerdem hatte sie sich bei mir ein paar astrologische Ratschläge geholt. Seitdem durfte ich sie statt Ms Gibney Poppy nennen.

»Ich wollte mal eine Abwechslung, bevor ich in Rente gehe.« Sie zuckte mit ihren Schultern.

»Ähm. Okay. Ich wollte ohnehin danach noch zu dir kommen.«

»Was machst du dann hier? Mir unter die Nase reiben, wie bekannt du geworden bist? Ja, ich habe das auch mitbekommen.«

»Fragen, ob es ein paar Broschüren für Schreibseminare gibt. Für meine Schwester.« Eigentlich hatte mich Ró darum nicht gebeten, aber ich dachte mir, es könnte ihr bei ihrem Job im Magazin helfen. »Aber … Wenn du schon mal da bist. Kannst du auch hier am PC nachsehen, ob mein Prüfungspass freigeschaltet ist, ich finde meine Zugangsdaten nicht mehr?« Eigentlich war Poppy dafür nun nicht mehr zuständig, aber wir kannten uns, und sie machte das gerne für mich. Redete ich mir ein. Hätte ich auch eine Mail schreiben können? Ja. Aber so nahm ich wieder ein paar Kontakte auf, und es war persönlicher, war doch nett, oder?

»Aber sicher doch. Eine Minute.« Poppy schloss die Tür hinter sich, und ich warf einen Blick aus dem Fenster zum Innenhof. Dort erblickte ich jemanden.

»Hudson schon wieder«, murmelte ich in mich hinein.

Wie dieser Typ sich umsah … Als hätte er Angst, beobachtet zu werden. Oder suchte er jemanden? Na ja. Ging mich nichts an. Ich hatte genug zu tun.

Seit dem Erfolg meiner Kolumne redete ich mir gerne ein, keine Hilfe beim Schreiben mehr zu brauchen. Aber mein Seminar zum Thema »Populärwissenschaftliches Schreiben« bei meiner alten Lieblingsprofessorin Prof. Gbadamosi zeigte mir zuverlässig, dass ich noch dazulernen konnte – und dass es sinnvoll war, die fehlenden Punkte für meinen Abschluss nachzuholen. Die *Tōkyō Daigaku* bot fabelhafte Kurse zum kreativen Schreiben an. Doch waren sie eben auf Japanisch und oftmals nicht für meine Kolumnen anwendbar. Zumindest nicht, bevor ich meine Kolumne nicht auch auf Japanisch veröffentlichte und durchstartete.

»Deshalb vergessen Sie alle nicht, dass auch für kürzere, knappere Magazintexte gilt: Show, don't tell.« Prof. Gbadamosi war eine echte Meisterin des Schreibens. Ihre Veröffentlichungen zum Thema wissenschaftliches Schreiben waren weltweit anerkannt, und manchmal fragten sogar Werbeagenturen sie um Rat. Bevor ich nach Tokio gegangen war, hatte ich so viele ihrer Kurse belegt wie möglich, obwohl ich sie für meinen Prüfungspass gar nicht mehr gebraucht hatte. Dafür bereicherten sie mein Schreiben. Ich sog ihre Lektionen auf wie ein Schwamm, und irgendwann hatte das auch sie bemerkt. Okay, ich war nicht der unauffälligste Student und diskutierte ständig überall mit. Aber das hatte sie an mir geschätzt, sodass wir nach den Seminaren oft miteinander übers Schreiben gesprochen hatten.

»Schreiben Sie alle doch bis zum nächsten Mal eine zweiseitige Arbeit über das Thema ›Show, dont't tell‹ bei … Tourismusartikeln.« Während sie sprach, packte Gbadamosi ihre Sachen und drückte die überfüllte Tasche mit ihrem Gewicht zu, bis es klick machte.

Ich packte ebenfalls ein und erhob mich. Hinter mir schlugen einige Klappstühle zurück gegen die Lehnen.

»Oh, Mister Kirwan, können Sie noch einen Moment warten?« Gbadamosi hob ihre Hand, als könnte sie mich wie mit einem stillen Zauber festhalten.

»Klar.« Ich wandte mich der Tür zu und erkannte eine rothaarige Frau, die sich durch den Gegenverkehr aus Studierenden in den Saal quetschte.

»Lasst mich durch. Hey. Aua!«, beschwerte sie sich lautstark und drängelte weiter gegen den Strom. Begleitet von unwilligen Protesten, bis sie das Saalinnere erreicht hatte. »Hier bin ich, Kemi.«

Kemi? Sie nannte Gbadamosi beim Vornamen?

»Sehr gut, Scarlett. Darf ich dir Mister Henry Kirwan vorstellen?« Ich sollte dem Lehrpersonal offenbar dringend auch erzählen, dass ich Takeru genannt werden wollte. Ob das an der Uni durchsetzbar war? Ich hatte ehrlich gesagt aber auch nicht damit gerechnet, dass irgendjemand aus dem Lehrkörper Grund haben würde, meinen Vornamen zu nennen. Falsch gedacht, offensichtlich.

»Mister Kirwan, das ist Scarlett. Sie bräuchte etwas Nachhilfe im wissenschaftlichen Schreiben für ihre Abschlussarbeit.« Die kannten sich aber gut, wenn sie sich mit Vornamen ansprachen. Ein wenig überrumpelte sie mich mit ihrem Anliegen, aber noch bevor ich antworten konnte, grätschte Scarlett dazwischen: »Hey, nenn mich einfach Scar. Wäre echt dankbar für Hilfe.«

Kurze Zeit später hatten wir direkt vor dem Saal einen freien Tisch gefunden. Im kahlen Flur liefen immer wieder ein paar Studierende umher, und durch ein offenes Fenster am Ende des Gangs vertrieb ein Lüftchen die Schwüle.

»Echt super, dass du mir hilfst.« Scarlett öffnete ihre Tasche und kramte darin herum. »Irgendwie liegt mir dieses hochgestochene Formulieren nicht.« Sie zog eine Packung Früchtepüree im Quetschbeutel heraus. »Wie Leute aus 1820 oder so. Willst du auch?« Sie hielt mir die Packung unter die Nase. *Banane-Erdbeer-Apfel mit Hafer* war darauf zu lesen, direkt unter ein paar Cartoon-Obststücken mit lachenden Gesichtern.

Ich winkte ab. »Nein, danke.«

»Ich weiß, ist eher für Kleinkinder, aber ich liebe die einfach, und irgendwie habe ich nie Zeit –«

»Um Obst zu essen?«

»Ja.« Sie lachte, drehte den Verschluss auf und legte sich die Öffnung zwischen die Lippen. »Also: Denkst du …« Sie saugte, und an der halb transparenten Öffnung erkannte ich das rötliche Püree, »… du kannst mich retten?«

Jetzt lachte ich. »Es ist nur Übung. Oft ist es schwieriger, komplexe Sachverhalte einfach darzustellen, als sich hinter hochtrabenden Formulierungen zu verstecken.«

Scar nickte und kramte erneut in ihrer Tasche.

»Ziehst du da jetzt noch was raus? Salzstangen?«

»Nee. Weißt du, wie viele Türklinken ich heute in der Uni schon berührt habe? Ich esse nichts, das ich mit der Hand anfassen muss.« Sie verzog angewidert die Lippen und holte stattdessen einen Müsliriegel hervor. »Ich nehme an, den willst du auch nicht?«

»Nei…« Mein Magen knurrte.

Scarlett hob ihre Augenbrauen, und ein Lächeln zupfte an einem ihrer Mundwinkel.

»Okay, okay, ich nehme einen.«

»Gute Wahl.« Sie holte einen weiteren Riegel mit rot-rosa Verpackung hervor und reichte ihn mir, ehe sie ihren eigenen aufriss und ihn mir wir einen Cocktail entgegenhielt. »Cheers. Auf unser gemeinsames Arbeiten.«

Schmunzelnd stieß ich mit meinem Riegel an ihren. »Sláinte!«

»Machst du noch was neben der Uni?«, fragte Scar und biss in den Schoko-Müsli-Mix.

»Ich arbeite an einer Astrologiekolumne. Die läuft sogar echt gut. Willst du sie sehen?«

Ein Funkeln ging durch Scarletts Augen. »Ach echt?«, sagte sie zwischen zwei Bissen. »Zeig her.«

Im nächsten Moment lag mein Handy in der Hand, und ja, ich genoss es, ihr zu zeigen, was ich erreicht hatte. Das und den Riegel.

»Wow. Das sind ja viele Leute, die dir folgen. Aber heißt du Henry oder Takeru?« Scarlett rückte näher an mich heran.

»Henry, aber ich nenne mich Takeru online, damit … ich mehr Privatsphäre habe. Also bitte behalt das für dich.« Noch fühlte ich mich nicht wohl, ständig alle auszubessern und darauf zu beharren. Vor allem, wenn ich ihr anders vorgestellt wurde, aber ich hoffte, Scar hatte verstanden.

»Klar. Ja, ich sehe, du brauchst Privatsphäre bei dieser Reichweite. Mehr noch. Leute, die verstehen, wie das ist, oder? Also, einflussreich zu sein und so. Na ja. Erzähl mir mehr darüber.«

»Scar!«

Beim Klang ihres Namens schreckte Scarlett auf und rutschte ein wenig zur Seite. »Habe ich denn nie eine Minute Ruhe vor dir?« Sie lachte auf. Aber anstatt sich umzudrehen, machte sie sogar noch mehr Platz.

»Hey.« Ein Typ hüpfte über die Sitzbank, auf der wir saßen, und quetschte sich zwischen uns. »Na?«

»Na?«, gab ich zurück.

»Das ist Oliver. Ein guter Freund von mir.« Scar wuschelte ihm durch die Haare. Oder … eher der Versuch eines Haarewuschelns. Sie blieb nämlich mittendrin stecken. »Uh. Was ist das denn für ein Brett?«

Oliver pflückte Scars Hand aus seinen welligen Haaren und legte sie auf den Tisch. »Hab einen Bad Hair Day heute. Nachdem es einigermaßen okay aussah, hab ich einfach Haarspray draufgesprüht, bis ich beinah ohnmächtig geworden bin.« Er wandte sich zu mir, stützte seinen Ellbogen auf den Tisch und legte seinen Kopf auf der Handfläche ab. »Oh, hi. Oliver.« Er benutzte seine Finger als Kamm und strich sich die tintenschwarzen seitlichen Haare zurecht. Sein Gesicht wirkte aristokratisch, wenn ich das so nennen konnte, keine Ahnung, jedenfalls sah er aus wie jemand, der reich war. Edel. Wie Marmor. Ohne Unebenheiten.

»Takeru.« Ich deutete auf meine Haare. »Kenne das.«

»Welche Haare?« Dafür erhielt Oliver einen Hieb von Scar gegen seinen Oberarm.

»Oliver!« Ich merkte, dass sie lachen musste, also lockerte ich die Stimmung selbst mit einem Kichern auf.

»Ja, gut, gerade nicht, aber ich hatte die früher lang, und wenn ich morgens aufgewacht bin und ausgesehen habe wie eine Vogelscheuche, habe ich sofort gewusst –«

»Es wird ein Scheißtag«, sagten wir alle drei.

»Ich sehe, wir haben einiges gemeinsam. Ich vermute mal, ihr sprecht gerade darüber, worin ihr euch sonst noch so ähnelt. Oder?« Er sagte das … merkwürdig. Lang gezogen. Und obwohl Olivers Kopf im Weg war, erkannte ich, dass Scar seinem Blick auswich.

»Ja, ähm, ja genau. Wir haben gerade über seine Kolumne gesprochen. Er hat eine riesige Reichweite.« Jetzt kam ich mir vor, als wollte Scarlett mich anpreisen. Zugegeben, ein wenig schmeichelte mir das.

»Ach, so ist das also?« Oliver wandte sich wieder mir zu und lächelte breit. »Erzähl mir mehr.«

Kapitel 3

Quinn

Auszug aus *Astro-Logic-y – My Zodiac Love* by Cara Mitsou: Was bringt dir ein Geburtshoroskop beziehungsweise Birthchart? Es bedient sich deiner Koordinaten (Tag, Monat, Jahr, Uhrzeit und Ort) und erschafft eine personalisierte Karte. Planeten, Sternzeichen und weitere Details werden berücksichtigt. Der Weg ist das Ziel, da es hilft, mehr über sich selbst herauszufinden.

Die Krawatten um mich herum räumten sich nicht von alleine weg. Also sortierte ich sie weiterhin nach Farben in unser beleuchtetes Krawattenregal ein. Das dunkle Holz roch nach der frischen Möbelpolitur und verteilte einen herrlichen Duft im Verkaufsraum des *Murphy's.*

»Glaub mir, du wirst ihn lieben.« Róisín drehte sich auf dem Hocker von meiner Kollegin Nala weg und hin zu mir. »Und du auch, Quinn.«

Vor eineinhalb Jahren hätte ich nicht gedacht, mich mit der besten Freundin von Owen so gut verstehen zu können. Aber nachdem Owen für seinen Job nach England gegangen war, hatte Felix nicht nur Yoshi und Robin, sondern auch Róisín überallhin mitgebracht, und nun konnte ich mir gar nicht mehr vorstellen, sie nicht um mich zu haben. Dass Róisín und Yoshiko sich schon vorher über ihre Brüder gekannt hatten, hatten wir erst viel später erfahren.

»Warum hast du so selten über deinen Bruder gesprochen? Außer dass er in Tokio ist. Ist er so schlimm?« Gekonnt zupfte ich einen losen Faden von der Krawatte vor mir.

»Nein, es ist nur … Er hat einen speziellen Beruf und hat gemeint, ich soll erst mal nicht viel über ihn erzählen.« Okay, das klang merkwürdig. »Aber wirklich, ihr werdet ihn lieben. An seinen guten Tagen.«

»Quinn liebt nicht so schnell jemanden.« Nala warf mir einen wissenden Blick zu und unterdrückte ein Schmunzeln.

»Witzig, Nala. Noch witziger wird es, wenn ich dir deinen Ghanaurlaub streiche, von dem ich hoffe, dieses Mal ein paar Bilder zu bekommen. Vor allem von deiner Oma, von der du erzählt hast.« Nalas empörtes Zischen ignorierte ich und richtete meine Aufmerksamkeit auf Róisín. »Ich bin jedenfalls gespannt.«

Die Seide unter meinen Fingern fühlte sich hochwertig an. Über Stoffe zu streicheln, die Stickereien zu spüren, das liebte ich. Die verstaubten Altherrensachen weniger, die für mich etwas Ewiggestriges hatten, aber meine Meinung zu unseren Artikeln interessierte Dad herzlich wenig.

»Hey, ihr werdet meinen Bruder wirklich mögen, er ist lustig.« Ró stemmte die Hände in ihre Hüften. Im Augenwinkel erkannte ich ihren belehrenden Blick.

»Ich muss arbeiten. Hast du gar nichts zu tun?« Spielerisch warf ich ihr eine eingerollte Krawatte zu, die sich im Flug aufrollte und sich so bedrohlich wie eine Feder vor Rós Hocker auf den dunkelbraunen Parkettboden legte.

»Nee, nichts los.« Róisín hob die Krawatte auf und brachte sie mir zurück. »Warte gerade auf die Freigabe für meinen neuen Artikel.«

Die Klingel über der Tür bimmelte, und ich versteinerte.

»Dad? Ich dachte, du kommst heute nicht, weil du Termine

hast.« Ich erinnerte mich an meine Mail mit meiner Ideensammlung für eine etwas neuere und modernere Richtung des Ladens. War er deshalb hier? Mein Herzschlag beschleunigte sich, und ich spürte, wie meine Mundwinkel ein wenig nach oben zuckten. Wenn er trotz Terminen deshalb vorbeigekommen war, musste er sie gut finden, oder? Oder?! »Hast du meine Mail gelesen? Was sagst du zu den Vorschlägen?«

Dad hörte mir kaum zu, sondern schob mit dem Fuß die Verpackungen zur Seite. »Quinn, bitte, du und deine Ideen. Dafür habe ich keine Zeit.« Er wischte sich den Schweiß von der Stirn.

Mein Herz hämmerte weiter gegen meine Brust. Aber nicht mehr vor Freude. Natürlich waren meine Ideen es nicht wert, in Betracht gezogen zu werden. Was hatte ich mir nur dabei gedacht? Ich war nur da, um im Laden zu helfen, ihn irgendwann zu übernehmen und ihn genau so fortzuführen wie mein Dad und davor mein Grandpa und die Murphys vor ihnen.

»Na, wie gut, dass ich den Termin abgesagt habe. Ihr könnt nicht die neue Ware ausräumen und die Verpackungen rumliegen lassen. So kommt doch niemand in den Laden, wenn der wie ein Saustall aussieht. Was denkt die Kundschaft?« Dad atmete schwer, als er die Verpackung der Hemden durch die Gegend kickte. »Und was macht sie im Laden?« Mit seinem Kopf nickte er in Richtung Róisín.

Ich schluckte seine Worte runter und schmeckte einen bitteren Nachgeschmack. Besser, ich sagte nichts.

»Ich stelle meinen Bruder vor.« Róisín war einer dieser Menschen, die unbeschwert laut waren, und auch wenn ich sie oft dafür beneidete, wäre mir Zurückhaltung im Moment lieber gewesen. »Er müsste bald da sein.«

»Was soll ich mit deinem Bruder?«

»Er will einen Anzug kaufen.«

Dads Miene beruhigte sich. »Einen Anzug, sagst du? Das ist eine erfreuliche Nachricht. Dann müssen wir erst recht aufräumen. Ich sage euch jedes Mal, packt die Ware oben oder hinterm

Regal aus.« Demonstrativ zeigte er auf das Regal mit Sakkos und Hemden, das wir wie eine Geheimtür aufschieben konnten. Dahinter verbarg sich ein Raum voller Stoffe für die Maßanzüge, die wir anfertigten. Die restlichen Stoffe verwahrten wir in einem Lager eine Straße weiter.

»Hier haben wir mehr Platz, wir ersparen uns Zeit, die wir für andere Dinge – wie die Bestellungen – nutzen können. Außerdem ist es hier nicht so staubig.« Völlig genervt schaufelte ich die Krawatten auf und trug sie hinters Regal, das einen Spaltbreit offen stand. »Letztens hat sich jemand beschwert, dass die Krawatte staubig gewesen ist.«

»Wie bitte?« Die belegte Stimme meines Dads verleitete mich oft dazu, mich zu räuspern, weil er ganzjährig klang, als hätte er einen verschleimten Hals. »Das … Wir haben das immer schon so gemacht!« Klar. Das Totschlagargument.

»Quinn.« Nalas Flüstern erinnerte mich daran, dass ich mich normalerweise nie gegen meinen Dad stellte.

»Mein Herz macht das nicht mehr lange mit. Wenn das einer unserer Stammkunden gesehen hätte.«

»Was dann? Dann hätten sie erkannt, dass die Ware sich nicht magisch ins Regal einräumt?« Róisín war definitiv keine Person, die sich zusammenreißen konnte, egal wie recht sie hatte.

»Ich sage euch eines, wenn …« Die Tür klingelte erneut.

»Bruderherz!« Róisín sprang auf, und der Hocker schob über den Boden. Dad sog die Luft ein, da er Kratzer fürchtete.

»Bin gespannt, wie lange dieses Empfangskomitee anhält.«

Oh? Diese Stimme kam mir bekannt vor. Aber wer …?

»Das ist Nala.«

»Hey.« Nach Nalas Begrüßung schlüpfte ich wieder raus zur Verkaufsfläche und erkannte ihn.

»Freut mich.«

Nein, bitte nicht.

»Mich auch. Róisín hütet dich wie ein Geheimnis und erzählt nur krümelige Infos über dich«, sagte Nala, ehe sie den warnenden Gesichtsausdruck meines Dads wahrnahm, der sie umgehend zum Weiterarbeiten animierte.

»Dann muss ich zumindest keine falschen Gerüchte über mich bereinigen. Ich bin –« Sein Lächeln erlosch, als sich unsere Blicke kreuzten. Seine schwarzen Augen wirkten noch finsterer als die schwarze Stoffmütze, die bis knapp über seine Ohren reichte.

»Nein«, stieß ich aus. »Takeru?«

»Tak…? Ihr kennt euch?« Róisín schaute zwischen uns hin und her. »Liest du seine Kolumne oder …« Sie warf Takeru einen Blick zu, als wollte sie die Wahrheit aus seinen Gedanken saugen.

Takeru belagerte die Tür. Ich konnte noch in den zweiten Stock laufen und aus dem Fenster springen. Vermutlich wartete er aber dann draußen auf mich.

»Er hat mich angerempelt und mir den falschen Weg im Flughafen gezeigt.« Takeru zeigte auf mich.

Mein Dad klatschte die Hände über dem Kopf zusammen. »Jetzt verschreckst du unsere Kundschaft schon außerhalb des Ladens? Womit habe ich das verdient.« Übertrieben drehte er sich einmal im Kreis. Laut ausatmend schleppte er sich die Treppe hoch. »Ruf mich, wenn ihr fertig seid.«

Wir warfen uns alle im Kreis Blicke zu.

Róisín schnappte sich mit einer Hand das Kinn ihres Bruders und drückte mit den Fingern die Wangen zusammen. »Warst du gemein zu Quinn?«

»Sorry, okay? Erstens waren wir beide schuld an diesem Zusammenstoß, und danach war ich einfach etwas überfordert«, sagte ich, in der Hoffnung, die Stimmung aufzulockern.

»Also gut.« Takeru bewegte den Kopf, bis er sich aus dem Griff seiner Schwester befreit hatte, und trat einen weiten Schritt vor. Gefährlich nahe machte er sich vor mir groß. »Ich nehme deine Entschuldigung an.«

Róisín schien wie ich auf ein *Tut mir auch leid* zu warten, aber das kam nicht, und gerade als seine Schwester den Mund aufmachen wollte, beschloss ich, die Situation nicht weiter aufzubauschen. »Okay, dann ist das ja geklärt.«

»Wohin wolltest du überhaupt? Wir kennen Cork seit Ewigkeiten, und du findest irgendeinen Weg nicht?« Róisín wechselte die Seiten und stellte sich näher zu mir.

Takeru leckte über seine Lippen und rollte mit den Augen. »Ja, vielleicht, aber ich hab eben keinen Orientierungssinn. Selbst hierher hab ich länger gebraucht, als ich jemals verraten würde.« Er schob genervt den Unterkiefer vor.

»Das habe ich ja nicht vermisst. Jedenfalls, ähm …« Ró warf ihrem Bruder einen funkelnden Schwesternblick zu, drehte ihren Kopf aber zu mir. »Tut mir leid. In seinem Namen. Er kann sehr hitzköpfig sein und bekommt vom Entschuldigen Sodbrennen.«

»Das ist absolut gelogen. Einspruch, Hörensagen.«

»Ähhh, was hast du eigentlich in Tokio gemacht?« Nalas Einwurf kam im perfekten Augenblick. Denn Róisín hatte noch eine Sekunde zuvor gewirkt, als wollte sie Takerus Einspruch energisch ablehnen und vielleicht sogar noch eins draufsetzen. Auf Nalas Frage hin leuchtete ihr Gesicht stattdessen auf, und es sprudelte nur so aus ihr heraus.

»Er hat kreatives Schreiben weiterstudiert und ist jetzt am UCC fürs letzte Semester, aber er arbeitet sowieso als Astrologiekolumnist, und stellt euch vor, Hen, äh, Tak, äh, er interviewt Cara für ihr Buch.«

Ich warf einen Blick zu Takeru. Er schien weniger begeistert davon, dass Róisín für ihn seine Story erzählte, unterbrach sie jedoch nicht. Vielleicht war ja sogar er heimlich gerührt, wie stolz sie war – denn das war sie auf jeden Fall, ob die beiden gerade liebevoll gezankt hatten oder nicht.

»No way. Echt?« Nala sprang auf und ab. »Das ist so aufregend. Caras Buch ist der Hammer.«

»Hast du es gelesen?« Takeru setzte sich auf den Hocker, auf dem Róisín zuvor gesessen hatte, und sah sich um.

»Wir haben es alle gelesen, Cara ist schließlich unsere Freundin, nicht wahr, Quinn?« Nala stupste mich an, und ich hörte auf, Takerus Blick zu verfolgen.

»Äh, ja. Bin in der Materie nicht so drin, aber sie hat das echt spannend aufgebaut. Cara eben.« Ich klaubte die Verpackungen der Hemden auf, um das Chaos zu beseitigen, bevor mein Dad wieder zu uns stieß.

»Verstehe, wo bist du denn sonst so lieber drin?« Takerus Nachhaken versetzte mir einen Stich, und Herzrasen setzte ein. Es pochte so laut, als läge ich mit einem Ohr auf meinem Herzen. Schon wieder.

Ich räusperte mich mehrfach. »Ähm, was?«

»Tak.« Róisín trat gegen den Hocker, der daraufhin gefährlich wankte.

»Hey. Jaja, sorry.« Takeru trommelte auf seiner cremefarbenen Jogginghose, zu der er den passenden Hoodie trug. »Was interessiert dich denn sonst so?«

»Das sollte ich dir weshalb genau erzählen?«, hielt ich dagegen.

Takeru hob abwehrend die Hände, und am liebsten hätte ich ihm sein arrogantes, selbstgefälliges Grinsen aus dem Gesicht gekickt. »Okay, okay. Also? Ich habe gehört, ich bekomme bei euch Maßanzüge?«

Ich schluckte. »J-ja?«

Nala huschte an mir vorbei und rief die Treppe hinauf: »Mister Murphy, Róisíns Bruder will einen Maßanzug.«

»Quinn soll das übernehmen!«

Warum, Dad? Warum? Er entschied sich einfach immer zu den ungünstigsten Zeitpunkten, mir doch etwas zuzutrauen. Seinem Rufen folgte nichts mehr. Ich musste mich meinem Schicksal fügen. *Klasse.*

»Oh.« Takeru rieb sich die Hände und rutschte nach links zum Spiegel, ehe er vom Hocker aufstand. »Wird ja doch noch spannend. Ich nehme mal an, ich muss vor den Spiegel?«

»Soll ich?«, wisperte Nala in mein Ohr.

»Nein, schon okay.« Ich strich meine Haare zurück, nahm das Maßband vom Spiegel und stellte mich hinter Takeru, der umwerfend nach Kokos mit einem Hauch von Kirsche duftete.

»Kannst du den Hoodie ausziehen?« *Mürrische Stimme aufsetzen: Check.*

Takeru schenkte mir einen herausfordernden Blick durch den Spiegel und ließ seine Zähne beim Schmunzeln hervorblitzen. »Wie der Schneidermeister befiehlt.« Er legte seine Mütze ab und setzte an, seinen Hoodie hochzuziehen. Der Ansatz seiner Bauchmuskeln kam zum Vorschein – und in diesem Moment wurde mir klar, dass er nichts drunter trug.

»Oh, also, äh, warte.«

Takeru stoppte in der Bewegung, wobei sein Kopf bereits unter dem Hoodie versteckt war und ich mich zwang, nicht auf seinen trainierten Bauch zu starren.

»Hier ist es kalt, und wenn du kein Shirt anhast, können wir das auch nächstes Mal machen.« *Situation mit meinen Einfällen retten: Check.*

»Mir ist nicht kalt.« Schwupps, da lag der Hoodie neben mir am Boden. Takeru. War. Oberkörperfrei. Vor. Mir. Sein kompliziertes Tattoo, das wie ein Puzzle aus mehreren Sechsecken zusammengesetzt war, lenkte mich kurz ab. Die Betonung lag auf kurz. Sein trainierter Körper brachte mich aus dem Konzept. Wann hatte ich das letzte Mal einen nackten Männerkörper gesehen? In echt? Normalerweise nahm ich nur bei alten Männern Maß, und die trugen Unterhemden. Na ja, bis auf diesen einen – egal.

Die Situation war wohl doch nicht gerettet.

Von der Seite hörte ich Róisín genervt aufstöhnen. »Du bist so ein peinlicher Protzer, Takeru. Ich entschuldige mich für ihn. Schon wieder.«

»Was?« Takeru hob fragend die Arme. »Was? Da mache ich, was er mir sagt, und es passt auch nicht.« Er konnte einen auf empört machen, wie er wollte, den Schalk vertrieb es nicht aus seinen Augen. »Versteh einer die Menschheit. Genau deshalb brauchen wir Astrologie, damit wir uns gegenseitig verstehen.«

»Ist er immer so?« Nala stopfte die Verpackungen in den Mülleimer.

»Er zeigt sich heute noch von seiner guten Seite.«

Gut zu wissen. Was war aus *»Ihr werdet ihn lieben«* geworden? Róisín trat mit ihrem Fuß in den Eimer nach, und Nala schenkte ihr ein lautloses *Danke,* was ich durch den Spiegel mitbekam.

Takeru atmete schwer aus. »Niemand ist missverstandener als ich.«

»Das geht gar nicht, dafür laberst du zu viel«, sagte Róisín, bekennende Viellaberin.

Ich konzentrierte mich wieder darauf, Takeru durch den Spiegel anzusehen. »Ist ja gut, dann machen wir es eben so.« Um die Diskussion zu beenden, legte ich das Maßband um seinen Oberarm und bedeutete Nala, zu mir zu kommen. »Kannst du die Maße aufzeichnen?«

»Bin schon da.« Wie ein Wirbelwind stürmte Nala zum Verkaufstresen mit der alten Vintagekasse, holte ein Notizblatt samt Stift, was ich dank der Spiegelung wie in einer Parallelwelt mitbekam, und kam dann bei mir zum Stehen. »Bereit.«

Widerwillig maß ich Takerus Oberarm ab. Als mein Zeigefinger die nackte Haut berührte, durchzog seine Wärme mich wie ein Lauffeuer. Dads Laden begann sich um uns herum zu drehen, nur Takeru und ich standen noch still, zusammengehalten vom unsichtbaren Faden unserer Berührung. Diese Hitze, die sein Körper in meinen transportierte, machte mich nervös.

»Wir sollten unbedingt Nummern tauschen«, sagte er.

»W-was?« Hatte ich etwas verpasst? Das konnte doch nicht meine Berührung ausgelöst haben? Das wäre … Also …

»Dann kannst du mir schreiben, wenn der Anzug fertig ist.«

Takeru grinste, und ich, ja, ich fühlte mich vor mir selbst blamiert. Was hatte ich da nur gedacht?

»Natürlich, klar.«

»Und?« Das Klopfen des Bleistiftes auf den Notizblock holte mich aus meinem Strudel, und ich überlegte, was Nala meinte, bis ich wieder im Hier und Jetzt ankam.

»F-fünfunddreißig.«

Takeru musterte mich durch den Spiegel. In seinem Blick lag kein Fünkchen Hohn. Da war auch kein alberner Spruch, der mit einem frechen Blitzen in seinen Augen wartete, losgefeuert zu werden. Er musterte mich mit einem ehrlichen Interesse, das ich ihm nicht zugetraut hätte. »Ich mag deine Ausstrahlung, die ist angenehm beruhigend«, sagte er. Einfach so, und ... und ich mochte das. Dass er das einfach so sagte, während ich mir über alles den Kopf zerbrach. Diese Direktheit brachte mich ins Schwitzen, ja, aber sie kribbelte auch an meinem ganzen Körper.

»Ähm ...« Ich wechselte den Arm, um zu checken, dass sie beide gleich breit waren, da klingelte es erneut an der Tür.

»Einen Moment«, rief ich hinter mich und rollte das Maßband ein. Als ich mich umwandte, erkannte ich eine junge Frau, die mir noch sehr gut in Erinnerung geblieben war. Sie und ihr maskenhaftes Lächeln. Auch heute trug sie es – aber nur bis ihr Blick auf Róisíns Bruder fiel.

»Oh, okay, ähm, nein.« Scarlett hüstelte. »Ich meine: Ich habe es eilig. Ich kann nicht warten.«

Ich verdrehte innerlich die Augen. Das passte zu ihr, dass sie dachte, sie hätte es verdient, vorgezogen zu werden. Ein ungutes Gefühl keimte in meiner Brust. Was wollte sie überhaupt hier? Seit Tagen trieben die *Druids* mich gedanklich um, und nun stand eine davon bei uns im Laden. Ob das ein gutes Zeichen sein konnte? Wohl eher nicht.

»Scar?« Takerus Stimme klang verwundert. Er kannte sie?

»Ja, hey ... *Henry!*« Scarlett zwinkerte ihm auffällig zu und betonte den Namen. »Schön, dich zu sehen. Was machst du hier?«

Ihre Stimme klang nun weicher, und das sogar trotz des giftgrünen Lippenstifts, der wie flüssige Säure auf ihren Lippen glänzte.

Moment. Was? Henry?

Takeru sackte etwas zusammen, kaum merklich, aber mir fiel es – so nah an seinem nackten Oberkörper – trotzdem auf. »Sag du es mir. Was mache ich bei einem Herrenausstatter?« In seiner Antwort steckte mehr als Belustigung. Er atmete flacher, und seine Stimme wurde höher. Fand er Scarlett hot, und es wurde ihm zu intim, dass sie ihn halb nackt sah?

Scarlett schloss kurz ihre Lider und schüttelte mit einem knappen Lächeln den Kopf. »Erwischt, du hast recht.« Sie kratzte sich an der Schläfe. »Habe so viel im Kopf gerade.«

»Das kenne ich.« Róisín strich sich die Haare zurück. »Oh, und ich liebe es, wie du deine Lippen gemacht hast. Da habe ich letztens erst ein Video zu gesehen.« Sie fuchtelte mit ihrer Hand vor den Lippen herum, als würde sie sich imaginär einen Lippenstift auftragen. »Wenn sie zuerst so schwarzen Lippenstift draufmachen und dann eine Farbe, oh, oder Glitzer.« Freundete sich Ró gerade mit einer Feindin an? Obwohl ich zugeben musste: Gerade wirkte sie tatsächlich recht nett. Erstaunlich nett. Ehrlich nett. Aber das konnte nicht echt sein, oder?

Scarlett klatschte in ihre Hand. »Ja! Daher habe ich das. Du musst das mal mit –« Sie stutzte. Sah sich um und räusperte sich wie ertappt.

»Ähm, warum hast du es denn so eilig?«, warf ich ein.

Scarlett blinzelte die Verunsicherung weg und wechselte zu ihrem maskenhaften Lächeln zurück. Zur über uns allen erhabenen Scarlett, die definitiv *nicht* sympathisch war. »Das muss dich nicht so genau kümmern. Wo ist dein Dad? Er verspätet sich diesmal ziemlich mit seiner Lieferung.«

»Er ist oben.« Nala kickte ein paar der leeren Verpackungen zur Seite. »Ich bringe dich zu ihm.« Meine Lieblingskollegin rettete die Situation wie so oft. Mehrmals deutete sie mit ihrem Finger zur Treppe. »Nach dir.«

»Danke, warum nicht gleich so.« Scarletts Schuhe klackerten gegen den Holzboden. Kurz vor Takeru hielt sie an und musterte ihn von oben bis unten und wieder zurück. Ihm gegenüber wirkte ihr Lächeln plötzlich wieder offen und freundlich. Wirklich verwirrend. »Bis bald.«

Nala und Scarlett verschwanden nach oben, und erst als ich das Gefühl hatte, dass sie außer Hörweite war, atmete ich erleichtert aus. Nicht dass ich wirklich entspannter gewesen wäre. Was war das denn für ein Auftritt gewesen? Und woher zur Hölle kannten sich Scarlett und Takeru?

»Woher kennst du denn Scarlett?« Bisher hatte Róisín sich eher zurückgehalten, aber das schien auch ihr aufgefallen zu sein.

Takeru zuckte die Schultern. »Von der Uni. Ich soll ihr beim Schreiben ihrer Abschlussarbeit helfen.« Okay, also keine Verbindung zu den *Druids?* Na gut, woher auch, wenn er monatelang in Tokio gewesen war? Ich musste echt aufhören, Geister zu sehen, wo keine waren.

»Na gut, meinetwegen, können wir dann über den Elefanten im Raum reden?«, schoss Róisín direkt hinterher.

Takeru sah sich um und legte dann seinen Zeigefinger auf sich. »Bin ich der Elefant?«

»Allerdings. Und der Elefant heißt Henry. Warum dürfen halb fremde Unsympathinnen, die du kaum kennst, dich so nennen, aber ich muss vor meinen Leuten Theater spielen?«

Aha, jetzt wurde es interessant. Ich faltete meine Arme zu einer Schlaufe vor meiner Brust.

Takeru hob eine Augenbraue. »Wovon redest du? Vielleicht hat sie meinen Namen verwechselt oder …«

»Moment mal.« Ich unterbrach Takeru. »Den Namen Henry habe ich doch schon mal gehört. Zumindest abgekürzt. Hen?«

Takeru und seine Schwester wechselten einen erschrockenen Blick. »Ró! Hast du …«

Róisín kratzte sich am Kopf. »Weiß nicht, was du meinst.«

»Also jetzt bin ich sicher, hier geht etwas Verdächtiges vor sich.« Mein Versuch, gelassen zu bleiben, klappte hoffentlich. Denn in meinem Kopf ratterte es noch. Ging es hier vielleicht doch um einen Draht zu den *Druids?*

Das ertappteste Seufzen der Welt drang aus Róisíns Mund. »Okay, okay.« Sie biss sich auf die Unterlippe. »Vielleicht hab ich mich einmal verplappert. Oder zweimal. Aber da kannten sie dich noch nicht, ich war sicher, es fällt nicht auf! Und überhaupt: Können wir bitte das Versteckspiel bei meinen Leuten bleiben lassen? Sie sagen nichts. Du musst bei ihnen keine Angst haben, ja? Aber was rede ich da, Angst scheinst du ja eigentlich gar keine zu haben, wenn du es einer wie Scarlett erzählst. Von der ich mich an deiner Stelle übrigens ein wenig … in Acht nehmen würde.«

Takeru wischte sich mit der Hand über seine Stirn, rutschte dann nach unten und massierte mit zwei Fingern die Stelle zwischen seinen Augen. »Fürs Protokoll: Ich habe es Scarlett nicht gesagt. Also nicht so. Prof. Gbadamosi hat mich ihr als Henry vorgestellt, und ich hab ihr das mit dem Pseudonym erklärt, aber vermutlich hat sie mich falsch verstanden und gedacht, ich will nicht, dass jemand weiß, dass ich Takeru von *Hope in Our Universe* bin. Aber mal ganz im Ernst, warum geht es hier eigentlich irgendwen etwas an, wie ich wirklich heiße und wie ich genannt werden möchte? Ist das nicht meine Sache?«

Róisín seufzte. »Bisher ja, natürlich. Sorry. Aber von jetzt an müsste ich so richtig lügen, obwohl Quinn weiß, da geht etwas vor sich. Das kann ich nicht, okay? Bitte, Hen.«

Ich fühlte mich allmählich ein wenig fehl am Platz bei diesem Geschwistergespräch. »Also nur wegen mir musst du nicht –«

»Meine Leute können ein Geheimnis bewahren.« Róisín konnte aber auch hartnäckig sein.

»Echt, ich kann das Ganze auch vergessen.« Hörte mir jemand zu? Da es ja nicht um die *Druids* zu gehen schien, konnte es mir ja egal sei.

»Okay, okay. Dir kann ich keinen Wunsch abschlagen. Lässt du uns kurz alleine, dann kläre ich das auf?« Okay, er schien mich wirklich nicht beachtet zu haben.

Róisín schlug die Hände zusammen. »Danke, lange hätte ich das nicht ausgehalten.« Gleich danach eilte sie nach draußen. »Ich rufe Yoshiko und ihren Bruder an, damit sie Bescheid wissen.« Hmm. Bisher hatte ich angenommen, es war Zufall, dass Yoshikos und Róisíns Brüder denselben Vornamen hatten. War ja nicht so, als wäre es ein Phänomen, wenn zwei Menschen auf der Welt oder in einer Stadt den gleichen Namen trugen. Wenigstens löste sich meine Skepsis gegenüber Takerus und Scars Verbindung zunehmend auf. Er schien sie ja wirklich erst kennengelernt zu haben.

Die Glocke über der Tür bimmelte zweimal, und Róisín hielt vor dem Schaufenster. Sie stand mit dem Rücken zu uns, das Handy am Ohr.

Immer noch verwundert und mit einer Prise *Was geht hier vor sich?*, wandte ich mich wieder Takeru zu. »Also noch mal. Du kannst mir gerne erzählen, was es mit deinem Namen auf sich hat. Nur wegen mir musst du das aber nicht, wenn du dich unwohl fühlst.«

Takeru drehte sich zu mir und stieg von dem Podest vor dem Spiegel zu mir hinab. Er stand jetzt so nahe vor mir, dass ich glaubte, die Hitze seines Körpers zu spüren. Oder wurde mir einfach nur heiß?

»Schon gut. Ró würde das nicht vorschlagen, wenn sie euch nicht vertrauen würde. Ich habe meiner Schwester gesagt, sie soll meinen Namen nicht verraten und generell nicht viel von mir erzählen. Nicht seitdem das mit meiner Kolumne durch die Decke geht.« Immer wieder sah Takeru zu Róisín nach draußen. Besorgt? Oder steckte da mehr dahinter? Seine hervorstehenden Kieferknochen sprachen eher dafür, dass er auch etwas Wut in sich trug. Wut, die er nicht rausließ.

»Und warum? Wenn ich fragen darf? Und warum den Namen von Yoshikos Bruder Takeru?« Mit meiner Frage zog ich seine Aufmerksamkeit wieder auf mich. Vermutlich konnte er mir die Überraschung ansehen. Meine gehobenen Augenbrauen konnte ich aber gerade nicht runternehmen.

»Na ja … Also die beiden kenne ich schon länger. Und mit Tak, also Tak eins – wobei ich dann Tak zwei wäre, egal –, verstehe ich mich echt gut und … es ist nicht nur sein Name. Ich heiße auch so, mit zweitem Namen bloß. Und zum Warum … Na ja. Das Internet. Meine Tweets, Kolumnen, Insta-Beiträge rund um das Astrologiethema kamen damals schon gut an. Erst habe ich nur den Namen *Hope in Our Universe* für meine Accounts gehabt, aber mir hat dann jemand geraten, mich auch als Person zu präsentieren. So hätten die Leute mehr Verbindung zu mir. Zu der Zeit habe ich gerade in den Vorbereitungen meiner Tokioreise gesteckt und viel über meine Wurzeln nachgedacht. Da ist mein Zweitname, den meine leibliche Mutter mir gegeben hatte, naheliegend gewesen. Was eine gute Entscheidung war, danach sind die Zahlen durch die Decke gegangen, und, na ja, die Hater kamen.« Stimmt, Róisín hatte mal erwähnt, dass ihr Bruder und sie nicht dieselbe Mutter hatten. »Und so konnte ich …« Kurz blickte er wieder zu seiner Schwester, ehe er den Kopf schüttelte. »Mich beschützen. Meine Privatsphäre.«

»Verstehe ich.« Ein Gefühl sagte mir, er erzählte nur die halbe Wahrheit. Aber er schuldete mir ja auch nichts. Wir kannten uns kaum. »Ich könnte dich ja auch Rys nennen. Da würde niemand durchsteigen, dass ich Henry meine.«

»Rys?« Sein Blick schweifte ab, als ließe er sich gedanklich auf der Zunge zergehen, wie er diesen Spitznamen fand. »Na ja, nenn mich ruhig, wie du magst. Ich höre deine Stimme gerne.«

Ich sollte mich ausziehen. Also nicht wegen ihm. Sondern weil es plötzlich noch heißer hier wurde. Oder? Oder?! Reflexartig legte ich meine Hand auf seinen Oberarm. Seinen nackten Oberarm. Seinen nackten, muskulösen Oberarm. »Das Pseudonym bleibt unter uns … Und Nala, Felix, der es Cara und

Owen sagt, der es dann wiederum Fergus weitererzählt, und der wird es Eileen stecken, aber sonst … Unter uns.«

Er hob skeptisch erst eine, dann die zweite Augenbraue. Diesen Ausdruck behielt er ein paar Sekunden bei, bis er lächelte. Sofort fühlte sich mein Tag an, als wäre Sommer. Sonnenstrahlen wärmten mich von innen. Das graue Gefühl der letzten Zeit verschwand.

»Danke.«

Sein Danke riss mich aus meinen Gedanken, und ich nahm meine Hand von seinem Oberarm. Schlagartig fühlte sich alles um mich wieder kühl an. »Aber in der Uni, hast du da nicht Angst, dass da jemand was weitererzählt?«

»Ja, ich versuche gerade dort auch das Takeru einzuführen. Mittelmäßig erfolgreich, wie du an Scar siehst. Aber die Leute, mit denen ich studiert habe, sind größtenteils ohnehin schon fertig, und alle anderen werde ich nach und nach bitten, es für sich zu behalten. Ist auch halb so wild. Es erkennen mich ja auch im Internet einige von früher, aber wenn wirklich mal jemand ein *Henry* kommentiert, lösche ich es einfach, oder niemand denkt sich etwas dabei. Es soll nur nicht die breite Masse wissen und somit jemanden, der dann nachforscht und … Ach, egal.« Er hob seine Hand und winkte ab. »Ich rede zu viel. Aber der Laden ist schön, ich … Ich habe den schon immer gemocht. Also von außen. Nicht dass ich euch gestalkt hätte – egal.«

Schade, ich sah ihm gerne dabei zu, wie er sich um Kopf und Kragen redete. Aber zumindest konnte ich jetzt einhaken. »Äh. Eines noch.«

Er hob fragend die Augenbrauen.

»Dein Name ist also Henry?«

Nickend kratzte er sich am Hinterkopf, als machte es ihn schüchtern, nicht mehr die *Takeru, Starkolumnist*-Maske zu tragen. »Jap. Henry Takeru Kirwan. Das Hinode gehört auch zum Pseudonym. So hieß einer meiner Großväter.«

»Freut mich, Henry.« Ich reichte ihm meine Hand.

»Ach, Händeschütteln ist out. Wäre eine Umarmung okay? Wenn nicht, mach ich's auch mit der Han…« Henry schloss seine Augen und presste seine Lippen aufeinander. »Sorry, das klang komisch.«

Wir prusteten beide los, worüber ich froh war. Denn die Bilder, die mir durch den Kopf gingen, waren echt unangebracht. »Umarmung passt auch.« Wenn er es unbedingt wollte, sagte ich eben völlig uneigennützig zu.

Wir umarmten uns, und der Sommer kam zurück.

Mein Dad hatte uns nach den Abmessungen in eine verfrühte Pause geschickt. Nala und ich ließen uns das nicht nehmen, auch wenn er das nicht aus Güte vorgeschlagen hatte, sondern weil er der Meinung war, dass es dann weniger Chaos gab. Takeru, äh Rys, und Róisín hingegen hatten sich an der letzten Abbiegung verabschiedet.

Gerade als wir weitergehen wollten, verschluckte sich Nala mal wieder an ihrem Bonbon.

»Nala. Niemand verschluckt sich so oft wie du, als wärst du ein Baby.«

Nala schaffte es zu schlucken und prustete los. Gleich danach musste ich ebenfalls loslachen. Einfach weil sie es mit so einer Inbrunst tat, die einem sofort das Gefühl vermittelte, die Welt war in Ordnung, der Tag gerettet.

»Nala, bitte. Ich kann nicht mehr.« Meine Hand presste ich nach meinem Ausruf so fest gegen den Mund, dass sich die Stelle schwitzig anfühlte.

Als wir uns endlich wieder eingekriegt hatten, berührte ich mit meinen Fingern die Wasseroberfläche eines Brunnens und überlegte, was mein Vater und Scarlett wohl besprochen hatten. Die *Druids* brauchten die neuen Umhänge jedes halbe Jahr, da sie jedes Semester ihre Einführungsritualnächte für die neu angeworbenen *Druids* durchführten. So weit, so bekannt. Aber seit Felix vor eineinhalb Jahren in eine dieser Ritualnächte gestolpert war, waren sie penetranter geworden – inzwischen war ich mir fast hundertprozentig sicher, dass ich mir das nicht einbildete. Hatten sie heute also Scar geschickt, um persönlich Druck zu machen? Oder hatten sie sich etwas Neues ausgedacht, um uns zu schikanieren? Früher hatte ich mich auf eine schräge Art sogar immer darauf gefreut, wenn ein neuer Umhang-Auftrag anstand, weil es eins der wenigen Dinge war, die Dad und ich gemeinsam machten. Er brauchte meine Hilfe bei der Umsetzung, wenn er mich auch wenig beim Design mitentscheiden ließ. Aber welche konkreten Vereinbarungen mit den *Druids* bestanden, wusste ich nicht. Auch nicht, wie viel Druck sie wirklich machten. Ich wusste nur, dass Dad sich inzwischen deutlich mehr Sorgen ihretwegen machte als früher und dass mir die Freude an den Umhängen, so verquer sie auch gewesen war, restlos abhandengekommen war. Ich sollte mehr Infos von meinem Dad einfordern. Es war definitiv an der Zeit.

»Wie ist dieses Lied?«, unterbrach Nala meine Gedanken. Sie reichte mir einen In-Ear-Bluetooth-Kopfhörer und spielte die tanzbare Remixversion von *Fly Me to the Moon*. Obwohl ich das Original lieber mochte, riss es einen dennoch mit.

»Nala. Wieder dieses Lied?« Kopfschüttelnd schnippte ich ihr Brunnenwasser entgegen.

Nala begann, die Schultern kreisen zu lassen, fuhr sich über ihre bunten Haare, ehe auch ihre Hüften zum Beat einsetzten. »So lange, bis du es so feierst wie ich und mittanzt!«

»Niemals.« Demonstrativ faltete ich meine Arme zu einer Schleife vor meiner Brust.

»Komm.« Nala drehte sich ballerinaartig um und wackelte mit ihrem Hintern, bis sie bei mir angekommen war. »Entweder du tanzt, oder mein Arsch befördert dich in den Brunnen.«

»Von mir aus.« Ich verpasste ihr einen Klaps und kam zu ihr. Die Menschen um uns blendete ich so gut es ging aus und begann meinen Tanz mit ein paar motivationslosen Kicks nach vorne. »Zufrieden?«

»Wer auf der Welt wäre damit zufrieden?« Ohne Umschweife packte Nala meine Hände und bewegte sich mit mir weiter.

Ohne Nala wäre mein Leben weniger spaßig. »Ich komme nächstes Mal zu dir, und du gibst mir Tanzunterricht.«

Die Musik endete abrupt. »Nee, wenn, lieber im Laden.«

Ich hatte ganz vergessen, dass Nala es nicht mochte, dass ich zu ihr nach Hause kam, obwohl ich keine Ahnung hatte, was sie dort verbarg.

»Okay. Egal wo, ich kann Abwechslung gebrauchen.« Als ich das ausgesprochen hatte, merkte ich, wie müde ich klang.

»Was ist los, Quinn? Sind es die *Druids?*« Nalas Stirn legte sich besorgt in Falten. »Ich arbeite nun schon einige Zeit bei euch. Das neue Semester startet am UCC. Dein Dad und du seid wieder ewig lang wach und arbeitet, und jetzt war auch noch diese Scarlett im Laden. Es geht um die Umhänge für die Ritualnächte der *Druids,* in denen sie neue Leute einführen, oder? Ich kann euch doch helfen –«

»Nein«, unterbrach ich Nala. »Also ja. Ja, es sind mal wieder die *Emerald Druids,* aber … Wir schaffen das schon. Wie immer. Ich habe nur gehofft, du siehst es mir nicht an.« Nala wusste ohnehin zu viel. Es tat dennoch gut, mit ihr über die *Druids* zu lästern, aber ich wollte sie nicht tiefer in die Sache hineinziehen. Außerdem war mir Nala so wichtig geworden. Endlich hatte ich jemanden an meiner Seite. Eine beste Freundin! Was, wenn ich ihr von meinen Vermutungen über die *Druids* erzählte und ihr das zu groß wurde? Wenn sie kündigte und das Leben sein fieses Spiel spielte, das da hieß: Aus dem Auge, aus dem Sinn? Wir versprechen uns, in Kontakt zu bleiben, und zack sind fünf Jahre vergangen, und auf der Straße tun wir so, als würden wir uns nicht kennen? Nein, das durfte nicht passieren.

»Ich? Wir sehen es dir alle an. Warum, denkst du, hat Felix ein schlechtes Gewissen, sich für Owen freizunehmen? Róisín und Robin haben letztens gewettet, wann du wieder in der *Venus Fire Bar* am Tisch einpennst, wie letztes Semester.« Wenn

Nala das so erzählte, kam ich mir noch beschissener vor. Ich war wirklich die Nullnummer in meiner Clique.

»Na toll. Ich kann ja gar nichts …«

»Quinn! Fang nicht wieder damit an. Niemand von uns denkt, du wärst für irgendetwas nicht gut genug.« Das hatte ich nun davon, dass ich bei unseren Besuchen in unserer Stammkneipe zu viel plapperte, wenn ich betrunken war. Das sollte ich echt lassen. »Und außerdem habe ich selbst auch kein Studium gemacht oder die große Karriere gestartet. Wenn du das immer als Vorwand nimmst, weswegen die anderen dich nicht mögen sollten, verletzt mich das auch.«

»Nala! Du weißt, ich würde das niemals auf dich beziehen, du bist toll und –«

»Aber für dich gilt es dann? Glaub mehr an dich, Quinn.«

Ich wandte mich etwas von ihr ab. »Ich versuche es.«

»Und ich werde dich daran erinnern, dass du toll bist.«

Was täte ich nur ohne Nala in meinem Leben?

Die nächsten Tage verbrachte ich damit, Henrys Anzug fertigzustellen. Jede Minute nutzte ich, um ihn schnellstmöglich zu beenden. Ich brauchte Zeit und einen freien Kopf, um mich den Umhängen zu widmen. Meinen Dad damit alleine zu lassen nagte an mir, und ich fühlte mich schuldig. Er hatte genug zu tun und ich ja nichts Besseres, als Nalas Hilfe abzulehnen.

Dad hatte die letzte Zeit jedenfalls gefühlt 24/7 durchgearbeitet. Die Nähmaschine klackerte durchgehend, und selbst wenn ich Feierabend gemacht hatte, war er erst Stunden später nach Hause gekommen. Ständig war geschäftiges Treiben zu hören und eines der Geräusche, die selbstverständlich dazugehörten: das Klicken oder Ratschen eines Feuerzeugs oder das Platzgeräusch, wenn er wieder eine Tablette für was auch immer aus der Verpackung drückte.

Ich griff nach meinem Handy und schrieb Nala.

Bist du schon im Laden? Komme etwas zu spät.

Alles aufgesperrt. Kein Ding. Kannst es mir mit einer Gehaltserhöhung danken. Spaß. Oder nicht? Haha.

Manchmal fragte ich mich, ob es wirklich Nalas Traum war, Angestellte in Dads – und später meinem – Laden zu bleiben. Das konnte nicht ihr Karriereziel sein. Wobei, vielleicht war das ziemlich herablassend von mir gedacht. Außerdem war ich ohnehin nicht in der Position, ihr Gehalt zu bestimmen.

Wundert mich, dass Dad noch nicht im Laden ist.

Mich auch, um ehrlich zu sein.

Soll ich Felix fragen, ob er eine Extraschicht macht und dir hilft? Du könntest ihm als Belohnung ein neues Lavalampennotizbuch anbieten!

Haha! Nee, passt schon. Ist nicht viel los. Eine ist da gewesen und hat nach diesen bunten Fliegen gefragt, die gerade überall auf TikTok sind. Wir sollten die haben!

Weiß schon. Aber Dad und seine Weigerung gegen Erneuerungen.

Eines Tages! Schiebe gerade übrigens voll den Film, als wäre ich eine Businesslady mit eigener erfolgreicher Boutique. Zur nächsten Person sage ich, ich sei Miss Murphy.

Tu, was du nicht lassen kannst, haha.

Ohne Lüge: Ich arbeite nur hier, weil ich hoffe, einen reichen Businessmenschen zu finden, der mich entführt.

Du schaust zu viele toxische Filme.

Und du zu wenige.

Kopfschüttelnd schickte ich Nala ein verschlafenes Bild von mir inklusive Abdruck meines Kissens im Gesicht und Peacezeichen. Wo wir aber über den Laden und meinen Dad sprachen, bemerkte ich erst, dass es ruhig war. Zu ruhig. Keine Telefonate, kein Tastaturgeräusch, kein Nähmaschinenrattern, kein *Das gibt's ja nicht!*.

Ich steckte das Handy in den Bund meiner Hose und ging in die Küche. Nichts. Nicht einmal eine alte Kaffeetasse mit eingetrockneten Milchschaumresten. Ob er auf dem Weg in den Laden war? Oh, nein, dann musste ich Nala warnen, bevor sie ihre Miss-Murphy-Show abspielte.

Ich holte mein Handy wieder hervor und rief sie an, da zog mich eine Ahnung in sein Schlafzimmer-Schrägstrich-Büro.

»Ja?«

»Nala, Dad ist auch nicht hier. Bist du sicher, dass er noch nicht im Laden ist? Ganz oben vielleicht?« Im Spiegel vor Dads Zimmer erkannte ich etwas Ungewöhnliches.

»Ja, ich habe da meinen Kaffee getrunken und vom Fenster aus Leute für ihre Outfits verurteilt.« Nalas Antwort hörte ich nur noch wie ein abklingendes Lied im Hintergrund.

All meine Aufmerksamkeit war auf meinen Dad gerichtet. Der am Boden lag. Auf dem Bauch. Sein Unterhemd verrutscht und den Blick von mir weggerichtet. Alles fühlte sich surreal an. Meine Stimme versagte, meine Kehle schnürte sich zu, und jeder Laut, den ich machen wollte, wurde von einer Mauer in meinem Hals aufgehalten.

»Quinn?«

Mein Innerstes wollte zu meinem Dad stürzen, aber ich konnte mich nicht bewegen. Als hätte mein Geist meinen Körper verlassen, funktionierte nichts mehr.

»Quinn, was ist los? Warum atmest du so komisch?«

Da bemerkte ich, wie rasch ich nach Luft schnappte.

»Quinn!« Nalas Schrei riss meinen Geist aus seiner Metaebene, und er stürzte mit einem harten Aufprall zurück in meinen Körper. Meine Realität war wieder im Hier und Jetzt, und ich schaffte es, mich neben ihn zu knien.

»Nala. Mein Dad. Ich glaube, also, keine Ahnung. Ich … Ich glaube … E-er ist tot.«

Kapitel 4

Takeru, ähh Henry

Hope in Our Universe by Takeru: Bei meinem heutigen Guide – zum Lesen eures Geburtshoroskops Teil eins – dreht sich alles um die Frage: Horoskope passen doch immer auf jeden, oder? Ja, wenn ihr nicht euer Geburtshoroskop betrachtet, sondern nur einen Zwei-Sätze-Spruch im Kästchen einer Tageszeitung, dann findet ihr nichts, was auf euch zugeschnitten ist. Was für ein Schocker, nicht wahr?

Zum dritten Mal an diesem Morgen scrollte ich durch die Wohnungsanzeigen, und wieder gab es keine wie durch Zauberhand aufgetauchte passende Wohnung für mich. Hätte ich gewusst, dass unsere Mam ein paar Tage in der Stadt bleiben wollte, hätte ich mich vor meiner Rückkehr um eine Wohnung gekümmert. Ich wusste, Mam wollte nur das Beste für Ró. Und für mich bestimmt auch. Trotzdem konnte ich ihr noch nicht verzeihen, dass sie mich zu diesem Pseudonym gedrängt hatte. Konnte es nicht auch mal um mich gehen? Ich verstand, dass ihre Sorge um Ró noch immer in ihr verwurzelt war. Rós Kindheit war nicht leicht gewesen. Die ganze Familie hatte diese Sorge geteilt. Aber ich hätte mir gewünscht, dass es vor *meinem* Auslandsjahr und bei *meiner* Kolumne etwas mehr um mich ginge. Außerdem hatte ich gedacht, Ró und ich würden eine schöne Schwester-Bruder-Zeit verbringen, bis das Universum mir die perfekte Unterkunft zeigte. Aber nun war Mam da, und ich musste damit leben. Was ich schon irgendwie konnte, aber der Druck, eine eigene Bleibe zu finden, wurde dadurch definitiv größer. Mam konnte schließlich jederzeit wiederkommen oder den Aufenthalt verlängern.

Eine Immobilienseite hatte ich noch auf meiner Liste. Eine, die mir Scarlett empfohlen hatte, mit der ich vorhin noch per Videochat über ihre Arbeit gesprochen hatte. Bevor ich das aber anging, wechselte ich mein Diktierprogramm und nahm etwas für meine Kolumne auf.

»Um noch mal die Frage von vorhin aufzugreifen – Horoskope passen doch immer auf jeden, oh …« Ich stoppte kurz. »Einfügung: Umändern in – treffen doch immer auf alle zu – statt jeden.« Wieder eine Pause, damit ich das später gut auseinanderhalten konnte. »Für Teil zwei habe ich mir ein paar dieser Tageszeitungssprüche rausgesucht.« Pause. Ich pfiff einmal ins Mikro. »Hier Sprüche einfügen. Ihr könnt daraus natürlich ruhig eine Weisheit für euch ziehen, aber es ersetzt kein ausgearbeitetes Fünfzig-Seiten-Geburtshoroskop. Ist so ’n bisschen wie Symptome googeln und auf den ersten Treffer vertrauen.«

Nachdem ich das erledigt hatte, überlegte ich noch, wie ich mein Beziehungsexperiment – vor allem mit wem – umsetzen konnte. Aber darüber konnte ich mir noch Gedanken machen, nachdem ich Jordan vom Magazin meine neueste Kolumne geschickt hatte.

Um die wichtigsten Aufgaben für heute abzuhaken, wechselte ich noch rasch zu Instagram und öffnete die Story-Funktion. »Hey, Leute, Takeru hier. Ich weiß, seitdem ich zurück in Cork bin, passiert hier nicht so viel. Arbeit türmt sich, Wohnung habe ich noch keine. Muss mich hier erst mal ein wenig einleben. Aber schreibt mir gerne hier«, ich deutete in die rechte Ecke, »eure Geburtsdaten, und ich wähle mal wieder jemanden zufällig aus, dessen Liebesleben wir ein wenig in meiner Story durchnehmen.« Abgeschickt.

Endlich hatte ich Zeit für meine Wohnungssuche. Die Seite sah übersichtlich aus und nicht so kompliziert wie die letzte, die keine mobile Version hatte. Aber auch hier …

»Fuck. Wieder nichts.« Ich warf das Handy vor mich auf die Bettdecke und sah mich in dem kleinen Zimmer um. Verfolgte die Sonnenstrahlen, die durch die Jalousien fielen und ihr Muster auf dem hellen Holzboden, der Schlafcouch und dem Schreibtisch hinterließen. Mehr gab es in diesem Raum auch nicht. Nur noch meinen Koffer.

Meine Rückkehr aus Tokio hatte ich mir spannender vorgestellt. Keine Ahnung, eine Parade oder so. Nein, Quatsch. Ró hatte sich die letzten Tage ins Zeug gelegt und sich mit mir *Jurassic World drei* im Kino angesehen, sich meine extrem genialen Fragen für Caras Interview angehört, wir hatten wie früher stundenlang am River Lee gelegen, um alte Songs zu hören. Was es auch war, das mir fehlte, ich musste es herausfinden. Vielleicht war Cork doch der falsche Ort und ich zu früh zurückgekehrt? Sollte ich woandershin? Nur: Wo war dieses Woanders?

Mein Handy vibrierte über meinem Schritt auf der Decke. War das Ró? Oh, nein. Eine Mail vom *Murphy's?*

Guten Tag, Takeru Hinode, Ihre Anfertigung …

Meine Gedanken drifteten ab. Denn seit meinem Besuch bei dem Herrenausstatter war mir auch wieder eingefallen, woher ich Quinn kannte. Es musste vor über vier Jahren gewesen sein, als ich ihn durch eine Dating-App entdeckt hatte. Leider hatte er sich ziemlich schnell wieder gelöscht, und ich verlor ihn aus den Augen. Von da an hatte er mich für eine Weile ziemlich fasziniert. Nicht nur der Text in seinem Profil, auch sein Stil und wie leidenschaftlich er seinem Job nachging. Ich hatte es genossen, durch die Innenstadt zu schlendern und ihn dabei manchmal auf dem Weg zu meinem damaligen Nebenjob durch das Schaufenster zu sehen. Unternommen hatte ich aber nie etwas, um ihn näher kennenzulernen. Dann war das Leben passiert, ich hatte mein Studium begonnen, war anderen Menschen begegnet, schließlich nach Tokio gegangen … und hatte diese Phase fast völlig vergessen. Damals war ich noch der Henry gewesen, der nicht wusste, was er mit seinem Leben anfangen wollte. Als wäre es schon Jahrzehnte her. Und auch Quinn hatte sich seitdem verändert, war irgendwie in sein Gesicht hineingewachsen, sodass es ihm jetzt noch besser passte als damals – deshalb hatte ich ihn vermutlich nicht früher erkannt.

»Henry.« Als hätte ich Luzifer beschworen, riss Ró die Tür auf, und ich unterbrach nicht nur meine Gedanken an Quinn, sondern auch die automatische Nachricht meinen Anzug betreffend. »Nalas Chef, Quinns Vater, ist im Krankenhaus. Quinn hat gemeint, sollte jemand Zeit haben, wäre er für Unterstützung dankbar. Na ja, und da ich Medizin studiert habe, will er meine Sicht der Dinge hören.« Rós Blick irrte umher. »Ich glaube, er hat Angst, nun völlig ohne Familie dazustehen, oder, keine Ahnung, der Schock? Kommst du mit?«

»Aber ich kenne ihn doch gar nicht?«

»Komm schon, Hen, bitte! Quinn ist für mich so ein wichtiger Freund geworden, nachdem Owen und du weg gewesen seid. Ich glaube, er ist gerade dankbar über alle Menschen, die ihm das Gefühl geben, dass er nicht alleine ist.« Ró zappelte an der Türschwelle herum. »Außerdem habe ich vorhin ein Glas Wein getrunken und kann nicht fahren.«

Ich seufzte. »Okay, ich komme mit.«

Ró so aufgelöst zu sehen tat mir leid. Sie eilte davon und war vor mir draußen. Die kühle irische Luft beruhigte sie augenscheinlich. In Kombination mit ihrem Im-Kreis-Gehen erinnerte sie mich wieder an die achtzehnjährige Ró, die mit mir nachts vor unserem Haus im Kreis lief, weil sie Angst vor ihren Operationen hatte. Während sie einen imaginären Kreis im Beton hinterließ, lehnte ich mich gegen die Hauswand. Ein paar Minuten später waren wir in ihrer alten Schrottkarre auf dem Weg zum Krankenhaus. Wir schwiegen die gesamte Fahrt. Was nicht bedeutete, dass es still war. Ró knabberte an ihren Fingernägeln, trommelte danach mit ihnen gegen ihren Oberschenkel und seufzte laut.

»Ich habe nichts getrunken.«

»Was meinst du?« Ich riskierte einen knappen Blick zu Ró.

»Weshalb ich wollte, dass du mitkommst. Es ist noch immer diese, na ja, nicht Angst, aber dieses ungute Gefühl vor Kliniken da. Mein Studium hat mir geholfen, die Panik zu verlieren, aber ich habe immer noch die Operationen von damals im Kopf. Die paar Leute vom medizinischen Personal, die meiner Geschichte gegenüber nicht so offen waren. Ich fühle mich einfach wohler, wenn du dabei bist.«

»Verstehe. Tut mir leid, dann bin ich natürlich gerne dabei. Willst du deshalb nicht als Ärztin arbeiten, sondern in dem Medizinmagazin?«

Im Augenwinkel erkannte ich Rós Kopfschütteln. »Nein, ich glaube, ich kann da für die Community wirklich mehr erreichen, und ich mag die kreative Arbeit.«

Die restliche Fahrt über sprachen wir nicht mehr darüber, aber ich war froh, dass sie sich geöffnet hatte. Sobald wir unser Ziel erreicht und geparkt hatten, lief Ró voraus und ich hinter ihr durch die sich öffnende Tür der Klinik.

»Róisín?« Nala erwartete uns in der Lobby. »Oh, schön, du bist da. Danke.«

Ró fiel ihrer Freundin in die Arme. »Wie geht es deinem Chef?«

»Schlaganfall. Sie sagen, er hatte echt Glück, dass Quinn zu Hause war und deshalb schnell Hilfe rufen konnte. Deshalb ist es noch mal gut ausgegangen. Er schimpft sogar schon wieder, dass auch ja die Arbeit nicht liegen bleibt.«

Wer Beleidigungen ausspuckte, konnte zumindest nicht im Sterben liegen. Oder? War mein laienhafter Gedanke.

»Wird er sich erholen?« Ich sprach die Frage für Ró aus.

»Denke ja.« Nala löste sich von meiner Schwester. »Um Quinn mache ich mir fast mehr Sorgen. Er spielt wieder den Helden, aber nachdem er schon keine Mutter hat, nimmt ihn das mit seinem Vater bestimmt mehr mit, als er zugibt.«

Wir folgten ihr.

»Hat er sonst Verwandte?« Ich hoffte auf ein Nicken.

Nala verneinte, schickte aber noch eine Erklärung hinterher. »Seine Eltern haben ihn bekommen, als sie schon älter waren, und da sie auch Einzelkinder sind, gibt es da niemanden im engeren Umfeld mehr, zu dem er Kontakt hätte.«

Der Krankenhausgeruch war eine Mischung aus Desinfektionsmittel, einer Prise Fäkalien, einem Hauch Tod, einem gestrichenen Teelöffel Verzweiflung und einer Messerspitze schwammigen Essens. Mir wurde ein wenig übel, und am liebsten wäre ich wieder aus dem Gebäude gelaufen. Wie hielten die Leute das aus, die hier arbeiteten? Ja, Gewohnheit, okay, aber daran mussten die sich doch jeden Tag zu Schichtbeginn neu gewöhnen, oder?

»Da sind wir.« Nala zeigte auf den Wartebereich. »Daneben befindet sich Murphys Zimmer.«

Es überraschte mich, zu sehen, dass der Wartebereich bereits ziemlich voll besetzt war – dabei war es ansonsten ziemlich ruhig im Krankenhaus. Auf den zweiten Blick begriff ich allerdings – noch ein bisschen überraschter –, dass das alles Leute waren, die ich kannte. Oder die ich zumindest schon mal gesehen hatte. Auf den Tausenden von Bildern und Videos nämlich, die Ró mir in den letzten Tagen von ihrer Gang gezeigt hatte, um mir die komplizierten Beziehungen zu erklären, über die sie zusammengefunden hatten. Felix zum Beispiel arbeitete auch bei Quinn, kannte Ró vom UCC – und weil sie die beste Studienfreundin seines Freundes Owen war – und wohnte mit Cara zusammen. Außerdem hatte er mal Robin gedatet, woraus zwar nichts Festes geworden war, aber er hatte ihn trotzdem in die Gruppe geschleust. Für mich als Außenstehenden klang das schräg, aber war ja nicht meine Sache. Jedenfalls saßen jetzt Cara, Felix, Owen und ebenjener Robin auf den aneinandergereihten Stühlen im Wartebereich.

»Hey, *Takeru*«, sagten sie alle nacheinander und betonten meinen Vornamen dabei extra lange. Okay, das mit dem Pseudonym hatte ja schnell die Runde gemacht.

Felix strich sich seine blonden Wuschelhaare ins Gesicht. »Oh Universum, er ist es.«

Owen knuffte ihn mit dem Ellbogen. »Er hört dich.«

»Owen«, zischte Felix. »Wie geht's dir so? Was machst du so?«, wandte er sich an mich.

»Ganz gut eigentlich. Ich will mein letztes Semester kreatives Schreiben rumkriegen und mich dann mehr meiner Astrologiekolumne widmen.« Ein wenig fühlte ich mich wie vor einem Gericht, wo mich alle beurteilten.

»Ah, okay, wow.« Felix stützte seinen Ellbogen am Oberschenkel ab, beugte sich zu mir vor und bettete sein Kinn auf seine Handfläche. »Astrologie liebe ich ja auch.«

»Du weißt, wer er ist, tu doch nicht so.« Owen stupste Felix an. Sein Freund kippte überrascht mit einem »Ah!« vor, ehe er sich fing.

»Das ist eine Lüge.«

»Schatz, mach es nicht schlimmer.« Cara, die ich selbst wie ein Fan bewunderte, tätschelte Felix' Hand und grinste mir dann zu. »Wir kennen uns ja per Mail. Ich hoffe, du wirst beim Interview nicht zu streng sein.«

»Ich werde dich auseinandernehmen.« Ich lehnte mich gegen die gemauerte Säule, die die Sitzecke ein wenig vom Flur abtrennte, und schielte dabei zu Felix, der wild auf seinem Handy tippte, und Owen, der auf seines starrte. Es bedurfte keiner großartigen Kombinationsgabe, zu schließen, dass sie wohl einander schrieben.

»Ich freu mich darauf.« Cara erhob sich und ging zu Nala, die im Flur auf Quinn wartete.

»Weiß jemand, wo die Toiletten sind? Wir haben uns so beeilt, dass ich keine Zeit mehr gehabt habe.« Neben mir zappelte Ró von einem Fuß auf den anderen.

»Warte, ich zeig's dir, muss auch.« Owen sprang auf und verstaute sein Handy in der dunkelbraunen Hose. Gemeinsam mit meiner Schwester verschwand er um die Ecke.

Ich wandte mich wieder Felix zu, der noch etwas rosa im Gesicht war. »Wisst ihr etwas über euren Chef?«

»Nicht wirklich. Es geht ihm wohl okay. Er ist stabil, und sie haben ein paar Tests gemacht, wonach sich wohl der leichte Schlaganfall von alleine gebessert hat.« Felix massierte sein Ohrläppchen und griff dann seitlich rüber zu Robin, um seine Kopfhörerkabel zu erreichen. Einen heftigen Ruck später baumelte einer davon vor seinem schwarzen XXXL-Shirt. »Robin, du könntest dich ruhig etwas einbringen. Oder willst du, dass ich meinen Lieblingspodcaster Brodie laut abspiele, den du so gerne hast?«

»Boah, bitte nicht. Der ist so nervig.« Robin schenkte mir ein schmallippiges Grinsen, bei dem die Mundwinkel – unter einem Mikroskop betrachtet – wohl gerade so nach oben zeigten. Darauf folgte ein knappes Nicken. »Hi, Kerl.« Danach musterte er Felix mit hochgezogenen buschigen Brauen, als schickte er ihm telepathisch eine Nachricht: *»Und wegen dem ziehst du mir meine Kopfhörer raus?«*

Mehr als ein kurzes Winken brachte ich für seine Begrüßung nicht auf, da steckte Felix ihm den Kopfhörer wieder ins Ohr. Robin schottete sich ab und wischte über sein Handy.

»Skorpion, oder?«, wisperte ich Felix zu, aus Sorge, der hörte doch mit. »Meintest du *den* Brodie? Vom Astrologiepodcast? Liebe den.«

Felix lachte auf und nickte. »Er kann aber echt nett und witzig sein. Und ja, den meine ich, keine Ahnung, was Robin gegen ihn hat, sobald den jemand von uns hört, ist er weg.«

Mittlerweile kamen auch Owen und meine Schwester von der Toilette zurück.

»Ich glaube, bis Quinn kommt, wird es noch etwas dauern.« Nalas Nachricht lenkte Felix ab, und ich beschloss, nicht weiter nachzufragen, wie er mit Robin mittlerweile so klarkam. Also mit ihrer Dating-Vergangenheit. Ging mich ja auch nichts an, aber so ein gewisses berufliches Interesse konnte ich nicht abstreiten. Skorpion und Fische ... sowieso eine interessante Kombination. Hätte funktionieren können.

»Und jetzt? Sollten wir nicht irgendwie das mit dem Laden klären?«

»Ich werde mal im Laden vorbeischauen und ein paar Anrufe tätigen. Kannst du vielleicht mitkommen, Felix? Ich weiß, du hast frei, aber es sollte auch jemand im Lager gucken, ob alles passt. Sollten heute nicht Lieferungen kommen?« Nala strich sich mehrmals über ihre Haare und drückte auf ihren Fingern herum. »Wir schaffen das schon.« Sagte sie das mehr zu sich als zu uns allen? Obwohl ich mich selbst aus diesem Uns ausschloss.

»Natürlich! Ist doch okay, oder, Ow?« Felix nahm die Hand seines Freundes, der ihm aufmunternd zunickte.

»Ich muss leider auch langsam los, muss noch Mam zum Bahnhof bringen.« Diesmal war es Ró, die Robin die Kopfhörer aus den Ohren zog. »Kannst du bleiben, Robin? Damit Quinn nicht ganz alleine ist?« Sie zog sich – bereit zum Gehen – ihre Jacke an.

»Nee, ich muss zurück ins Hotel. Und einen Notfall beim Dad eines, äh, guten Freundes als Ausrede werden die nicht akzeptieren. Obwohl die mir andererseits ja nicht mal eine Nierentransplantation durchgehen lassen würden.« Nachdem Robin das gesagt hatte, bewegten sich die Blicke aller ganz langsam zu mir.

Die wollten doch nicht, dass ich alleine ...?

Die Kaffeebecher in meiner Hand brannten wie Feuer. Ich hätte den Tipp der Krankenpflegerin, die beim Automaten vorbeigegangen war, beherzigen und zwei Becher übereinanderstapeln sollen, da die neuen nachhaltigen Becher zwar eben das waren, nachhaltig, aber nicht wirklich praktisch. Doch ich wollte zu sehr den harten Typen raushängen lassen und hatte abgewinkt. Jetzt eilte ich mit glühenden Händen durch das verwinkelte Krankenhaus und fand den Weg nicht zurück. Das hatte ich jetzt davon, dass ich Quinn spontan etwas Gutes hatte tun wollen, indem ich ihm Kaffee brachte. Immerhin war er in den gefühlten Stunden, die ich nun schon hier abhing, noch nicht ein einziges Mal aus dem Zimmer seines Dads gekommen. Na gut, ein bisschen Langeweile war auch dabei gewesen, und das Bedürfnis, mir eine Runde die Beine zu vertreten. Jetzt war diese Runde allerdings etwa dreimal so lang geraten wie geplant.

Irgendwann erreichte ich den Flur, den ich mir extra noch eingeprägt hatte, weil da ein Bild mit einer Obstschale hing. Leider entdeckte ich dasselbe Bild nach jeder zweiten Abbiegung, und dazu passend auch fast identische Wartebereiche. Aber die Zimmernummern waren immer die falschen. Und jetzt vibrierte auch noch mein Handy. »Das gibt's ja nicht. Alles auf einmal. Boah.« Genervt seufzte ich und legte einen Zahn zu, um den nächstgelegenen – falschen – Wartebereich zu erreichen.

Bei den Sitzmöglichkeiten angekommen, stellte ich die beiden Becher auf die Magazine am Eisentisch und fischte mein Handy mit aufgeheizten Fingern aus der Hosentasche. Was wollte denn Ró jetzt? »Ja?«

»Warum so angepisst?«

»Verlaufen, Hände brennen.«

»Ach, Hen. Hältst du noch eine Stunde durch? Dann kommt Nala auch wieder zurück. Du kennst Quinn zwar kaum, aber wir wollen ihn nicht alleine lassen. Er behält alles für sich und lässt sich nicht helfen. Vielleicht wirkt es auf dich übertrieben, aber sie sind wie eine Family für mich geworden. Ist ja nur heute.« Hätte ich gewusst, dass Ró mich so lange hier allein ließ, wäre ich nicht geblieben. Es war ihre Cork-Gang, nicht meine. Witzigerweise fühlte ich mich so auch bei unseren Eltern.

Róisíns perfekten Eltern. *Ihre* leibliche Mam, die mir das Pseudonym aufschwatzte, damit *ihre* Tochter in Sicherheit war. Damit ja niemand wegen meiner Reichweite was über Ró rausfand, mit dem sie unter Druck gesetzt werden konnte. Nicht um meine Privatsphäre zu schützen. Ich war ja auch nur der Irgendwie-Sohn, der sich verbog, um dazuzugehören. Sollten sie mich doch ausfindig machen und wegen meiner Sexualität beschimpfen. Egal. Hauptsache, Ró ging es gut.

Okay, stopp. Erstens war das kein Wettbewerb. Zweitens war es unfair Ró gegenüber. Sie ahnte nichts, und sie wollte ja selbst, dass Mam die Samthandschuhe ihr gegenüber auszog. Und vor allem wollte ich nicht, dass das zu einem Problem zwischen meiner Schwester und mir wurde. Selbst wenn es nur in meinem Kopf war – da fing es ja immer an.

»Schon gut.«

»Danke, Henryli. Und deine Kolumne bekommst du hin?«

»Die habe ich am Handy geschrieben.« Ich ließ mich auf den Stuhl fallen und nahm mir eine Zeitschrift mit Geschichtsfakten. »Lang lebe der Fortschritt.«

»Warum klingt dieses ganze Gespräch furchtbar ironisch, Hen?« Im Telefon rauschte es. »Warte, Mam, nein, Mam! Das ist nicht unser Bahnsteig, pass auf, sonst verpassen wir den Zug wieder.«

Es kostete mich Überwindung, nicht mit den Augen zu rollen. Stattdessen blätterte ich durch das Magazin. Ein Artikel berichtete von drei grausamen Foltermethoden. Die erste: Tod durch Kitzeln. Als ich überlegte, wem ich das gönnte, sprach Ró wieder mit mir.

»So, bin wieder da. Willst du noch mit Mam reden, bevor sie weg ist?«

»Nein!« *Ruhig, Junge.* Ich presste meine Augenlider zusammen. »Ich meine …« Danach öffnete ich sie wieder. »Ich rede ein anderes Mal mit ihr.«

»Okay. Alles gut bei dir? Und: Sicher, dass du mir das jetzt alles nicht irgendwann vorhältst?«

»Jaja. Tschüss, Schwesterchen.«

»Henry Takeru Kirwan! Jaja heißt …« Ihre Stimme versiegte, nachdem ich sie weggedrückt hatte, und ich legte das Magazin zur Seite.

Da es nur noch eine Richtung gab, die ich noch nicht versucht hatte, bog ich dort ab und erkannte endlich den Wartebereich von vorhin wieder. Bewaffnet mit den beiden inzwischen halbwegs abgekühlten Kaffees, begab ich mich zum Zimmer von Quinns Dad … und entdeckte erstaunt, dass die Tür offen stand. War Quinn jetzt etwa unerwartet abgehauen, während ich versucht hatte, ihm was Gutes zu tun? Musste ich den zweiten Kaffee jetzt echt selbst trinken?

Ich wollte gerade die Tür ganz öffnen, da hörte ich Quinn: »Das kommt gar nicht infrage.«

Stockend hielt ich inne und linste durch den Türspalt. Quinn stand mit dem Rücken vor dem Krankenhausbett seines Vaters, dessen Kopf er mit seinem Körper verdeckte. Um die beiden entdeckte ich piepende Geräte und Halterungen mit Infusionsflaschen, aus denen es langsam in die Schläuche tropfte.

Vielleicht sollte ich besser gehen und nicht lauschen? Innerlich sagte ich mir: *Rückzug!* Aber etwas hielt mich auf. Die Situation wirkte angespannt. Eventuell müsste ich ja eingreifen, bevor sie stritten? Stress war bestimmt ungesund so kurz nach einem Schlaganfall. Ja, genau. Nur deshalb hörte ich zu.

»Die Ärztin hat gesagt, Ruhe steht an erster Stelle. Meinst du, mir ist zum Jubeln zumute? Ich hoffe, bald darf ich gehen, noch sind meine Werte aber so unterirdisch, dass sie mich hierbehalten. Und sie haben wohl noch etwas an meinem Herzen entdeckt, weswegen ich erst recht nicht wieder rausdarf. Sie wollen auch noch mal meine Leber und Niere genauer beleuchten. Laut meinem Befund passt da auch einiges nicht. Ich hatte Blut im Urin. Also alles nicht so berauschend.«

»Wo wir wieder bei täglichen Tabletten und ungesundem Lebensstil wären.« Quinn stieß das mit zusammengebissenen Zähnen hervor.

»Quinn, nicht jetzt. Also … Du musst eine Zeit lang die Geschäfte alleine regeln. Es steht nicht viel an. Geh nicht an meine privaten Mails, nur an die im Laden für die Bestellungen. Regel das Tagesgeschäft und halt dich von den *Druids* fern. Wir haben gerade erst eine neue Frist ausgemacht, ich kümmere mich selbst darum.« Murphy quälte sich hoch, und als er zurückrutschte, schreckte ich vom Spalt weg, damit er mich nicht entdeckte. »Sieh es als Probe für die Zeit, wenn du den Laden übernimmst.«

Ich musste an Nala denken. Kurz bevor sie gegangen war, hatte sie mit Ró geredet, dass Quinn wohl noch immer nicht glücklich damit war, den Laden zu übernehmen, und niemals seine wahren Zukunftswünsche preisgeben würde.

Quinn sah aber auch gut aus von hinten.

Stopp! Falscher Moment.

»Ich kann das alles einfach nicht mehr.« Quinns Stimme konnte ich beinahe nicht vernehmen. Am liebsten hätte ich mir die Hand auf den Mund gepresst, damit mein Atmen mich nicht verriet. Wobei: In einem Krankenhaus sollte ich mir wohl eher nicht mit meinen Händen an den Mund greifen, wenn ich schon tausend Sachen angefasst hatte …

»Du kannst das. Lass nur die reichen Sohnemänner und Töchterchens vom UCC außen vor. Dafür bist du noch nicht bereit, da gibt es noch so viel, das du nicht weißt. I-ich hätte dich da früher aufklären sollen. Aber das nehmen wir auch noch in Angriff, ehe es zu spät ist.« Aufklären? Noch nicht bereit? Die konnten doch nicht so schlimm sein, oder?

»Ich bitte dich, du stirbst nicht. Wir haben dafür genug Zeit. Erhol dich, okay?«

Von Murphy kam jetzt nichts mehr, weswegen ich annahm, er nickte lediglich.

Auf Quinns Schultern lag eine unglaubliche Last, die er alleine tragen musste.

»Bis später.« Quinn riss die Tür auf und starrte mich an.

Mist. Ich hatte gar nicht mehr hingehört und ihn wahrgenommen.

Ich schenkte ihm ein verunsichertes Lächeln.

»Ruh dich aus, Dad.« Ohne den Blick von mir abzuwenden, schloss Quinn die Tür hinter sich.

»Kaffee?« Die Becher dampften nun wenigstens auch nicht mehr, und ich konnte sie ihm vor die Nase halten, ohne ihm die Nasenhaare zu verbrennen.

Quinn ließ eine Sekunde von mir ab, um den Kaffee zu begutachten, dessen hellbraune Flüssigkeit von meinem hastigen Hochhalten gefährlich nahe am Rand hin und her schwappte.

»Für mich?«

»Was für eine Frage, nein, beide für mich. Hier nimm.« Ich drängte ihm einen Kaffee auf und schritt zur Warteecke zurück.

»Danke, Rys.« Rys ... Er zog das also echt durch. Ich unterdrückte ein Schmunzeln. Mein Kribbeln im Bauch konnte ich allerdings nicht abschalten. Wenn er das sagte, klang das – äh, Schluss jetzt. Quinn ging voraus. »Hast du gelauscht?«

»Nein.« Ich trank einen Schluck. »Ja.«

»Wenigstens gibst du es zu.«

»Wie geht's deinem Alten?« Eine Kaffeewelle stahl sich über den Becherrand, als ich mich ungebremst auf den Stuhl fallen ließ. »Shit.« Sofort stellte ich ihn auf eines der Magazine und wischte meine weite schwarze Stoffhose ab.

»Da wird sich aber die nächste Person freuen, einen Kaffeefleck auf dem Magazin zu haben.« Quinn setzte sich neben mich und nahm ebenfalls einen Schluck.

»Dann soll sie doch heulen. Als gäbe es in einem Krankenhaus nichts Schlimmeres als ein Magazincover mit einem Kaffeering um Olivia Rodrigos Gesicht.« Trotzdem nahm ich den Becher wieder in die Hand. »Dir täte es auch gut, mal mehr an dich zu denken. Sage ich jetzt auf Basis eures zugegebenermaßen belauschten Gesprächs.«

Quinn warf mir einen etwas schrägen Blick zu, als wollte er sagen, dass diese Überleitung aber nun wirklich weit hergeholt war. Was stimmte.

»An dir hängt aber kein Familienunternehmen, das seit über einem Jahrhundert existiert«, sagte er trotzdem.

»Wer weiß, eventuell baue ich gerade ein Astrologiefamilienunternehmen auf, das ich irgendwann mit meinem Mann oder einer anderen Person, mit der ich zusammen bin, leite und das mein Adoptivkind übernehmen wird? Dann hängt es streng genommen auch an mir.« Mein Konter ließ Quinns Augen weit werden, und er stellte den Becher auf seiner dunklen Jeans ab, hielt ihn aber mit einer Hand fest.

»Das kannst du nicht vergleichen.« Quinn legte seinen Kopf nach hinten gegen die Wand, und ein Lichtstrahl fiel durch das schmale Fenster auf sein Gesicht. Es erhellte die braunen Augen mit den grauen Sprenkeln und verlieh ihm einen Sonnenuntergangsfilter, den Instagram nicht besser hingekriegt hätte. »Du willst dein Astrologieding machen. Was, wenn dein Kind das irgendwann nicht will?«

»Dann fresse ich es auf.« Diese Erwiderung von mir überrumpelte Quinn sichtlich. Er linste mich erst an, ehe er sich lachend aufbäumte. Dabei legte er eine Hand auf seinen schwarzen Oversize-Pulli, der meinem ähnelte, nur dass seiner dünner war.

»Damit hast du nicht gerechnet, oder?«

»Nee.«

»Aber ernsthaft: Ich würde das niemandem aufzwingen. Wir leben nur einmal, und auch wenn es zunächst furchtbar deprimierend klingt: Ist es nicht ebenso erleichternd, sich daran zu erinnern, wie furchtbar belanglos unsere Sorgen sind? Ich meine, wenn wir uns mit dem sich ausdehnenden Universum vergleichen, in dessen Augen die gesamte Existenz der Menschheit nur ein Blinzeln ist, kann es auch tröstlich sein, oder?«

»Das sind Sprüche, die Leute sagen, denen es gut genug geht, um sich das leisten zu können.«

»Was leisten zu können?«

»Sich keine Sorgen zu machen. Und es klingt ein wenig nach Selbstsabotage.«

Wow, woher kannte Quinn mein größtes Talent? Neben Mich-manchmal-selbst-Kleinreden und Mein-Sonnenzeichen-Löwe-als-Entschuldigung-für-alles-Nehmen.

Ich kaute auf meiner Lippe herum. »Ich habe nicht gemeint, dass es keine Probleme gibt, aber in Fragen wie *Was denken alle von mir?* kann es manchmal hilfreich sein, sich vor Augen zu führen, wie sehr einen das oft zurückhält.«

Quinn exte seinen Kaffee. »Es geht nicht, okay? Manche haben nicht so ein leichtes Leben wie du. Die in einem Wartezimmer im Krankenhaus sagen können, sie wollen mit ihrem Mann ein Kind adoptieren und mit Astrologie ihre Rechnungen bezahlen. Andere können das eben nicht.« Er erhob sich, knüllte den Becher zusammen und warf ihn gekonnt in den Mülleimer.

»Denkst du, du lässt mich hier mit einem fiesen Endgegnerspruch zurück?« Ich erhob mich ebenfalls, und wir standen viel zu nah voreinander. So nahe, dass ich seine sich weitenden Nasenflügel wahrnahm, die sich hastig hebende Brust, die immer wieder hervortretenden Kieferknochen und die volle Unterlippe. »Mein Leben ist so, wie ich es mir gemacht habe. Wie es scheint, bist du der, der mit einem gut laufenden Laden als Lebensgrundlage geboren wurde, oder irre ich mich? Und nicht der, ach egal. Mir doch schnuppe. Glaub aber nicht, dir dankt es irgendwann jemand, dass du dein Leben für andere vergeudet hast.« Ich machte eine abfällige Wischbewegung. »Mach doch, was du willst.«

Kopfschüttelnd wandte ich mich ab, da spürte ich einen Druck an meinem Rücken, und ehe ich michs versah, stolperte ich vorwärts, hinein in den Jackenständer und Regenschirmhalter. Dieser Wichser hatte mich geschubst?

»Muss ich deshalb akzeptieren, dass du dich wie ein Arsch verhältst? Ist ja schön für dich, wenn du so ein toller Macher bist, der sich sein eigenes Glück gebastelt hat und jetzt von oben herab auf die schaut, denen das nicht so leicht fällt. Aber damit hilfst du niemandem, okay? Niemandem! Weil du nämlich niemandem helfen kannst, wenn sich dein Universum nur um dich dreht. Dich interessiert es doch gar nicht wirklich, wie es anderen geht.«

Quinn atmete schwer. So oft, wie er über seine Worte gestolpert war, trat er selten für sich ein. Ja, er wirkte nahezu unbeholfen darin, bis zum Ausrasten gedrängt zu werden. Seine Hände ballten sich zu Fäusten.

Wut brodelte heiß in meinem Magen. »Geht es dir jetzt besser, du Pisser? Als ob es dich besser macht, über andere zu urteilen.« Allmählich tauchten andere Leute im Flur auf. Noch deutete ich bedrohlich auf Quinn, ließ meine Hand aber sinken. »Vergiss es.«

»Was ist denn hier los?« Nala kämpfte sich durch die Schaulustigen. »Kann ich dich denn keine Sekunde alleine lassen, Quinn?«

»Er gehört dir.« Ich nahm meinen Kaffee und hastete an Quinn vorbei.

»Hen…« Er stockte. »Takeru!« Sein *Takeru* konnte Quinn sich in seinen Arsch schieben. Für mich hatte es sich ausgequinnt. Trotzdem nett, zu nett, dass er an mein Pseudonym dachte, sobald fremde Menschen um uns waren.

Dank meiner brillanten Orientierung hatte ich genug Zeit, um über Quinns Worte nachzudenken, bevor ich den Ausgang gefunden hatte. Ich war und blieb sauer, aber ich musste mir eingestehen, dass er in einem Punkt recht behielt.

Ich holte mein Handy hervor und wählte Rós Nummer.

»Ja?«

»Wie war's am Bahnhof?«

»Warum?«

»Nur so.«

»Du fragst sonst auch nie nach irgendwas.«

Rós Satz traf mich, erwischte mich zwar nach Quinns Vorwurf nicht unvorbereitet, aber nicht weniger kalt.

Vielleicht, dachte ich unwillkürlich zerknirscht, war es langsam doch genug mit dem Nur-auf-mich-Achten.

Kapitel 5

Quinn

Auszug aus *Astro-Logic-y – My Zodiac Love* by Cara Mitsou: Wo soll ich anfangen? Wie wäre es mit den Elementen der Sternzeichen? Die vier Elemente stehen für das Temperament der Sternzeichen und wie ihr Handeln beeinflusst ist. Feuer (Löwe, Widder, Schütze) brennt und zeigt sich, ist aktiv. Erde (Stier, Jungfrau, Steinbock) stabilisiert sich und andere. Luft (Zwilling, Wassermann, Waage) schwelgt in Ideen. Wasser (Fische, Skorpion, Krebs) reagiert, ist sensibel und intuitiv.

Draußen vor den Busfenstern zog Cork an mir vorbei. In gemächlichem Tempo, was guttat, da ich mir die letzten Tage zu wenig Zeit für eine Verschnaufpause genommen hatte. Diese eine Straßenlaterne auf der Brücke über den Lee flackerte, was sie seit meiner Kindheit tat. Die anderen schalteten sich eine nach der anderen ein, als malte sich nach und nach ein Gemälde voller orangefarbener Tupfer in die Luft. Einige Vögel kreisten über dem Fluss, schnappten nach etwas im Wasser und sausten davon. Der Verkehr stockte, Autos hielten neben uns, und die Menschen darin blickten vor sich ins Leere, als vergäßen sie, dass sie mit dem Auto fuhren.

Im Stadtinneren passierten wir Plakatwände, die einem kostenlose T-Shirts schmackhaft machen wollten – wenn wir vorher fünfundzwanzig Euro für eine Tour ausgaben –, ein Green-Note-Konzert, was auch immer das war, und den Rest erkannte ich nicht mehr, denn da nahm der Bus an Geschwindigkeit zu. Meine Lofi-Hip-Hop-Beats-Playlist spielte entspannende Melodien, die wie ein Soundtrack zu meinem Ausblick passten. An einer Haltestelle öffnete sich die Tür. Ein Mann stieg aus. Eine Frau saß auf der Wartebank an der Bushaltestelle, hielt ihre Tasche fest, der Wind brachte ihre Frisur durcheinander, aber in ihrem Gesicht erkannte ich völlige Gleichgültigkeit, als störte sie das nicht mehr. Fühlte ich. Polternd und ruckelnd bewegten wir uns vorwärts. Das *Gentleman's Quarters Four* zog an mir vorbei, ein Laden, den Dad hasste, da er sie um ihre größere Auslage beneidete und sie billiger verkauften als wir. Das führte mich zu der Nachricht zurück, die ich heute bekommen hatte. Dass Dad doch länger im Krankenhaus bleiben musste.

Backsteinhaus um Backsteinhaus verschwamm mit stuckverzierten Altbauten zu einer Schlange aus gedeckten Farben, und unter die Beats meiner Musik mischten sich die Worte von Henry. Wie so oft in den letzten Tagen seit Dads Schlaganfall, obwohl wir uns seither nicht mal aus der Ferne begegnet waren. Ich wurde ihn einfach nicht los. Wie ein leiser, ermahnender Rap: »Glaub aber nicht, dir dankt es irgendwann jemand, dass du dein Leben für andere vergeudet hast.« Das nächste Lied wies einen schnelleren Rhythmus auf. »Als ob es dich besser macht, über andere zu urteilen.« Henrys Stimme klang nun wie mit Auto-Tune verzerrt in meinem Kopf. »Geht es dir jetzt besser, Pisser?«

Kopfschüttelnd riss ich mir die Kopfhörer am Kabel aus den Ohren, und das Kaugummikauen, Geplauder und Gähnen der Menschen um mich drängte sich zusammen mit dem Verkehr in meine Realität zurück.

Vielleicht war toxischer Social-Media-Content die bessere Ablenkung. Ich öffnete die Kommentare eines TikToks, in dem ein Typ über seine Demisexualität sprach. Dass das wohl zum

Spektrum der Asexualität gehörte, viele aber eine sexuelle Lust verspürten, sobald sie jemanden mochten. Manchen reichte da ein freundschaftliches Mögen, andere müssten Liebe empfinden. Es gehe um Gefühle, starke Bindungen, mal mehr, mal weniger, dann sei auch das Gender egal, wobei es Präferenzen gäbe. Unbekannte One-Night-Stands gingen aber wohl für niemanden. Einige machten sich in den Kommentaren darüber lustig, andere freuten sich über die Repräsentation. Ein paar dachten, es ginge darum, Demi Lovato zu lieben.

Das nächste Video zeigte eine Reihe von Prinz-Harry-Clips. Mein Handy hörte mich auf jeden Fall ab. Das Display färbte sich schwarz, und die Uhrzeit erschien. Das machte meine Laune nicht besser. Wenigstens hatte ich die Zeit rumbekommen, bis ich aussteigen musste. Beim Öffnen meiner Haustür fiel mir ein, dass ich noch den Post auf Social Media hochladen wollte, damit die Leute daran erinnert wurden, dass das *Murphy's* ab morgen wieder geöffnet hatte.

Als ich alles erledigt hatte, fand ich mich vor der Kaffeemaschine wieder, die laut polternd die Tasse füllte. Noch mehr für meine To-do-Liste: Kaffeemaschine entkalken. Mein Magen knurrte, Hunger verspürte ich keinen. Wieder beschloss ich, nichts zu essen. Meine Motivation zu kochen ließ ohnehin zu wünschen übrig. Mit meiner *Polaroidkamera*-Tasse machte ich mich auf den Weg in Dads Zimmer und klappte seinen Laptop auf.

Ich warf mein Smartphone auf das Bett, auf dem sich Schnittmuster, Fäden und Nadelkissen ausbreiteten, setzte mich vor den Laptop und öffnete das Mailprogramm für den Laden. Zwischen Genesungswünschen, Rechnungen, Lieferscheinen, Werbung und ein paar Aufträgen gab es im Postfach auch heute keine Mails von den *Druids*.

Nicht dass ich Maildrohungen vermisste. Ich hatte die letzten Tage ein paar Anrufe von unterdrückten Nummern gehabt. Stimmen, die ich nicht kannte, hatten mir geraten, mich zu beeilen. Oder Fake-Snapchat-User schickten Nachrichten auf den Account, den Nala für das *Murphy's* eröffnet hatte. Bilder vom Laden, die ich nur einmalig ein paar Sekunden öffnen konnte. Das war schon etwas beklemmend, vor allem in Verbindung mit Dads Mahnung, nicht mit ihnen anzuecken. Ich konnte das nicht so weiterlaufen lassen. Aber wann immer ich das Thema anzusprechen versucht hatte, hatte er abgeblockt. Selbst jetzt, da er länger im Krankenhaus bleiben musste, kam diesbezüglich nichts mehr von ihm.

Mit einer Hand auf der uralten Maus von Dads Laptop, die abgegriffen und klebrig war, scrollte ich mich durch das Mailprogramm. Nichts. Nicht nur seit Tagen keine neue Mail von den *Druids,* sondern generell keine Nachricht von ihnen. Komisch. Wohin war Dads Mailverkehr mit den *Druids* verschwunden? Ich schloss das Programm und inspizierte den Desktop. Nichts. Tausende Dateien, Ordner und Dokumente. Ein Chaos, in dem sich nur Dad zurechtfand.

Kurzerhand öffnete ich den Internetbrowser und untersuchte seine Favoriten. Videos von Griechenland, dem Lieblingsreiseziel meiner Mutter und meines Dads, bevor ich geboren worden war, tauchten auf. Meine Eltern hatten mich erst mit über vierzig bekommen, was sich manchmal surreal anfühlte. Und mir war kaum Zeit mit ihnen beiden vergönnt gewesen. Außer den Videos gehörten zu den Favoriten noch Seiten über Rechnungswesen, Schnittmusterwebsites und, Moment, was war das? Ein Freemail-Anbieter, den ich gar nicht kannte. SphereMail. Normalerweise benutzte mein Dad so was nicht, zu unsicher, hatte dieser eine IT-Typ gesagt, der unsere Website neu gemacht hatte. Ich klickte drauf: Dies ist keine sichere Verbindung.

Aktualisierung. Wieder: Website nicht aufrufbar. Keine sichere Verbindung. Hm. Ich googelte SphereMail. Dort fand ich einen Eintrag, dass SphereMail in Irland gesperrt sei, da dort oftmals auch illegal Serien und Filme hochgeladen wurden. *Doppel-Hm.*

Unten in der Taskleiste fiel mir wieder das Symbol auf, das ich gestern schon gesehen hatte. Ein VPN-Server. SextileVPN. Was wollte mein Dad mit einem virtuellen privaten Netzwerk, mit dem er verschlüsselte, sichere Verbindungen herstellen konnte, und woher kannte er das? Glücklicherweise waren seine Daten noch gespeichert, und ich loggte mich ein. Sofort erkannte ich in der Oberfläche seine favorisierte Verbindung. Ein Netzwerk in den Niederlanden. Warum? Wozu? War mein Vater ein Geheimagent?

Es dauerte, aber die Verknüpfungen in meinem Kopf fanden sich. Mit der Verbindung zu den Niederlanden konnte er auf SphereMail zugreifen, dort war es eventuell nicht gesperrt. Da ich nichts zu verlieren hatte, versuchte ich mein Glück, und siehe da, es klappte. SphereMail ließ sich öffnen. Die bunte, chaotische Seite verwirrte mich, bis ich die Log-in-Seite fand. Der Username meines Dads war noch gespeichert: Murphieh_Andieh. Das Passwort nicht. Na toll. Und nun?

Ehe ich mich daran versuchte, erhob ich mich vom knarrenden Bürostuhl und durchforstete den Schreibtisch. Keine Ahnung, wie viel Zeit ich dabei vergeudete, aber es gab nicht mal eine klitzekleine Randnotiz, die mir weiterhalf. Dann war mein Hacker-Alter-Ego Nniuq gefragt. Gut, ich hatte es jetzt gerade erst erschaffen, aber egal. Ich versuchte es mit allen Geburtsdaten, Mams Namen, ihrem Mädchennamen, allem, was mir einfiel. Ob er meinen Namen genommen haben könnte? Nein, Quatsch. Dafür waren wir uns nicht nahe genug.

Oder?

Mit zitternden Fingern tippte ich meinen Namen ein: *Quinn*.

Enter.

Nichts.

Wäre auch zu schön gewesen. Leider waren wir nicht in einer Soap-Opera, sondern im realen Leben. Was konnte ich noch versuchen?

Genervt drehte ich mich samt Stuhl um meine eigene Achse.

Denk nach, Quinn. Denk nach.

Ah. Das Bücherregal. Ich hielt, erhob mich und wurde von einem Schwindelgefühl übermannt, das mir einen Streich spielte und mich torkeln ließ, bis ich gegen das Bücherregal stieß. In einem Regalbrett erkannte ich die ledergebundenen Notizbücher meines Vaters. Ich holte eines hervor und blätterte es durch. Mir fiel leider nichts auf, das irgendwie hervorstach. Auch die übrigen beinhalteten nur eine Ansammlung aus Nähanleitungen, Steuertipps, banalen Notizen und To-do-Listen für den Laden. Und ein Rezept für Bananenbrot, das er mehrmals rot eingekreist hatte. Sein Lieblingskuchen. Mam hatte ihn jedes Jahr an seinem Geburtstag gemacht. Ich setzte mich wieder an den Laptop.

Meine Fresse, was konnte das sein?

Wahllos gab ich irgendwelche Worte ein. Nichts, nichts, nichts und wieder nichts. Nur mein Getippe auf dem Laptop und der kühle Lichtschein, der mich im mittlerweile dunklen Raum einhüllte.

»Ich habe keine Ahnung, du scheißverfickter Laptop.« Wütend tippte ich *Bananenbrot* ein.

Eingeloggt.

Ich lehnte mich zurück. Ein Gefühl stieg in mir auf. Als zeichnete mir jemand mit schlechtem Make-up eine Clownsfratze ins Gesicht. Für einen Moment hatte ich geglaubt, mein Vater hätte mich als Passwort genommen, dabei war es sein Lieblingskuchen.

Drei Mails warteten ungelesen darauf, geöffnet zu werden. Den ersten Namen kannte ich. Hudson. Die Mail stammte von dem Tag, an dem Dad den Schlaganfall gehabt hatte.

Murphy, bin heute beim Laden gewesen. War geschlossen. Hoffe, du hast einen guten Grund. Denn einfach nur abschließen rettet dich vor gar nichts. Du lieferst uns die Umhänge zum gewünschten Termin. Verstanden?

Den zweiten Namen hatte ich noch nie gelesen. Tamani. Klick. Die Mail öffnete sich. Sofort erkannte ich den Schlüssel unserer Lagerhalle. Spätestens am Anhänger – eine Nachbildung des Eherings von Lady Di – hätte ich ihn erkannt. Ich warf einen Blick zum Lagerhallenschlüssel. Er lag neben mir. Langsam nahm ich ihn in die Hand. Doch, er war da. Ich bildete mir das nicht ein.

Darunter stand:

Hab ich mir letztens kurz ausgeliehen, um eine Kopie zu machen. Vielleicht brauchen wir ihn ja mal. Nicht wundern, wenn du mal das Gefühl hast, nicht alleine im Lager zu sein.

Shit. Ich schmiss den Schlüssel weg. Wann hatten sie sich den geholt und wieder zurückgebracht? Hektisch klickte ich mich aus der Mail hinaus, wobei sich ein Fenster öffnete. Zunächst las ich den Text darauf nicht richtig und klickte auf Okay, um die Nachricht zu schließen, da erkannte ich erst, was ich zugestimmt hatte:

Lesebestätigung abgeschickt.

»Nein. Nein. Nein. Nein. Nein. Nein. Nein.« Die geballte Wut auf mich selbst steckte ich in dieses letzte Nein und strich harsch meine Haare zurück. »Das kann nicht passiert sein. Das kann ich nicht gemacht haben.«

Sofort war ich auf den Beinen und ging einen imaginären Kreis um den Schreibtisch herum. Ich hatte doch gerade erst gepostet, dass mein Dad noch im Krankenhaus war. Das hatten sie hundertprozentig mitbekommen. Fuck.

»Ruhe bewahren.« Ich hielt an und atmete durch. War doch egal, wenn die nun eine Lesebestätigung hatten. »Alles gut.«

Nachdem ich mich ein wenig in Ruhe manipuliert hatte, setzte ich mich wieder an den Schreibtisch, um die anderen Mails anzuschauen, da erkannte ich, dass eine neue hinzugekommen war. Von Hudson. Ich begann zu lesen:

Hallo, Quinn. Schön, dass du unsere Mails bekommst. Was würdest du eigentlich machen, wenn wir dir sagten, dass wir die Umhänge nun doch etwas früher brauchen? Wir verlegen die Ritualnacht dieses Semester vom UCC in ein anderes Gebäude, das verschiebt den Termin. Die paar Tage bekommst du doch bestimmt hin, oder? Sonst müssen wir vielleicht ein paar Nachrichten rausschicken, damit eure Kundschaft weiß, dass es den Laden nicht mehr lang geben wird.

Scheiße. Wie sollte ich das noch früher schaffen? Und konnten die das? Ja, vermutlich hatten die längst Zugriff auf unsere Datenbanken. Selbst wenn wir ihre Nachrichten zurückziehen oder als Falschmeldung abtun würden, würde das kein gutes Licht auf den Laden und seine Seriösität werfen.

Rasch holte ich mein Handy und öffnete den Gruppenchat.

Leute, ich wollte euch da eigentlich nicht mit hineinziehen, aber ich glaub, ich brauche eure …

Ich hielt inne. Sollte ich das wirklich schreiben? Endlich war ich Teil einer Gruppe. Diesen Anschluss wollte ich nicht verlieren, weil ich ihnen eventuell zu mühsam wurde, zu viel verlangte. Und wenn diese *Druids* finsterer waren als gedacht, wie es gerade schien, würde es meine Clique nicht in Gefahr bringen, sie um Hilfe zu bitten? Vielleicht sollte ich das endlich genauer rausfinden. Waren es nur leere Drohungen oder mehr? Außerdem konnte ich es in Wahrheit bestimmt allein schaffen. Rasch überschlug ich im Kopf, wie weit Dad und ich bisher gekommen waren und wie schnell ich den Auftrag allein würde abschließen können. Okay, ein bisschen geschönt vielleicht. Ein bisschen sehr. Aber schaffbar, definitiv. Ich löschte die Nachricht.

Die dunkelbraunen Holzmöbel im Laden glänzten. Das dazu passende Parkett wirkte wie frisch lackiert, und die bunte, nach Farben sortierte Krawatten- und Fliegenwand erstrahlte dank der neu eingesetzten Glühbirnen. Die Hemden strich ich zurecht, nachdem ich dasselbe mit den Sakkos gemacht hatte, damit sie perfekt in einer Reihe hingen.

Ich holte meine Putzsachen von dem schmalen Regal mit den bunten Socken, schnappte mir den Lappen vom Hängeregal mit den Anzughosen und besprühte die Vintagekasse mit dem extra dafür angemischten Putzmittel, damit sie noch lange erhalten blieb. Ich stoppte vor dem alten Hut mit dem glockenförmigen Anstecker auf seinem Marmorpodest und konnte mir wie immer beim besten Willen nicht vorstellen, dass unser Laden zuallererst ein Hutgeschäft gewesen sein sollte.

Fertig. Ich hatte den gesamten Laden wieder zum Glänzen gebracht. Noch vor Feierabend. Und weder Felix noch Nala würden morgen ihren freien Tag opfern müssen. In den letzten Tagen hatte ich mir immer wieder bestätigt, dass ich den Workload tatsächlich alleine bewältigen konnte. Es war ein gutes Gefühl. Da fiel es mir fast nicht mehr schwer, das Essen anzunehmen, mit dem Felix mich hartnäckig versorgte – die einzige Unterstützung, die ich nicht ablehnen konnte. Egal was ich sagte, er kam einfach mit Owen vorbei und brachte es mir. Und ein bisschen liebte ich das heimlich auch. Zugegeben hätte ich es niemals, doch die warmen Mahlzeiten taten meinem verkrampften Bauch gut.

Das Einzige, was mir ab und zu im Magen lag, war der Streit mit Rys. Erst recht, wenn ich Ró begegnete. Ansonsten verdrängte ich das. Immerhin stand genug im Laden an.

»Du machst definitiv zu viel, Quinny.«

Nala kam die Treppe aus dem ersten Stock herunter, wo sie Rücksendungen aufgenommen hatte. Sie setzte sich auf die vorletzte Stufe und strich über den Läufer. »Ich liebe diesen Teppich, weißt du das? Auch wenn er die Treppe abgenutzt aussehen lässt, ist er herrlich zum Sitzen.«

»Wir könnten ihn vielleicht mal chemisch reinigen lassen. Gibt es nicht auch so Geräte zum Ausleihen?« Ich hüpfte von der Leiter und klappte den Arbeitslaptop auf, da rutschte Nala neben mich und riss meine Hand weg.

»Junge, komm mal runter.« Sie boxte mir gegen den Oberarm. »Ist das eine Art Traumabewältigung oder so? Ich schick dir ein Video dazu, das ich gesehen habe. Jedenfalls überarbeitest du dich, um das mit deinem Dad zu verdrängen.«

»Ich … Das mache ich nicht.«

Nala warf mir einen *Dein-Ernst*-Blick zu und deutete auf den gesamten Laden. In einem Anime hätte ich das *Bling* der glänzenden Verkaufsfläche hören können.

»Es soll nur schön sein, wenn mein Vater wiederkommt.« Wann auch immer das sein würde. Seine Blutwerte hatten jeden Tag eine neue Überraschung für uns parat.

»Ich bitte dich, Quinn. Es bringt nichts, wenn ihr euch das Staffelholz übergebt und du ins Krankenhaus wanderst, sobald er zurück ist. Abgesehen davon, dass ich deinen Dad nicht alleine ertrage. Die Woche, in der du damals Grippe gehabt hast, steht in meinen Top Drei der schlimmsten Wochen ever.« Nala klappte den Laptop zu und drückte mich auf den Hocker, der vor der Vitrine mit den Manschettenknöpfen stand. »Wer weiß, ob er so bald entlassen wird, wie er tut. Das mit seiner Leber und der Niere klingt nicht so, als würde er bald wieder arbeiten dürfen.«

»Kann sein. Und was sind die anderen zwei?«

»Die Woche, in der ich keine Karten mehr fürs Harry-Styles-Konzert bekommen habe, und die, in der mir die Hau… äh meine Mutter mir meine Playstation weggenommen hat.«

»Ziemlich theatralisch.«

»Sagst du, der bei Prinz Harrys Hochzeit geheult hat.«

»Das war, bevor ich gecheckt habe, dass sie sein Alibi ist, damit niemand mehr Fragen stellt, bis er mich kennenlernt.« Abgesehen davon hatte ich mich mittlerweile auch auf Prinz-

Harry-Entzug gesetzt, da ich einsehen musste, dass er und die Royals Dinge taten, die einfach nicht mehr zu meinen Werten passsten.

»Und du bist dir sicher, dass du nicht schwul bist?«

Mein Kopf knallte gegen die Vitrine mit den Gürtelschnallen, die ich versehentlich offen gelassen hatte. Das Glas klirrte. »Aua!« Ich rieb mir den Hinterkopf. »Keine Ahnung.« Als der Schmerz langsam nachließ, antwortete ich auf Nalas Frage. »Ich weiß nicht, was ich bin. Manchmal denke ich, ich weiß es, dann wieder nicht. Keine Ahnung.«

»Hast du nicht herausgefunden, du bist pan? Vielleicht doch eher bisexuell?« Nala rieb meinen Kopf für mich.

Bei dieser Frage zuckte ich weg. Es war jedes Mal dasselbe mit mir, wenn wir auf dieses Thema zu sprechen kamen.

»Eventuell passt ja pansexuell, und du musst dich nur ein wenig mehr informieren?« Nala setzte sich auf einen Hocker mit Rollen. »Sorry, ich will dich da auch gar nicht unter Druck setzen.«

Ja, bisher hatte ich leichtfertig von mir behauptet, ich sei pan. Aber stimmte das noch? »Ich weiß es nicht, Nala. Jedes Label fühlt sich falsch an, wie ein Betrug. Wenn ich mir denke, oh, da, das wäre was, dann kommt wieder ein Fakt dazu, bei dem ich mir denke, nee, doch nicht. Pan, ja, keine Ahnung, passt irgendwie. Ganz genderblind bin ich wiederum auch nicht. Ich mag, denke ich, Männer schon lieber.« Obwohl Nala meinen inneren Kampf kannte und mir helfen wollte, fühlte ich mich urplötzlich aufgeheizt und beschämt. Ihre Nähe fühlte sich nach zu viel an. Wie in die Ecke gedrängt, suchte ich einen Ausweg.

»Dann passt doch omnisexuell ganz gut. Du bist nicht genderblind, registrierst alle, womit du Präferenzen haben kannst, aber es wäre dir im Endeffekt egal, ob non-binär, Mann, Frau und so weiter.«

Dieses Thema trieb mir den Schweiß unter die Achseln. Sexualität nahm mittlerweile einen riesigen Platz auf unserer Welt ein, sodass ich ständig das Gefühl hatte, ich müsste mich unbedingt labeln, um dazuzugehören. Aber es löste nicht nur Druck aus. Auch Scham. Scham, weil ich nicht damit aufgewachsen war, dass Sexualität, jegliche Form, normal war. Mein Vater würde das alles niemals verstehen, und wenn er mich verstieße, hätte ich keine Familie mehr.

Bisher hatte ich Nalas Blick gemieden, doch jetzt stellte ich mich ihm.

»Das passt irgendwie. Aber keine Ahnung. Können wir das Thema erst mal ruhen lassen?«

Nala rollte mir auf ihrem Hocker hinterher und legte eine Hand auf meine. »Natürlich.« Sie schenkte mir ein breites Grinsen. »Vielleicht …«

Die uralte Glocke über der Tür, tausendmal repariert, riss uns aus dem Gespräch, und wir sprangen auf, als erwarteten wir einen Militäroffizier, der unsere Arbeit abnahm.

»Guten Tag.« Mein Willkommensspruch sprudelte aus mir. Bevor ich fortfuhr, erkannte ich den neuen Kunden. »Du.« Meine aufrechte Haltung sackte in den Normalzustand. Die heitere Miene brach in sich zusammen.

»Quinn.« Ein Seitenhieb von Nala. Er half nicht, mich mehr über sein Auftauchen zu freuen.

»Tag.« Nach ein paar Schritten lehnte sich Henry gegen die Holzsäule etwas abseits des Eingangs, unweit vom Schaufenster. »Wie geht's?«

»Was willst du?« Über all die Arbeit der letzten Tage war die Erinnerung an unseren Streit im KH zum Glück nur noch selten in meinem Kopf aufgetaucht. Und ich hatte nicht vor, bockig oder nachtragend zu sein. Ich wollte möglichst wenig mit ihm zu tun haben und keine weiteren Streits. Sich daran zu erinnern war aber unerwartet schwer, wenn er schon wieder so arrogant dort rumstand.

»Fragen, wie weit mein Anzug ist.« Die Ärmel seines luftigen Langarmshirts rutschten hoch. Er checkte die Zeit auf seiner

Armbanduhr, und ich bewunderte seine dunkelorange Seidenhose, aus der locker das Shirt hing. Seine Stoffkombi und die Klamotten passten zu seinem großen, markanten Äußeren. Moment, was tat ich denn da? Ich zwang mich, wegzusehen. »Aber wir können das auch verschieben, wenn ihr mit dieser anderen Bestellung noch Druck habt.«

»Was weißt du denn über meine Bestellungen?«

Er sah irritiert zu Nala. »Hattest du nicht gesagt, er hätte diese eine krasse Bestellung, die …« Aus dem Augenwinkel sah ich Nala verzweifelt mit den Händen fuchteln. Henry wurde mit jedem Wort langsamer, bis er sich schließlich unterbrach. »Oh. Weiß er es nicht?«

»Was weiß ich nicht?« Wenige Schritte reichten, um Abstand zwischen Nala, Henry und mich zu bringen. »Was ist los?«

»Na ja, wir wissen, dass du keine Hilfe annimmst und nicht danach fragst.« Nala kaute auf der Innenseite ihrer Wange und schenkte Henry noch einen bösen Blick, den er mit erhobenen Armen abwehrte. »Deshalb haben wir dir unauffällig ein paar Sachen abgenommen, bevor sie auf deiner To-do-Liste gelandet sind. Telefonate, Lieferungen, Mails, Termine, Abmessungen und …« Nala schaute zu Henry, dann zu mir. »Ich hab ihn gefragt, wie dringend seine Bestellung ist.«

»Wer ist wir?« Nervös knackte ich mit meinen Fingern.

»Felix, Owen, Róisín, Cara, ich und manchmal Robin. Okay, einmal Robin. Wir wollten dich entlasten. Felix …«

»Will mir Essen bringen. Ich weiß.« Und natürlich war ich dankbar. Aber ich konnte nicht verhindern, dass es in meinem Bauch brodelte, wenn ich daran dachte, was sie noch für mich taten, sie alle offenbar, ohne mir davon zu sagen, damit ich bloß nichts merkte. Die wachsende Selbstsicherheit, die mich durch die letzten Tage getragen hatte, verpuffte. Von wegen, ich konnte es allein schaffen. Ich schaffte gar nichts allein. Ich war auf dem perfekten Weg, ihnen zu viel zu werden. Genau das, was ich hatte vermeiden wollen.

»Na ja, wir kennen dich. Du nimmst keine Hilfe an, wenn niemand dich zwingt, aber Quinn, ehrlich: Niemand könnte das alles allein stemmen.«

Es kam mir vor, als schöben sich die Wände des Ladens zusammen. »Das heißt, ihr haltet mich für zu hohl, um das hinzubekommen?« Wie schön, dass nicht nur ich mir nichts zutraute, oder mein Dad, sondern offenbar sogar meine wichtigsten Bezugspersonen. Und dann packten sie auch noch Henry auf die Liste der Leute, die mir ungefragt Arbeit aus dem Weg schafften? Ausgerechnet Henry?

»Was? Nein. Wir wollen einfach für dich da sein.« Nala näherte sich mir, doch ich drehte mich weg, verkroch mich in die Ecke zu den Fusselrollern. Sie gab auf und folgte mir nicht. »Jeder Mensch wäre überfordert in so einer Situation. Und ehrlich gesagt haben wir befürchtet, dass du genau so reagierst, deshalb haben wir erst mal nichts gesagt.«

»Meine Fresse, stell dich nicht so an«, kam es von Henry. Er stieß sich von der Säule weg und machte große Schritte auf mich zu, bis er breitbeinig vor mir hielt. »Sie wollen dir helfen. Niemand hat dir eine Niere gespendet oder eine Bürgschaft für dich unterschrieben. Sei froh, dass du Leute hast, die sich um dich kümmern, wenn's dir schlecht geht.«

»Ich will aber nicht in eurer Schuld stehen, und …« Es auszusprechen fiel mir schwer, aber in mir behalten konnte ich es auch nicht. »Ich will das alleine schaffen. Irgendwann muss ich das sowieso. Wie soll das klappen, wenn ich das nicht mal für ein paar Wochen hinkriege …« Ich strich über meine Unterarme. Wieder mal fühlte ich mich klein und jämmerlich. Dieses Gefühl, nicht genug zu sein, beschlich mich schon im Alltag oft genug. Wenn ich sah, wie meine Leute ihre Karrieren und Studiengänge verfolgten, und ich … ich war der Langweiler, der nichts hinbekam. Aber in diesem Moment überrollte es mich förmlich.

»Quinn.« Nala überholte Henry und nahm meine Hände.

»Das ist doch Quatsch! Bei echten Freunden und Freundinnen stehen wir nicht in der Schuld. Wir sind eine Familie, nur ohne die rassistischen Onkel, die narzisstischen Urgroßeltern und die sich über dein Aussehen beschwerenden Tanten, die dich fragen, wann du heiratest und Kinder bekommst. Du *darfst* von uns Hilfe annehmen, und das bedeutet überhaupt nicht, dass du es nicht allein schaffen *könntest.*«

»Sie hat recht. Gib dir einen Ruck.« Henry räusperte sich. »Schau, ich mach es auch und entschuldige mich.« Er räusperte sich noch einmal. Das fiel ihm ja offenbar wirklich nicht leicht. Fast hätte mich das trotz allem zum Schmunzeln gebracht. »Der Streit im Krankenhaus tut mir leid, ja? Ich sehe, was du alles stemmst, deshalb ist es nur logisch, dir mit meinem Kram keinen Druck zu machen, solange es nicht sein muss. So. Und jetzt du.«

Wenn Henry über seinen Schatten springen konnte, musste ich das auch. »Trotzdem will ich nicht, dass ihr zu viel macht. Das lässt mich noch weniger runterkommen, ja?«

»Aber *ich* darf dir helfen? Und Felix? Du bezahlst uns immerhin dafür.«

»Fein.« Ich rollte mit den Augen. »Wenn es sein muss.«

Nala umarmte mich. »Sehr gut.« Sie stellte sich dabei auf die Zehenspitzen und drückte mich fest an sich.

»Was ist mit meinem Dank?« Henrys Winken im Hintergrund ließ mich in Nalas Schulter lachen.

»Hättest du wohl gern, Rys. Aber dein Anzug ist längst fertig.« Ich löste mich von Nala. »Du musst wohl ein andermal Retter spielen.«

»Rys?«, wisperte mir Nala anzüglich ins Ohr, und ich stieß sie mit einem liebevollen Ellbogenhieb weg.

Henry zuckte bloß die Schultern. »Umso besser. Ich hab auch eine Mail bekommen, dass meine Fliege jetzt da ist.«

»Ah, na gut, ich schau mal im Lager.« Während ich sprach, begab ich mich bereits auf die Treppe.

»Die Rechnung ist auch schon fertig, Chef.« Nala salutierte neben Henry, der sich zu mir gedreht hatte.

Ich warf Nala einen dankbaren Blick zu. Dieses Ding mit Hilfe annehmen. Ja, das war vielleicht doch ganz schön. Und Rechnungen schreiben hasste ich wie die Pest. »Könnte mich daran gewöhnen. Chef. Ja, das klingt gut.«

»Boah, Quinn.« Nala warf mir lachend einen Putzlappen hinterher, und ich rettete mich in den nächsten Stock. Hier fand ich unsere Hochzeitsanzüge mit der passenden Ausstattung dazu, und ich gönnte mir einen Augenblick. Wir hielten eine Vielzahl an Anzügen für jegliche Art von Hochzeit vorrätig, von Rockabilly über klassisch bis hin zu moderneren Farben. Meine Mutter hatte sich damals durchgesetzt und die Hochzeitsmode für sich als Abteilung bekommen. Mein Opa und mein Dad waren wohl nicht sonderlich begeistert gewesen, aber bis heute brachte sie am meisten Umsatz. Ich zog mich hoch zur nächsten Treppe in den dritten Stock für die Maßanfertigungen mit kleinem Büro plus Küche aus zusammengewürfelten Möbeln.

Ich stieg über die Stoffreste, bunten Fäden, Knöpfe und kaputten Nähmaschinen, die Dad nie wegschmeißen wollte, da wir sie ja reparieren könnten, bis ich bei der fahrbaren Kleiderstange ankam. Dort fand ich den Anzug an einem Kleiderbügel aus Metall unter der Stoffverpackung. Der Haken des Bügels stand oben an der Verpackung raus. Daran hing das Namensschild mit der Aufschrift *Takeru Hinode.* Damit eilte ich zu den heutigen Lieferungen. Mit dem Finger fuhr ich über die rauen Kartons, bis ich auf den mit dem Namen unseres Krawatten- und Fliegenhändlers Mr. BowBow stieß, und riss ihn auf. Eine zartgrüne Fliege mit Badeentchenmuster?

»Quinn, wo bist du?« Nalas Rufen ließ mich hochschrecken.

Meine Antwort blieb mir im Halse stecken, da mir Henry zuvorkam. »Was? Bin ich zu viel für dich?«

Schmunzelnd lauschte ich den beiden. *Nein, stopp. Nicht schmunzeln, wenn Henry redet.*

»Witzig, kann nicht aufhören zu lachen.« *Gib's ihm, Nala.*

»Ja, oder? Vielleicht braucht er so lange, weil er sich einen ru…«

»Komme!« Laut stampfte ich auf den Boden auf und sprang die Stufen extrahart nach unten, um jegliche Mutmaßungen von Henry zu übertönen.

»Na, was sage ich?« Gut, der Punkt ging an Henry. Irgendwo auf der Welt gab es stets jemanden, der über ein *Komme!* lachte. Ich gehörte auf jeden Fall dazu.

Unten angekommen, hob ich Henrys Anzug in der Stoffhülle wie eine Siegertrophäe hoch. »Gefunden.«

»Wow, toll, Sherlock.« Nun erkannte ich, warum Nala wohl so gedrängt hatte, dass ich endlich zurückkam.

Rys stand da. Halb nackt. Obwohl. War es noch halb, wenn jemand nur noch enge, weiße Shorts trug? Und weiße Tennissocken mit einem rosa und einem gelben Streifen? War das nicht eher drei viertel nackt? Mir fiel auf, dass ich noch in meiner Position verharrte.

»Er hat sich ausgezogen, ich konnte nichts dagegen machen.« Als ob. Ich kannte Nala doch. Die brauchte nicht zu tun, als hätte sie sich händeringend darum bemüht, dass er seine Klamotten anließ. »Ich werde mal kurz, ähm …« Nala blinzelte mehrmals. »Nach oben gehen und Kaffee machen.«

Rys' Körper hatte eine magische Anziehung auf mich. Hätte mich jemand bis vor fünf Minuten gefragt, hätte ich gesagt, dass ich kein Fan von trainierten Körpern war. Doch da hatte ich auch noch nie einen drei viertel nackten Henry in freier Wildbahn erlebt. Das warme Licht des Ladens streifte seine nur leicht trainierten Oberarme, gerade so, dass sie wie sein Oberkörper definiert wirkten. Dafür erkannte ich seine Bauchmuskeln, die geprägter hervorstachen. Ich traute mich nicht, meinen Blick weiter nach unten gleiten zu lassen, und beließ es bei dem, was ich im Augenwinkel erahnte. Wobei seine Tattoos an den Oberarmen und auf der Brust mir genug Aufmerksamkeit abverlangten.

Schluss, Quinn. Das war mehr als unangebracht.

Innerlich schüttelte ich meinen Kopf und blinzelte mich aus der Trance. »Fang.« Ich warf ihm den Überzug mit seinem Anzug rüber und zog seine Fliege aus meiner hinteren Hosentasche. »Wie hast du meinen Vater überredet, dir diese Fliege zu bestellen?«

Henry fing die Stofftasche, warf sie über seine Schulter und hielt sie mit seinem Zeigefinger am Haken fest. »Ich habe meine Methoden.« Musste er sich ausgerechnet jetzt seine Unterwäsche richten, damit ich aus Reflex nach unten blickte? Als ich mich dabei ertappte, schloss ich meine Augen und drehte mich zum großen Spiegel mit dem Goldrahmen.

»Mein Dad ist nicht so leicht zu überreden.« Ich zeigte vor mich. »Stell dich zum Anprobe für die Spiegel.« Gleich danach kniff ich meine Augen zusammen. »Ich meine, stell dich zum Spiegel für die Anprobe.«

Grinsend schritt Henry an mir vorbei, und nein, ich zwickte mich selbst geistig in den Kopf, nicht auf seinen Hintern zu sehen. Was war nur los mit mir? Normalerweise war ich nicht so jemand. Jemand, der Menschen so anstarrte. Über Körperformen, volle Lippen, markante Kiefer und solche Sachen machte ich mir selten Gedanken. Außer … außer ich mochte diese Leute. Aber nicht Henry. Henry nervte mich. Henry war aber auch mit ins Krankenhaus gekommen, um mir moralischen Beistand zu leisten, obwohl wir uns kaum kannten. Henry half Felix im Laden und fügte sich wie ein Teil, das gefehlt hatte, in meine Gruppe ein und … Und, was? Und es störte mich nicht. Bullshit, das tat er nur, weil Róisín ihn gezwungen hatte. So war's. Hundertprozentig.

»Ich habe deinem Dad gesagt, ich will diese Fliege, ich bezahle ihm das Doppelte.«

»Okay, ja, gut, mit solchen Argumenten ist mein Dad tatsächlich leicht zu überreden.«

Ich nahm ihm den Anzug ab und befreite ihn aus der Hülle. Er war anders als alles, was wir sonst im Laden anfertigten. Moderner. Henrys Nacktheit, sorry, Dreiviertelnacktheit, trat in den Hintergrund. Ich streifte die Hülle um den Anzug ab und strich über den samtigen Stoff, den engen Schnitt und hielt das Pastellrosa unters Licht.

»Das ist wunderschön.«

Henrys Begeisterung erfüllte mich mit Stolz. »Habe ja auch ich gemacht.«

»Dein Blick für Stoffe und Kombinationen ist der Hammer.«

Ich winkte seinen Kommentar ab, verbuchte ihn für mich aber als Erfolg. »Kannst du ihn bitte anziehen?«

Ich gab ihn Henry, der mir ein knappes Nicken schenkte.

Während er den Anzug ansah, bemerkte ich, dass Nala mich musterte. »Was?«, zischte ich.

»Nichts. Nichts. Ich habe übrigens die Rechnung für den Anzug gefunden.« Nala reichte sie mir: Stoffe, Anprobezeiten, Fliege, Arbeitszeit, das weiße Hemd, die Schuhe. Damit gelangte ich auf die nächste Seite. Passte alles. Ich ging zu Henry, der sich das Hemd überwarf.

»Wie bist du eigentlich zur Astrologie gekommen, Rys?«

Henry warf mir durch den Spiegel einen Blick zu, den ich nicht deuten konnte. »Ich bin sechsundzwanzig und habe mein Studium erst sehr spät begonnen, wenn du mitrechnen kannst.«

Sechsundzwanzig? Ich konnte gar nicht sagen, auf welches Alter ich ihn geschätzt hatte. Einerseits wirkte er durch seine Größe und Stattlichkeit älter, andererseits studierte er, sodass ich ihn höchstens auf dreiundzwanzig geschätzt hätte. Irgendwie kam ich mir mit meinen bald zweiundzwanzig Jahren neben ihm wie ein Kleinkind vor.

»Und bevor ich das Studium angefangen habe, ähm …« Henry hing an seinem Hemdärmel fest.

Sofort griff ich an seine Schulter, die den Stoff bereits erwärmte, hielt ihn fest und zog an dem Ärmel, bis er durchrutschte. »Besser?«

»Ja, danke. Wo war ich stehen geblieben?«

»Bevor du das Studium angefangen hast«, warf Nala ein.

»Genau. Da habe ich die Astrologie entdeckt, sie hat mir als

Kind, na ja, Halt gegeben. Dieses ganze Sexualitätending und das Woher-kommst-du-wirklich-Ding sind nicht so leicht zu verarbeiten als Teenager in der Schule. Mit zwanzig habe ich ein wenig Geld verdient, indem ich gekellnert habe. Als ich mir etwas angespart hatte, bin ich auf eine Frau gestoßen, Miss Cassiopeia, die übers Internet einen einjährigen Astrologielehrgang angeboten hat, und ich hab mich spontan angemeldet. Angst habe ich zwar gehabt, weil ich nie der beste Lerner gewesen bin, aber wer nicht wagt und so. Nebenbei habe ich auf Twitter über meine Ausbildung geschrieben und immer mehr Leute angezogen. Kurz nach meiner Ausbildung ist Cassie gestorben und hat davor noch ihre Kundschaft an mich weitergeleitet. Sie hat echt immenses Vertrauen in mich gesteckt.« Henry legte sich indessen die Fliege um und schlüpfte in die Schuhe.

»Warte.« Mit einem Schritt näherte ich mich Henry, bis ich hinter ihm stand, und machte ihm die Fliege um den Hals fest. Mein Atem prallte an seinem Nacken ab, und die kleinen Härchen darauf bewegten sich ein wenig. Seine Nähe beschleunigte meinen Herzschlag, dass ich Angst hatte, er könnte ihn hören. »Tut mir leid. Also, dass sie gestorben ist und du so lange warten musstest, bis jemand an dich geglaubt hat, und, na ja, was ich zu dir im Krankenhaus gesagt habe.«

Henry griff nach hinten und legte seine Hand auf meine. Es raubte mir den Atem. Diese eine Berührung saugte jegliche Luft aus mir. »Schon gut.«

Schon gut? Kein: Mir auch? Dieser Kerl machte mich fertig.

Er ließ mich los, und meine Atemfähigkeit kehrte zurück.

Henry musterte sich selbst im Spiegel und klatschte in die Hände. »Perfekt.« Was gäbe ich für dieses Selbstbewusstsein!

Nala näherte sich uns. »Die Fliege ist eher so lala.« Nach diesem Satz ermahnte ich Nala mit einem Blick, der ihr sagen sollte, dass Henry noch immer ein Kunde war. »Also in einer Welt, in der lala mega ist.« Nala räusperte sich und hatte sich damit kein Stück gerettet.

Henry lachte auf. »Stört mich nicht. Ich find's genial und trage meine Entchen mit Stolz.«

Was mich zunehmend an Henry faszinierte, mehr noch als sein Körper, war dieses unerschütterliche Gefühl für sich selbst. Zugegeben, das war einfach verflucht heiß.

Mitten in seiner Selbstbeweihräucherung klingelte es wieder über der Eingangstür, und Felix, Owen und Cara kamen mit einem Turm an Essen in Aufbewahrungsbehältern herein.

»Essenszeit«, rief Owen.

Innerhalb von Sekunden wurde aus dem Laden, der nie so zu mir gepasst hatte, eine Höhle für mich und meine Liebsten. Und ja, verdammt. Ich liebte das. Ob ich es zugab oder nicht.

»Ich bin gleich weg«, sagte Henry und knöpfte sich die goldenen Manschetten auf.

»Quatsch, du bleibst. Wir haben genug«, kam es von Cara, die zu Felix schnippte und auf Henry deutete. »Oder?«

»Auf jeden Fall.« Felix musterte Henry. »Wir kommen rechtzeitig?«

»Die Anprobe ist vorbei, ich bin wieder am Ausziehen.« Henry stieg aus seinen Schuhen.

Cara und Felix musterten sich. »Rechtzeitig also.«

»Nichts mit rechtzeitig. Geht hoch und holt Besteck.« Owen trieb die beiden die Treppe hoch und folgte ihnen.

»Ihr wisst, wo?«, rief ich ihnen hinterher.

»Ja-ha, Quinn.« Owen hatte ja hier auch gefühlt ein Jahr verbracht, da Felix oftmals in seiner Freizeit oder in Pausen mit ihm gefacetimt und ihm den Laden gezeigt hatte.

Der Trubel im Laden war eine Melodie, von der ich nie genug haben würde.

Kapitel 6

Henry

Hope in Our Universe by Takeru: Heute expose ich mich selbst. Als Löwe im Sonnenzeichen und Widder, Doppelfeuer, autsch, im Mond, bin ich oft impulsiv, zu direkt, ungefiltert. Aber, und da kommen wir zum Knackpunkt der Astrologie, ich weiß, ich habe das in mir, kann daran arbeiten, und wenn es sein muss, ach Quatsch, ich werde immer um zwei Uhr morgens, wenn ich Lust auf einen Shake habe, zum nächsten Drive-in fahren.

Anfänglich hätte ich geschworen, dass sich während meiner Abwesenheit nichts am UCC verändert hätte. Auch an diesem Morgen war ich mir wieder sicher, dass alles exakt so war wie an meinem Abreisetag. Die nachträglich neben dem alten UCC-Gebäude entstandenen Bauten wie die Bibliotheken, der Hub – der Hauptumschlagsort der Studierenden –, die verschiedenen Institute oder das alte Observatorium waren alle noch am selben Platz, alle irgendwie modern, mit Glas-, Metall- und Holzelementen, aber trotzdem durch das Gestein ans uralte Hauptgebäude angepasst.

Bei genauerer Betrachtung des UCC entdeckte ich jedoch die Unterschiede. Die neuen Gesichter. Die alten, die mich kaum wiedererkannten. Und die Pflanzen. Überall auf dem Campus wuchsen die Bäume höher, neu gepflanzte Sträucher und Büsche begrüßten mich mit ihren winkenden, im Wind flatternden Ästchen. Als der erste Green Campus weltweit setzte das UCC spürbar auf die Natur. Meine Finger ertasteten die kleinen Zweige eines neuen Baums, der vorher nicht da gewesen war, und ich roch das frisch gemähte Gras zu meinen Füßen. In der Ferne hörte ich den fahrbaren Rasenmäher.

Ich hoffte, dass ich für mein letztes Semester am UCC doch noch einmal Anschluss fand. In Tokio hatte ich gemerkt, wie wichtig es für meine Seele war, neue Kontakte zu knüpfen. Ob diese auch von Dauer waren oder die Distanz sie auslöschte, würde sich in den nächsten Monaten zeigen. Noch war ich mit einigen Leuten über Facetime in Kontakt. Zumindest würde die Verbindung zu Japan über Takeru und Yoshiko bestehen bleiben. Ich freute mich sehr auf die beiden. Bei dem Gedanken kam mir eine Idee. Ich konnte doch mal vergleichen, wie sich die Aszendenten meiner Tokio-Leute von denen hier in Cork unterschieden. Oftmals hatten nämlich Menschen, die zeitlich nahe beieinander geboren worden waren, ähnliche Zeichen – aufgrund des Ortes, an dem sie geboren waren.

Nachdem ich die Idee in mein Handy getippt hatte, wechselte ich auf die andere Seite des Campus über den Pfad und legte mich auf einen Grashügel zu anderen Studierenden. Zwar fläzte ich mich dort als Einziger im satten Grün allein umher, aber das störte mich nicht. Meine Arme verschränkte ich hinter dem Kopf und bettete sie auf meinen Rucksack. Über mir zogen Wolken vorbei, und eine davon erinnerte mich an eine Glocke. Was mich zur bimmelnden Glocke im *Murphy's* brachte. Und zu Quinn. Über den Stein, der mir vom Herzen gefallen war, als wir uns vertragen hatten. Der Streit im Krankenhaus war unpassend und übertrieben gewesen. Ich hätte ihn niemals bedrängen dürfen und war froh, dass wir das geklärt hatten. Was blieb, war meine Überzeugung, dass es ihm besser gehen würde, würde er auf seine Bedürfnisse hören. Doch dazu konnte ich ihn ja nicht zwingen.

Aber auch abgesehen von dieser Geschichte musste ich ihn einfach besser kennenlernen, das hatte ich in den letzten Tagen immer wieder gedacht. Auch um zu sehen, wie die Fantasie von damals sich mit der Realität zwischen uns vertrug. Ob da etwas war oder … ob ich den Gedanken an ihn löschen sollte. Die Zeichen standen gar nicht so schlecht, oder? Ich bewunderte es, wie er an alle denken konnte, obwohl er doch diesen Laden hatte, den er irgendwann übernehmen würde. Vor allem aber, wie viel Liebe und Hingabe er in alles steckte. Seinen Stil, seine Leute, seinen Dad und den Laden. Wie er alles managte. Wie er manchmal kurz nach unten guckte, sobald er lächelte, als wäre er sich gar nicht bewusst, wie sehr dieses Grinsen die Welt besser machte. Wenn er sich verlegen mit der Hand über den Nacken strich und ich mir wünschte, ich wäre diese verdammte Hand. Oder doch der Nacken? Egal, ich –

»Hey, Henry.«

Puff. Meine Vorstellungen über Quinns Nacken – klang das, als wäre ich ein Vampir? – lösten sich auf, als jemand eine rosa Zitronendecke neben mir ausbreitete.

Ich wandte mich den beiden neben mir zu, die sich gerade auf die Decke setzten.

»Hey, ich bin's, Oliver.« Er reichte mir seine Hand.

Zögerlich schüttelte ich sie. »Oh, hey.«

»Hey.« Jemand beugte sich neben Oliver vor. »Wie geht's?«

Zuerst erkannte ich nur rote Haare, die wie ein Vorhang hin und her wirbelten. Einen perfekten Haarschwung später – ganz so, als wäre er aus einer Shampoowerbung – offenbarte sich mir Scarletts Gesicht.

»Scar? Ähm, ja gut, dir?«

»Jap, ich bin's, hey. Und ja, danke, auch ganz gut.«

»Schon wieder ein wenig eingelebt in Cork?« Oliver sprach, aber mein Blick hing noch an Scarlett.

»Ja, danke, Cork hat mich wieder in seinen Bann gezogen.«

»Wir waren heute bei Poppy aus der Verwaltung – du kennst

sie doch, oder? Sie hat uns von dir erzählt und über deine Astrologiekolumne gesprochen. Sie hat gemeint, wir sollen dich ein wenig besser kennenlernen.«

Oliver kannte Poppy auch? Dann konnte er nur ein guter Mensch sein, obwohl er ehrlich gesagt ein bisschen schräg wirkte. Als fiele es ihm schwer, mit Menschen umzugehen.

»Nur fürs Protokoll: Ich habe auch gesagt, wir sollten mal wieder einen Nachmittag mit ihm verbringen. Er passt zu uns, find ich.« Scarlett strich die Zitronendecke glatt.

»Okay.« Oliver schnaubte belustigt. »Scar und Poppy –«

»Und Hudson!«, grätschte Scarlett dazwischen. »Der hat mir letztens auch von ihm erzählt.«

Olivers Grinsen verschwand aus seinem Gesicht. »Hudson?« Er sah wieder zu mir. »Okay … Na ja, scheint, als wärst du echt sehr bekannt.«

»Ein wenig.«

»Untertreibung. Du bist ein erfolgreicher Astrologiekolumnist. Sag's ihm.« Scarlett sprang auf und ließ ihren Blick über die Studierenden um uns schweifen. »Lass uns ein wenig spazieren, ja? Hier wird's mir langsam zu voll, da fühlt man sich so beobachtet, oder?« Sie lachte und reichte mir ihre Hand, und ich ließ mich von ihr hochziehen.

»Und du hast hier vor deinem Auslandsaufenthalt studiert?« Auch Oliver stand auf, rollte die Decke wieder ein und packte sie in seinen Rucksack zurück.

»Wird das ein Interview?« Ich hob eine Augenbraue.

Olivers Lippen bewegten sich, als hielte er etwas zurück oder als wäre er in seinen Gedanken im Gespräch schon weiter. »Nee, bin nur neugierig, du scheinst einen spannenden Werdegang zu haben«, sagte er dann. »Aber wo du gerade fragst, ich plane tatsächlich einen Artikel für die Unizeitung über Studierende, die während ihres Studiums etwas erreicht haben. Erfolgreich sind.« Er musterte mich flink. »Hast du vielleicht Lust, mitzumachen?«

»Na dann. Meinetwegen. Ja, ich habe hier vorher studiert,

und ich schreibe eine Astrologiekolumne, die viral gegangen ist.« Meine Erklärung ließ Oliver nicken, als würde sich ein Puzzleteil an die richtige Stelle fügen.

»Superspannend.« Scar hakte sich bei mir ein. »Finde ich in der heutigen Zeit eine krasse Leistung. Ich meine, gefühlt gibt es online schon alles. Zehntausende von Influencern und Influencerinnen, die sich einen Namen gemacht haben. Da noch rauszustechen. Meine Hochachtung.« Scars warmes Lächeln wirkte mit ihren roten Haaren wie ein Sonnenuntergang. »Oder? Oliver?«

»Ja … Echt nett.« Oliver grinste auch, bei ihm wirkte es allerdings eher, als wäre er ein superreicher Verwandter der Addams Family, der sich bemühte, freundlich zu sein. Aber hey, ich hatte schon öfter solche Leute kennengelernt, die sich schwer im Umgang mit Menschen taten. Also wollte ich nicht zu voreingenommen sein.

»Ist dir das nicht manchmal zu viel?«, fragte Oliver. »Das alles alleine zu stemmen?«

»Das alles? Was meinst du?«, fragte ich, obwohl mein erster Reflex war, laut JA! zu brüllen. Wir näherten uns inzwischen dem Crawford-Observatorium, das auch zum UCC gehörte. Ich liebte diesen Ort, er war wie eine Connection zum Universum. Eingerahmt von Bäumen mit weißen Blüten stand es da wie eine alte Kapelle mit türkiser Kuppel.

Oliver schob einen nach unten hängenden Ast zur Seite. »Na ja, es ist ja echt eine Menge, was du managen musst, oder? Mit dem Geld, den Steuern, den Leuten, die was von einem wollen. Scar und ich beschäftigen uns schon unser ganzes Leben mit solchen Fragen. Wem vertrauen wir? Worin investieren wir unser Geld? Sparen wir alles? An wen kann ich mich wenden? Aber wir haben immerhin unsere Familien, die uns beraten.« Aha. So langsam taute er ja doch ein bisschen auf. Zumindest kam es mir so vor.

»Stimmt schon. Der Erfolg mit meinen Astrologietexten kam schnell. Manchmal fühl ich mich da echt noch verloren.«

»Ja, das geht sogar uns oft so.« Scarlett pflückte eine der Blüten vom Baum und steckte sie sich ins Haar. »Na ja, aber wir helfen dir, wenn du willst. Ich meine, wenn du mal Fragen hast oder so. Manchmal gehen mit Wohlstand ja auch Probleme einher, die … hmm.« Sie knabberte an ihrer Lippe.

»Missverstanden werden«, sprang Oliver ein. »Von norma…«

»Die wir mit Menschen mit weniger Geld einfach nicht gut besprechen können«, grätschte Scarlett ihm wieder dazwischen. »Da können unsere Probleme mit Steuern, worin investiere ich und so weiter schon ein bisschen überheblich wirken. Dabei müssen wir uns nun mal einfach darum kümmern. Genauso wie um die Frage, wem wir mit unserer Karriere vertrauen wollen und wem nicht. Ein gutes Netzwerk ist alles, ohne bist du früher oder später aufgeschmissen.«

»Eure Karriere? Seid ihr nicht …« *… einfach reiche Kinder von abgehobenen Familien, die sich ins gemachte Nest setzen?* So viel dazu, dass ich Leute nicht vorverurteilte. Zugegeben, derselben Falschannahme war ich auch bei Quinn schon aufgesessen. »… na ja, reich geboren?«

»Natürlich. Ja. Aber gerade deshalb haben wir viel Druck, uns beweisen zu müssen. Die Familienehre aufrechtzuerhalten, den Wert des Erbes noch zu stärken, weißt du?« Oliver blickte starr zu Boden, als versinke er förmlich in diesen Gedanken. »Es kann ein Fluch sein, wenn dein ganzes Leben damit verbunden ist, deiner Familie würdig sein zu müssen. Wie ein Gefängnis, dessen einziger Ausweg es ist, sich vom Wohlstand zu verabschieden. Bye-bye zu Kontakten zu sagen. Dabei zuzusehen, wie dir Chancen auf immer verwehrt werden, weil sie deinen Namen kennen, aber wissen, du gehörst nicht mehr dazu. Und das nur, weil du –«

»Äh, du siehst schon. So viele Probleme, von denen niemand ahnt, dass wir sie haben. Außer denen, die zu uns gehören.« Scarlett warf Oliver einen eindeutig mahnenden Blick zu, und er verstummte. Dann traf mich wieder ihr Lächeln. »Aber wem sage ich das, nicht wahr? Du bist ja ganz alleine damit. Wir haben wenigstens uns, um darüber zu reden, und ich … na ja, wir kennen ja die Leute von Felix und Yoshi.«

Ich runzelte die Stirn. »Was meinst du?«, hakte ich nach.

»Oh, das soll sie nicht abwerten, auf keinen Fall!« Scarlett schüttelte rasch den Kopf. »Yoshi ist meine Freundin, und ihre Gang ist in Ordnung. Aber ich meine, na ja, willst du wirklich mit ihnen über Geld und Karriere reden? Denkst du, dass sie dich verstehen würden? Felix zum Beispiel, der einen brotlosen Studiengang studiert und echt Probleme hat, die Uni und das *Murphy's* unter einen Hut zu bekommen, um sich das Leben hier leisten zu können? Oder Quinn, der zwar einen Laden mit Tradtion führt, aber auch hart rote Zahlen erben wird und … Ja.« Scar stoppte sich in ihrem Redefluss, dabei wirkte es, als hätte sie noch so viel mehr zu sagen. Aber das reichte auch. Sie hatte recht. Vielleicht wäre es unsensibel von mir, diese Themen bei Rós Clique auszupacken. Allein, wenn ich mich an unseren Streit im Krankenhaus erinnerte und wie sensibel Quinn auf alles reagierte, was mit dem Laden zu tun hatte … war das wohl wirklich ein schwieriges Thema. Auch wenn ich mich ein wenig fragte, woher Scarlett überhaupt so viel über die Finanzen des *Murphy's* wusste. Sie hatte ja auch diesen offenbar sehr wichtigen Termin beim alten Murphy gehabt. War ihre Familie bei der Insolvenzverwaltung oder Steuerberatung oder so?

Ich schüttelte den Gedanken ab. Die Finanzen des *Murphy's* gingen mich nichts an.

»Na gut, mag sein. Aber was willst du damit sagen, dass ihr euch habt? Seid ihr ein Paar?«, lenkte ich vom Thema ab.

Scarlett und Oliver warfen sich einen vergnügten Blick zu und prusteten kurz darauf los.

»Wir?«, platzte es zwischen zwei Lachern aus Scar hervor.

»Nein, nein.« Oliver wirkte jetzt eindeutig lockerer. »Wir meinen eine spezielle Gruppe von Studentinnen und Studenten am UCC. Wir haben uns zusammengeschlossen, eben weil wir … ähnliche Benefits, aber auch ähnliche Sorgen haben. Wir –«

»Sag es doch einfach, Oliver. Wir sind die Rich Kids vom UCC – obwohl viele von uns auch danach in Kontakt bleiben und lebenslang befreundet sind. Eine Gruppe, die sich gegenseitig hilft. In der niemand verurteilt wird.« Scarlett strich sich eine Strähne hinters Ohr. »Eine kleine Familie.«

»Aber nicht so Start-up-mäßig, mit Secondhand-Fußballtisch und Obstkorb«, fügte Oliver hinzu und schnaubte belustigt. »*Unser* Korb ist voll mit Kontakten, Ratschlägen, Unterstützungen und der Fußballtisch aus Gold.«

Nun wurde ich hellhörig. »Ookayyy.«

Olivers Mundwinkel gingen ein wenig hoch. »Willst du mehr darüber erfahren?«

Ich dachte kurz nach und zuckte dann die Schultern. »Klar, warum nicht. Klingt nach etwas, das ich gesucht habe, ohne danach gesucht zu haben.«

Oliver spitzte die Lippen. »Perfekt.« Er runzelte die Stirn und schob seine Umhängetasche etwas zur Seite, nur so viel, dass ich unter dem Riemen an seinem Sakko eine grüne Anstecknadel in der Form einer Glocke erkannte. »Wir nennen uns die *Emerald Druids*, und wir müssen genau auswählen, wem wir vertrauen und wer uns versteht. Deswegen haben wir uns an dich herangetastet, um abzuchecken, ob wir es ansprechen können.« Also hatten sie eine Art Verschwiegenheitsklausel? Interessant. »Die *Druids* gibt es seit Generationen am UCC. Sie wurden gegründet, damit wir einander helfen können und ein vertrautes Umfeld haben, in dem wir niemanden mit unseren speziellen Sorgen vor den Kopf stoßen.«

Also ein bisschen abgehoben klang das schon. Ein bisschen sehr. Aber irgendwie auch spannend. Und womöglich wirklich hilfreich. »Und wie läuft das so bei euch ab? Was habe ich davon?« Gemeinsam mit Scarlett an meinem rechten Arm und

Oliver links von mir schlenderten wir weiter den Campus entlang. »Was sind meine Nachteile? Was habt ihr davon?«

»Du stellst die richtigen Fragen, das gefällt mir.« Oliver kickte einen Stein ins Gebüsch. »Ein paar der Vorteile habe ich dir ja schon genannt. Unterstützung, Kontakte, Hilfe. Selbstverständlich erst, nachdem du ein vollwertiges Mitglied bei uns bist oder zumindest die Verbindlichkeitserklärung unterschrieben hast.«

»Genau. Wir halten zusammen, helfen uns. Du kannst das zum Beispiel für deine Kolumne nutzen«, warf Scar ein. »Dich an unserem Pool an Leuten bedienen, die in Social Media oder generell in den Medien arbeiten. Wir können dich in unseren Newsletter einbinden, du bekommst sofort von allen *Druids* Likes, Kommentare, Follows. Der Chef von deinem Magazin, Victor. Er ist auch ein *Druid*. Ich hab ja gesagt, dass wir auch über das UCC hinaus unsere Verbindungen behalten.«

Wow. Das war allerdings mal eine Neuigkeit, die sie da einfach so rausließ. Ich dachte daran, dass Ró gemeint hatte, ich müsste mich vor Scar in Acht nehmen. Wieso wohl? Okay, im Laden hatten sie ein bisschen bossy gewirkt, aber da war sie ja vermutlich geschäftlich gewesen? Ich fand ihre Offenheit jedenfalls erfrischend.

Lange konnte ich nicht nachdenken, da fiel Oliver wieder in die Erklärung ein. »Was wir dafür von dir wollen, ist … na ja, dasselbe, nur umgekehrt. Du stellst dich als Kontakt und Support für andere *Druids* zur Verfügung. Vielleicht will sich jemand bei einem Magazin vorstellen, und du müsstest nichts weiter tun, als eine Mailadresse rauszurücken, damit sich jemand direkt an die richtige Person wenden kann.«

»Genau, und wir brauchen Leute mit Bekanntheit, die Modernität in die *Druids* bringen mit ihrem Social-Media-Auftritt, da haben wir noch nicht so viel Einfluss. Oh, und Róisín, die ist doch deine Schwester, hat Yoshi gesagt? Die arbeitet ja jetzt bei diesem Medizinmagazin. Da können wir bestimmt auch was für sie machen. Mehr Seiten im Heft. Wir kennen da auch Leute.«

Okay, das klang auch nice. Wie schön wäre es, wenn ich Ró helfen könnte. Sie könnte sich endlich mehr ihrem Job widmen, nicht noch tausend Schichten bei der Cateringfirma machen, um dann müde ins Bett zu fallen.

»Und was ist mit den Nach…«

»Nachteilen?« Scarlett löste sich von mir und ging etwas vor. »Wir sind eine Familie, die sich hilft, wieso sollte es Nachteile geben? Stimmt's nicht, Oliver?«

Oliver setzte wieder dieses schräge Grinsen auf. Mann, das musste er echt mal vor dem Spiegel üben. »Also ich weiß von keinen Nachteilen. Es sei denn, du magst keine wilden Partys. Die exklusiven Einführungsfeiern bei uns sind echt unvergesslich. Danach erst bist du ein waschechter *Emerald Druid* mit all den Vorzügen. Klar, ein bisschen musst du dich vorher schon anpassen, aber hey, wir sind echt 'ne lustige Truppe.« Die beiden grinsten sich an.

»Oh.« Oliver hob den Zeigefinger, als wäre ihm noch etwas eingefallen. »Und solltest du über deine eigene Expertise hinaus noch andere gute Kontakte haben, freuen wir uns über Empfehlungen. Wenn wir Abholungen erledigen müssen für die Feiern oder jemand heiratet und du vielleicht eine gute Cateringfirma kennst.« Ich musste an den Nebenjob meiner Schwester denken.

»Gehört Hudson auch zu euch?« Ich deutete auf seine Anstecknadel. »Ihr habt ihn vorhin erwähnt, und seine Familie – die O'Learys oder? – hat ja auch ordentlich Kohle.«

»Hudson?« Kurz erweichte sich Olivers Gesicht und verhärtete sich danach umso mehr. Seine Schritte wurden langsamer, und sein Blick verlor sich in der Ferne. »Wer weiß. Hab lange nicht mit ihm gesprochen.«

»Natürlich ist er dabei, was redest du denn«, sagte Scarlett stattdessen. »Er ist halt busy, du kennst ihn ja.«

Das klang sehr nach Hudson. Na gut. Im Grunde noch ein

Pluspunkt. Hudson und ich hatten uns immer gut verstanden, und bei aller Verpeiltheit schien er sein Leben recht gut im Griff gehabt zu haben. Vielleicht sollte ich ihn fragen, was er von der Sache hielt? Ich wollte wirklich vorankommen mit meiner Kolumne. Mir etwas aufbauen. Mich langfristig absichern. Es gäbe nichts Schöneres für mich, als mit meinem Hobby nicht nur ein, zwei Jahre erfolgreich zu sein. Vielleicht könnte mir diese Gruppe dabei echt helfen.

»Ja. Natürlich. Ich meine nur, ich sehe ihn nicht mehr so oft wie früher ...« Oliver schüttelte den Kopf. »Wie dem auch sei. Ich und Scar bestimmt auch würden uns echt freuen, dich dabeizuhaben. Falls du ernsthaftes Interesse haben solltest, lassen wir dir eine Einladung für die Ritualnacht zukommen und stellen dich Jasira vor. Sie behält die *Emerald Druids,* die noch am UCC studieren, ein wenig im Blick, damit sich niemand zu viel auf einmal nimmt oder gibt und alles gerecht verteilt wird. Sie ist bestimmt ganz interessiert an dem, was du alles ...« Oliver deutete mit seinen Händen eine Explosion über seinem Kopf an. »... erreicht hast. Vor allem echt total alleine. Respekt!«

»Bestimmt! Seit eineinhalb Jahren ist Jasira außerdem auch an Astrologie interessiert.« Scarlett verkniff sich wenig erfolgreich ein Grinsen.

Ich dachte kurz darüber nach. Diese Jasira war also so was wie die Anführerin dieser Gruppe am UCC? Hatte ich ihren Namen schon mal irgendwo gehört? Nein, oder?

»Oh! Und wir haben auch ein paar Ferienhäuser zur Verfügung, falls du mal ein kreatives Retreat oder Kulissen für Instagram und TikTok brauchst. Wenn du dich rechtzeitig meldest, darfst du die auch benutzen. Gratis natürlich.«

»Und wir bekommen Vorabinfos für neue Wohnungen, die bald frei werden, noch im Bau sind oder wenn Zinsveränderungen anstehen, die uns immer ein wenig früher gegeben werden.«

Hörte ich da *Wohnungen?* Die ganze Sache wurde immer verlockender. »Tatsächlich suche ich gerade.«

»Hmm.« Scar verzog nachdenklich das Gesicht. »Da können wir bestimmt helfen. Spätestens nach der Ritualnacht. Was hast du denn so für Lieblingsorte in Cork? Vielleicht sind da in der Nähe Wohungen frei.«

»Puh, ich mag die Gegend oben bei den Hügeln. Oder bei dem Klavierladen *Piano Loft Diaz,* das erinnert mich an früher, aber sagt … Wie hoch ist denn euer Mitgliedsbeitrag?«

Oliver sah mich an, als hätte er meine Frage am liebsten mit »Ach, mein liebes Kind, du und deine Fantasie immer« kommentiert und mich dabei am Kopf getätschelt. »Null Euro natürlich. Wir haben alle genug Geld, sonst wären wir ja gar nicht bei den *Druids.* Die einzige Beitrittsbedingung ist, das nicht herauszuposaunen. Stell dir vor, plötzlich würden alle ankommen und das, was wir haben, verurteilen.«

»Ich meine, könnten wir ja auch verstehen. Manche unserer Strukturen sind echt ein bisschen verkalkt.« Scar lachte, aber diesmal glaubte ich tatsächlich etwas Frust darin zu hören. »Davon wollen unsere Großeltern und Eltern auch partout nicht abweichen, aber hey, irgendwann ist unsere Generation am Zug, und wir können das so offen gestalten, wie wir es uns vorstellen. Gerade dafür brauchen wir ja neue, frische, junge und selbstständige Leute. Menschen, die es alleine geschafft haben, als Vorbild. Ohne alte Familienoberhäupter, denen sie alles recht machen müssen.« Da sprach Scarlett einen Punkt an, der mir auch wichtig war. Ich wollte nicht zu irgendwelchen ignoranten Reichen gehören, die abfällig auf Menschen ohne Geld herabschauten.

»Also wisst ihr schon auch, dass es eigentlich ziemlich unfair ist, wenn wir auch noch vorab solche Insiderinfos bekommen? Obwohl wir eh schon privilegiert sind durch das Geld?« Jetzt sagte ich selbst schon »wir«.

»Klaaar.« Oliver zog das a lang. »Aber Veränderung braucht zwei Dinge: Zeit und junge, rebellische Menschen, die diese vorantreiben. Menschen wie dich. Menschen wie uns.«

»Und Hudson?« Ich wollte noch mal sichergehen, dass er auch dabei war. Nicht, dass ich den falschen Hudson zu seinen *Druids*-Erfahrungen anquatschte.

»Ja … Menschen wie mein Hu… wie mein Mit-*Druid* Hudson.« Oliver zupfte an seinem Hemdkragen.

»Okay. Ich bin dabei, aber nur wenn ich auch so eine Anstecknadel bekomme.«

»Sie gehört so gut wie dir.« Scarlett schien erleichtert, als sie sich wieder bei mir einhakte. »Dann erzählen wir dir noch ein bisschen mehr und zeigen dir ein paar Vorzüge der *Druids,* die du direkt in deinem UCC-Alltag nutzen kannst. Das sind eigentlich die besten.« Sie grinste.

»Ach so? Lass hören.«

»Na ja, wir haben zum Beispiel auf dem alten Campus einen eigenen Aufenthaltsraum nur für *Druids.*« Oliver fischte einen Schlüssel hervor und zwinkerte mir zu. »Damit kommst du an den besten Schokoriegelautomaten Corks.«

Jetzt musste ich wirklich lachen. Diese Leute waren offenbar wirklich in Ordnung. »Schokoriegel? Ich bin so was von dabei!«

Kapitel 7

Henry

Hope in Our Universe by Takeru: Wenn Löwen eines nicht machen, dann, ihre merkwürdige Art zu verschleiern, nein, wir feiern sie!

Dreimal klopfte ich gegen das Schaufenster. Quinns Kopf drehte sich, und er spähte über seine Schulter. Hören konnte ich ihn nicht, aber ich las auf seinen Lippen das »Was?« ab.

Ein Blick auf meine goldene Retroarmbanduhr verriet mir, dass es fast sieben war, und er arbeitete noch. Ein wenig erkannte ich mich selbst darin. Selbstständig zu sein bedeutete auch, ständig ein schlechtes Gewissen zu haben, nicht für sich selbst zu arbeiten.

Ich winkte ihn zu mir.

Quinn schüttelte den Kopf und sortierte weiterhin Krawatten auf einer Leiter ein.

Wieder klopfte ich dreimal gegen das Glas.

Quinn zeigte mir den Mittelfinger hinter sich.

Klopf. Klopf. Klopf.

Quinn ließ den Kopf in den Nacken sinken und sah ein paar Sekunden an die Decke, ehe er von der Leiter stieg. Ich hatte gewonnen. Er dackelte zur Tür und riss sie auf. »Geschlossen.«

»Du arbeitest zu viel.«

»Was machst du hier?«

Die unerwartete Begegnung mit Scarlett und Oliver hatte mich für eine Weile von meinen Gedanken an Quinn abgelenkt. Doch auf dem Heimweg hatte mein Gehirn dort weitergemacht, wo es am Fluss unterbrochen worden war: dass ich nach Wegen suchen wollte, Quinn näher kennenzulernen. Und weil ich wusste, dass mein Kopf mir keine Ruhe lassen würde, hatte ich das Taxi kurzerhand einen Schlenker zum *Murphy's* machen lassen. Das überhaupt nicht auf meinem Weg lag. Es war ein großer Schlenker. Aber das hatte ich natürlich nicht gewusst, ich war doch der Typ ohne Orientierungssinn, und Google Maps hatte ich auch nicht gefragt. Auf gar keinen Fall. Neiiin. »Ich will dir etwas zeigen, komm mit.«

»Das klingt äußerst verdächtig.« Quinns zu großes blaugraues Hemd ragte aus seiner beigen Hose, und er hatte etwas Farbe auf der Wange.

»Hast du gestrichen?«

Panisch wischte er über die Nase. »Ist das nicht weg?«

Ich näherte mich ihm, drängte ihn in den Laden und hielt mit meinem Fuß die Tür auf. Wir waren uns so nahe, dass ich seinen warmen Atem an meiner Nase spürte. Mein Daumen legte sich an seinen Nasenflügel, und von da wischte ich mit der Hand über seine Wange bis zum Ohr. Seine weiche, leicht stoppelige Haut gab unter meiner Berührung nach, bis die hellgrüne Farbe verschwand und ein roter Striemen zurückblieb. Bei alldem hielt ich Quinn mit meinen Augen gefangen und liebte es, seinen sturen, standhaften Blick zu spüren, obwohl er bestimmt lieber fluchtartig weggelaufen wäre. Er schluckte. Es blieb ihm im Halse stecken. Er schluckte noch mal. Mir kam es vor, als schossen unsichtbare Ranken aus seinem Körper und zwangen mich, bei ihm zu bleiben. Alles an mir fühlte sich an, als würden meine eingeschlafenen Glieder erwachen und nervös kitzeln.

»Weg.« Meine Stimme klang heiser. »Also, kommst du mit?«

»Weil du mich geputzt hast wie eine Katze ihre Kinder?« Quinn verschränkte die Arme vor der Brust.

»Du brauchst Pausen, sonst liegst du bald neben deinem Dad.«

»Ich bin zweiundzwanzig, mein Körper hält das aus.«

»Bitte.«

Quinns Lider flatterten kurz, und ich merkte, wie meine Überredungskünste Wirkung zeigten. Gleich danach rollte er mit den Augen, seufzte und schmiss ein »Von mir aus« hinterher. Er ging zurück in den Laden, schaltete alles ab, verschwand noch mal nach oben, und nach ein paar Minuten war er fertig zum Abhauen. »Wehe, das wird langweilig.«

Ein wenig weiter die Straße runter hielt noch das Taxi, das ich hatte warten lassen. Mein Blick verfünffachte das Taxi gedanklich, da ich in Tokio selten nur ein einzelnes Taxi erblickt hatte. Da rasten diese Dinger gefühlt nur im Rudel herum, da viele kein eigenes Auto hatten.

»Du hast das Taxi warten lassen? Was, wenn ich nicht mitgekommen wäre?« Quinn blieb demonstrativ stehen.

»Ich bekomme immer, was ich will.« *Meistens. Manchmal. Oft zumindest. Gelegentlich klappt das.* Doch wenn mich das Leben eines gelehrt hatte, dann, dass ich mir Dinge, die ich wollte, nehmen musste. Dass ich ohne Scheu nachhaken, auf etwas beharren musste, um weiterzukommen. Nicht mehr der sein, der sich für alle verbiegt. Ich musste selbst strahlen, das Scheinwerferlicht auf meine Fähigkeiten richten, um etwas zu bekommen. »Und gerade will ich dich.«

»Träum weiter. Du willst doch bloß nicht zugeben, dass du ohne Taxi nicht allein nach Hause findest.« Quinn stieg auf die Rückbank, und ich lachte in mich hinein.

Nachdem ich ebenfalls eingestiegen war, das Ziel vorgegeben und mich zurückgelehnt hatte, ruckelte das Taxi los. »Wie geht's deinem Dad?«

»Schlechter. Es ist, als würde sein Körper nicht mehr mitmachen. Als hätte er all die Jahre nur funktioniert, und jetzt, da er gezwungen war, sich wegen des Schlaganfalls auszuruhen, bricht all die Anstrengung aus ihm heraus. Er ist erschöpft, und das Pflegepersonal muss kämpfen, dass er wenigstens ab und zu hochkommt und sich etwas bewegt.«

Erst jetzt erkannte ich die Schatten unter Quinns graubraunen Augen. »Das tut mir leid.«

Das Straßenlaternenlicht, das gleichmäßig durch die Scheibe ins Taxi drang, begleitete uns auf dem Weg.

»Was ist mit deinen Eltern? Róisín erzählt ja oft von eurem perfekten Familienleben.«

Nach seiner Frage wandte ich mich ab und sah hinaus. *Mein Cork.* Hier, wo die bunten Türen, die außergewöhnlichen Häuser und der Lee mir gehören sollten, waren nun ausgerechnet wieder meine Eltern zum Thema geworden. Ich dachte daran, wie Ró heute am Telefon hatte durchklingen lassen, dass Mam und Dad jetzt öfter vorbeischneien wollten, um Zeit mit uns zu verbringen. Weil Ró sich mehr Familienzeit gewünscht hatte, jetzt wo ich wieder hier war. Mich hatte wieder niemand gefragt. Die beiden besuchten uns ja auch erst in der Stadt, seit Ró hierhergezogen war. In der Zeit, in der ich hier alleine gelebt hatte, waren sie nur gekommen, wenn Ró mich sehen wollte. Zu wissen, dass sie nun ab und zu vorbeikommen würden, um mich zu sehen, weil Ró es sich wünschte … Keine Ahnung, was das mit mir machte.

»Ja, meine Eltern sind total perfekt.«

»Das klingt gelogen.«

»Vielleicht ist es das.«

»Und wie ist es so mit deiner leiblichen Mutter? Ró hat letztens im Gruppenchat gemeint, du kanntest sie nicht?«

»Sie ist sehr früh gestorben. Aber laut meinem Dad soll sie toll gewesen sein, sie hat sich immer durchgesetzt, war vorlaut, eine Kämpferin. Schütze. Er spricht aber nicht viel über sie, wegen Mam. Damit sie sich nicht irgendwie schlecht fühlt. *Sie* soll ja meine Mutter sein, und das ist sie auch.« Der Taxifahrer warf mir einen Blick über den Rückspiegel zu. »Aber deshalb weiß ich eben kaum etwas über meine leibliche Mutter. Und gerade deshalb ist die Zeit in Tokio auch so wichtig gewesen. Ich habe das Gefühl gehabt, sie endlich ein wenig kennenzulernen. In Tokio habe ich Orte aufgesucht, von denen Dad erzählt oder mir Bilder gezeigt hat. Und an denselben Plätzen wie sie zu sitzen hat sich gut angefühlt. Wie eine Verbindung zu ihr.«

»Das ist ja schrecklich. Also, dass du sie nicht kennengelernt hast. Tut mir leid. Umso besser, dass du in ihrer Heimat ein wenig Verbundenheit zu ihr gefühlt hast.«

»Passt schon.« Ich rang mir ein Lächeln ab. »Und deine?«

»Da geht es mir wie dir. Sie ist gestorben. Sehr früh. Habe kaum Erinnerungen an sie.«

Stimmt, das hatte ich ganz vergessen.

»Scheint, als hätten wir einiges gemeinsam, was?« Egal wie unterschiedlich wir auch waren, ich konnte nicht ändern, dass ich Quinn einfach mochte. Er zog mich an. Seine Aura, sein Charisma, seine Präsenz, alles, wie er sich gab. Alles in mir verlangte danach, ihn kennenzulernen. »Und woran?«

Quinn erwiderte meinen Blick »Sie ist ungünstig gestürzt und noch ungünstiger auf den Kopf geflogen.« Er schüttelte den Kopf. »So unnötig einfach. Traurigerweise genau an dem Tag, an dem sie und mein Dad einen Ausflug auf Spike Island machen wollten. Meine Mam fand es schade, gleich daneben zu wohnen und die Insel nie besucht zu haben.«

Wie Quinn das sagte, als spräche er über eine Fremde, tat mir noch mehr leid, als wenn es ihn traurig gestimmt hätte. Aber ich konnte das so gut nachvollziehen. Dieser Schmerz, eine Fremde zu vermissen, die einem nicht wirklich etwas bedeuten konnte, weil wir sie nur aus Erzählungen kannten. Die Mütter, die wir hätten haben können.

»Sorry.« Ich wollte meine Hand auf seine legen, doch da zog er sie zurück.

»Schon okay. Ich kannte sie ja nicht. Nicht wirklich. Als Kind fand ich es schlimmer, keine Geburtstagspartys zu haben. Mein Vater war überfordert mit allem, so als Alleinerziehender, und ich glaube, mein Geburtstag ist ihm auch zu nahe an ihrem Todestag.«

»Echt gar keine Feier? Hm.« Dahin gehend hatten meine *perfekten* Eltern sich jährlich übertrumpft.

»Wann bist du eigentlich genau geboren?« Ich beschloss, das Thema umzulenken auf etwas, wovon ich mehr verstand als vom Aufmuntern: Astrologie.

»Zwanzigster Mai 2002, um fünf Uhr morgens. Ach, nee, *ihr* braucht es ja noch genauer. Fünf Uhr zweiunddreißig. In Cork.« Wie Quinn das *ihr* aussprach, ließ mich vermuten, dass Cara und Felix ihn danach auch gefragt hatten.

»Stier.«

»Und du?«

»Einundzwanzigster August 1997, um zwanzig Uhr fünfzehn in Dublin.«

»Ist das noch Löwe oder Jungfrau?«

»Ich bitte dich. Ist das nicht offensichtlich?«

»Also Jungfrau?«

»Quinn!«

Er schnaubte belustigt. »So schnell ist der Löwe in seinem Stolz gekränkt.«

»Eins zu null für dich.« Ich strich meine Hose glatt, und einen Moment später kam das Taxi zum Stehen.

»Da sind wir.« Das Gebrumme des Taxifahrers und sein Herumtippen auf dem Taxameter rissen mich endgültig aus meinen Gedanken über Quinns ungefeierte Geburtstage.

Nachdem ich bezahlt hatte, stiegen wir gemeinsam aus. Das Knallen unserer Türen hallte samt dem Losrauschen des Autos durch die Seitengasse.

»Was machen wir hier?« Quinn sah sich um.

»*Crowley's Piano Bar*. Noch nie besucht?«

»Seh ich so aus?«

»Ja.« Ich zwinkerte Quinn zu. »Crowleys Bar hat mir viel geholfen. Es hat sich zu einem Geheimtipp entwickelt.«

»Geheimtipp wofür?«

»Für LGBTQIAP+-Menschen und alle anderen, die es schwer haben, in unserer Gesellschaft akzeptiert zu werden. Crowleys Opa ist … Wie ein Engel gewesen. Und Crowley führt das fort. Die beiden sind wie Engel für uns. Der Laden ist auch einer der ersten gewesen, die Bands aus allen Teilen der Welt auftreten ließen. Es ist kitschig, aber wir brauchen ja auch irgendwo unsere heile Welt. Hier habe ich früher eine Zuflucht gefunden, wenn ich … verstanden werden wollte.« Nicht nur im Hinblick auf meine Sexualität und meine Wurzeln, sondern auch darin, dass es einfach mal nur um mich gehen sollte. Nicht um Ró. Nicht um Mam. Nicht um die Familie. Nur um mich.

Vor uns tat sich die alte Bar auf. Wie lange hatte ich mich darauf gefreut, ihren Charme wieder in mich aufzusaugen. Die oben abgerundeten, blickdichten Fenster hatten einen frischen Anstrich bekommen, sonst war alles beim Alten geblieben. Quinn hielt sich am geschwungenen Zaun fest, wohl in dem Versuch, einen Blick nach innen zu erhaschen. Auf der Höhe des ersten Stocks zog sich eine Holzvertäfelung um das Gebäude, und auf dem schwarzen Holz las ich in alter Goldschrift *Crowley's Piano Bar.* Crowley achtete sehr pingelig auf den top Zustand des Hauses. Sogar die lilanen und gelben Pelargonien über der Vertäfelung erblühten in voller Pracht, ohne ein verdorrtes Blatt.

Quinn ging vor, legte eine Hand auf den halbrunden Türknopf und strich über das Gold. »Bin ich richtig angezogen dafür?«

Mit zwei Schritten war ich bei ihm. »Darf ich?«

In seinem Gesicht erkannte ich Verwirrung. Er nickte.

Meine Hand schnellte nach unten, kurz vor seiner Mitte. »Sicher?«

Wieder ein Nicken.

Ich griff an seinen Gürtel. Mein Daumen lag unterhalb, meine restlichen Finger ragten in seine Hose hinein. Quinn sog die Luft ein. Ich zog ihn näher zu mir und strich sein Hemd glatt. Wieder behielt ich Quinn im Blick, steckte ihm das Hemd geordnet in die Hose und schenkte ihm ein gebrochenes Grinsen. »Besser.«

Mein Rucksack rutschte von der Schulter, ich ließ Quinn los und bedeutete ihm, hineinzugehen.

Als mein Blick auf die rote Tapete mit dem dunkelroten Muster fiel, merkte ich, wie sehr ich diesen Laden vermisst hatte. Sofort erfühlte ich mit meinen Fingerspitzen die samtige Textur. Allerdings war es ungewöhnlich still, und im nächsten Moment erkannte ich auch den Grund: Die Bar war menschenleer. Aber warum?

Crowley wartete hinter seiner Bar. Seine blonden Haare standen ab, und er stoppte mitten in der Wischbewegung auf dem alten Tresen, der zwar Vintage war, aber wie neu und ohne Kratzer im warmen Licht erstrahlte.

»Wenn das nicht Henry ist. Oder Takeru? Brauche ich ein Autogramm von dir, das ich an die Wand hänge? Oder muss ich dich bezahlen, dass du vorbeikommst?« Er stemmte sein Handgelenk in die Hüfte und streckte etwas verkrampft seine Finger vom Körper weg, damit der Putzlappen nicht sein Outfit berührte. Pingelig und eitel wie eh und je.

»Beides ließe sich einrichten.«

Quinn schnaubte belustigt und verlagerte sein Gewicht von einem Bein auf das andere. Warum stellte er sich nicht vor?

»Das hättest du gerne. Hier gibt es keine Extrawürste.« Hinter Crowley sprang ein Kuckuck aus einer Uhr, und ein halb kaputter, schiefer Ton erfüllte die Bar. Er hatte ein Faible für diese Uhren. Sie hingen zwischen den Spirituosen vor der verspiegelten Wand, und für manche hatte er sogar einen Teil der Regalbretter ausgeschnitten, um sie dann dort hineinzuquetschen.

Crowley warf Quinn einen verstohlenen Blick zu und schritt dann hinterm Tresen hervor.

»Das ist übrigens Quinn, wir kennen uns über meine Schwester.«

»Schön, dich kennenzulernen.« Crowley streckte ihm die freie Hand entgegen.

»Freut mich ebenfalls.« Quinn schüttelte seine Hand.

»Tja, ich würd euch ja gern bedienen, Jungs. Aber wenn ich ehrlich bin …«, Crowley kratzte sich am Nacken, »bin ich am Gehen gewesen. Sperre heute früher zu.«

»Wieso?« Die Bar war immer fantastisch besucht gewesen, das hatte sich doch hoffentlich nicht geändert?

Crowley legte seinen Kopf schief und breitete die Arme aus. »Ich werde älter und brauche ein wenig Zeit, um mich auszuruhen. Ihr feiert mir sonst noch das Leben aus dem Körper. Und in einer neuen LGBTQIAP+-Bar um die Ecke gibt es heute eine queere Karaokenacht. Da hab ich das ganze Volk hingeschickt und kann mich mal ausruhen.«

Ich atmete auf. Das klang nicht so bedrohlich wie befürchtet.

»Hier ist sonst bestimmt viel los. Die Bar sieht unglaublich aus.« Quinn machte ein paar Schritte auf dem Parkett und erkannte sich selbst im Goldspiegel. Er strich sich die Haare nach hinten, und sie fielen in einen perfekten Mittelscheitel zurück.

»Danke. Mein Dad und mein Opa sind früher bestenfalls belächelt und schlimmstenfalls angefeindet worden, weil sie ihre Tore explizit für queere Menschen und jene mit den verschiedensten Wurzeln geöffnet haben. Aber sie haben nie aufgegeben. Mir fällt jetzt die Aufgabe zu, am Puls der Zeit zu bleiben und mich nicht abhängen zu lassen. Aber die Crowd ist treu, zum Glück. Und ich habe noch viele Ideen.« Crowley spazierte um die Bar, rückte die Hocker zurecht und grinste. »Deshalb kann ich selbst noch von der Bar leben, wenn ich die Öffnungszeiten kürze.«

»Darf ich fragen, was du mit Puls der Zeit meinst? Die Bar ist doch schon sehr offen.« Quinn hatte ein Glänzen in den Augen, seitdem Crowley von queeren Menschen gesprochen hatte.

»Na ja, aber Gay-Nights, Lesbian-Partys oder internationale Karaoke mit Titeln aus den verschiedensten Ländern gibt's inzwischen auch in etlichen anderen Läden, da brauchst du zum Teil nicht mal mehr eine LGBTQIAP+-Bar zu gehen. Darum gibt's im *Crowley's* jetzt zum Beispiel einen Tag mit freien Shots für trans Menschen, gratis Chips für pansexuelle Leute, und nach dem dritten Getränk bekommst du einen Button mit deinem Pronomen drauf. Wir haben inzwischen mehr als zehn Neopronomen im Topf, und wenn deins nicht dabei ist, kannst du dir deinen Button selbst gestalten.«

»Wow. Verstehe. Klingt echt schön. Hast du keine Angst gehabt, dass es nicht klappt?« Quinn biss an der Innenseite seiner Wange herum.

»Nö. Ich habe immer an den Traum meiner Familie geglaubt.«

Ich zwinkerte Quinn zu, aber er guckte sofort weg. »Okay, danke für die ehrliche Antwort.«

Crowley hatte all das verdient, dachte ich. Den Zuspruch und die Sicherheit, dass sein Laden gut lief. So konnte das Leben nämlich auch sein. Ein Ort, an dem ein Mensch zum Dank für seine Gutmütigkeit Freundlichkeit und Treue zurückbekam.

»Ihr könnt aber gerne noch ohne mich hierbleiben. Ich habe gleich einen Arzttermin, aber du findest dich ja zurecht, Henry. Werft das Geld einfach in die Kasse, wenn ihr was trinken wollt, und zieht später die Tür hinter euch zu.«

Ich lehnte mich auf der braunen Fake-Ledercouch zurück, die neben einem gusseisernen Kohleofen stand. Vor mir sah ich mich selbst als Siebzehnjährigen neben dem alten schwarzen D'Almaine-Piano vor der weißen Kalksteinwand.

»Nett von ihm, dass wir bleiben dürfen.« Quinn kam vom vorderen Teil der Bar zu mir in den hinteren Bereich. »Selbst die Toiletten sind wunderschön.« Er wischte sich die nassen Hände seitlich an der Hose ab. Crowley hatte also noch immer keine Papierspender. »Dass er dir so vertraut, dass er uns alleine in seiner Bar lässt, ist schon krass.«

Grinsend nickte ich. »Crowley und ich kennen uns schon länger. Er ist ein eher untypischer Schütze. Ist mehr von seinem Mondzeichen dominiert.«

Quinn setzte sich mir gegenüber auf den Barhocker der hinteren Bar neben einem Eichenfass, auf dem eine der vielen goldenen Laternen samt Elektrokerzen Platz fand.

»Das da wäre?«

»Jungfrau.«

»Okay.«

Da der Ofen neben mir ein wenig zu warm wurde, erhob ich mich und setzte mich auf den gepolsterten Hocker vor dem Piano. Ich klappte es auf und stellte einen Fuß auf die goldenen Pedale.

»Was machst du sonst so, wenn du nicht arbeitest?«

Auf Quinns »Hmmm« folgte eine Pause. »Ich fotografiere gerne und liebe es, die Bilder danach zu bearbeiten. Oh, und ich finde die Geschichten der adeligen Leute spannend. Hauptsächlich die der britischen Königsfamilie, ja, schau mich nicht so an, ich weiß, nicht unbedingt ein Hobby, das ich als Ire öffentlich breittreten sollte, aber wusstest du zum Beispiel, dass die Queen mal gesagt hat, dass Margaret Thatcher, die einstige Premierministerin, sich wohl total komisch verbeugt haben soll?« Quinn stand auf und vollführte einen tiefen Knicks, bei dem er das Haupt senkte und mit den Beinen immer tiefer in die Hocke ging, ehe er sich wieder setzte. »Außerdem liebe ich es, mir im Internet Videos von Urlauben anderer anzusehen oder Hotelbewertungen durchzulesen. Selbst bin ich leider noch nie richtig im Urlaub gewesen. Komisch, oder?«

»Nein, gar nicht. Spannend, was du so in deiner Freizeit machst. Darf ich ein paar deiner Bilder sehen?«

Quinns Blick schweifte ab. »Lieber nicht.«

»Wenn du nicht magst. Soll ich dir etwas vorspielen?«

»Hm. Ich kenne gar keine Pianolieder.« Quinn nahm sein Bier vom Tresen hinter ihm und nahm einen Schluck. »Oh, oder doch. Kennst du *Howl's Moving Castle?*«

»Erst von meiner Zeit in Tokio, da bin ich ja kaum an der japanischen Popkultur vorbeigekommen. Den Film an sich kenne ich jetzt nicht, Anime und Manga ist nie so meins gewesen.«

Quinn griff sich an die Stelle über seinem Herzen. »Autsch. Da brauche ich gleich noch einen Schluck.«

»Ich kann dir ein Lied aus *Inuyasha* vorspielen.«

»Ach, aber das kennst du?« Quinn nahm noch einen Schluck.

»Mein Vater hat die damals gelesen, als ich noch klein war. Ein Jahr vor meiner Geburt ist die Erstveröffentlichung gewesen. Irgendwo in einer Kiste müsste ich noch die vergilbten Mangas haben. Er wollte sie meiner Mutter schenken, dabei war sie keine große Liebhaberin von Fantasy oder Romance und hat auch nur Mangas gelesen, wenn sie etwas brutaler waren. Mein Dad hat wohl so gut wie alle Fehler gemacht, die er machen konnte, aber sie haben trotzdem irgendwie zusammengefunden.« Ich rollte mit den Augen. »Deshalb geben mir diese Mangas auch …«, ich schlug ein Cis an und unterbrach mich kurz, »ein Gefühl von, keine Ahnung, Verbundenheit. Etwas zwischen meiner Mutter, Dad und mir. Und irgendwann hab ich dann rausgefunden, dass es eine Serie mit super Klaviermusik dazu gibt, mir die Stücke auf YouTube angehört und nachgespielt.«

Meine Finger suchten nach der passenden Position und fanden wie selbstverständlich hin, als hätten sie ein eigenes Gedächtnis für diese Melodie entwickelt.

»Kannst du dann *Fate and Love* spielen? Das ist aus *Inuyasha.*« Nachdem Quinn das gesagt hatte, drückte ich die Tasten allesamt. Ein dumpfer Ton hallte durch die Bar.

»Ausgerechnet das? Witzig, dass dir gerade das in den Sinn kommt. Das war mein erstes *Inuyasha*-Stück. Danach hab ich angefangen, mich mehr mit der japanischen Kultur auseinanderzusetzen.« Flüchtig kehrte damit auch die Erinnerung an die Tage zurück, an denen ich mit Klaviersongs in Crowleys Bar angekommen war, um sie zu lernen. Ich hatte es so geliebt, von meinen Sorgen abgelenkt zu werden, als hätten die Melodien sie aus meinem Kopf verdrängt.

Ich rutschte auf dem Hocker zur Seite, um Platz für Quinn zu machen. Dann begann ich zu zu spielen, zuerst nur mit einer Hand. Mit einer fließenden Bewegung fügte ich meine zweite hinzu, und die melancholische Melodie umspielte uns wie ein Windhauch. Meine Konzentration lag auf dem Stück. Es klang, als tanzten Menschen durch einen mittelalterlichen Markt am Sonntagmorgen hinein in ein ausgelassenes Fest. Ich spielte nicht mehr für uns, sondern für die Kinder in uns. Für den jungen Quinn, der seiner Mam näherkommen wollte, einer verstorbenen Fremden nachtrauerte, und für den kleinen Henry, der sich nach seiner leiblichen Mutter sehnte und nach einer Familie, die mehr auf mich einging. Nicht mehr Quinn und Henry saßen vor diesem Piano, sondern die Kinderversionen von uns. Klein Henry und Klein Quinn, die sich nichts mehr wünschten, als verstanden zu werden. Vertieft in das Stück, bemerkte ich spät, dass ich am Ende ankam, und holte noch mal alles aus den letzten Takten heraus, in denen das Lied anschwoll und abrupt abbrach.

»Und?« Ich stand auf, um mich seitlich neben Quinn zu setzen, ein Bein zum Piano, das andere Richtung Bar.

»Das war der Hammer. Wo hast du Pianospielen gelernt?«

»Zuerst durch Klavierstunden. Meine Mam hat gemeint, das passt zu mir, aber so richtig geklickt hat es da noch nicht.« Ich rollte mit den Augen. »Erst als ich durch Crowley diese Bar kennengelernt habe, war das wie eine Offenbarung. Crowleys Mam Isla hat damals in einem zu grellen türkisen Kleid mit Stickereien am Klavier gesessen, die Dauerwelle wie einen Helm um den Kopf gelegt, um mit ihrer kleinen Goldbrille auf der Nase den ganzen Abend zu spielen. Crowleys Dad stand daneben, sein Bier auf dem Piano, und hat darauf geachtet, dass alle zuhören. Ich hab's geliebt und wollte genauso spielen können. Also hab ich sie gefragt, ob sie mich unterrichtet.« Ich fühlte mich wie ein Veteran, der Kriegsgeschichten erzählte, so weit weg wirkte das alles.

»Spannend. Manchmal kommt es mir vor, als hätte ich noch gar nichts erlebt. Bei mir spielt sich alles nur in der kleinen Wohnung und dem Laden ab.« Quinn tat es mir nach und setzte sich auch seitlich zu mir. Dicht voreinander hockten wir am Klavier und sahen uns im flackernden Licht der elektrischen Kerzen an.

»Du hast doch noch alle Zeit der Welt, rauszukommen. Kann halt nur sein, dass du danach nicht wieder aufhören willst. Seit ich in Tokio war, weiß ich nicht, ob ich noch mal sesshaft werden kann. So für-immer-mäßig. Aber das ist okay. Ich mach einfach, was ich will.« Ich zuckte die Schultern. »Solltest du vielleicht auch mal öfter ausprobieren.«

»Wenn das so einfach wäre, Rys.«

Rys. So hatte er mich jetzt schon öfter genannt, und ich mochte es. Ich mochte es generell, wieder Henry zu sein. In Tokio hatte ich zu meinem inneren Takeru gefunden, was mir viel gegeben hatte. Es hatte die Ruhelosigkeit, was diesen Teil in mir anbelangte, ein wenig befriedigt. Trotzdem war es schön, wieder Henry zu sein. Oder Rys. »Rys gefällt dir?«

»Sorry, ist das albern?«

»Nein, schon gut. Du hast mich halb nackt gesehen.« Ich lachte. Komischerweise machte mich Quinns Nähe irgendwie nervös, dabei war ich beim Universum kein Typ, der von einem hübschen Gesicht aus der Fassung zu bringen war. Allein in Tokio hatte ich mich mehr denn je ausgelebt, aber auch zuvor, hier in Cork, war ich wahrlich kein Kind von Traurigkeit gewesen. An Quinn aber war etwas anders. Ich kam nur nicht darauf, was. »Spitznamen zeigen ja auch, dass wir jemanden mögen, oder? Also sag es ruhig, wenn ich dich dafür besser kennenlernen darf.«

»Drei viertel nackt.« Verlegen blickte Quinn nach unten, bis er wohl merkte, dass er in meinen Schritt starrte, und richtete sich wieder auf.

»Drei viertel?«

»Ja, weil du nur, ach egal.«

»Okay.« Ich strich über meinen stoppeligen Buzz Cut und merkte, wie schnell meine Haare wieder nachwuchsen. Dabei hatte ich in Tokio noch geheult, dass ich den Cut ausprobiert hatte. »Es ist eigentlich so einfach. Wir trauen uns zu wenig, egoistisch zu sein.«

»Ist nicht das das Problem? Die Welt ist zu egoistisch?«

»Und auf wem lastet das? Auf denen, die es nicht sind. Manchmal ist ein gesunder Egoismus gut.« Quinn neben mir zu spüren war, als wäre es das Normalste der Welt. So normal, dass ich meine Hand auf seinen Oberschenkel legte. »Ist das okay?«

Quinn unterdrückte ein Schmunzeln, nickte aber dann doch.

»Zum Beispiel jetzt. Was würdest du gerne machen? Ganz egoistisch?« Die Bar um uns herum schien zu schrumpfen, und ich merkte, dass die warmen Töne sich mit dem alten Mobiliar im *Crowley's* zu einem kleinen Kosmos vermengten, in dem es nur noch uns gab. »Wenn du nur an dich denkst. Jetzt gerade. Und machst, was du willst. Was wäre das? Ohne Konsequenzen, ohne Verpflichtungen.«

»Es ist nie etwas ohne Konsequenz«, kam es erstickt aus Quinns Mund.

Ich rutschte ein Stück vor. »Für jetzt schon. Wenn du das willst. Keine Konsequenzen. Egoismus pur. Ohne Gedanken an deinen Dad und …«

»Meinem Dad wird es aber vielleicht nie mehr gut gehen.« Quinn erhob sich abrupt und stieg rückwärts vom Hocker. Ganz plötzlich wirkte er aufgebracht, fast wie damals im Krankenhaus. Verdammt, ich kam da nicht mit. »Vielleicht schon ab morgen nicht mehr, und ich muss den Laden übernehmen, und dann? Soll ich mir gesunden Egoismus gönnen? So funktioniert die Welt für dich, nicht für uns andere.«

»Das sagen Menschen mit Angst immer.« Ich stand auf und folgte Quinn in den vorderen Barbereich. »Verdammt, trau dich doch mal, einfach du zu sein.«

»Tja, das ist aber genau mein Problem.« Quinn umfasste die Türklinke. »Ich weiß selbst nicht, wer oder wie ich wirklich bin.« Er schnaubte hörbar frustriert. »Ist aber schon klar, dass du das nicht verstehst.«

Etwas in mir wollte ihn aufhalten, und ich meinte in Quinns Blick und seinem Zögern zu erkennen, dass auch er das wollte. Doch dafür war ich im Moment einfach zu stur. Ich verstand nicht, warum er sich nicht mehr vom Leben gönnen wollte. Warum er es sich so schwer machte – und mir gleich mit. So viele Gedanken gingen mir durch den Kopf, und bevor ich mir mehr über seine Sicht der Dinge bewusst werden konnte, drückte er die Klinke durch und verschwand.

Später am Abend holte ich mein Handy unter meinem Bett hervor, machte es vom tausendmal geflickten Ladekabel ab, von dem ich mich wunderte, dass es nicht längst mein Zimmer abgefackelt hatte, und widmete mich noch ein paar Dingen, die bei meiner Arbeit liegen geblieben waren. Na ja, dem und der neuen Übung, die ich Scarlett noch schicken musste, damit sie endlich erkannte, dass sie bei Unikram professionellere Worte verwenden sollte. Dann noch Steuerkram, Mails, Korrekturen abnehmen, und ich suchte nach ein paar Buchempfehlungen für Fortgeschrittene in der Astrologie. Das hatten sich die Leute auf Instagram gewünscht. Als ich eine kleine Liste beisammenhatte, schrieb ich ein paar Stichpunkte zum Liebesleben einer Zuschauerin zusammen, die ich nach meinem Storyaufruf ausgewählt hatte. Sie hieß Roxy, eine Barbesitzerin, die wissen wollte, ob es für sie eine neue Liebe geben würde, nachdem ihre Ehefrau sie verlassen hatte.

Roxy, Barbesitzerin @RoxyMoxieBarGirl hat mir ihre Geburtsdaten und dazu eine Frage geschickt. Liebeslebenfakt für dich? Du bist mit deinem Wassermannaszendenten zwar jemand, der total ausgefallen rüberkommt und Leute anzieht. Das merkst du als Löwin auch (same, girl), aber … Dein Mondzeichen Fische zeigt dir in deinem Innersten immer wieder die Schattenseiten auf. Okay, ich gehe jetzt schlafen, tschau.

Apropos Suche. Nachdem ich das abgeschickt hatte, suchte ich nach Quinn auf Instagram. Zunächst fand ich ihn nicht, bis ich sein Profil unter *BadWolf_Qxnn* in der Liste meiner Schwester entdeckte. Sosehr ich mich auch ablenkte, ich konnte nicht aufhören, an den Abend in der Bar zu denken. Ich hasste es, dass wir so auseinandergegangen waren. Ständig klopften die Erinnerungen an Quinns Gesicht an, und seine Worte hallten nach. Ich hatte ihn nicht so in die Ecke drängen wollen. Ich bekam auch nicht aus dem Kopf, was Scar über seinen Laden und die roten Zahlen herausgerutscht war. Der Druck musste enorm sein für ihn. Auf der anderen Seite wusste ich ja, dass ich selbst meinen Erfolg auch viel Glück zu verdanken hatte. Meine Reichweite konnte nicht nur durch harte Arbeit erreicht werden. Da spielte immer auch mit, zur richtigen Zeit am richtigen Ort zu sein, und dass Quinn dieses Glück gerade nicht hatte, gab mir nicht das Recht, ihm zu sagen, er sollte so leben wie ich.

Natürlich hatte ich mir auch sein Geburtshoroskop angesehen, schließlich war das wie eine Berufskrankheit, so als Astrologiekolumnist (obwohl ich bei der Analyse wie so oft gemerkt hatte, dass ich nach meiner zu kurzen Ausbildung die Fortbildungen hatte schleifen lassen und mich wieder in das Thema vertiefen musste). In der Ausbildung bei Cassie hatte sie neben den Sternzeichen oft ein besonderes Augenmerk auf die Elemente gelegt. Ihre Worte hallten noch immer in meinem Kopf wider: *Leute, deren Geburtshoroskop dominiert ist von Feuerelementen (wie Löwe, Widder und Schütze) oder Luftzeichen (wie*

Zwilling, Waage und Wassermann) – wobei ich es anfangs superirritierend fand, dass der *Wasser*mann ein Luftzeichen ist –, *haben den wegweisenden Antrieb im Leben, etwas zu erschaffen, in Aktion zu treten, Dinge für die Zukunft anzustoßen. Wassermenschen wie Fische, Skorpion und Krebs oder Erdpersonen wie Stier, Jungfrau sowie Steinbock wollen sich ihre Sicherheit bewahren, erden ihr Leben.* Es war also keine große Überraschung, dass Quinns und mein Geburtshoroskop sich genau in diesen Punkten unterschieden. Allerdings harmonierten wir dank unserer Ergänzungen ziemlich gut. Theoretisch.

Mein Blick fokussierte sich wieder auf Quinns Account, und sein erster Post lenkte mich zurück in die Realität: Eine Motte auf einem Fenster vor dem Nachthimmel, und in der Spiegelung in der Scheibe erneut Quinn – mit weit geöffnetem Mund, sodass es aussah, als säße die Motte zwischen seinen Zähnen. Ich musste zugeben, dass er ein gutes Auge für Ästhetik hatte. Und genau das hatte ich in der Bar gemeint. Wäre er mehr er selbst, ohne das nebenbei so kleinzureden, könnte er sein Leben in eine ganz andere Richtung lenken.

Auf einem weiteren Post erkannte ich Skizzen von Anzügen. Waren die von Quinn? Die waren verdammt gut. Ich seufzte. Wenn er doch nur das in ihm erkennen könnte, was ich beim ersten Blick durchs Schaufenster auf dem Weg zu meinem alten Nebenjob damals gesehen hatte: seine Hingabe und Leidenschaft in alles, was er tat.

Meine Augen wurden schwerer, und irgendwann schlief ich bei der Recherche über Spike Island ein.

Kapitel 8

Quinn

Auszug aus *Astro-Logic-y – My Zodiac Love* by Cara Mitsou: Wie finde ich mich auf dem Geburtshoroskop zurecht? Wenden wir uns wieder den Elementen zu. Sieh dir alle Sternzeichen auf deinem Geburtshoroskop an. Bist du zum Beispiel mehr vom Feuer (z. B. Löwe) dominiert, obwohl dein Sonnenzeichen ein Wasserelement (z. B. Krebs) ist? Dann kannst du dich vielleicht deshalb nicht mit der ruhigen, sensitiven Art identifizieren und bist eher impulsiv.

Meine Haare wirbelten hoch, und mein Gesicht kühlte sich ab. Ich streckte meine Arme von mir weg, so weit ich konnte, um den kalten Wind zu umarmen. Ich atmete die salzige Luft so tief ein, wie ich es lange nicht mehr geschafft hatte, als löste sich eine Blockade in mir. Danach spreizte ich meine Beine vom Fahrrad weg und ließ mich nach unten rollen. Mit geschlossenen Augen sauste ich die Strecke hinab, und der Irlandwind peitschte mir die Sorgen aus dem Körper. Das rasselnde Geräusch der durchdrehenden Pedale wurde zur Hintergrundmelodie. Ich atmete aus.

Danach umfasste ich den Fahrradlenker, öffnete die Augen und übernahm die Kontrolle. Ein Blick über die Schultern zeigte mir Nala, die belehrend den Kopf schüttelte.

Aber genau das brauchte ich heute. Abschalten. Alles vergessen. Henry vergessen. Ob ich mir die Anziehung zwischen uns nur eingebildet hatte? Obwohl es mir schwerfiel, mich darauf einzulassen. Mir fehlte, ja, was? Eine emotionale Bindung zu ihm? Die Sicherheit, dass er mich nicht benutzte? Verarschte? Was es auch war, er war ein Arsch. Außerdem wollte er ja ohnehin nicht sesshaft werden und war bestimmt bald wieder weg, sobald er sein letztes Semester hinter sich hatte. Vermutlich spielte er mit mir. Ich war die Beute, die der Löwe während seines Cork-Aufenthalts jagen wollte. Erlegen wollte. Trotz meiner Zweifel konnte ich nicht leugnen, dass der Abend mit ihm in der Pianobar schön gewesen war. Anfangs. Und im Mittelteil. Dafür war ich Henry dankbar. Dafür, aber nicht dafür, ständig nachzubohren, wenn es darum ging, dass ich mein Leben nicht mit derselben Leichtigkeit leben konnte wie er.

Glücklicherweise hatte mich Nala nach der Arbeit überredet, ein Fahrrad auszuleihen und in den Tramore Valley Park zu fahren. Hier konnte ich meine Gedanken ein paar Stunden ausblenden. Vor allem nachdem ich den ganzen Tag über nur die gestrige Katastrophe mit Henry thematisiert hatte. Na ja, ein wenig schön war es ja wie gesagt auch gewesen. Ein wenig sehr schön.

Wir hielten an, parkten unsere gemieteten Fahrräder, meldeten es in der App und betraten den Park. Wenn ich überlegte, dass wir für den Weg zwölf Minuten gebraucht hatten, staunte ich jedes Mal, wie abgeschieden der Park am Rande der Stadt wirkte.

Das riesige Areal hätte die Stadt nicht besser nutzen können, als das ursprüngliche Marschland zu diesem Park umzubauen. Seine Weite täuschte mir wie jedes Mal vor, ich wäre zehn Stunden außerhalb der Stadt in der Wildnis.

»Besser, oder?« Nala richtete sich ihr Hemd und hakte sich bei mir ein. »Ich komme oft zum Nachdenken hierher.«

»Besser. Zwing mich öfter, mitzukommen.«

»Mach ich.« Jetzt war es Nala, die die Lider senkte. Ihr Brustkorb hob sich und hob sich und hob sich, bis sie endlich ausatmete. »Diese Ruhe bringt einen echt runter.«

Die Natur begleitete uns auf Schritt und Tritt. Das Rascheln von Gras und knackende Büsche waren die einzige Musikquelle, die wir im Moment brauchten. Naturbelassen und verwachsen hüllte der Park uns ein. Die pure, ehrliche Umwelt empfing uns ganz ohne Vorwürfe. Wie ich es liebte, das Gras unter mir zu spüren, die Vögel zu hören, die ich in der Stadt selten bewusst wahrnahm. Und den irischen Wind, der eine ganz eigene, alte Melodie herunterleierte.

Wir schlenderten an Typen vorbei, die mit ihrem Fahrrad einen dafür angelegten hügeligen Parcours abfuhren, an Mädchen, die Fußball spielten, und erreichten eine schmale Holzbrücke, auf deren Geländer eine Gestalt saß, die die gestreifte Kapuze ihres Oversize-Hoodies über eine rote Wollmütze gezogen hatte, obwohl es viel zu warm dafür war.

»Da passen wir nicht ineinandergehakt drüber.« Nala löste sich von mir, und ich ging voraus, vorbei an der Person auf der Brücke, die Steinchen ins Flussrinnsal warf.

Etwas bergauf entdeckte ich in der Ferne wieder Cork.

Nala deutete auf eine Wiese etwas abseits, auf der das Gras höher stand. Pusteblumen tanzten im Wind und gaben ihre Samen ab, damit ein Windzug sie verteilen konnte. Mittendrin ragten dünne Blumenhälse gen Himmel und malten mit ihren Blüten gelbe Pünktchen ins Grün. Dieser friedliche Ort überraschte mich jedes Mal aufs Neue.

»Schön, dass wir wieder etwas unternehmen, kommt immer seltener vor«, sagte ich und ließ die Ruhe der Natur auf mich wirken.

»Äh, ja, im Moment muss ich zu Hause einiges machen und meine Reise planen.« Leichtfüßig hüpfte Nala etwas vor mich und bedeutete mir, mich zu beeilen. »Komm.«

Wir liefen einen kleinen Hügel hinab. Bäume taten sich im

Hintergrund auf und verschluckten die Silhouette Corks. Mein Geist verband sich unter den letzten Sonnenstrahlen mit dem Park, und ich merkte, wie wohltuend diese Verbindung für mich war. Sie reinigte mich und erfüllte mich mit Klarheit.

»Whoa, wir sind zu schnell!« Ich hatte das Gefühl, jeden Moment zu stürzen und den Hügel hinabzurollen.

»Scheiß dich nicht an, Quinn.« Laut lachend ruderte Nala mit ihren Armen und warf den Kopf in den Nacken. Dann stolperte sie. »Wahhh.«

»Nala.« Sofort legte ich einen Zahn zu.

Zu spät. Sie fing sich nicht, sondern drehte sich im Fall zur Seite und rollte sich durch die Wildblumenwiese, bis sie zum Stillstand kam.

Bei ihr angekommen, hockte ich mich zu ihr, um nach ihrem Wohlbefinden zu fragen, da schnellte mir schlangengleich ihr Arm entgegen, sie öffnete ihre Hand wie ein Maul, packte mich am Ellbogen und riss mich zu sich nach unten, sodass ich neben sie stürzte.

Ich lag noch nicht ganz, da prustete Nala laut los. »Dein Gesicht«, platzte es zwischen zwei Lachern aus ihr heraus. »Du hättest es sehen sollen.« Sie setzte sich auf, lachte, biss ihre Lippen zusammen, um aufzuhören, wobei ihr Brustkorb noch bebte, ehe sie mich nachäffte, um gleich danach wieder kichernd zurückzufallen.

Zunächst schnaubte ich belustigt ein paarmal mit, ehe sich etwas in mir löste, das witzige Gesicht von Nala das von Henry verdrängte und ich ebenfalls losprustete. »Sagt die, die wie high den Hügel runterläuft.«

Mittlerweile hatte sich Nalas und mein Lachen zu einer lautlosen, halb erstickenden Starre hochgeschaukelt, in die sich ab und zu Grunzen oder Luftschnappen stahl.

»Stell dir vor«, ein neuer Lachanfall unterbrach mich, und ich schlug gegen Nala, die sich zu mir rollte und mir ins Ohr schrie vor Lachen. »Stell dir vor …«, wiederholte ich und schlug vor Bauchschmerzen mit meiner Faust neben mir auf das Gras.

»Sag es nicht.«

»Du wärst …«

»Quinn!«

»In das Pärchen von letztens gerollt, das es hier getrieben hat.« Wieder bahnte sich ein Lachanfall an.

Nala wischte sich Tränen aus den Augen. »Und wie der eine Typ sich erschrocken den Rucksack übers Gesicht gehalten hat. Ich meine, Junge, wir haben euch schon gesehen?«

»Nicht der Rucksack, den hatte ich ganz vergessen.«

Ein Husten-Lach-Krampf brachte Nala dazu, aufzustehen. »Und wir haben weitergeredet, als hätten wir die gar nicht bemerkt, und du so: Hey, was ist das da drüben, ein Hase?«

Jetzt musste ich mich auch aufsetzen, da ich mich an meiner Spucke verschluckt hatte und ebenfalls loshustete.

»Ist dir nichts Besseres eingefallen?« Nala holte ihr Handy aus der Tasche, und ihr Grinsen flachte etwas ab. »Ich meine, Quinn: ein Hase?!«

»Was sollte ich machen? Du hast nur danebengestanden und erstickte Geräusche von dir gegeben.«

»Damit ich nicht loslache. Entschuldige, bin mental noch fünf und lache beim Wort Penis.« Sie steckte das Handy weg.

Einige Male lachten wir noch, bis wir uns gefangen hatten.

Unser nächstes Ziel war der Fluss. Auf dem Weg durch das hohe Gras erreichten wir die sattgrünen Bäume in Ufernähe, und ich strich beim Vorbeigehen über die raue Rinde. Das Rauschen des Wassers schwoll an. Ein wenig erinnerte mich der Rhythmus des Wassers an das fließende Klavierspiel Henrys, was im Nachgang eine heiße Welle der Enttäuschung durch meinen Magen jagte. Der Abend hätte eine so schöne Erinnerung werden können, aber Rys hatte das echt kaputt gemacht. Nicht völlig, aber teilweise. Und je mehr ich danach darüber nachgedacht hatte, wie sehr er mich gedrängt hatte, mein Leben umzukrempeln, als wären meine Ängste, mein Druck lächerlich, desto wütender wurde ich.

»Wie herablassend er mich angesehen hat, weil ich nicht alles stehen und liegen lasse und mache, was ich will. Das kann sich nicht jeder leisten.« Mein Zeigefingernagel drückte sich in das Nagelbett meines Daumens.

»Fängst du schon wieder damit an? Apropos Henry: Róisín hat mir erzählt, dass ihr Bruder ihr Nachhilfe im kreativen Schreiben gibt für ihren neuen Job bei dem Medizinmagazin, wo sie über die Transition von trans Menschen berichtet.«

Róisín und Nala trafen sich seit Monaten häufiger. Solange sie nichts Konkretes dazu sagte, würde ich sie auch nicht darauf ansprechen, aber ich glaubte, ein Funkeln in Nalas Augen zu erkennen, sobald sie über Róisín sprach.

»Wundert mich ja, dass er sie nicht fertigmacht dafür, dass sie sich das nicht alleine beibringt, oder sie auslacht, weil sie doch keine praktizierende Ärztin werden will.« Henrys Gesicht tauchte vor meinem geistigen Auge auf, und ich kickte ihm – ebenfalls gedanklich – gegen den Brustkorb. Wobei ich nicht wusste, was unrealistischer war, dass ich mich traute, ihm einen Tritt zu verpassen, oder dass ich mein Bein bis zu seiner Brust heben konnte.

Nach dem ausgiebigen Kampfsport in meinem Kopf sprang ich über eine Absperrung hinunter zum Fluss und setzte mich an das Steinufer. »Gibt's sonst etwas Neues bei ihr?«

»Owen und sie haben gestritten, weil er immer noch nicht bereit ist, in ihre Schrottkarre zu steigen, obwohl er sonst inzwischen mit jedem Auto mitfährt.« Nala zog ihre Schuhe aus und hielt ihre Füße ins Wasser. »Sorry, Fische.«

»Felix würde laut schreien, weil du seine Artgenossen verpestest.«

»Quinn, hör auf, Felix ist mehr Fische als die im Fluss.«

Wieder lachten wir beide auf. Es war schön, mit Nala Zeit zu verbringen. Ein wenig vom Stress abzuschalten. Mit Henry, mit dem Laden, mit Dads Gesundheitszustand, mit den *Druids* … Immerhin kam ich tatsächlich ganz gut voran mit den Umhängen, auch ohne allzu viele Überstunden, obwohl ich manchmal trotzdem das Gefühl hatte, als würde ich damit einfach niemals fertig werden.

»Stimmt. Obwohl seine Therapie mich ihn manchmal gar nicht wiedererkennen lässt. Er ist so viel mehr aus sich herausgekommen. Letztens hat er sogar Cara direkt konfrontiert, weil er angepisst war.«

»Weshalb?«, wollte Nala wissen.

»Cara hat sich mit ihrem alten Kampfsportlehrer getroffen.«

»Der, den Owen vor Felix gedatet hat, als sie ihre Astrologiewette gemacht haben? Wo Felix dann wegen der Mutprobe bei diesem Date in die *Druids* geraten ist?« Wenn Nala das so erzählte, klang es wie eine Folge *Riverdale.*

»Exakt der.«

»Verstehe ich, dass Felix das nicht so toll fand, dass Cara den getroffen hat. Der Typ hat ihn ja damals richtig fertiggemacht, weil er so schüchtern und zurückhaltend gewesen ist. Aber warum hat er dann jetzt Cara gedatet?«

»Anscheinend hat er eine Bi-Ader oder eine Pan-Ader oder eine, ach egal, lassen wir das.« Damit brachte ich wieder meine eigene Verwirrtheit zur Sprache.

»Ähm, wenn wir schon dabei sind …«

»Nala, bitte.«

»Du bist zwar nicht sicher, was für eine Sexualität du hast, aber du kannst doch nicht leugnen, also, ähm, dass du Henry ganz hot findest, oder?« Um die Frage aufzulockern, spritzte Nala mir Wasser ins Gesicht.

»Hey!« Ich tupfte mir das Wasser mit dem Ärmel meines Frotteehemds aus dem Gesicht. »Wäre ja gelogen, wenn ich sagte, er ist nicht gut aussehend.«

»Auf einer Skala von eins bis zehn, wie sehr würdest du mit ihm, du weißt schon …«

»Nala.«

»Den Löwen mit dem Stier paaren wollen.«

»Wenn du es so sagst, gar nicht.«

»Die Astrologie mit ihm durchspielen wollen.«

»Nala.«

»Die Unendlichkeiten des Universums erforschen.«

»Bitte.« Ich konnte mein Lachen nicht mehr unterdrücken.

»Den Urknall nachspielen.«

»Hast du dir das extra überlegt, um mir das um die Ohren zu schmeißen?« Jetzt spritzte ich sie mit Wasser voll.

Nala zuckte lachend mit den Schultern.

Gespielt verletzt legte ich mich zurück und beobachtete eine Wolke, die mich an Henrys Tattoo erinnerte.

Nala legte sich zurück und verschränkte die Arme.

»Können wir nicht für immer hierbleiben?«, fragte ich, ohne groß darüber nachzudenken.

»Würdest du dann nicht exakt das machen, was Henry von dir wollte? Machen, worauf du Bock hast.«

Darauf gab ich Nala keine Antwort.

»Quinn, ich lass dir das nicht durchge…«

»Moment«, unterbrach ich sie und fischte mein Handy hervor. Das Vibrieren war vorbei, also kein Anruf. Ich wischte zur Seite und erkannte das Nachrichtensymbol.

Hallo, Team Murphy!!

Bin fassungslos! Habe das Sakko meines Vaters für die Beerdigung abgeholt. Ihr habt den eingerissenen Ärmel gefixt, aber dafür die Rückseite eingeschnitten? Als wär's bei Verstorbenen egal? Das gibt schlechte Bewertungen. Ich werde das ins Internet stellen!

Karen

»Das darf nicht sein, Nala.« Ich hielt ihr die Mail hin.

Dahinter konnten nur die *Druids* stecken. Wenn die jetzt anfingen, so in den Laden und in die Kundschaft einzugreifen, wurde es echt besorgniserregend. Schlechte Bewertungen waren der Killer für ein kleines Geschäft wie unseres. Wie konnten die solche Arschlöcher sein? Und wie konnte da irgendjemand guten Gewissens mitmachen?

Das kühle Licht des Laptops verschwand beim Zuklappen. Wie herrlich es sich anfühlte, den Körper durchzustrecken. Tief in mir knackte es. Keine Ahnung, ob ich mit der Mail, einer Entschuldigung, Erstattung und Gutscheinen etwas bei Karen und ihrer Familie retten konnte, aber ich hatte es versucht.

Ich erhob mich. Von draußen strahlten die Lichter der vorbeifahrenden Autos, das Blinken der Ampel und der Schein des Mondes herein. Vermutlich hätte ich auf Nala hören und nicht mehr in den Laden kommen sollen. Ich linste auf mein Handy. Jetzt hatte ich bis spät in die Nacht die Belege für unsere Steuerberaterin vorbereitet und Bestellungen aufgegeben. Als wäre das nicht schlimm genug, zeigte mir ein Blick aufs Handy eine Benachrichtigung von Henry.

Bist du wach? Lass uns kurz reden, ja?

Noch eine.

Okay, du schläfst. Sorry. Melde dich. Oder warte …

Arbeitest du noch?

Augenverdrehend steckte ich das Handy weg und schickte ihm ein gedankliches *Fick dich.*

Oben im zweiten Stock kontrollierte ich, ob alles ausgeschaltet war, und linste vor Müdigkeit nur noch in den dritten Stock. Kein Licht. Nur das pink und rot blinkende Neonlicht am Fenster im zweiten Stock war noch an. Es signalisierte, dass wir Rabatte für LGBTQIAP+-Hochzeitspaare anboten. Eine Idee von mir, die mein Dad nur widerwillig akzeptiert hatte, nachdem die Leute ihn letztes Jahr auf Social Media beleidigt hatten, so was ausgerechnet im Juni während des Pride-Monats angeboten zu haben und danach und davor nicht mehr. Natürlich war es Pinkwashing, und ich verstand die Leute im Netz nur zu gut. Er hatte nur von diesem Monat profitieren wollen und tat sonst nichts für Queere, was meine Sexualitätenfindung weniger zu einem heiteren Spaziergang durch den Wald der Labels machte als zu einer Tour durch einen gruseligen Horrorfilmwald.

Das Licht erlosch, sobald ich den Stecker gezogen hatte, da entdeckte ich eine Person unten am Schaufenster. Irritiert schob ich meine Brauen tiefer Richtung Nase und rannte hinunter. Beim Sprung von der letzten Stufe machte ich das Licht an.

Ein Typ mit blonden Haaren hielt erschrocken vor der Tür, und sein Mund klappte auf. Relativ schnell fing er sich und setzte ein Grinsen auf. In der Hand ein, ja, was? Umschlag?

Ich stellte mich vor die Scheibe.

Er hauchte gegen das Glas und schrieb auf die Scheibe.

»Hudson.« Ich sog die Luft ein und riss die Tür auf. »Was?«

Ungeniert drang er in den Laden ein und sah sich um. »Wir warten auf unsere Umhänge.«

Ich schob mich vor ihn und fing seinen Blick ein. »Was soll ich denn machen? Ich, ich bin dran, aber die Zeit ist knapp, und ja, das alles alleine zu schaffen ist schwierig.«

»Ich glaube, du checkst nicht ganz, worum es hier geht.«

»Doch, doch, ich verstehe, ihr braucht die Umhänge rechtzeitig zu eurer abgedrehten Party, aber ihr verlangt Dinge, die nicht so leicht von einem Menschen in so kurzer Zeit zu schaffen sind. Das kann doch nicht wahr sein, dass ihr das nicht selbst seht.« Normalerweise fuhr ich nicht so leicht aus der Haut, aber diese

Emerald Druids tyrannisierten meinen Dad seit Jahren. Und zwar offenbar deutlich mehr, als mir bewusst gewesen war. Sie waren mitverantwortlich für das alles.

Hudson unterdrückte ein Lachen, zog dafür die Mundwinkel runter und stieß dann trotzdem einen belustigten Ton aus. »Natürlich. Aber dahinter steckt noch so viel mehr, und ich wäre vorsichtig an deiner Stelle. Überleg dir lieber gut, ob du nicht doch etwas schneller nähen kannst.«

Ich leckte über meine Lippen und suchte erneut Hudsons Blick, der sich im Goldspiegel das Poloshirt richtete.

»Was denn noch?«

»Geh mal eure Auftragsliste hiermit durch.« Hudson reichte mir den Umschlag, und ich nahm ihn widerwillig an. »Und wenn das als Motivation nicht reicht, könnte ich deinem Dad mal ein paar Bilder von dir zeigen.«

»V-von mir?«

Hudson hielt meinem Blick stand, dabei holte er sein Handy hervor und hielt es hoch.

»Das Display ist schwarz.« Mein Satz brachte ihn dazu, den Blickkontakt abzubrechen und auf sein Handy zu achten. Er strich darüber, und ein Bild von mir tauchte auf. Beziehungsweise ein Screenshot von einem Datingprofil in einem queeren Datingportal, das ich manchmal, wenn mir langweilig war, für ein paar Minuten aktivierte.

»Dein Dad gilt ja nicht als bester Freund von solchen Sachen.« Hudson machte es Spaß, mich auflaufen zu lassen.

»Was für Sachen? Mit dem gleichen Geschlecht herumzuknutschen? Kennst du das nicht?« Beinah wäre mir ein *Oder wie war das mit Felix in der Ritualnacht?* rausgerutscht, aber ich wollte Felix nicht mehr mit hineinziehen, er hatte Glück, dass er an diesem Abend voller Drogen und Alkohol nicht mehr Aufmerksamkeit auf sich gezogen hatte und niemand sich an ihn erinnerte.

»Keine Ahnung, wovon du sprichst.«

»Mein Dad würde nicht checken, was für ’n Profil das ist.«

»Na gut. Und was ist hiermit?« Hudson wischte mit einem süffisanten Grinsen weiter, und ich entdeckte ein Bild von mir. Dieses Mal wirklich von mir. Und von Robin.

Vor ein paar Monaten waren wir zu zweit ausgegangen, als alle anderen mit Grippe flachlagen, und ich hatte mich betrunken dazu hinreißen lassen, im Club mit ihm rumzumachen. Dabei hatte ich allerdings auch gemerkt, dass einfach so rummachen nichts für mich war. Das war das Komplizierte. Ich empfand große Lust, aber nicht so. Denn Robin war zwar auf seine versiffte Rockstar-Art scharf, aber diese Hotness brachte mich ohne Emotionen nicht auf Touren. Ich brauchte auch nicht unbedingt Liebe, aber ach, keine Ahnung, etwas mehr. Beim Betrachten des Bilds spürte ich dasselbe Unwohlsein wie an diesem Abend, an dem ich zum wiederholten Male gemerkt hatte, dass, egal wie oft ich mich zwang, mit Frauen oder Männern rumzumachen, es mir ohne ein gewisses Prickeln nichts gab. Mein Kopf drehte sich, und das Bild von Robin und mir verhundertfachte sich.

»Ist mir egal.« Dabei verwettete ich mein Leben darauf, dass Hudson meine bedrückte Stimme, das bebende Kinn und meine herumirrenden Augen bemerkte.

»Dann schicke ich das deinem Dad, und es ist okay?«

»Klar.« Mein Kopf spielte das Szenario durch. Mein Dad im Krankenhaus, das Bild, Hudsons Nachricht, seine konservative Ader, die im Kopf platzte, und seine Enttäuschung über mich. Dann ein erneuter Schlaganfall, und ich trug die Schuld. Obwohl … Ich rief ja aktuell die Mails meines Dads ab, also … eigentlich keine Gefahr, oder?

Hudson schien ein ähnlicher Gedanke gekommen zu sein, denn er hielt das Handy vor sich und sah nachdenklich auf das Bild. »Ach, weißt du was? Ich könnte ihn ja einfach direkt im Krankenhaus besuchen.«

»Warte.« Meine gerade gefundene Gelassenheit verpuffte,

und ich sackte ein wenig zusammen. *Fuck. Fuckfuckfuckfuck.* »Was willst du?«

»Die neuen Umhänge. Bis zum vereinbarten Termin. Kein weiterer Aufschub mehr, Murphy-Boy.« Hudson steckte sein Handy weg und umfasste grob meine Wangen, presste sie auf beiden Seiten so fest zusammen, dass sich die Innenseite gegen meine Zähne drückte. Seine Miene heiterte sich auf. »Du machst das doch gern für uns, oder?«

Erniedrigung. Das erste Wort, das mir in den Sinn kam. Ich fühlte mich so gedemütigt. Die Tränen, die sich ankündigten, machten die Scham größer. Nein. Den Triumph, mich weinen zu sehen, sollte er nicht bekommen. »Mhm. Okay«

Hudson ließ mich los und tätschelte zwei-, dreimal meine Wange. Sofort danach massierte ich sie und ließ meinen Unterkiefer kreisen.

»Perfekt. Ich schicke dir den Termin noch mal per Mail.«

Das Glöckchen über der Tür bimmelte, und jemand erschien hinter Hudson. »Was ist denn hier los? Party ohne mich?«

Mein Herz rutschte in meine Kniekehlen. Niemals hätte ich gedacht, mich über Henrys Visage zu freuen.

»Henry? Was machst du denn hier?« Die beiden kannten sich?

»Das könnte ich dich auch fragen.« Henry ließ seinen Blick zwischen Hudson und mir hin und her gleiten. Für einen Moment huschte ein dunkler Schatten durch seine Augen, und kleine Fältchen erschienen, als er sie kurz zusammenkniff. Was glaubte er wohl, was hier abging? Meine schimmernden Augen mussten ja offensichtlich sein, und im Spiegel erkannte ich meine Wangen, auf denen ein langsam verblassender roter Handabdruck sichtbar war.

»Wir haben uns unterhalten.« Hudson legte seine Hand auf meine Schulter. »Er muss mir ein bisschen was zaubern.«

Es dauerte nur wenige Sekunden, in denen Rys die Lage erfasste und wohl an meinem Gesicht ablesen konnte, wie ich mich fühlte. »Mein Freund muss dir gar nichts zaubern.«

Nein. Nein. Was hatte Henry da gesagt? Seinen Freund?

Hudson schluckte und ließ langsam seine Hand von meiner Schulter gleiten. »Ihr seid zusammen?«

Meine Lippen klebten aneinander. Ich hatte Mühe, meinen Kloß im Hals zu überwinden, aber Henry kam mir ohnehin zuvor. »Jap.«

Warum wirkten Hudson und Henry so, als hätten sie ein gemeinsames Geheimnis?

»Tja, okay.« Hudson nickte und setzte ein Lächeln auf, das viel zu entspannt und freundlich wirkte. »Dann lass ich euch mal allein. Weiß sein Dad eigentlich schon von dir?« Er lief an Henry vorbei und klopfte ihm auf den Oberarm.

»Ja.« Henry setzte einen skeptischen Blick auf.

»Nein.« Toll, dass ich ihm gleichzeitig widersprach.

»Ja, nein, also wir sind erst seit Kurzem zusammen, aber Quinns Dad kennt mich.« Sollte ich mich über Henrys Gabe, Notlügen zu erfinden, freuen oder nicht?

»Na ja, kann mir ja auch egal sein. Bis demnächst, Jungs.«

Ohne es zu bemerken, hielt ich die Luft an, bis das läutende Glöckchen zeigte, dass Hudson den Laden verlassen hatte. Eine Sekunde gönnte ich mir, um durchzuschnaufen, ehe ich auf Henry zustürmte. »Was hast du dir dabei gedacht?«

»Hey, ruhig, ja? Ich wollte nur helfen. Hudson hat dich ganz schön bedrängt, und du hast nicht so glücklich darüber gewirkt. Außer ihr seid euch nähe…«

»Nein! Hudson und ich? Nein.« Allein der Gedanke verpasste mir einen Schauer über den Rücken. »Mach bloß nicht auf edlen Ritter, sonst trete ich dich.« Ich winkte ab und wollte nach oben gehen.

»Du stehst also drauf, wenn's härter wird, ja?« Henry machte einen Schritt vor und umfasste mein Handgelenk. »Hör mal, ich wollte nur, dass er abhaut, weil es so aussah, als würdest du in die Ecke gedrängt. Es tut mir leid, dass mir nichts Besseres eingefallen ist, warum ich hier bin.«

Ich schnaubte. »Warum *bist* du denn hier?«

Henry räusperte sich. Wirkte er verlegen? Das konnte ja eigentlich gar nicht sein.

»Ich wollte mich entschuldigen. Für das, was ich in der Pianobar gesagt und getan habe. Manchmal bin ich zu feurig und denke nicht nach. Das mit dem Freund … ist mir so rausgerutscht. Ich habe gedacht, das wirkt bedrohlicher.«

Mich überforderte die ganze beschissene Situation. »Ts.« Kopfschüttelnd wandte ich mich ab, schenkte mir Wasser aus einem Krug ein, das wir eigentlich für die Kundschaft bereithielten, und trank. Mein Hals schwoll ab, zumindest fühlte es sich so an. »Du hast alles schlimmer gemacht. Was, wenn er das herumerzählt?«

»Dann bin ich ab jetzt dein Freund. Meinetwegen auch dein Fake-Freund, wenn dir das lieber ist.« Henry schob seine Ärmel hoch und setzte sich neben mich auf den gepolsterten Hocker. »Wenn er es herumerzählt, berichtet er ihnen dann sowieso nur was, das sie schon wissen.«

»Darum geht es nicht.« Ich leerte das Glas. »Mein Dad. Er weiß nicht …« Moment, was? »*Was* hast du da gerade vorgeschlagen?« Mit zu viel Kraft stellte ich das Glas ab.

»Oh … Ich hätte Hudson gar nicht so eingeschätzt.« Henrys Blick einzufangen war nahezu unmöglich gerade. Hörte er mir überhaupt zu?

»Was meinst du?«

»Ich kenne ihn von der Uni. Ich hätte nicht gedacht, dass er hier so einen Auftritt hinlegt, dass er … Keine Ahnung. Dich so bedrängen würde.«

»Okaay.« So langsam checkte ich, was in Henrys Kopf vorging. Und warum er meinte, sich als mein Freund auszugeben würde irgendwas besser machen. Natürlich stimmte das streng genommen gar nicht. Hudson *hatte* mich bedrängt, aber nicht so, wie Henry offenbar dachte. Nur … dass Hudson zu den *Druids* gehörte, konnte ich ja schlecht erzählen.

Henry schüttelte seinen Kopf und wirkte nun wieder wie ganz

bei mir. »Wie auch immer. Geht gar nicht, was er hier abzieht. Das lassen wir ihm nicht durchgehen, oder? Was sagst du? Ich spiele für eine Weile deinen superbedrohlichen Fake-Bodyguard-Freund, und du hast deine Ruhe vor Hudson.«

»Rys. Ich habe dir gerade gesagt, das geht …«

»Oh, komm schon, Quinn. Ja, du hasst es, Hilfe anzunehmen, vor allem von mir, aber gib dir einen Ruck, okay? Hudson darf nicht denken, er könnte so was einfach machen, ohne dafür auf die Nuss zu kriegen.«

Ich atmete tief durch. Rys' Vorschlag war nicht völlig daneben, das musste ich zugeben. Vor allem aus seiner Perspektive nicht. Aber … »Okay. Angenommen, ich mache das. Was mache ich dann mit meinem Dad?«

»Was solltest du mit ihm machen?« Rys wirkte verwirrt.

»Er ist … Er würde das nicht akzeptieren.«

»Bist du dir sicher?«

Ich seufzte schwer. »Er macht oft unangebrachte Sprüche über Schwule oder den Pride Month und so weiter.« Es auszusprechen stimmte mich traurig. »Unsere Fake-Beziehung«, ich malte mit meinen Fingern Anführungszeichen in die Luft, »keine Ahnung, wie er das fände.«

»Ach so, ja. Aber … Hm. Wäre es nicht besser, dem zuvorzukommen und selbst mit ihm zu reden? Dann wäre natürlich mein Auftritt als dein Fake-Bodyguard-Freund noch mehr gebraucht, um dich nach dem Gespräch aufzufangen. Ganz uneigennützig natürlich.«

Drei Gedanken schossen durch meinen Kopf, noch ehe Henry zu Ende gesprochen hatte. Erstens: Er wäre mein Bodyguard und ich Prinz Harry, zwar eine etwas verdrehte Ausführung meiner Vorstellungen, aber ich nahm, was ich kriegen konnte. Zweitens: So abstrus das schien, es schien auch ihm ernsthaft Freude zu machen, sich diese Situation vorzustellen. Drittens: Das war bestimmt nur eine Masche von ihm, und sobald er mich einmal hatte, wär's vorbei.

»Was hast du davon?«

»Was ich davon *habe?*« Henry sah mich ungläubig an. »Was an dem Konzept *Ich will dir helfen!* verstehst du nicht? Außerdem … fühle ich mich gern wichtig.« Er schmunzelte. Das war so ansteckend, dass ich selbst nur mit Mühe ein kleines Lachen unterdrücken konnte.

»Na schön, okay. Aber so eine Fake-Beziehung ist auch mit viel Lügerei verbunden. Darin bin ich echt schlecht.«

»Du machst es einem nicht leicht.« Henry seufzte und goss sich Wasser in das zweite Glas. »Ich könnte dir einen Deal anbieten.«

»Einen Deal?« Das wiederum klang schon fast bedrohlich.

»Jep.« Er setzte das Glas an seine Lippen und trank.

»Was für ein Deal?«

»Du bist doch Stier, oder?«

Was hatte das damit zu tun? Ungeduldig ging ich im Laden auf und ab.

»Ich möchte eine Kolumne schreiben: Wie kommen Löwe und Stier in einer Beziehung miteinander aus? Ist ein bisschen reißerisch, weil das nichts aussagt, solange wir nicht unsere vollständigen Geburtshoroskope vergleichen, aber das Magazin will es oberflächlich halten. Sei mein Partner für die Kolumne. Dann hab ich auch was davon.«

»Das klingt, als hättest *nur du* etwas davon.« Ich brauchte Zeit, um nachzudenken, also trank ich, obwohl mein Magen sich voll von Angst und Zweifel anfühlte.

»Okay, stimmt, guter Einwand. Ich hätte meine Kolumne und darf dich kennenlernen. Und du … hm.«

Er … darf … was? Sprach er von mir? Quinn?

»Okay, wie wäre es so: Du hast einen Bodyguard, der dir auch zukünftig zu Hilfe eilt, und wir machen es für die Kolumne. Du kannst jederzeit aussteigen, es gibt keine Nachteile für dich. Es ist nicht *nur* eine Lüge, Hudson denkt trotzdem, wir sind zusammen, und ich kann mich wichtig und besonders fühlen. Sieh es als …« Henry fuchtelte mit seiner Hand herum. »Ah! Experiment. Du tust etwas Gutes – die Leute werden es lieben, du hilfst mir –, aber für dich gibt es keine Verpflichtung. Solltest du merken, es macht dir nur Probleme, steigst du aus und sagst Adiós. Außerdem hast du ja schon einen tollen Spitznamen für mich. Rys! Also das passt perfekt dazu, dass sich da die ganze Zeit was angebahnt hat zwischen uns.«

Mein Einwand lag mir auf der Zunge. Aussprechen durfte ich ihn nicht, da kam mir Henry in die Quere.

»Wir tun also nur so, als ob. Dass wir … zusammen sind.« Er hob beschwichtigend die Arme. »Nur so tun, ja? Aber … du darfst mich und unsere Fake-Beziehung benutzen, wie es dir gefällt.« Schalk blitzte in seinen Augen auf. Ich musste lachen, und das nervte mich. Ich sollte mit ihm Zeit verbringen und mir jeden Tag anhören, was ich für ein feiges Stück Scheiße war? Eigentlich klang das wie das Tor zur Hölle. Andererseits … die Absicherung mit der Kolumne half mir tatsächlich, mich mit dem Gedanken anzufreunden. Die Kolumne bedeutete ihm alles, er würde damit nicht spielen. Und wenn Hudson mir tatsächlich fernblieb und ich dank Henry vielleicht sogar den Mut aufbrachte, mit Dad zu reden …

Ha, dank Henry. Was dachte ich da bloß? »Okay. Wir könnten es versuchen. Nur … was ist, wenn ich mit meinem Dad rede und er mich dann hasst?«

»Dann scheiß auf ihn.« Henry drehte sein Glas in der Hand und trank den verbliebenen Inhalt auf ex.

»Das sagst du so leicht. Ich habe dann gar keine Familie mehr.« Die Bilder von Felix, Nala, Róisín und Co. ploppten wie Avatare in meinem Kopf auf. Unsere Whatsapp-Profilbilder, in denen wir Klamotten trugen, mit denen wir untereinander einen Regenbogen ergaben. »Also … ich habe eine Familie, aber du weißt, was ich meine. Was ist, wenn ich Felix und die anderen irgendwann verliere?« Weil ich ihnen nicht gut genug war. Weil alle Karrieren anstrebten, die so viel besser waren als meine und sie irgendwann aus Cork wegführen würden. Weil sie durchschauten, dass ich viel weniger auf dem Kasten hatte als sie alle, dass ich nicht nur am Impostor-Syndrom litt, sondern wirklich ein Hochstapler war? Einer, der alle enttäuschte, die Hoffnungen in ihn setzten. Ein Loser.

»Wenn du sowieso akzeptiert wirst, ist es einfach, zu sagen: Scheiß auf deine Familie.« Ohne Henry anzusehen, beobachtete ich die vorbeifahrenden Autos durch das Schaufenster. »Aber ich habe nur ihn.«

»Einen Vater, der dich nur mag, wenn du dich nicht völlig öffnest, und dich nur liebt, wenn du so bist, wie er es für gut hält? Was für eine Familie soll das sein?« Henry tauchte im Schaufensterglas auf, und ich erschrak, als ich seine Hand an meinem Rücken spürte. »Mach, was du willst, aber ich würde es ihm sagen. Ich meine, ich will dich nicht drängen, und wenn du dich nicht abgesichert für den Ernstfall fühlst, lass dir von mir aus Zeit. Aber du bist nicht alleine. Du hast Róisín, Nala und all die Verrückten, und hey, du hast ab heute einen Freund.«

Ich lachte auf, auch wenn seine Worte schmerzlich und sodbrennenartig in meiner Speiseröhre steckten. »Verrückt sagen wir nicht mehr.«

»Sorry, du hast recht. Du hast all die anderen Volldeppen. Und sollte dein Dad dir etwas antun …«

»Nein. Nein. So weit würde er nicht gehen.«

»Dann enterben, keine Ahnung. Ich bin auf Wohnungssuche, habe bald eine Besichtigung. Ich kann dir helfen. Also … Überleg es dir.« Henry schritt an mir vorbei zur Tür. »Weißt du, Quinn. Ich glaube, wir … könnten uns wirklich ganz gernhaben, sehr sogar. Das prophezeie ich uns jetzt einfach.« Wieder dieses Schmunzeln. Dieses hotte Schmunzeln, das ich selbstverständlich gar nicht mochte. »Na ja, bis bald.«

Etwas in mir wollte rufen: »Bleib hier.« Ein anderer Teil nuschelte: »Fick dich.« Für sein Verhalten in der Pianobar und so.

Doch dann kreischte ein winziger, kaum existierender Teil in mir: »Er könnte mich mögen!?« Nein, Quatsch, das sagte er, um sich in seine Rolle einzustimmen, oder? Aber wenn ich in mich hineinhorchte, ahnte ich, dass er die Wahrheit sagte. Die, die ich nicht bereit war, zu hören.

Ich hob den Umschlag von Hudson auf und beschloss, ihn morgen zu öffnen, nachdem ich mit Dad geredet hatte.

Nur, wie outete ich mich, ohne zu wissen, was ich war?

Kapitel 9

Henry

Hope in Our Universe by Takeru: Liebe Astrologie-People, heute kündige ich euch einen neuen Sonnenzeichentest an. Wie kommen Stier und Löwe miteinander aus? Passen der feurige Löwe und der bodenständige Stier zusammen? Wir werden es sehen. Spoiler: Keine Tierkreiszeichen kommen zu Schaden.

Mein Handy verschwand in der extraweiten Jeans, und ich schlüpfte in meinen bequemen Hoodie. Die Sache mit Quinn spulte sich in meinem Kopf in Dauerschleife ab. Er schien eine schwere Last zu tragen, und ich wollte ihm helfen. Nur wie? Gedanklich schrieb ich es auf meine ellenlange To-do-Liste: Quinns Bodyguard spielen. Wie konnte ich diese Aufgabe erfüllen? Vor allem aber beschäftigte mich die Frage, warum das überhaupt nötig schien. Ausgerechnet vor Hudson? Was lief denn zwischen denen? Bisher hatte ich Hudson als witzigen, beschäftigten, etwas abgehobenen Kerl kennengelernt. Gestern Nacht im *Murphy's* hatte er aber wirklich … bedrohlich gewirkt. Das passte doch alles nicht zusammen. Oder doch? Scar fiel mir ein, die erstaunlich viel über die Finanzen des *Murphy's* wusste. Die ebenfalls im Laden gewesen war, um sich kurz darauf als eine der *Emerald Druids* bei mir vorzustellen. Und Hudson gehörte auch zu denen. Hatte es vielleicht *damit* was zu tun? Vielleicht waren die gar nicht so chillig und nett, wie sie mir erzählt hatten? Ich musste dem auf jeden Fall nachgehen, durfte mir mein Misstrauen aber nicht anmerken lassen.

Vielleicht, dachte ich, bekam ich auf unauffällige Weise ein klareres Bild, wenn ich unschuldig tat und nach den Regeln spielte. Ich würde einfach meinen ersten Gefallen bei den *Druids* einfordern: nämlich Hudson zurückzupfeifen. Ob sein Auftauchen in Quinns Laden etwas mit den *Druids* zu tun hatte oder nicht, ich würde ihm definitiv nicht durchgehen lassen, Quinn zu bedrängen. Mit meinem Handy bewaffnet, öffnete ich den Chat mit Scarlett.

Hey, Scar. Hab deine neue Übung kontrolliert. Ist echt top! Noch was: Kannst du mir mit etwas helfen? Also weißt du, ich bin mit Quinn zusammen, dem Sohn vom Herrenschneider Murphy. Gestern hab ich ihn mit Hudson gesehen, und ich hatte den Eindruck, dass Hudson ihn bedrängt. Er gehört doch auch zu euch. Könnt ihr da nichts machen? Weißt du mehr?

Kurz danach kam ihre Antwort.

Sorry, sorry, sorry, Henry. Quinn gehört nicht zu uns und ist auch kein Anwärter. Da greifen wir leider nicht ein. Was zwischen Hudson und Quinn läuft, kann ich nicht beeinflussen. So gern ich dir helfen würde, aber leider … Sry.
Du bist ja auch noch nicht initiiert.

Großartig. Na gut, aber sie konnten sich auch nicht für alle einsetzen. Das sprach leider nicht eindeutig für oder gegen die *Druids* als Ganzes, und ob Hudsons komisches Verhalten mit den *Druids* zu tun hatte, konnte ich auch nicht rauslesen. Noch mal nachzuhaken hätte Scar aber sicher misstrauisch gemacht. Von hier aus konnte ich wohl gerade nichts weiter tun. Obwohl …

Mit schwitzigen Fingern suchte ich nach einem anderen Kontakt und drückte auf den grünen Hörer. Es klingelte nur einmal.

»Hey, Henry?«

»Na, Oliver, alles klar?«

»Ja, bin am Golfen. Pflichttermin mit meinem Onkel.« Wind piff in sein Telefon, und seine Wörter klangen etwas abgehackt. Nach und nach besserte es sich. Ging er von seinem Onkel weg? »Brauchst du etwas?«

»Ich hab nur eine kurze Frage. Also, ich hab über euren Vorschlag nachgedacht und … Sag, ist es ein Problem bei euch, queer zu sein?« Nervös ballte ich meine freie Hand zur Faust. Wenn Hudson der *Druids* wegen so bei Quinn reagiert hatte, wollte ich das wissen, bevor ich Mitglied wurde.

»Also … Nein, nicht direkt. Wenn du aus gutem Hause kommst, ist eher gern gesehen, wenn du Heiratsmaterial bist, das Nachkommen zeugt. Die sind echt stockkonservativ. An sich ist es aber kein Problem. Eher ein Naserümpfen bei den alten Säcken.« Oliver atmete laut aus.

»Ich habe das Gefühl, da gibt es ein Aber?«

»Es … Ich … Weißt du, Hudson und ich, da war mal etwas und jetzt nicht mehr. Wir kommen aus einflussreichen Familien. Hudsons geht es nicht so gut, und meine hat auch so ihre Probleme. Das mit uns beiden hat schnell enden müssen, es durfte nicht –«

»Tiefer gehen?«, tippte ich.

»Ja. Unsere Familien würden das nicht akzeptieren. Wir sind die nächste Generation. Wir müssen das Erbe aufrechterhalten. Du hast Glück, dass du selbst erfolgreich bist. Allein. Und ich bin froh, wenn ich mich mal bei ein paar Ritualnächten ausleben kann.« Oliver lachte auf, aber es war kein ehrliches Lachen, es war ein Ich-lache-um-meine-Trauer-zu-verschleiern-und-keine-Last-zu-sein-Gelächter.

»Erzähl das von Hudson und mir bitte niemandem. Ich will nicht angreifbar sein. Nicht erpressbar sein.« So wie Hudson es bei Quinn gemacht hatte? Sollte ihm das nicht eine Lehre gewesen sein? Gerade Hudson? Oder war es die Bitterkeit in ihm? Kein queeres Pärchen darf glücklich sein, wenn sie beide es nicht sein dürfen?

Oliver unterbrach meine Gedanken. »Na ja, was seine Familie von ihm denkt, ist Hudson wichtiger gewesen.«

»Und dir?«

»Mir ist es auch wichtig, aber … Er wäre mir wichtiger gewesen. Ich wollte weggehen, mit ihm. Das ging für Hudson aber gar nicht. Ein Leben in Armut? Nein, so tief waren seine Gefühle dann auch nicht.« Wieder lachte Oliver verbittert auf. »Aber er hat recht. Das habe ich jetzt eingesehen. Ich habe nur meine Familie, ihr Geld und die *Druids* helfen mir, dass ich mich nicht ganz unnütz fühle. Sie geben mir eine Aufgabe und gerade mit Leuten wie Scar und dir auch Halt.«

»Du könntest noch immer weggehen. Alleine. Für dich.«

»Kann sein, keine Ahnung.« Oliver räusperte sich. »Gibt es sonst noch etwas?«

»Nein, schon gut. Danke und bye, schönen Tag dir noch.«

»Danke, dir auc…« Ich legte auf, bevor er fertig gesprochen hatte. Das Gespräch hatte mich irgendwie aufgewühlt, aber weitergebracht hatte es mich nicht. Was jetzt? Ich musste endlich raus und mich auch um meine Angelegenheiten kümmern. Mich ablenken. Einen Plan fassen. Wenn ich den Kopf freibekam, konnte ich mich auch besser Quinns Sorgen und den *Druids* widmen.

Ich verließ meine stickige Besenkammer, wie ich das Arbeitszimmer in Rós *Wohnung* liebevoll nannte, schlüpfte in meine Laufschuhe und begab mich mal wieder auf Wohnungssuche – und zwar diesmal zu Fuß. Online hatte ich einfach immer noch nichts Passendes gefunden, und letztens hatte ich bei einer Maklerin Anzeigen im Schaufenster ihres Büros gesehen, die explizit nicht im Internet inseriert waren. Róisín hatte außerdem gemeint, dass sie ihre Unterkunft direkt über einen Anruf bekommen hatte und ihr Makler damals auch gemeint hatte, die Wohnung sei noch nirgends gelistet und sie könnte sie zuerst sehen. Wobei es nicht unbedingt für diese Vorgehensweise sprach, wenn ich mir ansah, wie Ró lebte. Trotzdem war es einen Versuch wert. Immerhin hatte ich für meine zukünftige Bleibe auch etwas mehr Budget, als Ró zu Beginn ihres Studiums hatte aufbringen können.

Cork vermischte sich im Laufen zu einem graugrünen Strudel. Nach und nach meldete sich meine Lunge zu Wort. Dem Drang zu halten widersetzte ich mich allerdings, bis ich endgültig nicht mehr konnte. Ich hielt mich an einer Holzverkleidung fest, mit der zweiten Hand stützte ich mich an meinem Oberschenkel ab und atmete tief ein und aus. Ein paar Schritte torkelte ich noch weiter, da hörte ich ein Klopfen auf dem Glas des Schaufensters neben mir. Als ich den Kopf in diese Richtung bewegte, entdeckte ich einen alten Mann, der mir bedeutete, hineinzukommen. Zunächst stutzte ich, bis meine gesamten Zweifel über Bord gingen. Wegen eines Glases Wasser, das er hochhob. Meine trockene Zunge lechzte danach, also folgte ich meinem Verlangen.

Drinnen angekommen, stürzte ich mich nach meinem »Hallo« auf das Wasser. *Herrlich.* Ich schluckte so hastig und füllte das Glas wieder auf, dass ich den Mann beinah vergessen hätte. Beim dritten Glas stoppte ich und hielt inne. »Oh. Ähm. Danke.« Ein wenig beschämt stellte ich das Glas ab und erkannte die Parfümflakons.

»Immer wieder gerne. Einen Verdurstenden retten, das kann ich jetzt auf meine Jeden-Tag-eine-gute-Tat-Liste setzen.« Der Mann machte mit seinem Finger eine Bewegung, die einem Haken glich. »Hätten wir das abgehakt.«

»Dann haben wir uns gegenseitig geholfen. Ich bin übrigens Henry.«

»Fergus.« Das Schild an der antiken Vintagekasse war verstaubt, doch ich erkannte den Namen des Ladens darauf: *Doyle's Perfumery.*

»Ich habe nicht gewusst, dass es in Cork so eine Parfümerie gibt.« Meine Beine fühlten sich nun nicht mehr wie Wackelpudding an, also benutzte ich sie, um den Laden zu inspizieren. Sie trugen mich über den edlen Boden hin zu Regalen aus Marmorplatten, die von Säulen unterteilt wurden.

»Genau das ist mein Problem«, erwiderte Fergus.

Die verspiegelten Rückflächen ließen die verzierten Glasflakons, deren Ornamentmuster wie Kunstwerke im Sonnenlicht zur Geltung kamen, glänzen. In den Spiegelflächen erblickte ich aber auch meine geschwollenen Augen. War das der Wind vom Laufen gewesen?

»Warum?«

»Seit Jahrzehnten stelle ich eigene Kreationen her. Früher haben mir die piekfeinen Leute die Tür eingerannt.« Etwas gebückt drehte sich Fergus Doyle im Kreis, als erinnerte er sich an die partyähnlichen Empfänge, die er hier für reiche Menschen gegeben hatte. Als wäre er wieder in einer Zeit, in der er nicht froh war, dass ein einzelner Verdurstender vorbeikam. »Heutzutage gehen alle zu den Einkaufsketten. Und alle riechen gleich. Und zwar nach Düften, die nicht zu ihrem Typ passen.« Fergus schien sich erneut in seinen Erinnerungen zu verlieren, und er wirkte wieder etwas krumm. »Aber das ist okay, so ist die Zeit.«

Hatte er sich damit abgefunden, oder redete er sich das ein? Obwohl er seinen Laden angeblich aufgegeben hatte, schienen die Holzfassade außen und der Innenbereich wie frisch renoviert.

»Das tut mir leid.« Ich strich über ein Parfümetikett aus altem, pergamentartigem Papier, das an den Rändern verbrannt war. Darauf prangten eine alte Schreibfeder als Logo sowie der Name *Doyles No. 469 – giùthsach.*

Fergus Doyle zog den Glaskegel aus einer der Flaschen vor ihm und roch daran, bevor er ihn mir hinhielt.

»Hm, das kommt mir sogar bekannt vor. Litschi?« Da war noch was, doch ich kam partout nicht drauf.

»Pfefferminze«, fügte er hinzu.

Mit der Faust schlug ich mir auf die Handfläche. »Stimmt. Riecht echt frisch.«

»Danke, aber noch ist es nur ein Prototyp, da fehlen noch Komponenten. Mein eigentlicher Helfer hat momentan leider nicht viel Zeit. Aber was führt dich eigentlich zu mir, wenn du meinen Laden nicht kennst?«

»Ich habe mich beim Joggen etwas verlaufen, wollte zu einem Maklerbüro.« Ich ging vor einem der Regale in die Hocke, um mir weitere Parfüms anzusehen.

»Komischerweise kommen so junge Leute wie du meistens nur zu mir, wenn sie ein Problem haben, als führten die Sterne sie zu mir. Was meintest du denn gerade, dass Neues oftmals nicht offen für dich ist? Da steckt doch mehr dahinter. Ich sehe dir doch an, dass dich etwas bedrückt.« Feine Äderchen spannten sich über seine Wangen, und er bückte sich zu mir nach unten.

»Ah, Mist.« Fergus Doyle griff sich mit einer Hand an den Rücken, mit der anderen an seinen Bauch. »Meine Bandscheiben bringen mich noch ins Grab.« Er zog sein Hemd, das um seinen rundlichen Bauch gespannt war, ein wenig aus der Hose, damit es lockerer saß.

»Alles okay?« Ich richtete mich auf.

»Lenk nicht ab. Also?«

Warum war ihm das wichtig?

Ich nahm auf einem Vintagestuhl Platz, dessen Sitzfläche mit einem weißen Stoff mit Rosenmuster bezogen war. »Es ist kompliziert. Ich bin neu hier und habe einen Typen kennengelernt, den ich mag. Leider kommt irgendwie immer etwas Seltsames dazwischen, wenn wir uns besser kennenlernen. Und meine Mam – wollen Sie das echt wissen, Mister Doyle?«

»Nenn mich Fergus.«

»Fergus.«

»Sonst hätte ich nicht gefragt.« Er verschränkte die Hände hinter seinem Rücken. »Junge Geschichten von jungem Leid, die wie das Ende der Welt in eurem Alter erscheinen, sind mein Lebenselixier.«

»Das klingt anmaßend.«

»Perfekt.«

Ich schmunzelte und holte tief Luft. »Und meine Mam hat mich nach meinen Auslandssemestern jetzt besucht. *Die* Mam schlechthin! Eine Hälfte meiner perfekten Eltern. Die alles für uns … oder für meine Schwester tut. Die sämtliche LGBTQIAP+-Ratgeber liest und uns dann danach erziehen wollte, aber nie auf uns individuell eingegangen ist. Nicht dass ich ihr das nicht trotzdem hoch anrechne. Ihr Verständnis, und dass sie alles richtig machen wollte, meine ich. Aber … Leider habe ich oft das Gefühl, als ginge es immer eher um ihr Ego und meine Schwester. Und ich bin das Kind, das mein Dad in die Beziehung mitgebracht hat. Nicht falsch verstehen, meine Mam ist toll, sie tut wie erwähnt alles für uns, aber für ihre leibliche Tochter doch … ein bisschen mehr. Manchmal tut das weh.«

»Was meinst du?«

Ja, gute Frage, Fergus. Wie sollte ich das erklären, verstand ich mich doch selbst oft nicht?

»Ich mag Astrologie, und das ist auch mein Job …«

»Kommt mir irgendwie bekannt vor«, nuschelte Gus.

»Was?«

»Nichts, sprich weiter, mein Junge.«

»Ich stoße Menschen oft vor den Kopf. Klar, einerseits ist es wie mein Motor und ein Teil von mir, sonst hätte ich das alles als Kind gar nicht gepackt. Meine Art ist mir mit meinem Geburtshoroskop in die Wiege gelegt worden.« Die Zeit meiner Astrologieausbildung blitzte vor mir auf, und ich lächelte unweigerlich. Es war so erhellend, dass seitdem alles wie ein Zahnrad ineinandergriff und schlüssig klang. Als Löwe im Sonnenzeichen hatte ich etwas Feuriges, Umtriebiges in mir, das half, wobei ich vieles an wahrer, nicht gespielter Selbstsicherheit mit diesem Gefühl, meine Mam möge Ró lieber, und den fiesen Leuten an der Schule, die meine leibliche Mutter und ihre Wurzeln verspotteten, eingebüßt hatte. »Mit einer Sonne im Löwen und einem Mond im Widder scheint bei mir oft die Welt zu brennen, und ich habe gelernt, diese Schwächen zu sehen und auch zu verstehen, wie meine Kindheit meine Konstellation negativ beeinflusst hat, daran arbeite ich, aber …«

»Manchmal schaffen wir es alleine nicht. Brauchen Hilfe von außen, um unser Gehirn umzuprogrammieren.« Der Einwurf formulierte etwas aus, das ich so nicht wahrhaben wollte.

»Ähm. Jedenfalls … Ich stoße Menschen vor den Kopf, um ihnen zuvorzukommen. Ich bin zu direkt, um ihnen zu zeigen: Mit mir spielt ihr nicht.« Etwas angewidert von mir selbst, verzog ich den Mund, stützte meine Ellbogen auf meinen Beinen ab und bettete meinen Kopf auf die Hände. »Ach, keine Ahnung. Ist das irgendwie verständlich?«

Fergus näherte sich in Trippelschritten und schenkte mir ein breites Lächeln, bevor er mein Gesicht umfasste. »Selbstredend ist es das. Du bist ein Mensch und hast Dinge erlebt, die unfair waren. Du hast Erfahrungen gemacht, die dir gesagt haben: Schütze dich, sonst macht es keiner, und diese Erlebnisse münzt du auf alle Menschen um. Aber lass dir eines gesagt sein, wenn du nicht eines Tages alleine in einem Laden enden willst: Hilfe anzunehmen und naiv zu hoffen, dass du dieses Mal nicht enttäuscht wirst, ist besser, als all die Chancen auf pures Glück zu verpassen. Außerdem musst du auch mal Schwäche zeigen.«

»Das, ähm …«, ich schüttelte Fergus' Hände ab und erhob mich wieder, »… kann ich mir nicht leisten.«

»Das ist keine Frage des Könnens, du musst. Für dich. Für deine Seele.« Fergus spielte mit seinen Fingern über seiner Seitentasche, grinste mich wie ein kleiner Junge an und fischte ein winziges Parfüm heraus, womit er ein unsichtbares X vor mich sprühte. Es roch nach purem Glück. »Wenn du jemanden kennenlernst, der da ist, der dich fasziniert, dann fahr nicht die Stacheln aus.«

»Aber Schwäche zeigen fühlt sich oft auch egoistisch an. Was, wenn ich das nur so fühle … Dass Mam meine Schwester lieber hat, und dann stoße ich meine Schwester damit vor den Kopf?« Obwohl in meinen Ohren noch immer die Worte meiner Mam klingelten.

»Ich bitte dich, nimm dir einen anderen Namen, das ist eine gute Idee. So können wir auch Róisín schützen. Tu es für deine Schwester.«

Tu es für deine Schwester. Wie oft hatte ich das gehört?

»Wenn es sich für dich so anfühlt, dann ist das so. Versuch nur, es gut zu kommunizieren. Ja?«

Ich nickte auf Fergus' Frage. Hauptsächlich, um das Gespräch zu beenden. Es schlug mir auf den Magen. Ich wollte darüber nicht mehr nachdenken. »Danke für das Gespräch.«

»Und jetzt trinken wir Tee!«

Gerade als ich zustimmen wollte, vibrierte mein Handy, und ich holte es hervor. Cara?

Gute Nachrichten: Habe meine Belegexemplare bekommen, wir können uns treffen, Lust? PS: Ich lade dich in unseren Gruppenchat ein. PPS: Wundere dich nicht, Felix und Owen sind auf einem Liebes-Kurztrip und schicken kitschige Pärchenbilder. (Sie haben Handtuchschwäne auf dem Bett!)

Noch eine Nachricht.

Cara hat dich zum Gruppenchat Cork-Gang hinzugefügt.

Ich las die Liste durch. Felix, Owen, Cara, Yoshi, Róisín, Robin … Quinn. Mein Herz machte einen Sprung.

»Alles in Ordnung bei dir? Du schaust so verkniffen drein.« Ernsthaft, Fergus? Wenn ich mich freute, Quinns Namen zu lesen, sah ich verkniffen aus? Na danke schön, neue Unsicherheit freigeschaltet. Ohne ihn anzugucken, las ich weiter und antwortete ihm gleichzeitig.

»Äh, alles gut, der Typ, von dem ich erzählt habe, ist in der Chatgruppe von …« Moment. Meine Namen blieben an einem weiteren Namen hängen. *Fergus?* Bestimmt kein Zufall.

»Du kennst Cara, Quinn und die anderen? Sie haben mich gerade in die Chatgruppe eingefügt.«

»Ach, ist Quinn der Typ, von dem du gesprochen hast?« Fergus verzog seine Lippen zu einem Grinsen, das mir nicht gefiel. Ganz und gar nicht gefiel.

»Das habe ich nicht gesagt.« Der kleine Parfümladen wirkte, als schrumpfte er. »Ich, also …«

»Na ja, Robin und dich sehe ich nicht so zusammen, und Felix und Owen kann gerade nichts trennen, also …« Wie ich es hasste, wenn Leute Dinge richtig kombinierten, die sie nicht richtig kombinieren sollten.

»Okay, okay, okay, okay, okay.« Ich packte mein Handy weg und hob beschwichtigend die Arme. »Ja, es ist Quinn.«

»Quinn also … soso … Ich werde mich mal an einen neuen, guten, heißen Tee für uns machen. Dauert ein wenig, ja?« Fergus wartete meine Antwort gar nicht erst ab und verschwand hinter einem Vorhang.

Das war sogar für jemanden wie mich zu viel Offenheit. Obwohl ich kein Problem damit hatte, dazu zu stehen, dass Quinn mich interessierte, fühlte es sich an, als würde diese Nachricht zu schnell in Umlauf geraten. Schließlich wusste ich noch immer nicht, ob er mich näher kennenlernen wollte.

Während ich auf Fergus wartete, ließ ich noch einen Moment das Ambiente des Ladens auf mich wirken, ehe ich mein Handy hervorkramte. Vielleicht gab es in der Nähe auch schon ein paar Büros, die ich wegen Wohnungen abklappern konnte.

Als ich später mein Handy wegpackte, öffnete sich die Tür.

»Quinn?« Sofort war ich vor ihm.

Der Wind von draußen stürmte herein. Die Klinke der Ladentür fest im Griff, versteinerte Quinn vor mir.

»Was machst du hier?« Quinn sah sich um. »Fergus?«

»Ich … Verlaufen. Warum wirkst du so außer Atem?«

»Fergus. Hat geschrieben, er braucht Hilfe.«

Hilfe? Fergus? Dieser … Hund!

»Oh, Quinn.« Fergus lugte durch den Vorhang und trug noch immer dieses freche Grinsen im Gesicht. »Hat sich erledigt. Habe gedacht, meine elektrische Kochplatte ist kaputt, dabei ist sie nur nicht eingesteckt gewesen. Aber wenn du schon mal da bist, bleib ruhig, trink Tee mit uns.« Er schlurfte hinter den Vorhang, und alles, was ich noch hörte, war: »Schließ die Tür, es zieht!«

Die Tür rastete ein, und als ich mich wieder zu Quinn gedreht hatte, legte er ein verstohlenes Lächeln auf. »Das hat er absichtlich gemacht, sorry.«

»Sorry? Wofür?« Ich stellte mich vor das Schaufenster, direkt vor die aufgeklebte Mosaikfolie über den ausgestellten Parfüms. »Ich verbringe gern Zeit mit dir.«

Im Augenwinkel erkannte ich Quinn, der sich zu mir gesellte. »Woher kennst du Gus?« Okay, er wollte also wieder nichts darauf erwidern, dass ich mich für ihn interessierte.

»Wie gesagt. Verlaufen. Wortwörtlich. Beim Joggen habe ich ein wenig die Orientierung verloren – bin auf Wohnungssuche gewesen – und habe hier gestoppt. Völlig außer Puste.«

»Wer sucht Wohnungen offline?«

Ich verkniff mir einen Kommentar. Zuckte mit der Schulter.

»Diese Mosaikfolie hier ist neu.« Quinn fuhr die bunten Flächen mit der Hand nach, und ich verfolgte die farbenfrohen Lichter auf seiner Haut.

»Ja, stimmt.« Hä? Was redete ich denn da.

»Ich habe gedacht, du kennst den Laden nicht?«

»Ich weiß nicht, warum ich das gesagt habe.« Verdammt. Quinn machte mich schon wieder so nervös.

»Du musst vor Gus nicht so tun, als wären wir zusammen oder so. Ich denk schon die ganze Zeit drüber nach. Keine Ahnung, ob ich meinen Leuten etwas vorspielen sollte und –«

Ich musste Quinn einfach unterbrechen. »Quinn. Ich mag dich. *Wirklich.*« Nach dem letzten Wort drehte ich mich zu ihm hin, der im bunten Licht wie eine magische, majestätische Figur wirkte.

Quinn rollte mit den Augen. Er schnaubte belustigt und schüttelte leicht den Kopf. Ihm fiel dabei eine Strähne ins Gesicht. Er glaubte mir einfach nicht, aber warum? Er machte Anstalten, wegzugehen, aber das wollte ich nicht.

»Ich habe dich am Flughafen nicht sofort erkannt, erst im *Murphy's.*« Dieser Satz brachte Quinn dazu, sich mir zuzuwenden.

»Was meinst du?«

»Ich habe dich damals immer gesehen, als ich so vor circa vier Jahren auf dem Weg zu meinem Nebenjob gewesen bin. Da bin ich an eurem Laden vorbei und habe mich gefreut, dich durch euer Schaufenster zu sehen. Irgendwann habe ich dich mal ganz kurz auf einer Dating-App gesehen, aber du bist gleich wieder weg gewesen.« Noch während ich – viel zu hastig – sprach, weiteten sich Quinns Augen, und er machte ein, zwei Schritte zurück. »Irgendwann habe ich dann nicht mehr dort gearbeitet, dann sind die Auslandssemester gekommen, und ich habe nicht mehr daran gedacht.«

»Du willst mir jetzt ernsthaft sagen, du magst mich wirklich? Ich finde ja, dein Fensterstalking und anschließendes *Vergessen* sprechen noch mehr dafür, dass du oberflächlich an mir interessiert bist und nicht mehr. Du kennst mich ni…«

»Das ändern wir doch aber gerade.« Ich näherte mich ihm. »Sorry fürs Unterbrechen. Schon wieder.«

»Ich …« Quinn knetete seine Finger vor seinem Oversize-Pulli, der wie von einem Sitcom-Dad aus den Neunzigern wirkte.

»Tee ist fertig.« Fergus kam vor den Vorhang. Das Geschirr darauf klingelte aneinander. »Habe ich euch unterbrochen?«

Ich warf einen Blick zu Fergus, doch bevor ich antworten konnte, erledigte Quinn diese Aufgabe. »Nein!«

Das war deutlich.

Kapitel 10

Quinn

Auszug aus *Astro-Logic-y – My Zodiac Love* by Cara Mitsou: Okay, aber was ist das mit den zwölf Häusern? Sie stehen für die verschiedenen Lebensbereiche und haben je nach Stellung, Planet oder Sternzeichen zur Geburt andere Bedeutungen. »Haus« steht in diesem Zusammenhang eher als Sinnbild eines Themenbereiches, zum Beispiel: Das erste Haus steht für das Ego, unser Auftreten.

Henry hatte seit unserem Aufeinandertreffen bei Gus nicht mehr geschrieben, und während unseres Teekränzchens hatten wir *das* Thema nicht mehr vertieft. Ach, egal. Das konnte ohnehin nur ein Witz von ihm gewesen sein. Der schwarze Ladebildschirm des Programms reflektierte mich. Mich, den faden Nachtisch Quinn, der nichts vorzuweisen hatte. Es *musste* ein Scherz gewesen sein.

Die Datei öffnete sich, und mein blasses Bild verpuffte. Schulterzuckend legte ich das Handy beiseite und kontrollierte weiter die Akten. Ich verglich sie mit den Datenblättern, die mir Hudson in einem Umschlag überreicht hatte. Sie waren teilweise geschwärzt. Immer wieder ging ich die Listen durch, und, ja, sie stimmten mit vielen unserer Kunden und Kundinnen überein. Auch die Details für die Umhänge enthielten keine geheime

Botschaft. Aber was wollte er damit bezwecken? Mir erschloss sich einfach nicht, was mir das sagen sollte. Gefrustet atmete ich lange aus und massierte meine Schläfen.

Ich ließ die Blätter fallen und rollte auf dem Stuhl zurück. Was sollte ich nur machen? Immer wieder fiel mein Blick auf Mams Bild. Ich wünschte mir, ich könnte mir ansatzweise vorstellen, wie sie wohl in meiner Lage reagiert hätte. Selbst die Basketballspieler auf den Stickern, die ich als Kind neben ihrem Bild hatte, kannte ich besser. Und ich hatte keine Ahnung von Basketball.

Um mich herum stapelten sich Dads Bücher und Nähutensilien. Was würde er machen? Ja, das wusste ich. Sich zu Tode arbeiten.

»Argh.« Mein Frustrationslevel erreichte Höchstniveau.

Der dunkler werdende Bildschirm des Laptops spiegelte meine zerzausten Haare. Von meinem zerknautschten Gesicht wollte ich gar nicht erst sprechen.

Ich erhob mich und öffnete die Fenster, danach die Läden, und schloss die Augen.

Mein Dad im Krankenhaus, die *Druids,* der Laden, Henry … Das alles wurde mir zu viel. Wie sollte ich das stemmen? Lag es an meinem Alter? War ich zu jung? Den eigenen Frust hinter einem als Lächeln getarnten Vorhängeschloss auf den Lippen zu verbergen hielt ich nicht ewig durch.

Ich stützte meine Hände am Fenstersims ab und ließ meinen Kopf hängen. Der Wind blies mir in den Nacken und blähte mein XXL-Shirt auf. Selbst wenn ich mich noch Stunden durchlüften ließ, käme ich nicht auf eine Lösung. Schmerzlich sehnte ich mich nach meinem unbeschwerten Kinder-Ich, das mit seinen Plüschtieren ein Kampfturnier nachspielte, bei dem sie ein Croissant gewinnen konnten (das ich dann gegessen hatte). Nun kämpfte ich gefühlt gegen die gesamten *Druids,* und mein Hauptpreis war? Nichts? Das einzig Tröstliche daran: Wir hingen alle mit drin.

Moment. Wir hingen *alle* mit drin. Dad, die *Druids,* ich … die Kundschaft. Sie hingen auch mit drin!

Binnen Sekunden saß ich wieder vor dem Laptop, bewegte die Maus, und der Bildschirm leuchtete auf, weshalb ich meine Augen genervt zusammenkniff. Ich holte den Umschlag hervor, öffnete die digitalen Akten der Stammkundschaft und schrieb mir ein paar Namen raus. Gleich danach tippte ich sie in Google ein.

Name um Name ploppte auf. Auch hier. Alle waren miteinander verwoben. Mir war nie in den Sinn gekommen, zu hinterfragen, wer die Menschen waren, die sich Dads teure Anzüge leisten konnten.

Jetzt verstand ich es.

Diese Leute gehörten allesamt zu Firmen der *Druids.* Ihre Nachnamen hatte ich schon öfter gelesen. Es waren wichtige Leute Corks. Sie mussten auch am UCC studiert haben oder wichtige Angestellte von *Druids* sein.

All meine Empfindungen verschwanden aus meinem Körper. Gefühllos lehnte ich mich zurück. Die Fensterläden knallten gegen die Hauswand, und der Wind pfiff durch die Gassen.

Konnte es sein, dass Dads Zusammenarbeit mit den *Druids* nicht nur beinhaltete, dass er Umhänge für sie herstellte, er dafür bezahlt wurde und die Klappe hielt, sondern auch, dass sie ihm im Gegenzug statt Geld Kundschaft vermittelten?

Das bedeutete … Würden wir die *Druids* aus unserem Leben streichen, ginge der Laden so gut wie bankrott. Es bedeutete, dass unsere gesamte Kundschaft zu neunzig Prozent aus verdammten *Druids* bestand. *Deshalb* konnte Dad sie nie einfach aus unserem Leben streichen. Und genau deshalb würde ich es auch niemals können … Die Laufkundschaft nahm von Monat zu Monat ab, alle kauften sich in den Ketten oder im Internet ihre Anzüge, und von den wenigen Menschen in unserer Kartei, die seit Jahren kamen und die ich definitiv nicht den *Druids* zuordnete, konnten wir nicht leben. Und wenn eines sicher war, dann, dass die *Druids* ihre Leute von uns abziehen würden, wenn ich mich von ihnen löste.

»Warum habt ihr euch mit ihnen eingelassen?«, säuselte ich in die Nacht hinaus und hoffte, damit die Familienmitglieder zu erreichen, die dieses Spiel mitgespielt hatten. Die *Druids* waren vielleicht nicht zwingend gefährliche Kriminelle. Sie brachten – hoffentlich, soweit ich informiert war – keine Menschen um. Dennoch konnten sie mit ihren Kontakten jemanden in den Ruin treiben. Das war eine Katastrophe. Eine quälende Unruhe überkam mich. Ein Kribbeln zog sich durch meine Hände, und meine Beine wackelten auf und ab. Heute würde ich kein Auge zumachen.

Die ganze Nacht hatte ich an den Umhängen gearbeitet. Das Tackern der Nähmaschine dröhnte noch in meinen Ohren, und die Augen schmerzten, weil ich durchgehend auf Schnittmuster und Nadeln gestarrt hatte. Ich konnte diesen Stoff nicht mehr fühlen.

Von Nachhaltigkeit hatten die *Druids* offenbar noch nie etwas gehört. Warum brauchten sie jedes Semester neue Umhänge? Und was machten sie mit den alten? Benutzten sie sie kollektiv als Klopapier? Verbrannten sie sie kollektiv? Um kollektiv am Feuer herumzutanzen? Nur um mich kollektiv zu verarschen? Damit ich nun ständig das Wort kollektiv dachte? Argh. Ich nervte mich selbst mit meiner Gereiztheit.

Meine Lider fühlten sich klebrig und schwer an, meine Glieder waren erfüllt von einem dumpfen Brennen, und alles in mir schrie: Schlaf!

Hörte ich Geister, oder lachte da jemand? Nein, das Kichern näherte sich wie gruselige Kinder in Horrorfilmen. Die Glocke über der Tür bimmelte. Wie ich dieses Geräusch mittlerweile hasste. Bald würde ich sie abreißen.

Das Gelächter wurde lauter, hallte in meinen Ohren, was nicht unbedingt wie Balsam für meine Nerven war.

»Quinn, du glaubst nicht, wen ich getroffen habe.« Nala hatte Robin mitgenommen. Zur Arbeit?

»Hi, Quinn.« Robin winkte mir zu, und ich dachte an das Bild von uns, das Hudson mir gezeigt hatte, als wir im *Gemini Air Club* gewesen waren.

»Du kommst zu spät, Nala.« Genervt seufzte ich auf und erhob mich. »Und was machst du hier? Hilfst du mit?«

»I-ich, Nala hat gemeint, äh.« Robin, der sonst seine Gefühle zurückhielt, stockte, und seine Augen weiteten sich.

»Sorry, Quinn.« Nala machte einen Minischritt vor Robin. »Ich habe gesagt, er soll mitkommen. Was ist dein Problem?«

»Mein Problem?« Eine ausschweifende Geste nach hinten folgte. »Das. Ich habe die ganze Nacht durchgeackert, um diese beschissene Bestellung voranzubringen. Felix ist mit Owen weg, und du, meine einzige Hilfe, kommst zu spät.«

Nala spielte geknickt an ihrer Nagelhaut. »Es tut mir leid. Das Zuspätkommen.« Sie stellte ihre Tasche ab und ging zu den Umhängen. »Warum machst du das im Verkaufsraum?«

»Es kommt doch kaum jemand.« Außerdem beschlich mich das Gefühl, dass die *Druids* unsere Kontakte vorerst lahmlegten, bis sie die Umhänge hatten.

»Quinn, was ist los mit dir? Bist du so wegen Henry?«

Der Satz verwirrte mich, und ich antwortete Robin mit einem fragenden Blick.

»Ist er ein schlechter Umgang?«, setzte Robin nach. Seine hellblauen Iriden, eingebettet in schläfrige Lider, leicht aufgeplustert mit lila Augenringen, fixierten mich. »Henry. Hat er etwas gemacht? Mit dir?«

Shit. Shitty Shit Shit. »N-nein. Henry hat nichts getan. Es gibt viel Arbeit, und alleine ist das etwas schwer.« Wieder ein Seitenhieb auf Nala. »Leider nimmt mich eine gewisse Kollegin ja auch nicht ernst und kommt, wann sie will.«

»Hey.« Nala inspizierte gerade einen der Umhänge, die ich, dank Dads Schnittmuster und bereits fertigen Umhängen als

Vorlagen, angefertigt hatte. »Ich verstehe, dass du viel zu tun hast und dich die *Druids* im Nacken reizen, aber das gibt dir nicht das Recht, so mit mir zu sprechen. Meine Hilfe habe ich dir ja schließlich immer wieder angeboten.«

»Aber anscheinend schätzt du es ja auch nicht, dass ich Felix und dir diese ganzen Freiheiten lasse, wenn ich hier alleine hocke, während der Laden geschlossen zu werden droht.« Meine Schläfen pochten von der Migräne, die ich die letzten Stunden vergeblich verdrängte, und die Ängste, den Laden zu verlieren, die Kundschaft weniger und weniger werden zu sehen, oder aber alternativ für immer die beschissenen *Druids*-Umhänge nähen zu müssen für den Rest meines beschissenen Lebens, machten mich schwindelig.

»Ja, es ist dein Laden, aber ich mache mehr als genug, wenn ich an die Jobbeschreibung in meinem Arbeitsvertrag denke.« Nala blieb steif neben mir stehen, und ihre Hände verkrampften sich zu Fäusten.

»So ernst nimmst du es damit ja nicht.« Ich deutete auf die Uhr über mir. Und ja, das war ungerecht, ich wusste es, aber ich konnte mich in diesem Moment nicht bremsen. Ich konnte einfach nicht. Der Stress musste irgendwohin und traf die, die es am wenigsten verdiente.

»Leuteee.« Robin hob beschwichtigend die Hände. Zu spät.

»Mit mir kannst du es ja machen.«

»Jetzt hör aber auf, Quinn! Ich mache mehr als genug für dich! Wann bekomme *ich* denn mal etwas Respekt für alles, was ich im Laden übernehme, ohne entsprechend dafür bezahlt zu werden?« Ich wusste, Nala hasste es, laut zu werden, und ein Teil von mir wollte sagen, egal, lassen wir das, tut mir leid, du hast völlig recht, aber raus kam:

»Du kannst ja immer gehen. Ich nicht.«

»Ich kann *gehen?!* Na dann mache ich das doch jetzt.«

»Nala. Quinn.« Robin stellte sich zwischen uns. »Es reicht. Beruhigt euch wieder. Ich habe Nala aufgehalten, deshalb ist sie zu spät, und Quinn, du solltest dringend Schlaf nachholen. Lasst euch doch nicht von so einem Zwischenfall auseinanderreißen.«

»Soll sie doch gehen, mir egal.«

»Fein, dann sieh zu, wie du allein klarkommst.« Nala griff sich ihre Tasche und eilte zum Ausgang.

Wieder diese Scheißglocke. Ich rannte zur Tür, die Nala gerade zuknallte, schnappte mir den Besen und hielt ihn wie eine Waffe vor mich.

»Quinn? Was machst du?« Bevor Robin auch nur den Hauch einer Chance hatte, mich aufzuhalten, schlug ich die Glocke von der Decke, bis sie ein letztes Mal am Boden bimmelte.

»Mir wird das alles zu viel. Zu viel, okay?!« Der Besen fiel um, Staub wirbelte auf und tanzte im Lichtkegel, den die Morgensonne durchs Schaufenster schickte. Ich bettete mein Gesicht in meine Hände. »Scheiße …«

»Quinn, Mann.« Ehe ich michs versah, stand Robin neben mir. »Hast du getrunken? Du riechst nach …«

»Ich habe Dads teuren Whiskey mit Cola gemischt.«

»Das ist eine Schande. Ich bring die Glocke später wieder an.«

»Dann passt es ja zu mir. Also die Schande.«

»Hey. Übertreib nicht.« Robin umarmte mich.

»Du übertreibst.«

»Ich übertreibe nie.«

Stimmt. Ich erlebte Robin selten emotional oder überschwänglich. Seine Hand auf meinem Kopf fühlte sich beruhigend an.

»Es tut mir leid.« Robin sagte das mit einer tiefen Ruhe, die durch seine Stimme klang, die einem half, runterzukommen.

»Was genau?« Eigentlich ahnte ich, was Robin meinte.

»Das mit Henry.« Robin hörte mit dem Streicheln auf.

»Egal.« Es war mir natürlich nicht egal, aber hallo? Ich mochte es nicht, um Hilfe zu bitten.

»Sag«, nuschelte ich. »Wir haben nur betrunken rumgemacht, aber irgendwie … Na ja. Hast du das Gefühl, ich hätte es dir sagen sollen? Also, dass ich Henry … näherkomme?«

»Mach dir keine Gedanken um mich. Das hat nichts bedeutet. Wir haben nur Spaß gehabt. Im Club. Betrunken. Mehr nicht.«

»Also alles gut zwischen uns?«

Robin hatte seinen Kopf an meinen gelehnt, und ich spürte, wie er ihn auf und ab bewegte.

Den restlichen Tag hatte ich zwar weitergearbeitet, aber einige Fehler eingebaut. Zu sehr belastete mich der Streit mit Nala. Zuerst hatte ich überlegt, sie zu besuchen, bis mir wieder unser Insider einfiel. Wo wohnte Nala? Tatsächlich war ich noch nie bei ihr gewesen. Wir sahen uns bei der Arbeit, unsere Verabredungen fanden direkt danach statt, und selbst bei mir waren wir erst ein-, zweimal gewesen, da mein Vater Besuch hasste. Plus: Mir war es unangenehm, wie es bei uns zu Hause aussah. Natürlich konnte ich Nalas Adresse aus unserer Kartei suchen, aber war das nicht übergriffig? Ihr bloß zu schreiben fühlte sich wiederum zu unpersönlich an. Und Angst vor dem Gespräch hatte ich irgendwie auch.

Meine Müdigkeit hatte einen Status erreicht, den ich liebevoll Zombiemodus nannte. Sie klammerte sich in meinen Gliedern fest, ich spürte sie aber nicht mehr in meinen Augen oder in meinem Geist. Sie kippte sogar ins Gegenteil, und ich fühlte mich überdreht wach. Jeder Mensch wäre schlafen gegangen. Und was machte ich? Ich war auf dem Weg in Eileens Bar, Stammkneipe unserer Cork-Gang, zu ihrer *Artists Night,* um mich dort mit Róisín und Robin zu treffen. Letzterer war vorausgegangen.

Die kühle Nacht putschte mich auf, und ich merkte, dass ich alle paar Schritte gerade noch den Straßenlaternen auswich. Ich konnte nicht mal mehr geradeaus gehen. Toll.

Irgendwann war ich endlich an Eileens Bar angekommen. Die alte *Venus Fire Bar* war das beste Pub der Stadt – das beste, das Reisende nicht kannten, und seine Besitzerin Eileen ebenso wie Fergus ein unersetzlicher Teil unserer Cork-Gang.

Ich trat durch die Tür des Pubs, das ich mit Felix und Robin im Sommer in Babyblau und Weiß gestrichen hatte. Eileen stand hinter dem Tresen an den goldenen Zapfhähnen. Buntes Licht eines Mosaiklampenschirms rahmte sie ein. Die Holzvertäfelung und die ausgefranste Polsterung des Pubs nahmen mich wie ein zweites – nein: drittes, der Laden war mein zweites – Zuhause in Empfang.

Ich begutachtete die Person, die an Eileens neuem Mikro sang. Die Anschaffung machte sich bezahlt, zumindest optisch. Ein Vintagemikro in Silber, das von der Decke hing und über Kabel mit den Lautsprechern verbunden war. Am Ende der Musiknacht konnte sie es hochziehen, und es hing über uns wie Deko. Auf einem kleinen Schild stand geschrieben, dass es sich bei der singenden Person um Noise handelte. In Klammern hatte jemand die Pronomen they/them hinzugefügt.

»Hey, Quinn.« Róisín hob ihre Hand und erschrak gleichzeitig, als eine Pflanzenranke, die sich durch das Pub zog, sie berührte. »Daran werde ich mich nie gewöhnen.«

An dem Tisch saß noch Robin, der ein Pint Beamish-Bier auf den dunkelbraunen Tisch knallte und mir zuzwinkerte.

»Quinny. Ein *Murphy's* für Mister Murphy?«, erkundigte sich Eileen, die zu uns getreten war. Den Spruch würde ich wohl bis an mein Lebensende von ihr hören.

»Nein, für mich kein Bier. Lieber ein Wasser, aber ohne Kohlensäure.« Ich mochte es nicht so gerne prickelnd. Kohlensäure fühlte sich in meinem Hals an, als tränke ich Rasierklingen. Sprudel nervte mich, vor allem wenn ich kurz vorm Verdursten war und noch pausieren musste beim Trinken, weil die Kohlensäure zu stark war. »Ein großes Glas.«

»Sieh an, der Herr nimmt gleich ein großes Glas.« Róisín klopfte mir gegen die Schulter. »Spaß. Geht's dir gut? Deine Augen sind heute noch mehr angeschwollen als die von Robin.«

»Danke«, wandte Robin ein.

»Sorry.« Beschwichtigend legte Róisín ihre Hand auf Robins Oberarm. Sie setzte eine schuldbewusste Miene auf und verzog ihre pinken Lippen zu einer traurigen Schnute.

»Schon gut.« Robin schmunzelte und prostete mir zu.

»Ihr seid mir eine Partie. Noch jemand etwas?« Eileen schwang sich ihr Geschirrtuch um die Schulter, was ihre halblangen grauen Haare aufwirbelte.

Alle verneinten ihre Frage, und da stahl sie sich davon.

Die beruhigenden Klänge von Noise halfen mir, runterzukommen. Ja, meine Gliedmaßen entspannten sich. Noise' Stimme zähmte meine wilden Gedanken, hielt sie im Zaum, und mein Herzschlag verlangsamte sich nach und nach. Dazu die Gespräche der anderen Personen im Pub, das gesellige Lachen und das Klirren der Gläser suggerierten mir: Alles war gut, du kannst aus dem Kampfmodus rauskommen.

»Ich habe gehört, du und Henry? Henry und du? Ihr na, du weißt schon, macht wohoo. Ihr seid, na, na?« Ein furchtbar peinlicher Augenbrauentanz folgte, der dank Róisíns dunkel gefärbten Brauen schlimmer zur Geltung kam.

Es hatte sich also herumgesprochen. *Brillant.* Robin starrte indessen in sein Bierglas. Was suchte er darin? Einen Ort, um vor Scham zu versinken? Das neue Walhalla für queere People? Keine Ahnung, aber ich wollte mit.

»Sieht so aus, ja.« Zumindest wenn ich ihn nicht gerade für seine unbedachten Aussagen erdolchen wollte. Sagte ich, der heute seine beste Freundin weggeekelt hatte. Das setzte der Unbedachtheit die Krone auf. Ein Gehirnseufzer später, und Eileen riss mich mit dem Knall des Wasserglases auf dem Tisch aus den Gedanken heraus.

»Nicht zu viel auf einmal.« Eileens Lippen kräuselten sich belustigt, und kleine Fältchen bildeten sich um ihren Mund.

Hinter mir knallte jemand die Tür zu. »Hey. In meiner Bar schlägt keiner die Türen zu.« Sie verwandelte sich von der Zeichentrick-Omi zur für den Kampf gewappneten Barfrau.

»Macht sie euch auch manchmal Angst?«, sagte Róisín mit vorgehaltener Hand. »Sie ist doch gruselig, oder?«

Robin und ich bejahten ihre Frage. Ich hob das Glas, und

beim Trinken merkte ich, dass mein Hals nach mehr und mehr Flüssigkeit verlangte. Hatte ich heute etwas getrunken?

Robin stieg über Róisín auf der Sitzbank, verhedderte sich ein wenig in den Pflanzenranken und hüpfte auf die breiten Dielen. »Denn ich wette, die Alte hört uns bestimmt ab.«

»Ich brauche euch nicht abzuhören, meine Ohren sind vortrefflich«, brüllte Eileen von der Bar zu uns und warf Robin einen Korken entgegen.

Mit einem perfekten Tritt kickte Robin ihn weg und verbeugte sich vor ihr. »Dieses Mal gewinne ich.«

Eileen machte Anstalten, hinter der Bar hervorzupreschen, da verzog sich Robin durch die Pendeltür zu den Toiletten.

»Dieser Typ macht mich fertig.« Trotz ihrer faltigen Stirn, die dauergerunzelt wirkte, setzte Eileen eine liebliche Miene auf, bevor sie ging.

»Kann mir dich und meinen Bruder gar nicht zusammen vorstellen. Muss mir dann gleich ein Bild machen, ob ich euch shippen kann oder nicht.« Róisín griff nach ihrem Smartphone. »Nala schreibt nicht, weißt du, was los ist?«

Das ging mir zu schnell. »Äh, nee.« Ich räusperte mich. »Was meinst du mit gleich?«

»Hm?«

»Du musst dir gleich ein Bild darüber machen, ob du Henry und mich als Pärchen zusammen siehst?«

»Na, Henry kommt auch, hat er das nicht gesagt? Ich habe mir gedacht, wenn ich dich frage, ob du mitkommst, muss ich deinen Freund auch einladen. Netiquette und so. Na ja, und mein Bruder ist er ja auch noch.« Róisìn war immer für eine Überraschung gut. Leider nicht nur jene der positiven Art.

Ein roboterhaftes, versteinertes Lächeln klebte sich in meinem Gesicht fest. Ich spürte es, als wären meine Mundwinkel an meine Wangenknochen getackert. »Oh, toll.«

Eine Sekunde zuckte Róisíns Braue nach oben, und sie legte den Kopf leicht schief.

»Toll. Wow. Hat er gar nicht gesagt. Ich freue mich.« Meine schauspielerischen Fähigkeiten, die ich aufgegeben hatte, nachdem ich mich für eine Komparsenrolle bei einem Film beworben und niemals eine Antwort erhalten hatte, ließen zu wünschen übrig.

Róisín öffnete ihre Lippen, da weiteten sich ihre Augen bei einem Blick hinter mich.

Gerade als ich mich umdrehen wollte, landeten zwei Hände auf meinen Lidern. Alles wurde finster um mich. Die Wärme der zarten Haut erinnerte mich, wie müde mein Körper war.

»Wer bin ich?« Diese Stimme erkannte ich sofort.

»Rys?«

»Der Herr hat tausend Punkte.« Henry nahm neben mir Platz und schenkte mir dabei ein Lächeln, das mir eine Gänsehaut bescherte. »Sag mir, du trinkst ein riesiges Glas Wodka.« Mit seinem Fingernagel schnippte er gegen mein Glas.

»Jap. Ein gigantisches Pint Wodka. Was sonst?«

»Klar, na ja, kein Anti-Alkohol-Shaming. Ist ja auch deine Sache. Hey, Schwesterherz.«

»Nur Augen füreinander, und dann komme ich. Frechheit. Ich bin deine VIS.« Ró klopfte sich auf die Brust und hustete.

»Was?« Henry winkte Eileen zu, die an den Tisch kam.

»Dieses Gesicht vergesse ich doch nicht, Henry, du siehst so erwachsen aus.« Eileen wollte über den Tisch an Henrys Gesicht fassen, stoppte aber kurz davor. »Warte, Owen und Felix geben mir Nachhilfe in Nicht-problematisch-Sein, was mir vorkommt wie ein Ding der Unmöglichkeit, aber: Darf ich dich in deine Wange kneifen?«

Wäre einen Tweet wert: *Alte Menschen können sich ändern.*

»Du darfst.« Aufopferungsvoll hielt Henry seine Wange hin und kniff die Augen zusammen.

Eileen drückte seine Wange. »Unfassbar. Wie groß ihr alle werdet. Da wird einem das Alter noch mehr bewusst. Na ja, und dank der kürzer werdenden Abstände, in denen ich nachts pinkeln muss. Aber egal, was darf es sein?«

»Das, was er hat.« Henry schnippte wieder gegen mein Glas.

»Wasser?« Róisín lachte angesichts Eileens Miene auf.

»Ha! Enttarnt.« Als ob er das nicht geahnt hätte, aber Henry musste mich ja wieder aufziehen. »Nein, ich will, ähm, hast du Wein? Irgendeinen, der süß ist, aber nicht zu süß. Bitter und trocken ist nicht meins.«

»Bringe ich dir.«

»Also? Was ist eine VIS?«

»Very important Schwester.« Róisín lehnte sich zurück. »Aber ich verstehe es. Ihr seid in love und ich nicht wichtig.«

»Ja, stimmt. In love. Róisín hat gemeint, sie muss erst noch herausfinden, ob sie uns auch shippen kann«, erzählte ich Henry, und ich hoffte, es klang wenigstens ein wenig lockerer, als es sich in meinen Ohren angehört hatte.

»Oh.« Henry blickte zwischen Róisín und mir hin und her. »Oh!« Sofort legte er seine Hand auf meine, und innerlich rollte ich mit den Augen. Voll nicht auffällig. »Wie könnte uns jemand nicht shippen? Sieh uns an.« Henry drückte seine Wange gegen meine, und ich spürte, wie er lächelte. Wenngleich das furchtbar übertrieben und aufgesetzt war, schoss mir die Hitze ins Gesicht. Henrys Berührung elektrisierte den Punkt, an dem wir aufeinandertrafen, und eine wohlige Wärme breitete sich in meinem Körper aus.

Exakt in diesem Augenblick kam auch Robin wieder aus der Toilette. Ich selbst suchte sie oft für Spiegelfotos auf, weil sie mit den von der Decke hängenden Muscheln, die wie ein eingefrorener Muschelregen aussahen, richtig außergewöhnlich und maritim modern wirkte.

Robin verzog keine Miene und nickte Henry zu. »Nur damit ihr Bescheid wisst …« Er kletterte erneut über Róisín und schlug ihr mit seiner Hüfte gegen die Nase, wofür er einen Schlag auf den Rücken erntete. »Ich war nicht kacken!«

Kollektives Augenverdrehen. Das war der Spruch seines Lebens. Nur fragte ich mich manchmal, was er denn so lange in den Toiletten machte, wenn wir unterwegs waren.

Henry und ich hatten uns voneinander gelöst. Die Atmosphäre an unserem Tisch kühlte ab, wurde grauer.

»Was ich noch erzählen wollte: Bei meinen Eltern in Church Bay gibt es diesen kleinen Strandabschnitt, und ich habe mich dort hingelegt, mit einem Tuch um meine Schultern, einer großen Sonnenbrille.« Róisíns Erzählungen waren stets lebendig, weil sie auch alles nachmachte. »Auf einmal …«

Während Róisín ihre Story über einen Kerl erzählte, warfen Henry und ich uns Blicke zu. Unsere Hände berührten sich wieder. Sein kleiner Finger streichelte über meinen, und, fuck, wurde mir heiß dabei. Ich richtete mich auf, damit ich morgen keine Nackenschmerzen hatte, drehte meinen Kopf, strich mit meiner anderen Hand über meine Haare und versuchte, Róisín zu lauschen. Doch nichts wog stärker als dieser Hauch einer Berührung von Henrys Finger. Ein Flüstern von einer Berührung. Trotzdem warf sie mich aus der Bahn. Es war das erste Mal, dass mich ein Typ so berührte. In der Öffentlichkeit. Ohne zu wissen, was für ein Label ich war. Je mehr ich recherchierte, desto mehr merkte ich, dass pansexuell nicht ganz passte. Aber hetero passte am allerwenigsten, so viel war sicher. Nun musste ich an meinen Dad denken. Es war Zeit, das Gespräch mit ihm zu suchen.

»Und dann hat er gesagt, jetzt kommt's, er will …« Róisín nahm mittlerweile mein Glas und ihres, um die Geschichte szenisch nachzustellen.

Wieder trat Róisíns Story in den Hintergrund, wie der Gesang von Noise. Der Auslöser dafür? Henry, der meine Hand festhielt, seinen Kopf auf die andere Hand gestützt hatte und nickend Róisíns Geschichte folgte. Vielleicht lag es an meiner Müdigkeit, beim Universum, das hoffte ich, aber er sah so unfassbar niedlich aus. Shit, ich musste schlafen.

Mittlerweile spürte ich, dass das Kribbeln seiner Berührung auch weiter unten in meinem Körper angekommen war, und ich rutschte auf dem Stuhl möglichst unauffällig hin und her, damit mein Penis sich irgendwann dazu entschied, in eine Falte zu schlüpfen, in der er sich nicht mehr eingequetscht und schmerzend anfühlte. So was passierte mir selten, und ich hasste es, dass mein Körper mir signalisierte, dass ich Henry offenbar tatsächlich mochte. Andernfalls reagierte ich kaum so.

Henry ließ meine Hand los und strich mit seinen Fingern wie selbstverständlich meinen Arm hoch. Sein Bein drückte sich gegen meines. *Oh, Shit.* Alibihalber kratzte ich mich hinter dem Ohr, um meinen Kopf zu ihm zu drehen und ihm mit einem Blick verständlich zu machen, aufzuhören. Doch er sah mich konsequent nicht an. Das war doch pure Absicht.

Ein wenig verzweifelt seufzte ich in mich hinein und rückte näher an Henry. Nicht, um es ihm gleichzutun, sondern aus Angst, hinter uns würde jemand einen unangebrachten Spruch bringen, sollte er uns erkennen.

»Das war das Geheimnis des anonymen, gut aussehenden Typen.« Róisín nahm einen Schluck von ihrem Drink, als Eileen mit perfektem Timing auftauchte. Sie stellte Henrys Wein ab und blickte auf uns beide, ehe sie uns zuzwinkerte. »Falls jemand was sagt, meldet euch«, flüsterte sie mir zu. Eileens Bar wurde von Kerlen aufgesucht, die keinen von Owens und Felix' Anti-Problematic-Kursen besuchten.

»Kann ich diese Runde bezahlen?« Henry griff an sein schwarzes Hemd. »Wo ist denn mein Geld?« Seine Hände klopften über seinen Oberkörper.

»Du musst uns nicht einladen.« Robin holte seine Brieftasche hervor. »Ich kann meines selbst bezahlen.«

Henry grinste ihn an. »Okay. Wenn du unbedingt willst.«

Robins Kiefermuskeln traten hervor.

»Also ich hätte nichts dagegen.« Róisín hob die Hand.

»Hast du mein Geld gesehen?« Henry griff in seine Hosentasche, zog seine rechte Hand wieder raus und legte sie auf meinen Oberschenkel. »Oder hast du mein Portemonnaie?«

Mir entkam ein knappes, leises Aufstöhnen, und ich hielt

mich am Tisch fest. Róisín und Robin blinzelten mich an. Sofort lockerte ich mich wieder. »Nope.«

»Ist das okay so?« Henry starrte mir direkt in die Augen, und in ihnen erkannte ich ein Feuer, das meine Wangen zum Glühen brachte. »Also, dass ich bezahle.« Nach meinem Nicken strich er meinen Oberschenkel hoch und wanderte weiter an die Innenseite, ehe er ruckartig die Hand zurückzog. »Ah, ich Depp.« Henry nahm sein Handy, klappte die Schutzhülle runter und holte seine Bankkarte hervor. »Da ist es ja.«

Dieser Arsch. Dieser gemeine Arsch! Von wegen vergessen.

»Ähm. Leute?« Róisín untersuchte ihr Smartphone, gleichzeitig hielt Eileen Henry das Kartenlesegerät hin.

»Ja?« Ich leerte mein Glas, genauso wie auch Robin.

»Nala hat in ihrem Instagram-Account eine Story für ihre engsten Kontakte hochgeladen und einen Koffer gepostet.«

»Habt ihr euch nicht vertragen?« Robin erhob sich bereits.

»Gab's Streit?« Róisín knallte das Handy auf den Tisch.

Mein Körper beruhigte sich wieder von Henrys Berührungen, und ich stand auf. »Ja, ähm, wir müssen zu ihr. Sofort.«

Henry exte seinen Wein. »Ich komme mit.«

Kapitel 11

Henry

Hope in Our Universe by Takeru: Stier und Löwe können zusammenarbeiten, wenn sie wollen. Bei Problemen schafft es der Stier, den Löwen zu erden, und dieser wiederum spornt ihn an, zu handeln. Beide müssen sich allerdings bemühen, den anderen zu verstehen. Was soll ich sagen, ich finde den Stier auch ziemlich hot. Also der Löwe, habe ich »ich« geschrieben?

Quinn hatte allein zu Nala gehen wollen, um sie nicht zu überfordern. Da ich ja sein Freund war, hatte meine Schwester die brillante Idee, dass ich ihn als moralischer Support begleiten sollte. Indessen holten Robin und sie Nalas Adresse aus dem Firmenlaptop des *Murphy's*. Da Quinn zumindest die ungefähre Richtung wusste, in der Nala wohnte, machten wir uns auf den Weg. Nachdem wir die exakten Anweisungen von Ró und Robin erhalten hatten, folgten wir den Ansagen der Handystimme, die uns zu Nalas Adresse lotste: weit draußen in Knocknaheeny, einem kleinen Viertel im Norden Corks, das eine reine Wohngegend ohne bedeutendes Nachtleben war. Wir sprachen kaum, aber wir hatten wahrscheinlich beide denselben Gedanken: Warum hatte Nala ein solches Geheimnis aus ihrem Wohnort gemacht?

»In fünf Metern links abbiegen in die Ardmore Avenue.« Unmittelbar darauf landeten wir in einer für Cork so typischen Straße voller Reihenhäuser, die alle nahezu gleich aussahen. Sie unterschieden sich nur in den Farben.

»Sie haben Ihr Ziel erreicht.« Vor einem pastellgelben Haus kamen wir zum Stehen. Meine Füße brannten ein wenig, und meine Kehle fühlte sich trocken an. Ich hätte den Wein nicht exen sollen …

Ein paar Leute beäugten uns zwischen geblümten Vorhängen mit weit zur Nasenspitze hingezogenen Augenbrauen.

»Was machen wir? Klingeln?« Ich zappelte auf der Stelle hin und her.

»Ich hätte Nala aufhalten sollen.« Das schlechte Gewissen belastete Quinn sichtlich. »Was, wenn sie schon weg ist?«

Vorsichtig näherte ich mich mit meiner Hand Quinns und hielt kurz vorher. »Darf ich?«

Für einen Moment zuckte Quinns Hand. Nicht zurück oder in meine Richtung. Sie zuckte bloß. Er kaute an der Innenseite seiner Wange, bis ich ein scheues »Mhm« wahrnahm.

Unsere Finger verkeilten sich ineinander. Wie von selbst. Als wäre dieses Ineinanderverkeiltsein unserer Finger ihre wahre Bestimmung. Wie eine antike, ägyptische Steintafel, die wieder zusammengefügt wurde und nun ihre Magie verbreitete.

»Wir kriegen das mit Nala wieder hin, ja?«

»Ich bin zu gereizt gewesen.« Quinn knabberte weiter an seiner Wange und schien gar nicht zu bemerken, wie sich eine Gänsehaut über seine Arme ausbreitete.

»Sei nicht zu streng mit dir.« Ich ließ Quinns Hand los und zog mein Hemd aus, um es ihm überzulegen. Ich trug noch ein weißes, enges Shirt, und mir war ohnehin ständig heiß. »Wir können es nicht mehr ändern«, fügte ich hinzu.

Quinn gab ein Zischgeräusch von sich.

Nachdem ich ihm das Hemd umgelegt hatte, versteifte Quinn sich. »Ähm, danke.« Er roch an dem Kragen. »Was ist das für ein Parfüm?«

»Eine Duftprobe von Fergus«, gab ich zu, nachdem ich überlegt hatte zu sagen: *»Ich trage keines.«* Damit Quinn dann antworten konnte: *»Welcher Mensch riecht so gut?«* Aber das erschien mir dann doch zu selbstverliebt, also blieb ich bei der Wahrheit.

»Fergus. Natürlich.« Quinn zog das Hemd ein wenig zu und ging zur Gartentür, die so witzlos klein war, dass wir hätten darüberspringen können. Was wir auch taten.

Die Häuser lagen etwas tiefer als die Straße, weshalb wir großen betonierten Stufen nach unten zur Haustür folgten.

Quinn schlug gegen die Glasfläche auf der Tür, danach mit der flachen Hand noch mal auf den weißen Türrahmen. »Nala?«

»Vielleicht ist die Tür offen?« Ich griff an die Klinke.

»Sie wird die Tür nicht …« Als sie sich öffnete, brach er seinen Satz ab. »Ich habe nichts gesagt.«

Dass Leute, die nicht im Stadtinneren wohnten, mal ihre Tür nicht abschlossen, kam gar nicht so selten vor, aber nachts fand ich das ungewöhnlich.

»Gehen wir rein?« Bei dem Gedanken daran fröstelte es mich dann doch, und ich hoffte, niemand aus der Nachbarschaft rief die Polizei.

»Ich weiß nicht, ist das nicht, keine Ahnung, grenzüberschreitend?« Quinn schlang sich mein Hemd fester um sich. »Nicht dass sie böse ist.«

»Sie ist im Begriff, abzuhauen. Ich glaube, über das böse Stadium sind wir längst hinaus«, wandte ich ein. »Gehen wir rein. Mir wird das auch zu albern.«

Quinn quetschte sich vor mich und ging voran. Vermutlich hielt er es für eine Pflicht, so als ihr bester Freund.

Das Treppenhaus erinnerte mich an eines aus meinen Kinderbüchern, in denen Kinder in ein Geisterhaus einbrachen. Der Teppichboden wirkte beim Darüberlaufen wie ein Schwamm. Als ich auf eine Erhebung stieß, gab er ein schmatzendes Geräusch von sich. Etwas erschrocken stützte ich mich an der geblümten Raufasertapete ab und fühlte dabei die Punkte und eingerissenen Stellen darauf. Ein neongrünes Licht erhellte als einzige Lichtquelle den Flur. Es kam von einem Schild vor einem Vorhang, der den Flur in einen neuen Bereich abtrennte.

»Kein Durchgang. Hier wohnt Morten«, las ich mit gedämpfter Stimme vor. »Morten? Schon mal von dem gehört?«

Quinn antwortete eine Weile nicht und verlor sich im Anblick des Schildes. Er schreckte erst hoch, als ich ihn antippte, verneinte meine Frage mit einem Kopfschütteln, und ich ahnte, was in ihm vorging. Er fragte sich, ob er Nala überhaupt kannte. Denn diese Frage hatte ich mir auch gestellt, als mir Róisíns Leute bewusst gemacht hatten, dass ich so gut wie nie nachgefragt hatte, wie ihr Leben in Cork während meiner Abwesenheit weitergelaufen war. Ich wusste nur, was sie mir von selbst erzählt hatte.

»Rauf.« Ich deutete die Treppe hoch. Mehr Auswahl blieb uns nicht.

Wie eine kriminelle Bande schlichen wir den Flur weiter zur Treppe. Quinn schleifte beim Gehen unnötig theatralisch gegen die Wand gelehnt. Was glaubte er? Dass er an einem Abgrund entlangschlich und sich unter ihm Lava befand?

Als Quinn seinen Fuß auf die erste Stufe setzte, gab sie ein lautes Knarren von sich. »Warum fühle ich mich wie in einem Geisterhaus? Die sind so gruselig«, murmelte er.

Wir hatten wohl dieselben Kinderbücher gelesen und dieselben Horrorfilme geschaut.

»Kennst du das, wenn jemand am Anfang vom Film fragt, warum das Pärchen in ein Haus einzieht, auch wenn es darin spuken soll und Menschen dort gestorben sind?«, fügte ich hinzu, wofür ich ein lautloses Lachen von Quinn erntete.

Je weiter wir vorrückten – wie das klang, als befänden wir uns auf einem Schlachtfeld –, desto mulmiger wurde das Gefühl in meinem Bauch. *Knack. Knack. Knack.* Die Stufen spielten ein wahres Mitternachtskonzert, und zum wiederholten Male stellte ich mir die Frage: Warum hörte Nala uns nicht? Die Blumentapeten aus der Hölle, die Stufen mit dem Sound aus der Unterwelt, Neonlicht aus dem Tartarus und dieses kollektive Luftanhalten ließen mich mal wieder all meine Lebensentscheidungen, die mich hierhergeführt hatten, überdenken.

Quinn erreichte zuerst die oberste Stufe. Im ersten Stock entdeckten wir eine offene Tür in ein Badezimmer und eine heruntergeklappte Leiter zum Dachboden, aus dem weder Licht noch Laute kamen. Blieb nur der Weg nach links.

Quinn deutete auf eine geschlossene Tür. Wir nickten ihm zu. Gleich danach atmete er tief ein und schlich sich auf Zehenspitzen an. Na ja, Zehenspitzen nicht unbedingt, er trug Sneakers, also auf Sneakerspitzen.

»Klopf noch mal an«, wisperte ich.

Quinns Kopf schnellte zu mir, und er presste seinen Zeigefinger vor die Lippen. »Sch!« Gleich danach presste er sein Ohr an die Tür.

»Und?« Auf meine Nachfrage rollte Quinn mit den Augen, weitete sie danach, und ich deutete eine Reißverschlussgeste über meine Lippen an. »Sorry.«

»Nach dem Lippenverschließen solltest du nicht mehr reden«, zischelte Quinn.

Gleich danach räusperte sich Quinn, hob die Hand und klopfte gegen die Tür. »Nala? Ich mache die Tür auf.«

Gesagt, getan, und er riss sie auf. Ein Meer aus rotem Licht platzte geysirartig aus dem Zimmer und erfüllte den Flur. Meine Augen genehmigten sich einen Moment, um sich daran zu gewöhnen, ehe ich Nala entdeckte. Auf ihrem Bett. Neben dem Koffer. An der Wand und an der Decke erkannte ich überall gepolsterte, graue Matten, weshalb ich auch verstand, warum sie uns nicht gehört hatte. Das Zimmer war gedämmt. Na ja, sie trug außerdem kabellose Kopfhörer.

Und sie war halb nackt.

Wie in einer Soap, in der sie mit der Kamera extralange auf die

Situation hielten, ohne dass sich jemand bewegte, froren auch wir auf der Stelle fest. Nala hämmerte plötzlich mit ihrer Hand gegen die Tastatur, die vor ihr auf dem Bett lag, und sprang dann auf, wobei ihr die Kopfhörer von den Ohren rutschten. Mit einem Ruck löste sich Quinn aus seiner Starre, lief zur Decke, die am Boden lag, warf sie Nala hin, und sie wickelte sich darin ein.

»Was zum verfickten Arschlochteufel macht ihr hier?«, brüllte Nala uns entgegen, wobei ihre Stimme sich mehrfach überschlug.

»Wir haben dein Bild mit dem Koffer gesehen«, sagte Quinn.

»Ich wollte einfach ein bisschen Drama machen, dass ihr mir entschuldigende Nachrichten schickt und mich mit Sprachaufnahmen bombardiert, nicht dass ihr mein Haus stürmt wie eine Sondereinheit der SCI.«

»CSI?«, verbesserte ich sie.

»FBI?«, warf Quinn hinterher.

Nala sah sich um, als würde ihr jetzt erst auffallen, was wir sahen. »Fuck. Fuck. Fuck. Fuck.« Panisch sprang sie im Zimmer herum, klaubte Sachen vom Boden auf, ließ sie fallen und zog das Stromkabel ihres Monitors und Rechners. »Das ist … Ich … Das ist nur …« Nala sah uns nicht mehr an.

Quinn riss die Vorhänge zur Seite, öffnete das Fenster und wickelte die Decke fester um Nala. »Willst du darüber reden, oder sollen wir gehen?«

»Oder willst du nur mit Quinn sprechen?«, schlug ich vor.

»Moment mal, was denkt ihr, was ich hier mache?« Nala stemmte ihre Hände in die von der Decke umhüllte Hüfte.

»Na ja, du machst irgendwelche Camsex-Dinger. Was völlig okay ist, wenn du dich damit wohlfühlst, und …«

»Was?« Nala schüttelte den Kopf. »Boah, was? Setzt euch.«

Etwas später saßen Quinn und ich auf Nalas Bett, die sich an ihre Decke klammerte. Sie fixierte die Gänseblümchen auf ihrer Bettwäsche. »Ich habe Angst gehabt, wie ihr reagieren könntet.«

Es war der erste Satz, den sie nach einer langen Pause an uns richtete. »Ihr lebt alle in der Nähe der Innenstadt, macht euer Ding, seid erfolgreich, baut euch etwas auf, und ich teile mir eine Wohnung mit Morten, einem Gamer, den ich erst dreimal gesehen habe, aber dafür jeden Tag brüllen höre, wenn er bei seinem Spiel verliert, und weiß nicht so recht, was ich aus meinem Leben machen soll.«

»Nala, Felix wohnt bei Cara und studiert sein Kulturding, obwohl er Weihnachtsbuchautor werden will. Owen hat noch keinen Job in Cork gefunden. Yoshiko macht ein Semester Pause in Tokio und wechselt ihre Studienrichtung öfter als ihre Unterwäsche. Du musst dich nicht schämen.« Irgendetwas schien Quinn noch sagen zu wollen. Über sich? Aber er atmete nur lange aus und schloss dann seine Lippen wieder.

Schwach stahl sich einer von Nalas Mundwinkeln nach oben. »Das ist lieb, aber trotzdem. Ihr habt eine Perspektive. Ich habe einfach keinen Plan, was ich machen will. Manchmal habe ich das Gefühl, ich kenne mich selbst nicht. Was sind meine Interessen? Was will ich überhaupt arbeiten? Selbst wenn ich die Wahl hätte, ich wüsste nicht, was ich aus mir machen sollte.« Nalas Hand huschte zu Quinns und umfasste sie. Tränen füllten ihre Augen. »Ich kann es einfach nicht mehr. Tagein, tagaus stark sein. So zu tun, als wäre ich die gut gelaunte Freundin, die lautstark ihre Meinung vertritt, damit niemand nachhakt, was bei mir abgeht.«

»Und deshalb hast du mit dem Gaming angefangen?« Ich rückte näher an Nala heran. »Wieso hast du nichts gesagt? Meine Schwester hat doch auch nach dem Medizinstudium ihre Stelle im Krankenhaus sausen lassen und arbeitet nun bei einer Medizinzeitschrift. Keine Ahnung, ob das echt ihr endgültiger Weg ist, aber sie versucht es halt mal.«

»Weißt du noch an Weihnachten, als Robin sich, nach zu viel Punsch, fertiggemacht hat, weil er nur im Hotel arbeitet, obwohl er dort sogar eine Führungsposition erhalten hat? Nur weil wir fast alle studieren? Und das, obwohl ihm sein Job ja sogar gefällt und er stolz ist.« Quinn strich Nala eine Träne aus dem Gesicht. »Wir sollten uns alle nicht fertigmachen. Egal was wir tun. Das ist kein Wettkampf. Wir alle haben unser eigenes Tempo. Kein Weg ist mehr wert als der andere.«

War ich im falschen Film? »Ähm, ähm, Moment, Moment, Quinn. Das kommt von dir? Mister Ich-behalte-alles-für mich-und-denke-ich-bin-langweilig-und-nichts-Besonderes?«

Quinn biss die Zähne zusammen. Seine Kieferknochen traten etwas hervor.

»Also, wo er rech…«

»Sprich es gar nicht erst aus, Nala«, konterte Quinn. »Okay, okay, ja, ich weiß. Ich gebe Ratschläge, die ich nicht befolge, aber … Das machen wir doch alle, oder? Und für jeden ist doch immer seine eigene Situation etwas anderes und nicht vergleichbar.« Quinn fuhr sich mit beiden Händen durch die Haare. »Keine Ahnung. Bei dir kann ich das nicht gelten lassen, ich kenne dich, ich weiß, wie toll, organisiert, fleißig, witzig, großartig und stark du bist. Du darfst dich doch nicht für nicht gut genug halten. Nicht du, Nala.« Er zeigte auf sich. »Ich. Ich ja! Aber doch nicht du … Du hilfst mir so viel im Laden, ohne dich würde das alles nicht so gut laufen. Dein Geschäftssinn und alles … Aber ich …«

»Quinn. Das macht es nicht besser, wenn du so über dich sprichst. Denn ich denke genauso über dich. Was täte ich ohne dich? Niemand, nicht einmal du, darf so über dich denken.« Wie Nala über ihn sprach, ihn aufbaute, wärmte etwas tief in meiner Brust, und meine Augen wurden feucht.

»Sie hat recht, Quinn. Beherzige lieber diesen einen Ratschlag von dir selbst auch. Du, ihr … Ihr seid beide toll«, fügte ich hinzu.

Quinn kratzte sich an der Nase und guckte weg. »D-danke.«

»Ja, danke, echt, aber … Das ist nicht dasselbe. Ihr wisst, was ihr wollt, und meine Familie … Ich, na ja, ich habe keine.« Nalas

Geständnis irritierte mich. Ró hatte mir doch erst von Nalas Familie in Ghana erzählt.

»Dad hat dir letztens Urlaub für deine Reise nach Ghana genehmigt.« Damit bestätigte Quinn meinen Gedanken.

Seufzend ließ sich Nala zurückfallen und starrte auf ihre Decke. »Das ist eine Lüge gewesen. Ich habe euch so oft angelogen, weil ich dazugehören, normal sein, euch nicht verlieren wollte. Irgendwann haben sich diese Lügen so gehäuft, dass ich keinen Ausweg mehr gesehen und sie fortgeführt habe. Meistens habe ich dann nur auf Vorrat eingekauft und mich hier eine Woche lang versteckt.«

Das war echt heftig. Es traf mich nicht so sehr, da ich Nala noch nicht lange kannte, aber für Quinn musste das ein ziemlicher Kracher sein.

»Nala, ich, ich weiß gar nicht, was ich sagen soll.« Das Bettgestell klopfte gegen die Wand, als Quinn sich ebenfalls zurückfallen ließ. »Wir hätten dich doch nicht verurteilt, und du müsstest nicht das hier machen.«

Etwas ins Nalas Miene veränderte sich. Irritation trat an die Stelle des schlechten Gewissens. »Es ist nicht nur mies, ich habe tolle Leute kennengelernt, denen es ähnlich geht, und das hat mir geholfen. Aber ja, es ist ausgeartet.«

Quinn drehte sich im Liegen zu Nala. »Hast du deshalb in letzter Zeit so oft abgesagt?«

Nachdem Nala sich zunächst aufgesetzt und dann erhoben hatte, warf sie ihre Decke ab und hüllte sich stattdessen in einen seidenen Morgenmantel. »Ja. Morten hat mich vor knapp einem Jahr über den Messenger angeschrieben. Ich sollte mir in seinem Online-Game einen Account machen und ihn als Vermittler angeben, damit er Punkte bekommt. Na ja, der erste Monat ist kostenlos gewesen, und ich habe es probiert.«

Niemand sagte etwas.

Nala ging auf ihrem Plüschteppich auf und ab. »Mit der Zeit habe ich öfter gespielt, mich mit den Leuten unterhalten und viel zu viel Geld in PoetryAcademy gesteckt.« Hinter ihr erkannte ich ein Plakat mit diesem Namen. »Erst habe ich nur die Mitgliedschaft verlängert und den Beitrag bezahlt. Dann habe ich mir Kopfhörer gekauft, einen besseren Stuhl, einen höhenverstellbaren Schreibtisch, dann spezielle Items und Waffen, ähm … Ich komm jetzt nicht mit Gamerjargon an, keine Sorge. Es hat sich gehäuft. Zuerst bin ich nicht mehr zu einigen Treffen gekommen, oder …«, Nala linste zu Quinn, »zu spät zur Arbeit gekommen, weil ich so sehr im Game gewesen bin. Irgendwann habe ich auch kein Geld mehr gehabt, um mir einen Drink bei Eileen zu gönnen.«

»Es tut mir leid, dass ich das nicht gesehen habe. Ich hätte es doch merken müssen.« Quinn stand auf, fummelte an dem Hemd herum, das ich ihm gegeben hatte.

»Quinn, nein, ich wusste genau, wie ich mich geben muss und was ich für Lügen erzählen kann, damit es nicht auffällt.« Nala zeigte auf ihre Kamera und ihren Computer. »Und ich bin halb nackt, weil ich naiverweise gedacht habe, mein Zimmer wird nicht mitten in der Nacht von euch gestürmt. Und weil es hier sauheiß ist.«

Das stimmte auf jeden Fall. Ich war froh, mein Hemd an Quinn abgegeben zu haben.

»Ach, Nala, warum hast du nichts gesagt?« Ich gesellte mich ebenfalls zu Nala und Quinn. »Quinn und die anderen wären sicher für dich da gewesen. Wie oft nervt dich denn meine Schwester mit ihrem Kram?« Quinn und Nala lachten auf. »Wenn dir das Spaß macht, dann mach es weiter, okay? Aber versuch, es in den Griff zu bekommen, sodass es auch Spaß macht und nicht dein Leben einschränkt, ja?«

»Wir sind für dich da, Nala. Aber dir ist schon bewusst, dass du da viel Geld rauswirfst? Das ist deren Masche. Diese Spiele werden gezielt entwickelt, um süchtig zu machen.« Quinn in dieser Beschützerrolle zu sehen zeigte mir eine Seite von ihm, die ihn nur noch attraktiver machte.

Nala nickte. »Ich weiß, Quinny, ich bin kein kleines Kind. Na ja, gut, ein wenig vielleicht schon. Tretet mir bitte einfach in den Arsch, damit ich mehr mit euch mache, ja?« Sie sah zu mir und schenkte mir ein Lächeln, als wollte sie sagen: *Danke, dass du dich auch um mich sorgst.*

»Wenn du Geld brauchst …«

»Quinn.« Nala legte ihren Finger auf seine Lippen.

Warum wollte ich plötzlich der Finger sein?

»Ihr müsst selbst über die Runden kommen. Trau mir das zu, ja?«

Quinn nickte und pustete Nalas Finger weg. »Dafür aber keine Lügen mehr, ja?«

»Gar keine? Finde ich etwas heftig. So kleine Notlügen gehen schon, oder?«, sagte ich.

»Danke, dass ihr für mich da seid. Ich hätte nie gedacht, mal Leute um mich zu haben, die mich nicht nur mögen, solange ich ihnen etwas bringe.« Nalas Gedanken konnte ich gut nachvollziehen, denn manchmal vermisste ich auch die kindliche Unbeschwertheit, die einem so manche Arschlöcher auf der Welt Stück für Stück mit ihrer Ellbogenmentalität stahlen.

»Wir können doch genauso eine Familie sein. Ohne Blutsverwandtschaft.« Quinn strich über Nalas Haare. »Das hat Cara mal zu Felix gesagt, und das sage ich jetzt dir.«

Diese ganze Nacht stieß etwas in mir an, wobei ich noch nicht sagen konnte, was da gerade in mir gesät wurde. Dafür musste ich warten, bis die Zeit reif war, die neuen Erkenntnisse zu ernten.

»Ich glaube, das schreit nach einer Umarmung«, rief Nala und legte einen Arm um Quinn.

Gehörte ich nun dazu?

»Henry, wo bleibst du?« Nala winkte mich mit ihren Fingern zu sich, und ich spürte tief in mir einen Funken Wärme, der sich entzündete, sich aber nicht ausbreitete. Noch nicht.

»Ähm, ja, sorry.« Ich stellte mich neben Nala.

»Ruhe da oben«, grölte wohl besagter Morten von unten, und wir prusteten erneut los.

Keine Ahnung, wie oft ich in ihren Chat gegangen war, wieder raus, rein, nur um jedes Mal meine Nachricht zu löschen.

Hey, Mam, können wir mal reden? Ruf an, wenn du Zeit hast, ja? Oder so ... Bin gerade hier ...

Sollte ich das abschicken? Ich exte meinen Drink, schlug mir auf die Wange, und zack, da brachten mich die bunten Blinklichter sowie die ohrenbetäubende Musik des neuen It-Clubs Corks in die Realität zurück. Ohne noch länger zu zögern, schickte ich die Nachricht ab, fügte meinen Standort hinzu und steckte mein Handy weg. Im Club waren viele Menschen, ich hatte mir Mut angetrunken – nicht sehr erwachsen, aber egal, und Mam war in der Nähe. Perfekt für ein Gespräch. Oder so.

Nach dem Chaos mit Nala hatte ich allerdings auch eine Ablenkung gebraucht, und deshalb war mein Standort gerade der It-Club Corks, was für ein Zungenbrecher. »It-Club Corks. It-Club Corks. It-Club Corks«, nuschelte ich vor mich hin, bis ich beim vierten Mal über den Zungenbrecher stolperte. »I-Cluc Robs.«

»Alles gut mit dir?« Stacys bunte Lockenperücke, die bis auf das Shirt mit dem Clubnamen *Gemini Air* reichte, stand weit ab und glitzerte. »Du wirkst, na ja, komisch.«

»Was hat mich verraten?«

Stacy platzierte einen Finger auf dem Mundwinkel und legte den Kopf fragend schief. »Mal überlegen, dass alle Leute hier bunt, laut, gut gelaunt sind, herumtanzen und eine ausgelassene Zeit haben und du wie ein alter Gentleman an der Bar hockst, betrübt bist, dich selbst ohrfeigst und Dinge murmelst, die wie eine geheime Beschwörungsformel klingen?«

Eins zu null für Stacy.

»Ich gebe mich geschlagen.«

Stacy lachte auf. »Geschlagen ist witzig, weil du dich geohrfeigt hast. Na ja, wie wäre es mit einem Drink aufs Haus? Der Besitzer meint, bei ihm soll jeder seine Sorgen vergessen.«

»Nett von ihm. Den Drink nehme ich.«

Während Stacy ihn vorbereitete, sah ich mich um. Das *Gemini Air* war noch nicht lange geöffnet, und dennoch reisten die Leute sogar aus Dublin an, um den Club in der stillgelegten Fabrikhalle zu besuchen.

Der Besitzer schien alles richtig zu machen. Er hatte viel Geld in die Hand genommen, um einige Internetberühmtheiten anzuheuern, die in seinem Club TikTok-Tänze oder Partys gefilmt hatten. Überall standen Security-Leute in pinken, violetten oder rosa Militäruniformen herum und sorgten für die Sicherheit der Tanzenden. Oder, besser gesagt: Hier gab es keinen Zutritt für intolerante Wichser.

Es wurde getanzt, biologisch abbaubarer und essbarer Glitzer platzte aus einer Kanone, was mich zusammenzucken ließ, und ein DJ hing in der Mitte des Clubs in einem Käfig und spielte einen *Running up That Hill*-Remix von Kate Bush ab. Überall erkannte ich ausgeschnittene Klamotten, buntes Make-up, aber vor allem: pure Lebensfreude.

»Hier, bitte.« Stacy knallte mir den Drink auf die Theke.

»Was ist das?«

»Ein Gemini.«

»Aber ich bin Löwe.«

»Sehe ich dir mit deinem hängenden Gesicht nicht an.«

»Zwei zu null für dich.«

»Ich gewinne immer.« Stacy beugte sich über die Theke und hielt ihre Hand vor den Mund. »Sag das aber nicht meiner Frau, sobald ich diese kilometerhohe Perücke ablege und sie mich von hier abholt, würde sie das Gegenteil behaupten.« Stacy zwinkerte mir zu und tanzte zum nächsten Besuchenden.

Ich leerte den Drink, der wie eine Mischung aus Wodka Soda und Melonenschnaps schmeckte, und schlängelte mich durch die Menge der Tanzenden, die wie zu einem einzigen schwitzenden Lebewesen verschmolzen schienen. Die Metalltreppe, die zu einer Art Galerie um den Club führte, sprintete ich hoch und merkte, dass ich was für meine Kondition tun sollte.

Dafür bekam ich einen schönen Ausblick, der sogar bis zum VIP-Bereich mit weißen Sofas auf einer Empore reichte.

»Alleine hier?« Ein kleiner Kristall auf dem Schneidezahn blitzte mir entgegen.

»Jap, und du?«

»Jap.« Mein Gegenüber strich sich über seine kurz geschorenen türkisenen Haare und zupfte sein Crop Top zurecht. »Wir haben ja fast dieselbe Frisur«, bemerkte er.

»Fehlt nur noch die Farbe.«

Der Typ schenkte mir einen herausfordernden Blick. »Um was wetten wir, dass jemand ein Haarfärbemittel dabeihat? Clubleute haben die witzigsten Sachen in ihren Handtaschen.«

»Da brauchen wir nicht zu wetten, da stimme ich sofort zu.«

Wir mussten beide lachen.

»Henry«, stellte ich mich vor und lehnte mich gegen ein Metallgitter.

»Idan.«

»Freut mich.«

»Ebenso. Nur, äh … Warum bist du alleine in einem Club und läufst mit hängenden Mundwinkeln herum?« Idan zog seinen lila Lippenstift nach.

Fuck. Ich musste mir ein Fake-Smile zulegen. »Ich überdenke mein Leben.«

»Fühl ich.« Idan lehnte sich neben mir mit dem Rücken gegen das Gitter, das ab dem Metallgeländer hoch bis zur Decke angebracht war, damit nicht einmal der Betrunkenste hinunterfallen konnte. »Weißt du, was hilft?«

»Hm?«

»Einem Fremden alles erzählen.« Idans Vorschlag erinnerte mich an betrunkene Partynächte, die damit endeten, dass ich den Leuten in Taxis meine Lebensgeschichte erzählte.

»Das ist eine lange Geschichte.«

»Ich habe Zeit. Bin hier, bis geschlossen wird.«

Vielleicht wäre das gar keine schlechte Idee, denn so, wie Idan mit geschlossenen Augen mit dem Beat mitwippte, erinnerte er sich morgen vielleicht gar nicht mehr an mich.

»Nun?«

Ich drehte mich zur Seite und lehnte nun auch mit dem Rücken gegen das Gerüst. »Okay.«

»Ich schreibe eine Astrologiekolumne und bin jetzt der Fake-Boyfriend von einem Typen, der wohl irgendwie in der Klemme steckt und den ich aber wirklich mag. Er ist ein guter Freund meiner Schwester.«

»Astrologiekolumne?« Idans Augen blitzten auf. »Da wäre doch das *Gemini Air* einen Artikel wert, oder?«

»Ähm, ja, denke schon. Die werden das bestimmt noch aufgreifen, ist eine Corker Zeitschrift. *Mayfield & Glanmire.*« Den Namen hatte das Magazin vor Ewigkeiten bekommen, weil es an der Grenze der Cork-Stadtareale Mayfield und Glanmire lag.

»Wenn du ihn magst und er dich, findet ihr einen Weg.«

Was Idan sagte, stimmte. Es von ihm zu hören war dennoch eine Erinnerung, die ich gebraucht hatte.

»Hier ein Gutschein für noch einen Drink. Ich muss eine Freundin vom Parkplatz abholen, die ist ein wenig angetrunken. Und noch mal zu dem Typen: Wenn du ihn magst, was machst du dann hier?« Den letzten Satz flüsterte er mir ins Ohr, ehe er winkend verschwand.

Komischerweise hatte das Gespräch mit Idan eine Blockade in meiner Lunge gelöst, was mich wieder vollends durchatmen ließ. Ich folgte ihm mit meinem Blick, wie er die Treppe hinunterstieg. Die Musik endete und wechselte zu einem *City of Stars*-Dance-Remix. Idan hielt vor zwei Typen, die laut diskutierten und sich schubsten.

Einer der Typen ging Idan an, woraufhin er zwei Security-Leute zu sich winkte.

Das machte mich etwas stutzig, und ich holte mein Handy hervor. Bis ich Empfang hatte, dauerte es, und ich machte ein paar Schritte um die Galerie des Clubs, bis es klappte. Ich suchte nach dem Besitzer des *Gemini Air* und entdeckte ein Bild von Idan.

Viel interessanter war allerdings, dass weiter unten Quinn durch die Tür kam. Er zwickte bei den Lichtern sofort die Augen zusammen. Was machte er hier? Mein erster Gedanke: Hatte er ein Date?

Ich schluckte.

Sofort holte ich mein Handy hervor. Vielleicht hatte er etwas in die Gruppe geschrieben. Doch sobald ich die App öffnete, erkannte ich, warum Quinn hier war. Ich hatte bei dem langen Hin und Her die Nachricht nicht an meine Mutter, sondern an Quinn geschickt. Ich war so was von durch.

»Quinn!« Als ob er mich hörte.

Meine Beine fühlten sich ungelenk und schwammig an, als ich zu ihm hinunterlief. Ich drängte mich durch die Leute und erkannte, dass er mein weißes Hemd trug. In eine braune Anzughose gestopft. Er drehte sich um, suchte nach … Mir? Das Hemd stand offen, bis zur Mitte seiner Brust aufgeknöpft. Heilige Sternenkonstellation, wie konnte jemand so gut aussehen?

»Quinn«, hauchte ich. Nicht weil ich hoffte, dass er mich hörte, sondern weil ich nicht anders konnte. Universum noch mal, ich wollte ihn. Ich stürmte vor, als wären die Leute gar nicht mehr da. Es gab kein Sorry, das ich ihnen hätte zuwerfen können, in meinem Kopf gab es nur noch eines: Quinn, Quinn, Quinn, Quinn, Quinn.

»Quinn«, sagte ich vor ihm.

Haarsträhnen fielen ihm ins Gesicht, und er lächelte knapp. Die Leute tanzten gegen uns, drängten uns damit aneinander.

»Deine Nachricht. Geht es dir gut?« Er inspizierte mich.

»Rys? Hallo? Fake-Boyfriend?« Konnte er das Fake nicht

streichen? Ach, was dachte ich da. Ich konnte ihn ja nicht zwingen, mich zu mögen.

»Du kannst mit mir reden, ja?« Ein wenig zu lange genoss ich die Sorge in seinen Augen. Denn es hieß, ich bedeutete ihm etwas. Was sollte ich sagen? Ihm meine egoistischen Gedanken erzählen? Mich blamieren, weil mir meine perfekte Mam nicht perfekt genug war? Ich wich seinem Blick aus.

»Okay.« Anhand von Quinns Mimik erkannte ich, dass er mich nicht verstand. »Wir reden. Ich erzähle dir, was mit meiner Mam ist, aber vorher …«, brüllte ich über die Musik hinweg.

»Vorher?«, wiederholte Quinn, als wüsste er nicht, ob er mich richtig verstanden hatte.

»Tanzen wir!« Ich schnappte mir Quinns Hände und zog ihn weiter nach links. Dorthin, wo ein wenig mehr Platz war.

Lavender Haze, der Felix Jaehn Remix, begann zu spielen, und ich wanderte dabei mit einer Hand an Quinns Rücken und drückte ihn an mich. Meinen anderen Arm hob ich hoch. Rhythmisch bewegte ich mich zum Song. Die Lichter blinkten in hellem Violett, Neonlila und Weiß.

Quinn versteifte sich unter meinem Griff, und ich ahnte, dass er sich darüber Sorgen machte, was die Leute dachten.

»Hey, hier tut dir niemand was, glaub mir, ich kenne den Besitzer.« Seit zehn Minuten … »Dein Dad kann hier auch unmöglich sein. Aber wenn du dich unwohl fühlst, dann …«

»Rys?«

»Ja?«

»Küss mich.«

Hatte ich mich jetzt verhört?

Alle um uns tanzten, und wir versteinerten voreinander. Versteinerten vor unseren Gefühlen, die anfingen, eine gemeinsame Richtung einzuschlagen.

»Zwing mich nicht, mich zu wiederholen.« Quinn drückte sich mehr gegen mich, als ich es mit meiner Hand tat.

»Fuck, und wie ich das machen werde.«

Losprustend bettete er seine Stirn gegen mein Schlüsselbein, und ich spürte ihn weiterlachen. Shit, wie nervös er mich machte. Diese Nähe mich nervös machte. Mein Körper verlangte danach, sich diesen Kuss zu holen. Alles an ihm zu küssen. Doch ich wollte darauf warten, dass er das bestätigte. Auch wenn mein Schwanz ganz und gar nicht begeistert davon war. Quinn so nahe an mir zu spüren schickte ein komplettes Gewitter durch meinen Körper.

Quinns Kopf richtete sich auf. Er war neben meinem. »Küss mich.« Irgendetwas flüsterte er noch. Etwas, das ich nicht ganz vernahm. Es klang wie: »Muss es wissen.«

Lange konnte ich darüber allerdings nicht mehr nachdenken, denn nach Quinns Erlaubnis konnte sich mein Körper nicht mehr beherrschen und küsste ihn.

Quinn löste sich von mir. Unsere Gesichter näherten sich einander. Meine Nase streifte über seine Wange. Warmer Atem hauchte über meine Wange. Atem von Quinn. Am liebsten würde ich nur noch das auf meiner Wange spüren. Langsam näherten sich unsere Nasenspitzen, bis sie sich berührten. Begleitet von dem Beat, den Lichtern und der Hitze im Club kreuzten sich unsere Blicke. Mein Herz schien im Takt des Liedes zu tanzen. Schnell und heftig. Auch wenn es mir schwerfiel, ich schloss meine Augen und berührte Quinns Lippen so sanft, als wäre es nur eine Frage der Zeit, bis er registrierte, was er hier tat, und zurückschreckte. Doch das passierte nicht. Kein Zurück. Kein Schrecken. Im Gegenteil. Quinn preschte vor und intensivierte unseren Kuss.

Ein Wimmern stieg in mir auf, das ich unterdrückte. Stattdessen umrahmte ich sein Gesicht mit meinen Händen und wurde fordernder. Forderte alles. Hier und jetzt. Forderte seine Lippen, meine niemals wieder unberührt zu lassen. Wie sollte es sich anfühlen, Quinn nicht mehr so nahe zu sein?

Kapitel 12

Quinn

Auszug aus *Astro-Logic-y – My Zodiac Love* by Cara Mitsou: Mhm, mhm, verstehe, verstehe, wie beginnt jemand, der in der Astrologie arbeiten will? 1. Die klassische Literatur dazu lesen. 2. Finde eine*n Mentor*in, jemanden, dessen Sichtweise du teilst. 3. Interpretiere Geburtshoroskope, finde Muster darin. 4. Sieh es als Ergänzung in deinem Leben.

Zusammen mit Felix, der von seinem Crosshaven-Trip mit Owen zurück war, stand ich vor der Tür zum Krankenhauszimmer meines Dads. Auf den Lippen noch Henrys Kuss. Den Kuss, den es niemals hätte geben dürfen. Ich hatte wissen wollen, wissen *müssen,* ob er es ernst meinte oder ob der reiche, berühmte Kolumnist mich nur verarschte. Doch was hatte es mir gebracht? Nur noch mehr Verwirrung. Wie fake war das alles jetzt noch? Egal. Jetzt ging es um meinen Dad.

»Denkst du, ich belaste ihn damit auch nicht zu sehr? Schließlich haben sie ihn noch nicht entlassen, und laut Internet werden Menschen mit leichten Schlaganfällen oft schon nach zwei, drei Tagen wieder entlassen.« Ich steckte mein Handy weg, auf dem ich gerade noch eine erneute Warnung von Hudson bekommen hatte. Dafür hatte sich Fake-Freund Rys gelohnt. Hudson kam seltener direkt vorbei.

»Das Internet sagt viel, wenn der Tag lang ist. Du musst dich nicht outen, niemand kann dich zwingen, wenn du dich nicht sicher fühlst. Es würde dir nur die Last nehmen, dass Hudson dich erpresst.« Felix nahm meine Hand. »Soll ich mitkommen?«

»Nein, ich mach das schon, danke.« Mein Vater würde morgen seine Kur antreten, und davor wollte ich mit ihm reden.

»Ich hasse Hudson, echt. Geburtshoroskope sind ja leider immer purer Zufall, manche bekommen eines, das sie zu schwierigeren Personen macht, andere nicht. Aber Hudson, der scheint ja alles Schlechte abbekommen zu haben.« Felix' Liebe zur Astrologie, die er von seiner verstorbenen Oma vermittelt bekommen hatte, hatte mir schon gefehlt. Seit er in das Studium vertieft war, lebte er sie nicht mehr so aus wie früher. Aber jetzt kannte ich Henry, und ich hatte das Gefühl, das, was ich von Felix lernen konnte, half mir nun, Henry besser zu verstehen.

»Scheint so, ja. Na ja. Hast du dabei, worum ich dich gebeten habe?« Endlich ließ ich mit meinen Augen von der Tür meines Dads ab und erkannte, dass Felix sein Handy wegsteckte. Hatte ich da gerade noch den Namen und das Profilbild von Henry in seinem Whatsapp-Chat gesehen? Seit wann schrieben die sich denn?

»Ähm, ja. Warte.« Er holte eine kleine Wodkaflasche aus der Hosentasche. »Aber pass auf, die Frau von der Pension hat gemeint, der ist heftig. Selbst gebrannt und so.«

Ich schraubte den Verschluss der winzigen Flasche ab und roch daran. Der scharfe Geruch brannte sich durch meine Nase in mein Gehirn. Kurz bildete ich mir sogar ein, mir würde schwindlig. »Alles klar.« Ich nickte mir Mut zu, setzte die Öffnung an meine Lippen und hob die Flasche.

Zuerst merkte ich nichts, bis sich ein Feuer auf meiner Zunge entfesselte, das sich seinen Weg durch meinen Hals in den Magen bahnte. Alles in meinem Körper zog sich zusammen, und ich hustete reflexartig los.

»Ja, oder? Sage ich doch.«

Hustend schnappte ich mir den Becher Wasser, den ich mir vorhin geholt hatte, und trank ihn leer.

»So, ich bin bereit.« Bevor ich es mir anders überlegte, öffnete ich die Tür und trat ein. »Hey, Dad.«

Ich drehte mich um, um die Tür zu schließen, und dabei warf mir Felix ein lautloses »Toi, toi, toi« samt gedrückten Daumen zu, dann schloss er die Tür.

»Hey, Quinn, wie geht's dir?« Die Wangen meines Dads wirkten etwas eingefallen und die roten geplatzten Äderchen in seinem Gesicht etwas weniger intensiv.

»Mir?« Ich ging um sein Einzelbett herum und setzte mich neben ihn. »Wie geht es *dir?*«

»Muss. Morgen geht es ab in die Kur, und, ähm …« Dad nahm meine Hand. An seiner hing die Infusion, deren Schlauch in einer Flasche mit durchsichtiger Flüssigkeit steckte. »Es tut mir so unendlich leid, dass ich dir den Laden völlig alleine aufbrumme. Wegen der *Druids* …«

Ich winkte ab. »Alles geklärt, die sind doch verständnisvoller als gedacht.«

Mein Dad schien wenig überzeugt. Er stützte sich mühevoll ab und quälte sich unter einem schmerzverzerrten Stöhnen, bei dem er sich auf die Unterlippe biss, weiter hoch. »Verheimlichst du mir etwas?«

Ich ließ meinen Kopf sinken. Da musste ich nicht einmal lügen. »Ehrlich gesagt, ja.«

»Was? Haben sie etwas mit dem Laden gemacht? Sind die Aufträge übergequollen? Hat es Beschwerden gegeben?« Er griff an sein Krankenhaushemd und schüttelte es auf Kragenhöhe. Wurde ihm heiß?

»Nein.« Mein Herz raste, und meine Fingerkuppen kribbelten.

»Sondern?«

Mehr und mehr schnürte mir die Angst die Luft ab.

Was, wenn er mich verstieß? Auf die Straße setzte? Ich alleine war? All die unangebrachten Witze auf Kosten von queeren Menschen, die er jemals gemacht hatte, schossen mir durch den Kopf. Jeder Dolchstoß, den er mir mit seinen Scherzen jemals versetzt hatte, mutierte zu einem heftigen Schwerthieb.

»Quinn? Sprich mit mir.«

»Ich bin nicht hetero.« Keine Ahnung, wie ich mich anders outen sollte, wenn ich selbst nicht wusste, was ich war.

Dieser Satz stand nun im Raum. Stille breitete sich aus. Ich hörte das Tropfen der Flasche, bei der ich endlich erkannte, dass es sich um eine Kochsalzlösung handelte. Trank er zu wenig? Egal. Ich musste mich konzentrieren. Dad sagte nichts. Ich auch nicht. All die ungesagten Worte erdrückten mich, und allmählich kam es mir vor, als drehte sich der Raum, während die Wände sich langsam zusammenzogen.

»Du bist schwul?« *Schwul.* Das Wort hallte in meinem Kopf nach. Das erste Mal, dass er dieses Wort an mich richtete.

Schwulschwulschwulschwulschwulschwul.

»Ich, ich weiß es nicht.«

»Ist es nur eine Phas…«

»Nein, sag es bitte nicht.« Wenn er es leugnete, fände ich das sogar noch schlimmer. »Nein, es ist keine Phase, und nein, ich bin auch nicht schwul. Keine Ahnung, ich wünschte, ich wüsste es. Aber all die Formen der Liebe und der sexuellen Anziehung, die es gibt, das überfordert mich ein wenig, und ich kann nicht genau sagen, was ich bin. Ich weiß nur, dass ich nicht hetero bin. Wenn ich ehrlich bin, ähm …«, mit meinem Zeigefinger drehte ich seine Decke zu einem Wirbel ein, »weiß ich gar nicht, wie ich das erklären soll.« Wie auch? Das Konzept von non-binären oder trans Menschen würde ihn nur noch mehr überfordern.

»Bist du bisexuell?«

Ein bitteres Schnauben entfuhr mir. »Das wäre zu einfach gedacht.« Es wurde zu kompliziert, ich hörte an seinem Seufzen, dass er langsam ausstieg. Genauso wie bei meinen albernen Ideen für den Laden.

Oder war er enttäuscht?

»Ich trage das schon lange mit mir rum, habe mich aber nie getraut, etwas zu sagen, weil ich weiß, wie du über queere Menschen sprichst, und ich wollte dich nicht enttäuschen oder dass du mich vor die Tür setzt und ich alleine bin.« *Oder die* Druids *mich erpressen können.* »Mit meinen Ideen für den Laden enttäusche ich dich ja auch ständig.« *Viel zu modern und over the top für ihn. Was witzig war, fühlte ich mich doch sonst immer zu langweilig.*

Leider fühlte ich nicht den erhofften Anflug von Erleichterung. Eher eine zunehmende Schwere, die mit jeder Sekunde, in der mein Dad keinen Kommentar abgab, schlimmer wurde.

»Ich weiß gerade nicht, was ich sagen soll«, sagte Dad.

In meinem Kopf hatte ich verschiedene Szenarien durchgespielt. Damit hatte ich nicht gerechnet. Wie sollte ich mit diesem Satz umgehen?

Um meine Gedanken zu sortieren, drehte ich mich weg, bis ich durch den halb transparenten Vorhang am Fenster die verschwommene Umgebung erkennen konnte. Ein Baum bewegte sich im Wind. Ein Vogel flog vorbei. Die Welt drehte sich ganz normal weiter, doch für mich war dieser Augenblick lebensverändernd. Für mich blieb die Welt stehen, bis er sich geäußert hatte.

Mein Herz sackte in meinen Magen, schlug dort weiter und hinterließ ein flaues Gefühl. »Ich auch nicht.«

»Damit hätte ich niemals gerechnet … Vielleicht hätte ich als dein Vater etwas ahnen sollen, aber ich bin mit dem Laden zu beschäftigt gewesen. Fühlst du so, weil ich mich zu wenig um dich gekümmert habe? Fehlt dir jetzt eine männl…«

»Beim Universum, sprich das ja nicht aus.« Mein gesamter Körper verkrampfte sich. Fing er ernsthaft damit an, dass ich nicht hetero war, weil ich einen Vaterersatz suchte?

»Das ist keine Krankheit, ich wurde so geboren, genau wie du mit roten Haaren geboren wurdest.«

Seine Hand tauchte in meinem Blickwinkel auf, und ich erkannte, wie er sein besticktes Taschentuch von dem Rollwagen nahm. Vermutlich, um sich seine Halbglatze abzutupfen. »Ich bin so beschäftigt. Es gibt viel zu tun, und dabei habe ich ständig die Angst im Nacken, es läuft nicht.«

»Kannst du das bitte nicht tun?« Ich wandte mich ihm zu, ohne ihn direkt anzusehen.

»Was?«

»Diesen Moment zu deinem machen? Das Thema auf deine Probleme und den Laden lenken? Kann es bitte einmal um dich *und* mich als Vater und Sohn, als Familie gehen? Kannst du mir bitte sagen, was du davon hältst? Ich bin nicht dein Geschäftspartner, sondern dein Kind.« Ich biss auf der Haut meiner Oberlippe herum, zog mit den Zähnen daran, bis sie abriss. Ich schmeckte Blut.

»Ich muss nachdenken.«

»Musst du nicht.«

»Quinn, was willst du von mir hören?«

Ich drehte mich ihm ganz zu und platzierte ein Bein auf seinem Bett. Meine Hand krallte sich an der Bettdecke fest. »Sei ehrlich. Einmal.«

»Das *Murphy's* wird nicht weiterbestehen. Es gibt keine Nachkommen. Was …«

»Nein.« Dieses *Nein* hallte in meinen Ohren nach, so schneidend war es mir entkommen. »Was denkst du über mich?«

Dad schluckte laut. »Es ist komisch. Ich kann mir dich nicht mit einem Mann vorstellen. Das ist nicht meine Welt. Wenn du über den Pride Month sprichst und mir erklärst, warum diese oder jene Werbung nicht geht, sexistisch ist und so weiter … Keine Ahnung. So richtig hat das alles in meiner Realität nie stattgefunden.«

Ich sackte in mich zusammen und blinzelte gegen die Tränen an. Was hatte ich mir eigentlich dabei gedacht, Ehrlichkeit zu fordern, wenn ich sie nicht ertrug? Alles, was er sagte, ritzte mehr und mehr Wunden in mein Herz. Ich konnte ihn nicht mehr ansehen und richtete den Blick auf meinen Schoß. War es zu naiv gewesen, auf Unterstützung und Liebe zu hoffen?

»Also bist du enttäuscht und siehst mich jetzt anders als zuvor?« Ich erhob mich.

»Quinn.« Dad griff nach meiner Hand, erwischte sie aber nicht. »Es ist neu, ich bin überfordert, ja, aber ich bin nicht enttäuscht.«

Nicht? Wo eben noch meine Knie gewesen waren, befand sich nur noch Pudding. Meine Arme hingen schlaff an mir herab, und selbst wenn ich gewollt hätte, hätte ich mich in diesem Moment nicht umdrehen können.

»Ich … Ich liebe dich natürlich.« So natürlich hatte sich das für mich nie angefühlt. Das Bett hinter mir knarzte, und ich spürte seine Hand wie eine böse Vorahnung, ehe sie meine umfasste. »Manchmal fällt es mir schwer, dich anzusehen.«

Wie bitte? Ich hielt die Luft an und hoffte, unsichtbar zu werden.

»Du bist deiner Mutter so ähnlich. Dein Blick, wenn du über etwas entsetzt bist oder du deine Gesichtszüge entspannst. Wenn ich dich in deinem Zimmer losprusten höre, weil du irgendetwas im Internet schaust. Dass du dich ständig darüber beschwerst, dass deine Füße wehtun, wenn du länger gehst oder sie etwas gerötet und geschwollen sind. Die Art, wie du Butter auf dein Brot schmierst. Alles lässt für eine Sekunde deine Mutter durchblitzen. Wusstest du, dass sie ständig alles über die Royals erfahren wollte? Überall lagen diese Klatschblätter herum. Sie war ein riesiger Fan von Diana. Nur wegen ihr hat sie damals in einem Hospiz als ehrenamtliche Mitarbeiterin geholfen.«

Sein Schniefen erfüllte den Raum, doch ich konnte mich einfach nicht umdrehen. All diese Infos fühlten sich so unwirklich an, dass ich mich selbst nicht mehr spürte. Es war, als sollte ich nicht hier sein, sollte all das nicht hören. Als wäre ich nur jemand, der lauschte und nicht entdeckt werden sollte.

»Nach und nach habe ich bemerkt, dass es etwas Schönes ist, sie in dir zu sehen, aber es hat gedauert. Es hat mich jeden Tag fertiggemacht. Mit ihr ist auch etwas in mir gestorben. Deshalb bin ich dir so dankbar, dass du sie am Leben erhältst. Dass du ihr Gesicht in die Welt trägst. Ich könnte dich niemals *nicht* lieben.«

Dads Worte beruhigten eine Aufregung in mir, die seit Jahren als ständig brodelnder Widerstand vorhanden war. Ich wollte weinen, konnte es aber nicht. Ich wollte Tränen an meinen Wangen spüren, tat es aber nicht.

»Es sollte nicht komisch sein, dich vielleicht mit einem Mann zusammen zu sehen. Mir vorzustellen, wie du mit einem Mann an unserem Frühstückstisch sitzt. Und daran werde ich arbeiten. Solange du glücklich bist, bin ich es auch. Es tut mir so leid, dass du Angst gehabt hast, mit mir zu reden, und ich bin selbst enttäuscht von mir. Ich habe deiner Mutter versprochen, dich wie einen König zu behandeln, und dieses Versprechen habe ich gebrochen. Entschuldige. Auch dass ich deinen Ideen nicht mehr Gehör geschenkt habe.«

Meine Gliedmaßen gehorchten mir wieder, und ich drehte mich zu meinem Dad um.

»Danke. Nur … hier geht es gerade nicht um meine Vorschläge, Dad.«

»Doch, das tut es. Weil das alles ein Teil vom großen Ganzen ist. Auch in dem Punkt habe ich dich nicht behandelt, wie du es verdient hast. Ich habe dir alles Mögliche ausgeredet. Aber … die *Druids* … Sie haben sich auch immer wieder in die Ladenführung eingemischt. Sie wollten keine Veränderung. Und ich hatte einfach Angst, Quinn. So große Angst, dass ich nicht mal in Erwägung ziehen wollte, irgendwas davon umzusetzen.« Diese Offenbarung war so vieles gleichzeitig. Umwerfend, erschütternd, erleichternd und, ja, was noch? Ich konnte meine Gedanken gar nicht sortieren.

»D-das habe ich nicht gewusst. Danke, dass du mir das erzählst.« Mein Kopf musste erst mal verarbeiten, dass mein Dad doch nicht so wenig von mir hielt wie gedacht.

Er schnaubte kurz, ehe die Stille zurückkehrte. Seine Augen waren glasig – zwei salzige Seen voller Reue, die darauf warteten, dass ich etwas tat oder sagte, was sie zum Überlaufen brachte.

Ich setzte mich. Stand wieder auf. Setzte mich wieder. »Danke«, sagte ich noch einmal. »Denkst du, Mam hätte es akzeptiert?« Diese Frage machte mich erstaunlicherweise noch nervöser als die Reaktion meines Dads.

Ein Lächeln breitete sich in seinem Gesicht aus, und seine Nase färbte sich rosa. »Auf jeden Fall.« Er tupfte sich mit seinem Stofftaschentuch die Augenwinkel. »Sie ist ihrer Zeit so voraus gewesen. Manchmal frage ich mich, womit ich sie verdient habe und warum ich so viele Jahre mit ihr geschenkt bekommen habe, du aber nicht.«

Das war das Komische daran, so einen alten Vater zu haben. Er und Mam hatten Jahrzehnte miteinander verbracht, bevor ich auf die Welt kam. Als hätten sie ein ganzes Leben ohne mich gelebt.

Dad räusperte sich. »Gibt es denn jemanden in deinem Leben?«

Seine Frage ließ Henrys Bild in meinem Kopf entstehen.

Irgendwann war Dad eingeschlafen, und ich stahl mich aus seinem Zimmer. Wie lange ich bei ihm gewesen war, konnte ich nicht sagen. Ich öffnete die Tür nach draußen, und dann stand da er. Henry. Hatte er Felix abgelöst? Vermutlich … Er war einfach da, jetzt wo ich ihn so dringend brauchte. Selbstverständlich hätte ich das nie kommuniziert, Fake-Freund oder nicht. Ich und Hilfe brauchen? Nee. Na ja, manchmal doch. Henry war diese Hilfe. Er war dieser Bodyguard. Nur dass er mich nicht nur vor jemandem wie Hudson beschützte, sondern auch vor meinen eigenen Emotionen. Meiner eigenen Unfähigkeit, nach Hilfe zu fragen.

»Was machst du hier?«, begrüßte ich ihn und bedeutete ihm, mir ein Stück den Gang entlang zu folgen. »Hast du gewartet?«

»Ja.«

»Warum?«

»Deine Whatsapp-Nachrichten klangen so, als wolltest du nicht allein sein.« Henry schritt neben mir den Flur entlang, der mit Kindergemälden voller Häusern und Sonnen geschmückt war. »Oder soll ich gehen?«

Ich schüttelte den Kopf. Eine Weile gingen wir nebeneinanderher, bis wir den Wartebereich erreichten.

»Ach übrigens, ich hab Hudson vor dem Krankenhaus getroffen. Keine Ahnung, ob er zu deinem Dad wollte oder in Erfahrung bringen, ob du mit ihm redest, aber Fake-Bodyguard-Freund-Henry hat ihm gesagt, er soll dich in Ruhe lassen.«

»Wow! Echt? Danke!« Vage fragte ich mich, woher Hudson wohl schon wieder wusste, dass ich heute hier war. Diese *Druids* hatten ihre Ohren echt überall.

Henry hielt seine Bankkarte gegen den Kaffeeautomaten und drückte zweimal auf die Cappuccinotaste. Im Profil sah sein Schmunzeln auch ziemlich hot aus.

»Felix hat gesagt, du hast mit deinem Vater geredet?«

Ich räusperte mich schnell. »Ja. Lief eigentlich ganz gut.« Keine Ahnung, ob ich Hudson danken sollte. Wobei, nein, Erpressung war nie der richtige Weg. Zumindest war dieses Druckmittel vom Tisch, doch er hatte noch unsere Kundschaft, und lange würde es nicht dauern, bis er mich wieder in die Mangel nahm.

»Du weißt, dass ich als Sonnenzeichen Löwe sagen muss: Ich hab's dir doch gesagt.« Der Automat murrte, brummte und spuckte schließlich das hellbraune Gold aus. Es lief in einen Pappbecher, und Henry ging ein wenig in die Hocke, um ihn herauszunehmen. »Tut mir leid. Dass ich dich so oft vor den Kopf stoße.« Er steckte den Kaffeebecher in einen zweiten und reichte ihn mir.

»Danke. Bin aber auch ziemlich kompliziert.« Der Becher

wärmte meine Hand, und ich pustete den aufsteigenden Dampf weg. Worte schienen an Henrys Lippen zu hängen, er sprach sie jedoch nicht aus und verdammte sie dazu, Gedanken zu bleiben. »Ich finde, es wäre ein guter Moment, dich ein wenig aufzuheitern. Hast du jetzt Zeit?«

»Wofür?«, hakte ich nach.

»Astrologie!«

Henrys Begeisterung schwappte noch nicht auf mich über. Neugierig war ich trotzdem. »Ähm, ja, klar. Nala hat ein schlechtes Gewissen und übernimmt heute allein den Laden.«

»Gut. Würdest du dann mitkommen? Ich darf eine Wohnung besichtigen.« Henry pustete seinen Kaffeedampf zu mir, bevor er einen Schluck nahm und mich nicht aus den Augen ließ.

»Ähm, warum nicht? Okay.« Mein Herz drohte meine Brust aufzusprengen.

Zusammen mit Henry betrat ich die neue Wohnung. Es war bereits sein zweiter Besuch. Er hatte die Maklerin nach dem Schlüssel gefragt, da er sie noch mal auf sich wirken lassen wollte. Da sie die Wohnung seit Ewigkeiten im Portfolio hatte, war sie sofort einverstanden gewesen. Beim Hinaufgehen hatte er mir auch seine neue Kolumne mit unserem Experiment gezeigt. Henry hatte darüber gepostet, wie wir aneinanderkrachten, weil ich (der Stier) zu überlegt war und er (der Löwe) ständig vorpreschte. Was ja ganz gut in unsere jetzige Lage passte, nachdem Mister Löwe mich einfach zur Wohnungsbesichtigung geschleppt hatte. Aber: Die Leute liebten das. Er hatte mir präsentiert, wie oft die Leute diese Experimentschnipsel guckten und kommentierten, dass sie den Stier (mich) sehen wollten (mich!!). Die Anzahl der Menschen, die ihm folgten, stieg täglich an.

Unsere Schritte hallten durch die großen Räume, was mich wieder ins Hier und Jetzt zurückholte. Mit Henry alleine durch die leere Wohnung zu schreiten machte mir bewusst, wie gerne ich auch etwas Eigenes hätte.

Alleine. Wir sind alleine.

Die Wohnung war hell und offen, und die Lichter Corks drangen durch die Fensterfront, von der aus wir wunderbar den River Lee bestaunen konnten. Wie ein Kleinkind drückte ich meine Stirn und Hände gegen das Glas und beobachtete die Autos und Menschen, die wie Spielzeug wirkten.

»Ich wusste nicht, dass es in Cork so hoch gelegene, moderne Wohnungen gibt.«

»Es ist ein Neubau. Und ein Pluspunkt für die Wohnung, wenn du so darauf reagierst. Es stehen tatsächlich einige frei, weil sie so teuer sind.«

Und er konnte sie sich leisten? So viel verdiente er mittlerweile?

»Hey, Leute!« Ich hatte gar nicht bemerkt, dass Henry sein Handy gezückt hatte. »Bin gerade auf Wohnungsbesichtigung – mit dem Stier. Vielleicht wird das mein neues Zuhause. Mal abwarten. Auf jeden Fall kann ich schon mal an die Sonnenzeichen Stiere da draußen sagen: Sagt heute einfach mal Ja zu ein paar Abenteuern.«

Henry steckte das Handy wieder weg und zog seinen Pulli aus. Sein Shirt rutschte hoch und entblößte seinen Bauch. *Oh, hallo, Puddingknie, na? Auch wieder da?*

Sofort wandte ich mich ab und sah mich weiter in der Wohnung um. In der Mitte des Wohnzimmers wich ich einer weißen Säule aus. An einer Wand unterhalb der Decke befand sich eine Klimaanlage, deren rotes Licht blinkte. Am Ende des Raums entdeckte ich den Ausgang zum Balkon. »Darf ich rausgehen?«

»Na klar.« Belustigt deutete Henry vor sich, und ich wartete auf ihn, bis wir auf gleicher Höhe waren.

»Hast du auch vor, auszuziehen, oder bleibst du erst mal bei deinem Dad?«

Manchmal hatte ich darüber nachgedacht, den Gedanken jedoch rasch wieder verworfen. Mein Dad bezahlte mir ein normales Gehalt, nicht wesentlich mehr, als Nala bekam. Ehrlicherweise hatte ich Angst, damit nicht über die Runden zu kommen.

Getraut, mehr zu verlangen, hatte ich mich aber natürlich auch nicht. Vielleicht sollte ich das ändern.

»Erst mal bleibe ich bei ihm. Ist einfacher für alle.«

»Für alle oder für ihn?« Henry öffnete die Balkontür. »Sorry, geht mich nichts an. Ist deine Entscheidung.«

Ich beließ es dabei.

Als ich hinaustrat, blendete mich die Sonne ein wenig. Der Balkon war riesig und wurde von hohen Bäumen abgeschirmt. »Das ist echt wow. Und das kannst du dir alles dank deiner Kolumne leisten?«

»Dank der Kolumne vor allem, aber viel Geld kommt auch durch Social Media rein. Am liebsten würde ich einen Brief an meine Lehrerinnen und Lehrer schreiben, die mir jedes Jahr meine schlechten Zeugnisse auf den Tisch geknallt und gemeint haben, dass aus mir nichts wird. Unter uns: Selbst am UCC habe ich total schlechte Noten. Außer es hat was mit freiem Schreiben zu tun, das geht. Aber Theorie, Grammatik, Zeiten und so ein Müll, das ist nicht meins.«

»Ich bin auch echt beschissen in der Schule gewesen, was aber auch an dem Wissen lag, dass ich sowieso im Laden arbeite, egal wie mein Abschluss wird.«

Ich entdeckte beim Sprechen eine Socke, die an einem Ast hing. Der Wind wedelte sie hin und her, als versuchte er, sie vom Baum zu ziehen.

»Verstehe ich, wäre mir auch so gegangen.« Henry deutete belustigt auf die Socke. Er hatte sie also auch bemerkt.

»Ich würde auch gern am UCC studieren, vielleicht Kunstgeschichte oder so.« Wie oft hatte ich mich mit meiner Kamera auf den UCC-Campus geschlichen, um Fotos zu machen und so zu tun, als wäre ich ein Teil dieser Welt.

»Das kannst du noch immer. Sieh mich an. Sechsundzwanzig und im Bachelorstudium.« Da ich keine erneute Debatte über den Laden riskieren wollte, stimmte ich ihm einfach zu.

Die Wolken über uns verschluckten plötzlich die Sonne. Ich

drehte mich von den Bäumen weg. Henry stellte sich vor mich an das milchige Glasgeländer.

»Manchmal habe ich Angst, dass das alles irgendwann vorbei ist. Ich komme mir oft wie ein Hochstapler vor. Als würden bald alle darauf kommen, dass meine Kolumnen Müll sind und ich eigentlich gar nicht schreiben kann und nur rudimentär Ahnung von Astrologie habe. Und dann sitze ich vor dem Nichts. Kann einpacken. Bin ein Loser.«

»Das denkst du ehrlich?« Ich lehnte mich neben Henry an die Fassade und linste zu ihm. »Felix liebt dich, und Cara freut sich auf ihr Interview mit dir. Du hast einfach einen Anflug von Impostor-Syndrom, weil du denkst, du verdienst das nicht, aber diese Zweifel sind unbegründet, das zeigen die Leute, die deine Sachen feiern. Aber, ähm …«

Mit meinem Aber brachte ich Henry dazu, mich anzusehen. »Aber?«

»Ich verstehe dich trotzdem. Mein Dad hat, seitdem ich denken kann, Angst, in Konkurs zu gehen. Ich glaube, das ist der Fluch des Selbstständigseins. Diese Angst, dass es jederzeit vorbei sein kann. Dass du dich nicht berappen kannst, dass du nichts mehr findest, die Rechnungen nicht bezahlen kannst, auf der Straße landest. Oder dass es gerade so lange gut geht, bis du zu alt bist, um noch einen anderen Job zu finden.«

»Das sind exakt meine Gedanken.«

»Ich hätte bei deinem Selbstbewusstsein nicht gedacht, dass es dir auch so geht.«

Henrys Augen leuchteten auf, und in ihnen lag etwas Vertrautes. Eine Wärme, die ich bisher vermisst hatte. »Ich bin laut, nicht ohne Zweifel.«

»Egal, du schaffst das. Es geht ja nicht nur um die Astrologie. Du gibst hilfreiche Ratschläge, machst spannende Experimente, unterhältst Menschen und gibst anständige Musiktipps.«

Henrys Lächeln wurde immer breiter, und schließlich grinste er von einem Ohr zum anderen.

»Was?«

»Du liest meine Kolumne ja doch.« Er wackelte mit den Augenbrauen.

Mist. Er hatte mich ertappt. Manchmal tat ich das vielleicht wirklich.

»Nein, ich habe doch erwähnt, dass Felix mir alles brühwarm berichtet.«

»Das glaube ich dir nicht.« Henry kam näher, nahm meine Hand, was ein Kribbeln mit sich brachte, dann riss er mich zu sich und stieß mir sanft einen Finger in die Seite.

Ich lachte auf. »Hey.«

Noch ein Finger in meine Seite, der nächste folgte und traf mich direkt unter meinem Rippenbogen, bis er mich richtig kitzelte. »Gib es zu.«

»Hör auf.« Ich drückte meine Arme an meinen Körper, lachte, schmiss den Kopf in den Nacken und ging ein wenig in die Knie.

»Gib es zu.«

»Niemals.« Mein Lachen stach im Bauch, und ich krümmte mich unter Henrys Kitzelattacke.

»Du kennst die Zauberworte.«

»Okay, okay, okay.«

Henry hielt inne.

»Ich lese ab und zu rein.«

Sofort machte er Anstalten, weiterzukitzeln, da sprang ich zurück. »Okay, ich lese sie und sehe mir deine Storys an. Zufrieden?«

Das stimmte zwar nicht, da ich sein Experiment über uns tatsächlich kaum verfolgte, aber Kitzeleinheiten brauchte ich keine mehr.

»Ja, ehrlich gesagt schon.«

»Nichts zu danken.« Ich kratzte mich am Nacken und ließ die Hand dort. »Was ich aber noch ansprechen wollte, wenn wir jetzt schon ehrlich sind – und vielleicht verrätst du es mir, ohne dass ich dich kitzeln muss –, was wolltest du mit deiner Mam besprechen? Du hast versprochen, es mir zu erzählen, aber das hast du nicht mehr.«

Henry schnalzte ertappt mit der Zunge. »Du hast es nicht vergessen.« Er wirkte plötzlich, als hätte jemand sein Lieblingsessen von der Karte seines meistbesuchten Restaurants gestrichen, und breitete die Arme aus.

»Was soll das? Willst du wegfliegen, um es mir nicht erzählen zu müssen?«

»Kitzel mich, bis ich es sage. Spoiler: Ich bin nicht wirklich kitzelig.«

»Rys. Komm schon.«

Henry näherte sich mir wieder. »Ich mag es, wenn du mich so nennst.«

»Lenk nicht ab.« Was redete ich da? *Doch bitte, lenk mich ab! Nein, stopp. Nicht jetzt.*

»Okay.« Henry lehnte sich gegen die Hauswand, direkt unter die Stelle, an der wohl die Lampe für den Balkon hinsollte. Jedoch ragte nur ein Kabel aus der Mauer. »Meine Mam. Also meine Eltern sind wirklich toll. Du kennst das ja von Ró. Sie haben sie von klein auf bei ihrer Transition unterstützt, und es hat uns an nichts gefehlt. Wir haben dieses riesige Haus außerhalb von Cork, gigantische Geburtstage, uns wurde alles finanziert, aber …«

Ich ließ ihm die Zeit, die er brauchte.

»Manchmal habe ich das Gefühl gehabt, Róisín, Mam und Dad sind eine Familie, und ich bin derjenige, den sie halt auch dabeihaben. Nicht, dass jemals jemand gemein gewesen wäre. Aber … Rós Weg stand im Vordergrund. Wie ich mich mit meiner Sexualität gefühlt habe oder mit den paar kleinen Wurzelchen meiner leiblichen Mutter und so weiter, dafür hat es irgendwie nie Platz gegeben. Das war aber okay. Ró hatte es definitiv schwieriger. Nur … Als ich nach Tokio gegangen bin und die Kolumne durchgestartet ist, habe ich meiner Mam von der

Idee mit dem Pseudonym erzählt, und ihr erster Impuls war: Ja, ja, mach das. Keiner darf zu viel Privates wissen. Du siehst ja die Kommentare zu deiner Sexualität, stell dir vor, die finden deine Verbindung zu Róisín und schreiben ihr Hate-Nachrichten.« Henry sah mich an, als schätzte er ab, ob ich ihn nun für den schlechtesten Menschen der Welt hielt. »Versteh mich nicht falsch, ich habe es genauso gesehen. Generell, dass ich meine Privatsphäre schützen wollte. Aber Mam … Sie hat keine Sekunde gefragt, wie es mir mit Hate geht. Oder ob ich mich damit auch wohlfühle, mich zu verstecken. Mich Takeru zu nennen und nicht Henry zu sein. Weil schön langsam … weiß ich nicht mehr, ob ich Takeru sein will. Oder nur Takeru sein will. Oder nur Henry. Geht nicht auch beides?«

»Hast du mit deinem Dad darüber gesprochen?« Ich stellte mich vor ihn und schenkte ihm ein Lächeln. Ein Ich-verurteile-dich-nicht-Lächeln. »Oder mit deiner Schwester?«

Er schüttelte den Kopf. »Nein. Dad weicht generell oft aus, wenn es um meine leibliche Mutter geht. Er ist bedacht, dass es Mam gut geht. Dass sie nicht zu gestresst ist. Sie hat sich jahrelang in den Schlaf geheult, weil Ró einiges in der Schule abbekommen hat. Er hat sie so gut es ging mit anderen *Problemen* verschont.«

»Du bist kein Problem, das weißt du, oder?« Wie von selbst fand meine Hand auf Henrys Wange. »Und Róisín ist so stark. Ich glaube nicht, dass sie das wollen würde. Nicht Bescheid zu wissen. Ohne ihr Wissen geschont zu werden. In den letzten eineinhalb Jahren hat sie auf mich nicht den Anschein gemacht, als würde sie es gut finden, wenn sie unterschätzt würde.« Ich musste an den Streit zwischen Owen und Róisín denken, als er behauptet hatte, sie würde nicht so hart für ihren Abschluss in Medizin arbeiten wie er. »Und vor allem stell dich nicht zurück.« Ich nahm meine Hand von seiner Wange.

»Dann schreibe ich ihr. Also, meiner Mam. Dieses Mal wirklich.« Henry legte seine Hand auf die Stelle, an der meine lag.

»Gute Idee. Ach, ich bin gespannt, wie die Wohnung eingerichtet aussehen wird. Hast du sie Róisín schon gezeigt?« Gemeinsam gingen wir zurück in die Wohnung, gefolgt vom Irlandwind, der durch die offene Wohnküche brauste.

»Nur auf Bildern. Es kommt mir vor, als ginge sie mir aus dem Weg.« Henry fuhr mit dem Finger das Muster der Arbeitsfläche nach.

»Meinst du? Sie hat sich so gefreut, dass du wiedergekommen bist.« Ich ging noch mal zurück und schloss die Balkontür, weil mir der Wind nun doch zu viel wurde.

Henry nickte. »Ich weiß nicht. Vielleicht ist ihr klar geworden, wie wenig ich mich für ihr Leben in meiner Abwesenheit interessiert habe. Ehrlich gesagt hat's gutgetan, mich um mich zu kümmern, nachdem ich mein Leben lange hintangestellt hatte.« Er machte einen Satz und ließ sich auf der Kochinsel nieder. »Erzähl ihr das aber bloß nicht.«

»Da mische ich mich nicht ein, keine Angst. Ich denke nur … wie sage ich das?« Ich setzte mich vor ihn auf den kalten Boden, der mich frösteln ließ, und sah zu Henry hoch. »Denkst du nicht, es wäre besser, du redest nicht nur mit deiner Mam, sondern auch mit deiner Schwester? Vielleicht, bestimmt versteht sie es.«

Henry rutschte etwas zurück, wobei er an einen integrierten Knopf auf dem Herd kam. Es piepte, und Henry schreckte zurück.

»Wie stelle ich das ab?« Wahllos drückte er auf der Herdplatte herum, bis das Piepen aufhörte und er die Hände wegzog. »Das fasse ich lieber nicht mehr an.«

»Dann wirst du viel Essen bestellen müssen.«

»Ist mir ohnehin lieber.«

»Mir auch«, gab ich zu.

Henrys Schmunzeln bescherte mir ein innerliches Seufzen.

Stopp! Was tat ich denn da?

Dass ich Henry mochte, konnte ich allein körperlich nicht

leugnen, doch konnte er mich wirklich mögen? So wie er es gesagt hatte? Oder war ich einfach nur sein Experiment?

»Ach, stimmt, wir waren ja gerade bei Ró. Vielleicht hast du recht. Danke für deine Hilfe.« Das schiefe Grinsen, das Henry zu mir runterwarf, entwaffnete mich sofort, und ich hörte noch mein unsicheres Gekicher, das mich enttarnte, ehe ich es abstreiten konnte.

»Gerne, aber sorry, dass ich mich eingemischt habe. Es geht mich ja nichts an.«

Henry glitt von der Kochinsel zu mir auf den Boden. »Doch, du bist mein Freund.« Er rutschte im Schneidersitz zu mir und bewegte die Augenbrauen auf und ab. »Also?«

»Ähm.« Henry war nicht mein Freund. Also nicht so richtig. Trotzdem entfachte es ein Feuer in mir, das mir die Hitze in den Brustkorb trieb, ihn das sagen zu hören. »Manchmal frage ich mich, wie es sein muss, eine funktionierende Familie zu haben. Obwohl ich null Erinnerungen an meine Mam habe, träume ich oft von ihr, nur ihr Gesicht bleibt vage verschwommen. Wenn ich wach werde, zwinge ich mich oft, weiterzuträumen, mir nur noch ein paar Minuten vorzustellen, ich hätte eine komplette Familie.«

»Das mit deiner Mam tut mir leid.« Henry verschränkte die Arme hinterm Kopf und lehnte sich gegen die weißen Türen der Kochinsel. »Aber wie du selbst bei Nala gesagt hast, Familie bedarf keiner Blutsverwandtschaft.«

»Trotzdem schätze auch deine leibliche, vor allem wenn sie dich echt zu mögen scheint und ihr einfach nur gerade nicht so viel miteinander redet. Vielleicht hast du deine Schwester zu sehr behütet, sodass sie gar nicht weiß, wie es in dir aussieht, und deine Mam auch.« Ich hoffte, mit meinen Mutmaßungen nicht zu weit zu gehen.

»Kann schon sein. Meine Therapeutin hat mal gemeint, ich verhalte mich wie aus dem Lehrbuch, wenn sie darin nach verschiedenen Problemen, die Patchworkfamilien haben könnten, suchte.«

Er machte eine Therapie deshalb? Erfrischend, dass er darüber so hemmungslos sprach, vermutlich müssten das mehr Menschen machen, um es zu enttabuisieren. »Dann habt ihr als Familie genug Zeit verschwendet, redet miteinander.«

»Da hast du recht. Ich hoffe, es geht gut.«

»Du bist echt stark, Rys. Du schaffst das.«

»Sagt der, der allein einen Laden schmeißt.«

Dieses Kompliment erfüllte mich mit Stolz. Ich sollte das vermutlich öfter so sehen wie Henry. Nicht als wäre es nichts. »Wir sind wohl beide ganz stark, was?«

»Ganz stark. Ja.« Henry rutschte vor und lehnte seinen Kopf gegen meinen. »Warum habe ich dich nicht früher kennengelernt?«

Dieser Satz verschlug mir vollkommen den Atem.

Hatte Henry das wirklich gesagt?

Gelassen bleiben. Gelassen bleiben.

»Wer weiß, ob wir uns verstanden hätten. Ich bin ja ziemlich langweilig.«

»Was redest du? Wie oft willst du mir noch einreden, dass du langweilig bist? Überleg dir mal etwas anderes, um mich zu verscheuchen, langsam wird das too much.« Henry stieß sich mit den Händen von mir weg, was auf dem weißen, glatten Boden gut klappte, und starrte mich an. »Aber ernsthaft. Du machst echt saugute Fotos. Dein Kleidungsstil ist klasse und auch deine Ahnung von Stoffen, deine Skizzen, dein Wissen über die Royals, dass du einen Laden schmeißt, dein Humor. Keine Ahnung, ich finde das alles andere als langweilig.«

Wenn Henry das so aufzählte, klang es nicht sooo schlimm.

»Woher weißt du das mit den Skizzen? Und woher willst du wissen, ob meine Fotos gut sind?« Weit, weit, weit beugte ich mich vor zu Henry und sah ihm in die Augen. »Ja?«

»Ich habe dich nicht auf Instagram gestalkt.«

»Nein! Der berühmte Takeru stalkt mich kleinen Fisch – sorry, Felix – mit meinem Neunundsechzig-Abo-Profil?« Ich zückte mein Handy. »Darauf muss ich mir erst mal eine Pizza bestellen, die du zahlst, dafür, dass ich dich mit meinem Account unterhalten habe.« Äußerst passend knurrte in diesem Moment mein Magen, und ich sprang auf. »Sponsoring quasi.«

»Hey, warte, was?« Henry folgte mir.

Ich lief vor ihm weg und tippte auf der Lieferservice-App *CorkishFood* herum. »Willst du auch etwas?«

Henry erwischte mich, schlang seine Arme von hinten um mich und legte seinen Kopf auf meine Schulter. »Das wagst du nicht.«

Ich drehte mein Gesicht zu seinem, und wir waren uns so unfassbar nahe, dass es mir den Atem raubte, während seiner meine Nase wärmte. »Außer du sagst mir mehr darüber, wie du meine Bilder findest.«

»Sie sind aufregend, wie deine Skizzen. Genau wie du.«

Henry fesselte mich mit seinen Augen, bis er für den Bruchteil einer Sekunde meine Lippen anlinste, bevor er wieder meinen Blick einfing und sich einmal kurz mit der Zunge auf die Oberlippe tippte.

»Und wie du.«

Henrys Miene erhellte sich.

Ich konnte ihn doch nicht … Nein. Mit einer Drehung löste ich mich von ihm und hob das Handy hoch. »Wie lautet noch mal die Adresse dieser Wohnung?«

»Hey, du hast gesagt, wenn ich es dir sage, bin ich fein raus.«

»Hab gelogen.«

»Du Schlitzohr.«

»Ich lerne vom Besten.«

Henry ließ den Kopf hängen und richtete ihn gleich danach wieder auf. »Okay, dann bestelle ich mit meinem Handy.« Zwei Sekunden später lag es in seiner Hand, und er wischte durch die unzähligen Pizzerien der Stadt.

Plötzlich veränderte sich das Display und wurde von dem Anrufbildschirm abgelöst. Darauf stand ein Name. »Wer ist

UCC Oliver?« Bei Oliver und UCC dachte ich immer an den Oliver aus Felix' Erzählungen. Aber am UCC gab es bestimmt mehrere Olivers.

»Ach, nur jemand aus meinem Kurs.« Henry versperrte das Handy und steckte es weg, wobei ich die Vibration immer noch hörte.

»Ooookay.« Ich beließ es dabei, warum sollte er mit den *Druids* unter einer Decke stecken, das war echt weit hergeholt, danke, Gehirn.

»Ja, Scar und Hudson kennen ihn auch. Er ist echt nett.«

Warte, was? »Du hängst mit Scar ab?«

»Ich gebe ihr ja Nachhilfe für wissenschaftliches Schreiben. »Eifersüchtig?« Henry näherte sich mir vorsichtig.

»Ich? Nein … Was?« Wenn Scar ihn kannte …

Henry kam noch näher, und er verschleierte meine Gedanken mit seiner Präsenz, als machte er mich damit betrunken. Egal. Es gab bestimmt total viele Olivers am UCC. Wenn es nicht *dieser* Oliver war, es war bestimmt nicht *dieser* Oliver, dann wollte ich auch nicht weiter darauf eingehen.

»Darf ich?«

Keine Ahnung, was genau er meinte, aber ich nickte. Er durfte, beim Universum, er durfte alles mit mir machen. Alles, was er wollte, solange er mit seinen Berührungen die Flammen um meinen Körper ein wenig im Zaum hielt.

Henry entknotete meine Arme und behielt mich im Blick.

»Du hast da vorhin etwas erwähnt.« Er hielt meine Hände, und durch meinen Körper zog sich erdrutschartig ein Gefühl, das ich so nicht kannte.

»Was meinst du?«

»Ich finde, wir sollten unseren Kuss vom Club weiterführen, jetzt kenne ich dich doch etwas besser. Und was soll ich sagen? Ich mag dich noch mehr. Oder nicht?«

Hatte er das ernsthaft gesagt? *Shit.*

»Ich … Ich …«

»Komm schon. Du bist dran. Küss mich.«

»Ähm, Rys, ich …«

»Tu es.«

Meine Kehle zog sich zusammen. »Hm?«, quietschte ich.

»Tu es.« In Henrys Gesicht schimmerte das Orange seiner Lampe. »Jetzt.«

Da er meine Handgelenke festhielt, musste Henry meinen Herzschlag spüren. Wie jeder Schlag seine Fingerkuppen zurückdrängte, schneller, immer schneller. »Ich, ich …«

Mit einem Mal klatschten meine Arme gegen meinen Körper. Henry hatte mich losgelassen, meinen Kragen gepackt und mich so nah zu sich gezogen, dass sich unsere Nasenspitzen berührten. »Tu. Es.«

Meine Arme benutzte ich als Hilfsmittel, um mich zu befreien. Zwei Schritte zurück. Ich musterte ihn. Seine Augen, seine Lippen, die Konturen seines Körpers unter seinen Klamotten, seinen Schritt, die Adern an seinen Armen, alles. Oh, fuck, diese Adern. Dann machte ich die beiden Schritte wieder nach vorn, den ersten noch zögerlich, den zweiten schneller. Danach umfasste ich seine Wange mit beiden Händen, fixierte ihn und küsste Rys.

So verweilten wir ein paar Sekunden. Erst dann öffneten wir unsere Lippen, setzten den Kuss fort. Mein Zweifel, ob er mich echt mochte, verpuffte mehr und mehr, kanalisierte sich auf seine Zunge, die sich mit meiner verwirbelte.

Henrys Hände umfassten meinen Hintern. Er drückte mich an sich. Beide atmeten wir schwer aus, sobald sich die Chance dazu ergab, Luft zu holen. Mehr und mehr verlor ich mich in dem Strudel unserer erhitzten Körper und dem Gedanken daran, Henry zu spüren. Er fand mich also nicht langweilig? Wow. Ich war mehr als nur durchschnittlich? Ich konnte jemanden wie Henry rumkriegen?

Ein wenig kam es mir so vor, als sähe ich mich selbst von außen. Ich forderte mehr von allem. Mehr von Henrys Lippen, seiner Zunge, wollte den Kuss noch intensiver, noch fester spüren. Seinen Körper noch mehr an mich drücken. Das kannte ich so nicht von mir, und jetzt wanderten auch noch meine Hände seinen Rücken hinab und hoben sein Oberteil an, um seine nackte Haut zu berühren. War das wirklich noch ich? Alles in mir schrie nach Henrys Nähe. Es war wie der Drang, zu atmen oder sich zu kratzen. Alles in mir überschlug sich vor Verlangen nach diesem Mann.

Vom Rücken glitt ich weiter mit den Händen in seine Hose, doch sein Gürtel war so eng, dass das nicht klappte.

Henry löste sich so unerwartet von mir, dass mir ein gesäuseltes Hauchen entwich. »Der Gürtel kann auch geöffnet werden. Wenn du das willst.«

Ich schluckte, aber es blieb mir im Hals stecken. Ich fuhr den Gürtel entlang.

»Als ich gesagt habe, ich hätte dich gerne früher kennengelernt … Als Freund … Zum Reden …« Henry sprach, und ich kam an dem Gürtelverschluss an. »Wir hätten auch reden und dann fi…«

Mein Handy klingelte, und wir zuckten zusammen.

Wer könnte das sein?

»Lass läuten«, raunte er.

»Ich habe nichts anderes vorgehabt.« Direkt nachdem ich es ausgesprochen hatte, wurde ich stutzig. Der Klingelton.

Panik überfiel mich. Hektisch holte ich mein Handy hervor. Mein Zittern machte es mir fast unmöglich.

»Quinn, was ist los?«

»Dieser Klingelton. Ich habe ihn eingestellt, damit ich ihn erkenne.« Endlich hielt ich mein Handy in der Hand.

Oh, nein. Das Krankenhaus.

»Murphy?« Das Display klebte sich an meiner Wange fest.

Kapitel 13

Henry

Hope in Our Universe by Takeru: Gut, viele haben mir geschrieben: Würde der Löwe nicht den Stier fressen? Sagen wir so, ja, der Löwe hat Geschmack an ihm gefunden und ist etwas sad, wenn er nicht in der Nähe ist, aber der Löwe liebt es dann auch, alleine in anderen Lebenslagen ordentlich Gas zu geben …

Die Nacht heftete sich an mich wie Kaugummi. Die Müdigkeit umarmte mich von vorne und hinten wie zwei unsichtbare Kletten. Ich hasste dieses Gefühl von schwachen Gliedern.

Scheu, beinah zögerlich ging die Sonne auf und erhellte den Krankenhausflur. Nach und nach tunkte sie uns in ein angenehmes Gelb und verdrängte das triste Grau.

Niemand hatte die harten Stühle länger ausgehalten. Der Boden war keine weiche Wolke, aber immerhin eine Abwechslung. Wie ein einziges Lebewesen reihten wir uns an der Wand der Warteecke entlang auf und betteten unsere Köpfe auf die Schulter des jeweils Nächsten. Ich meinen auf Rós, sie ihren auf Nalas und diese ihren auf Owens. Felix hatte sich auf Owens Schoß gebettet, und Cara hatte ihren Kopf auf Felix' Oberschenkel abgelegt.

»Um uns ein wenig die Zeit zu vertreiben, wie wär's mit noch einem Spiel? Zum Beispiel, äh … Ich sehe, was, was du nicht siehst, und das ist grau.« Felix' zähe Stimme machte mich noch müder. Es wunderte mich, dass er noch die Augen offen halten konnte.

»Mal wieder die Krankenhausdecke. Wie schon die anderen Male zuvor.« Owens Stimme klang ebenso belegt und schlapp.

»Richtig.«

»Ich kann das nicht mehr hören.« Ich zog das ö lang. »Wie wär's mit Stille Post? Ich fange an.« Sofort zischelte ich etwas in Rós Ohr.

»Hen!«

»Sag's weiter.«

»Das sage ich nicht.«

»Mach weiter, Róisín.« Nala schlug gegen Rós Körper. »Sonst schlafe ich ein.«

Ich brauchte es nicht zu sehen, um zu wissen, wie Ró die Augen verdrehte und sich zu Nala drehte.

»Henry, dein Ernst?« Nala grunzte belustigt. »Okay, okay. Komm her, Owen.«

»Jetzt bin ich gespannt. Ich bin ganz Ohr.«

»Junge.« Owen schnaubte belustigt. »Komisch, dass dieser Satz perfekt bei uns allen durchkommt. Das sagt mehr über uns als Gruppe aus als über unsere Stille-Post-Fähigkeiten.«

»Nala, du redest zu laut, ich hab's bis zu mir herunter gehört.« Felix richtete sich stöhnend auf. »Ich sag's Cara.«

»Warum weiß ich schon, was er gesagt hat, ohne es zu wissen?« Cara beugte sich vor, und ich schielte mit letzter Kraft zu ihr.

Gerade als Felix ihr ins Ohr wisperte, ich den sich verändernden Gesichtsausdruck in Caras Miene erkannte und sie mit »Ich liebe Sch…« begann, kam Quinn den Flur entlang.

Er sah so erledigt aus wie wir alle zusammen. Als wäre er mit einem Schlag um zwanzig Jahre gealtert. Ein knappes Lächeln schenkte er uns über den Korridor, bis er sich zu uns geschleppt hatte. Zum Glück hatten wir vorhin schon erfahren, dass der erneute Schlaganfall seines Dads nicht allzu ernst gewesen war, jedoch hatten wir natürlich trotzdem Angst, die Lage des alten Murphy hätte sich verschlimmert.

»Und?« Wieder auf den Beinen überkam mich ein neuer Schub Müdigkeit. Mir fiel wieder ein, dass alle dachten, Quinn und ich wären zusammen. Ein wenig ungelenk umarmte ich ihn. Komischerweise fühlte sich das gar nicht mehr so gespielt an. Ganz im Gegenteil. Quinn in meinen Armen zu wissen war, wie etwas zu komplettieren. Etwas zu spüren, das immer hätte da sein sollen.

Quinn seufzte gegen meinen Brustkorb. Ein, zwei Sekunden nahm er sich Zeit, dann wandte er sich an uns alle. »Es geht ihm einigermaßen okay. Sie behalten ihn noch ein paar Tage auf der Intensivstation, und dann soll er wie geplant die Kur antreten.«

Komischerweise wirkte Quinn null erleichtert.

»Er ist hier in guten Händen, glaub mir. Ich habe mal hier gearbeitet.« Owen hob seine Cap an, die die platt gedrückten, roten Locken offenbarte, und setzte sie sich verkehrt herum wieder auf. »Sie werden bestimmt gut auf ihn achtgeben.«

»Eine Freundin von mir arbeitet in einer anderen Abteilung, und sie sagt auch, dass hier viele junge Leute arbeiten, die bemüht sind.« Róisín legte ihren Arm um Nala.

»Danke. Ja, ich finde die meisten wirken auch ehrlich nett. Ich wollte mich auch, na ja …«, Quinn stockte und drückte an seinem rechten Zeigefinger herum, »bei euch entschuldigen. Dass ich oft so gereizt und abwesend gewirkt habe oder mich vielleicht nicht so viel gemeldet habe.« Vor allem Nala fixierte er bei seiner Ansprache. »Es ist nur so. Ich … Ich … schaffe das alles nicht mehr alleine.« Quinn kämpfte mit den Tränen. Er presste seinen Zeigefinger, als wäre er ein Notfallknopf, schluckte schwer und blinzelte nur noch selten, vermutlich, um die Tränen zurückzuhalten.

»Können wir bitte an einen ruhigen Ort gehen.« Verstohlen sah Quinn sich um. »Um, um zu reden?«

Wir hatten uns alle auf den Weg in den Laden gemacht. Bisher war kaum jemand in der Lage gewesen, zu sprechen. Die Anspannung lag in der Luft. Sie verdickte die Atmosphäre. So als könnte ich die Realität um mich in Scheiben schneiden. Als ich die erlösende Glocke vom *Murphy's* über uns hörte und die Tür ins Schloss fiel, drehte sich Quinn zu uns um. Er wirkte wie kurz vorm Platzen, und noch bevor ich weiter darüber nachdenken konnte, was ihn bedrückte, sprudelte es aus ihm hervor.

»Jemand von den *Druids* war bei Dad. Und ich habe unter seinen Klamotten einen Umschlag gefunden. Darin war ein Foto mit einem Vertrag.«

»Einem Vertrag?« Caras Gesicht veränderte sich. Als würde sie ein Auto auf sich zurasen sehen.

»Einen Vertrag, der besagt, dass durch die Vermittlung der Ladenkundschaft von den *Emerald Druids* das *Murphy's* ihnen auch zum Teil gehört. Aber nicht nur das. Sie wissen, wo mein Dad in Kur gehen wird. Fotos über seine Krankenhausakten. Sie sind überall, und ich weiß nicht, wie weit sie gehen würden, um zu bekommen, was sie wollen … Wenn ich das mit den Umhängen jetzt nicht hinbekomme, dann …«

Niemand sagte etwas. Cara legte ihre Hand über ihren Mund, und Felix packte Owens Shirt, Ró und Nala nahmen sich an den Händen. Und ich? Keine Ahnung, was ich tat. Ich hatte die Luft angehalten, blinzelte nicht mehr, mein Puls beschleunigte sich, und mein Herzschlag dröhnte in meinen Ohren, dass ich wohl bald neben dem alten Murphy liegen musste.

Hatte er gerade wirklich das Wort *Druids* ausgesprochen?

Cara räusperte sich, und ich erkannte, wie sie zuerst Quinn anguckte und dann auf mich deutete.

»Oh, ich, ich habe ganz vergessen …« Quinn machte einen Schritt auf mich zu.

Und ich hatte vergessen, so zu tun, als wüsste ich nichts. Vielleicht wusste ich ja auch nichts. Vielleicht meinte er mit *Druids* einen … Was? Bikerclub, der so hieß?

Komm schon, Henry, das glaubst du selbst nicht.

»Was ist mit den *D-druids?*«, stolperten die Worte aus mir, und damit hielt ich Quinn auf Abstand.

Bei dem Wort *Druids* versteifte er sich und sah zu Boden.

»Das ist echt 'ne lange Geschichte«, sagte Felix, ließ Owens Shirt los und strich es glatt. »Aber – sorry fürs Unterbrechen – Quinn, was wollen die *Druids* mit deinem Dad, und wozu diese Akten?«

»Ich verstehe gerade auch nur Bahnhof, Quinn.« Nala ließ die Hand meiner Schwester los und eilte neben ihren besten Freund, um ihm unterstützend die Hand auf den Rücken zu legen. »Machen die doch mehr? Mehr, als dich nur zu ermahnen, die Umhänge endlich fertig zu machen?«

»Warum hast du nichts gesagt?« Was? Woah. Woah. Woah. Meine Schwester wusste auch von den *Druids?* Ró linste zu mir, und ihrer Miene nach zu urteilen war ihr das alles tatsächlich nicht neu. Sie hatte mir das verheimlicht? Okay, ich ihr auch, und ich hatte auch viel zu selten nachgefragt, was bei ihr abging.

»Wir haben doch Felix auch nach dieser Zeit beigestanden. Du musst kein Geheimnis daraus machen«, sagte Owen.

»Ähm.« Warum meldete ich mich jetzt überhaupt zu Wort? »Äh.« Ja, was äh? Du Esel. »Worum geht es hier?« Mein Magen rumorte. Ich log nicht gerne. Aber etwas in mir sagte, ich sollte erst hören, was sie über die *Druids* wussten, denn das war offenbar deutlich mehr, als *ich* wusste.

»Sorry, stimmt.« Felix schenkte mir ein aufmunterndes Lächeln. »Vielleicht solltet ihr erst mal reden?«

»Nein«, stieß Quinn atemlos aus. »Sonst überlege ich mir das wieder anders, und das geht nicht. Ich habe meinen Dad gesehen. Wie fertig er ist. Ich, ich kann das nicht so weitermachen wie er. Ich brauche Hilfe.«

Von einem Moment auf den anderen wirkte er völlig kraftlos, als hätte ihn diese Bitte um Hilfe ausgesaugt. »Die *Druids* sind eine geheime Vereinigung von echt üblen, reichen Leuten, die ihr Geld und ihre Kontakte nutzen, um sich alles zu erlauben, was sie wollen. Dad hat mich heute endlich mehr in seinen Kampf gegen sie eingeweiht. Anscheinend haben wir – also das *Murphy's* – so eine Art Sonderstatus. Wir gehören nicht richtig zu den *Druids,* aber ein wenig halt doch. Ein Ururopa, der den Laden gegründet hat, wäre beinah in Konkurs gegangen, gerade als er kurz davor war, ein Teil der *Druids* zu werden. Als die das herausgefunden haben, war es das mit der Vollmitgliedschaft, aber sie haben ihm angeboten, ihm *Druids*-Kundschaft zu vermitteln und Geld, um den Laden zu retten. Dafür musste er aber von da an diese Umhänge machen. Die Schulden sind inzwischen wohl längst beglichen, aber sie lassen uns nicht vom Haken, weil wir inzwischen so von ihnen abhängig sind, und …« Quinns Worte vermengten sich zu einem Rauschen. Kein Empfang mehr. Ich konnte seiner Stimme nicht mehr folgen. Wenn er recht hatte, wo hatte ich mich da bitte hineinmanövriert? Wie hatte ich mich so täuschen können?

Während Quinn, Felix und die anderen mir erzählten, was sie mit den *Emerald Druids* erlebt hatten, wurde mir mehr und mehr übel. Ich hatte mich zwischenzeitlich doch auf den Stuhl gesetzt. Nachdem sie mir ihre Sicht der Dinge geschildert hatten, war Quinn wieder an der Reihe gewesen und hatte uns über alles aufgeklärt, was hinter den Kulissen des *Murphy's* die letzten Wochen passiert war. Die Drohungen und die Erpressungen. Die anderen waren entsetzt darüber, dass Quinn ihnen nicht berichtet hatte, aber nicht darüber, wie weit die *Druids* gingen. Für mich hingegen war es ein zusätzlicher Schock. Die *Emerald Druids,* Scarlett, Hudson, Poppy, Oliver, sie alle konnten doch nicht dermaßen böse sein. Oder? Oder!?

»Das ist bestimmt viel für dich, oder?« Meine Schwester hockte sich vor mich und legte ihre Hände auf meinen Schoß. Ró hatte von allen noch am wenigsten Ahnung gehabt, was es mit den *Druids* auf sich hatte. Sie hatte zwar als beste Freundin von Owen eine Art Schnellkurs über die *Druids* bekommen, aber sie hatten dann wohl auch beschlossen, sie nicht zu sehr da hineinzuziehen. Dennoch … Sogar sie hatte Bescheid gewusst. Und ich Vogel lief in ihre Arme.

Der einzige Strohhalm, an den ich mich jetzt noch klammerte, war, dass ich trotzdem nicht glauben konnte, dass ich mit meiner Einschätzung so falschgelegen hatte, was meine bisherigen *Druids*-Bekanntschaften betraf. Ich kannte mich. Wenn ich eines schon immer gut gekonnt hatte, dann, Menschen richtig einzuschätzen. Scarlett war nicht nur eine böse, reiche Betrügerin. Sie konnte auch nett sein. Und sie war ehrlich mit Yoshi befreundet. Yoshi steckte da ja sogar auch mit drin, sie half Scar, Leute zu rekrutieren. Wenn Yoshi Scarlett auch mochte, musste doch etwas an meinen Erfahrungen stimmen. Und Oliver war zwar schräg, aber nicht von Grund auf schlecht. Und Hudson …

»Hallo? Brüderchen?« Rós Stimme holte mich endgültig aus meinen Gedanken.

»Sorry, was?«

»Das ist bestimmt viel für dich, oder?« Cara kam zu uns. Hinter ihr erkannte ich Quinn, der mit Nala vorm Laptop stand, um ihr die Mails und Verträge der *Druids* zu zeigen.

»Genau das habe ich auch gerade gefragt«, sagte Ró und erhob sich. Ihr Knie knackte dabei. »Au, ich werde alt.«

»Ja, ich –« Owen kam zu uns und unterbrach mich.

»Komm, ich mach mit dir ein paar Dehnübungen. Die kannst du dann jeden Tag nachmachen, damit das besser wird.« Owen schnappte sich Ró und lotste sie nach hinten zur Treppe.

»Och, nee. Warum habe ich das laut gesagt. Bitte, Ow, lass einmal nicht den besorgten Mediziner raushängen.« Zu spät. Keine zwei Sekunden später saß Ró auf der Treppenstufe und radelte mit den Beinen in der Luft.

»Niemals vor Owen sagen, dass einem etwas wehtut«, kam es von Felix, der sich zu Cara und mir gesellte. »Hast du das einigermaßen verdaut?«

»Ähm, ja. Echt heftig, und die sind echt so schlimm? Also die

Emerald Druids?« Ich erhob mich wieder und schob den Stuhl zurück. »Nicht nur ein paar von denen? Echt alle, alle? Sie wollen vielleicht auch nur eine Gruppe sein, um sich zu unterst…«

»Na ja, es sind nicht alle megaböse.« Felix unterbrach mich sofort und knabberte dann an seiner Unterlippe. Gleichzeitig massierte er sein Ohrläppchen. »Aber ja, es kann echt gruselig bei deren Ritualnacht sein. Du kannst dir das nicht vorstellen, wenn du nicht dabei warst.«

Also doch nicht luxuriös, pompös und amüsant, wie Scarlett und Oliver es dargestellt hatten?

»Und du hast echt nichts gemerkt? Ich meine, du gibst Scar Nachhilfe und, na ja, bist nicht gerade unwohlhabend. Ist das ein Wort?« Felix' Kopf neigte sich zu Cara. »Unwohlhabend?«

Cara zuckte mit den Schultern und behielt mich im Blick.

»Ob ich etwas mitbekommen habe?« Ich konnte sie doch nicht anlügen. Nicht in dieser Runde, in der sie mir alles erzählt hatten. »Na ja, Scar hat mir gesagt, dass –«

»Leute? Nala und ich haben uns noch mal die Sachen der *Druids* genauer angeguckt. Das mit dem Laden, der Kundschaft und so weiter. Es ist leider kein Bluff, auf den ich reingefallen bin.« Quinns erhobene Stimme genügte, um meine Erzählung zu beenden und Caras Aufmerksamkeit von mir auf ihn zu lenken.

»Also ich habe ja mit denen –«

»Tut mir leid, dass ich euch da jetzt doch mit hineinziehe.« Quinn unterbrach mich und klappte den Laptop zu, bevor er mit Nala zu uns kam. »Könntet ihr mir vielleicht helfen?« Geknickt massierte Quinn seine Finger und sah niemanden von uns direkt an.

»Natürlich sind wir für dich da. Es ist unglaublich, was du alles in dich hineingefressen hast, Quinn.« Viel zu gehetzt purzelten diese Worte aus mir. Ob ich ihm half? Was für eine Frage! Klar. Trotzdem schwitzte ich, mein Herz schlug so schnell wie seit Langem nicht. All das, was ich gerade über die *Emerald*

Druids erfahren hatte, brachte mich innerlich zum Durchdrehen. Diese ganze Geschichte schwirrte in meinem Kopf. Seine Panik in den Augen drückte mein Herz fest zusammen, dass es in meinem gesamten Körper zu spüren war. Quinns Kampf bereitete mir eine Gänsehaut. Und ich? Ich wäre da beinahe darauf reingefallen. Ich naiver Esel.

»Er hat recht«, sagte Nala und holte mich damit aus meiner Angstattacke.

»Genau, und ich muss auch unbedingt mit dir über –«

»Och, Quinny.« Felix stürzte auf ihn zu und nahm ihn in die Arme. Mir war klar, dass es gerade um ihn ging, aber konnte mich endlich jemand zu Wort kommen lassen?

Schwindel überkam mich. Das *Murphy's* verwandelte sich in ein Hochgeschwindigkeitskarussell. Ich wollte das loswerden. Die *Druids* waren für mich so was von Geschichte. Meine Leute hier, Quinn, der Laden und all ihre Erlebnisse mit den *Druids* trieben mich so weit weg von ihnen, dass ich mich am liebsten unter einer heißen Dusche reinwaschen wollte. Aber zunächst musste ich ihnen sagen, was ich wusste.

»Nenn mich nicht so.« Quinn senkte den Kopf und lachte schüchtern die Unfähigkeit, Hilfe anzunehmen, weg.

Er tat mir so leid, nur ... Was, wenn sie sich alle gegen mich stellten, sobald ich meinen Mund aufmachte?

»Du armer Mäuserich.« Cara folgte und warf einen Seitenblick zu mir. »Nicht wahr, Henry?« Ich sagte nichts.

»So auch nicht.« Quinns Proteste nahm niemand ernst, denn alle folgten nach und nach, bis sie in einer großen Umarmung den Gang versperrten. Alle bis auf mich.

Ich wollte nicht wieder ohne sie sein. Ohne Quinn sein. Aber ich konnte sie auch nicht anlügen.

»Leute, bitte ...« Mir schnürte es die Kehle zu.

Außer Atem vor dieser Erkenntnis, von den *Druids* so hinters Licht geführt worden zu sein, drehte sich alles um mich weiter. Die Angst, sie alle zu verlieren, wuchs an.

»Darf ich nur vorher schlafen?«, kam es von Róisín, was sie alle auflachen ließ und mich schon wieder unterbrach.

»Ja, bitte.« Nala wuschelte durch Quinns Haare.

»Dann entwickeln wir, sobald wir aufstehen, in der Whatsapp-Gruppe einen Plan und treffen uns dann«, schlug Ró vor, wofür sie kollektive Zustimmung erhielt.

Wieder fühlte ich mich mehr und mehr wie ein Teil dieser Gruppe. Einer Gruppe, die ich nicht weiter belügen wollte, ich musste spätestens jetzt die Notbremse ziehen, reinen Tisch machen und hinter Quinn stehen.

»Ja, finde ich auch, tolle Idee, aber mir wäre es noch wichtig, dass ich euch von Sca…«

»Gute Idee, danke, dass ihr für mich da seid«, stimmte Quinn mit ein, und er sah mich an. Er hatte mich unterbrochen und es gemerkt. An seinem Blick erkannte ich, dass er sich fragte, warum ich nicht bei ihm und den anderen stand. Warum ich mich nicht wiederholte. Ich nicht, wie gewohnt, laut war. Sein Mund öffnete sich, und ich kam ihm zuvor.

»Sobald du mich brauchst, bin ich da.« Die *Druids* waren Geschichte. Ihre Vorteile, ihre Kontakte und ihr Einfluss, alles verpuffte. Was jetzt und in diesem Augenblick zählte, war Quinn.

Deshalb entschied ich, mit Quinn alleine über die *Druids* zu sprechen und ihm alles zu erzählen. Dass ich beinahe auf die *Druids* reingefallen wäre, aber sie mir die Augen geöffnet hatten. Ich hoffte, sie verstanden das. Aber jetzt, genau jetzt, war es Quinns Moment, und er brauchte die Bestätigung, dass er uns nicht zu viel war. Dass es okay war, nach Hilfe zu fragen. Es ging gerade nicht um mich.

»Wir müssen ab heute zusammenhalten, und dann packen wir das alles«, fügte ich hinzu und wurde Teil der Riesen-Gruppenumarmung.

Zusammen mit Cara, Róisín und Nala saß ich am nächsten Tag auf der Dachterrasse des *Viirgos,* einer Rooftop-Bar, die zum *Pompadour Fireside Hotel* gehörte. Nachdem Cara wegen ihrer Arbeit am Buch und Pendeln nach Dublin zu ihrem Verlag wenig Zeit gehabt hatte, wollte sie sich endlich mit mir treffen und live über das Interview sprechen. Auf dem Weg hierher hatte ich mit ihnen Details meiner Kolumne besprochen, doch jetzt genossen wir auch ein wenig den gesponserten Luxus. Und ich die Ruhe vor dem Sturm. Der Name des Sturms? Dieses Hurrikans? Er nannte sich die Quinn-Henry-Aussprache.

Ja, die *Druids* waren nicht nur böse. Zumindest nicht das gesamte System, nicht alle Menschen dahinter. Wir alle waren Grauschattierungen unser möglichen Persönlichkeiten, Abstufungen unserer Fähigkeiten, gut oder böse zu sein. Trotzdem entschieden sie sich alle ab einem gewissen Punkt, spätestens sobald sie die gesamte Wahrheit kannten, dafür, diese grausamen Dinge mitzutragen. Selbst Scar, Oliver, Poppy und Hudson. Und davon würde ich mich distanzieren. Quinn war und würde immer meine erste Wahl sein.

Meine Gedanken waren nur noch bei ihm. Dieses Geheimnis für mich zu behalten wurde von Minute zu Minute schlimmer. Für ihn und für mich.

Bis ich endlich Zeit mit Quinn alleine bekam, fokussierte ich mich auf das Interview mit Cara. Denn bald war sie bis dahin wieder aus der Stadt, und ich musste den Tag nutzen. Und Quinn arbeitete bereits mit uns allen abwechselnd an den Umhängen und am *Druids*-Problem. Wir hatten noch keine einzige Sekunde alleine gehabt, und jedes Mal wenn ich ihn um ein wenig Zeit alleine bat, sagte er mir ab und forderte Verständnis ein. Verständnis, dass dies oder das jetzt Vorrang hatte. Und sobald er zu Hause war, drehte er das Handy ab und schlief. Was ich ihm auch gönnte. Aber verdammt, ich musste ihm das sagen.

Ich seufzte und konzentrierte mich wieder auf das Hier und Jetzt. Überall standen flauschige Stühle in Dunkelrot, Blau, aus

Fake-Leder oder mit Mustern an kleinen Tischen, an denen fein gekleidete Menschen Cocktails aus abgedrehten Gläsern schlürften. Ich konnte meine Augen nicht vom Barkeeper lassen, der hinter der blau gefliesten Bar seinen Cocktailmixbecher durch die Luft wirbelte. Der Becher drehte sich über seinem Kopf, ehe er ihn wieder fing und eine neue Flasche aus der goldenen und verspiegelten Theke holte, um ihren Inhalt unterzumischen.

Als mein Handy in meiner Tasche vibrierte, ließ ich Cara, Nala und Ró kurz alleine und machte einen Schritt zurück.

Eine Mail vom Magazin, die darauf drängten, dass ich ihnen den nächsten Beitrag zum Löwe-Stier-Experiment schickte. Tja, auch bei Victor hatte sich mein Gefühl nicht geirrt. Er gehörte auch zu den *Druids,* und sein scheußliches Verhalten passte mehr zu dem, was ich über sie erfahren hatte. Gut, dass ich im Taxi meinen Text fertig gemacht hatte. Heutiges Thema: Wie Löwe und Stier in Krisensituationen miteinander harmonierten. Darüber hatte ich nach dem Krankenhausvorfall genug Stoff. Ich packte das Handy fürs Erste wieder weg und schloss zu Ró sowie Nala auf.

Endlich winkte uns eine Kellnerin zu. Wir folgten ihr auf die Terrasse und setzten uns an einen der blassrosa Tische in einer Ecke. Dank des glänzenden Glasgeländers hatten wir einen wunderschönen Blick hinab zum River Lee. Er glitzerte, als schwammen Diamanten in ihm.

»Was für eine Aussicht. Fühl mich voll wichtig.« Nala begutachtete den Fluss, als sähe sie ihn zum ersten Mal.

»Oder? Oder! Ich meine«, Cara räusperte sich und schwang ihre schwarzen Haare samt violetter Strähnen nach hinten. »Wir *sind* wichtig. Richtig wichtig.« Ein, zwei Sekunden hielt sie ihre Fassade noch, bis sie etwas am Nachbartisch erspähte. »Ah, haben die hier diese warmen, feuchten Handtücher zum Abwischen? Auf einem goldenen Tablett?!« Sie fächerte sich mit ihrer kleinen Handtasche Luft zu.

»Liebe es, wie gelassen du bleiben kannst. Nicht.« Nala lachte hinter vorgehaltener Hand.

»Ja, das Hotel hat mich eingeladen, dass ich mal herkomme und eine Story mache. Und da wir ja alle den Plan für Quinn ausgearbeitet haben, dachte ich: Haben wir uns verdient.«

»Und wir können es auch noch für unsere Interviewvorbereitung nutzen«, ergänzte Cara.

Während die drei noch die Karte studierten, nutzte ich die Zeit, um ein paar Impressionen mit meiner Handykamera für die Instagram-Story einzufangen.

»Ich gehe mal eben auf die Toilette, bestellt ihr für mich mit? Den Avocadotoast und einen schwarzen Kaffee mit einem Schuss kaltem Wasser.« Ich erhob mich.

Nala hielt mich mit »Warte, was?« auf. »Kaltes Wasser?«

»Trinke nur selten Milchkaffee, hasse es aber, warten zu müssen, bis der Kaffee kalt ist. Und ständig dieses Nippen, wenn ich eigentlich einen großen Schluck nehmen will, da drehe ich durch. Deswegen gebe ich ein wenig kaltes Wasser drauf. Sag das aber ja niemandem.« Damit verabschiedete ich mich und hörte Nala noch mal bei meiner Schwester nachhaken, ob ich das ernst gemeint hätte.

Drinnen bog ich direkt nach links ab. Jedoch nicht, um die Toilette aufzusuchen – sondern um endlich ein anderes Problem abzuhaken, das mir schon seit Tagen im Hinterkopf herumschwirrte. Im Gehen hatte ich die Nummer gewählt.

»Victor?«

»Mister Hinode, wird ja Zeit.«

»Sorry, viel los. Heute könnte ich wieder vorbeikommen. Die Mail vor ein paar Tagen klang etwas besorgniserregend.« Ich lief den Gang vor den Toiletten auf und ab.

»Nichts Schlimmes. Es ist nur, dass die Papierkosten steigen, und die Leute kaufen weniger, weil wir das Magazin schon einmal teurer gemacht haben. Es könnte sein, dass wir zukünftig auf die Veredelung deiner abgedruckten Kolumne verzichten müssen.«

»Bitte was? Aber das macht sie doch aus. Die goldenen Linien der Zodiac-Zeichen um meine Kolumne. Die Leute schneiden die Sternzeichen oft aus und machen Collagen für Social Media. Gratis Werbung für uns. Wie …«

»Komm heute einfach vorbei, ja? Dann besprechen wir das.« Victor schnitt mir mit seiner Endgegnerstimme das Wort ab.

»Mich nervt es ehrlich gesagt, wenn jemand nicht sofort Klartext redet, und davon, Sachen aufzuschieben, halte ich auch nichts.« Ich zügelte meine Tonlage, da zwei Frauen aus der Toilette kamen und mir merkwürdige Blicke zuwarfen. Mein Zeichen, den Löwen in mir ein wenig bändigen.

»Bis später, ich bin den ganzen Tag im Büro.« Er legte auf. Er legte einfach auf. Er legte fucking einfach auf.

Dann eben später. Um meine Wut im Bauch zu betäuben, freute ich mich auf mein Frühstück. Das half mir hoffentlich, mich abzulenken.

Wieder zurück am Tisch, dauerte es nicht lange, bis alles serviert war.

»Wie ist dein schwarzer Wasserkaffee?« Nala konnte ihre Belustigung nicht verbergen.

»Köstlich.« Demonstrativ schlürfte ich laut aus der filigranen Tasse.

»Ich habe nicht gewusst, dass ich Salat mit Erdbeeren und Melone brauche, aber es ist das Universum auf Erden.« Meine Schwester schob sich die Gabel so weit in den Mund, dass ich mich wunderte, dass sie nicht würgte.

»Hast du mal wieder mit Mam geredet?« Bei meinem Bissen in das zu knusprige Toastbrot bemerkte ich, wie sich die Brösel über meinen Teller hinweg auf dem Tischtuch verteilten. Ein wenig ärgerlich, aber dafür war die Avocado perfekt gewürzt.

Mitten im Kauen hielt Ró inne. Nur eine Sekunde, aber ich merkte es. Sie schluckte eilig hinunter. »Mhm.«

»Und was sagt sie so?« Ob Mam ihr erzählt hatte, dass ich sie um ein Gespräch gebeten hatte? Als Familie. Ehrlich. Über mich. Nicht über Ró. Na ja, nicht nur *nur* über Ró.

»Sie, ähm, hat gesagt, sie besucht uns ja bald wieder und bringt selbst gemachte Marmelade mit.«

Okay. Mam hatte Ró nicht erzählt, dass ich mit ihr und Dad sprechen wollte. Verständlich. Sie kannten meine Schwester. Sie würde mich ausfragen, bis ich ihr alles erzählte, und meinen Eltern gar nicht die Zeit geben, herzukommen und alles persönlich zu klären. Das würde in einem chaotischen Telefonstreit zu viert enden.

Nala brach ihren Scone mittig entzwei, gab mit ihrem Löffel etwas von der Devon-Cream auf den Teller und dazu die Marmelade, um danach mit demselben Messer zuerst die Creme, dann die Marmelade auf einer Scone-Hälfte zu verteilen. Ich sagte nichts zu Rós Aussage und ließ mich lieber von Nalas Frühstück in den Bann ziehen.

»Wieso stehst du so auf Scones? Hätte ich nicht erwartet, dass du dir das zum Frühstück auswählst, wenn wir in einem Hotel mit jeder Menge fancy Gerichten sind.«

»Ja, habe ich mich auch gefragt«, stimmte Cara mir zu.

»Oh.« Nala legte den Scone ab. »Ich weiß auch nicht, ich liebe die einfach. Aber vor allem konnte ich mich nicht entscheiden und hab dann was Kleines genommen, um noch genug Hunger fürs Dessertbüfett übrig zu haben.«

»Oh, verstehe ich gut. Ich will auch immer am liebsten alles ausprobieren und erwische dann oft genau das, was mir nicht schmeckt. Deshalb …« Cara sprach noch weiter, aber ich musste wieder an das Gespräch mit Victor denken, bis Cara sich räusperte. »Apropos schmecken: Warum wirkst du eigentlich gerade so verändert?« Sie meinte mich, und ich spürte das, ohne dass sie von ihrer Bowl aufsah. »Hm?« Okay, jetzt guckte sie hoch und mich an.

»Was meinst du?«

Cara spielte an ihrem Unterlippenpiercing. »Du sitzt versteift da, du hörst nicht richtig zu –«

»Das stimmt nicht!«

»Was habe ich jetzt zum Schluss gesagt?«, fragte sie siegessicher und richtete sich ihre Kette.

»Dass … du … irgendwas mit Astrologie«, tippte ich.

»Okay, das stimmt, aber nur weil ich immer irgendwas mit Astrologie sage.« Cara legte ihr Besteck an den Rand ihres Tellers.

Ró und Nala wechselten einen vielsagend-verständnisvollen Blick.

»Wir gehen mal kurz nach drinnen und checken das Dessertbüfett. Und die heißen, feuchten Handtücher.« Nachdem Ró das »heiß« und »feucht« extra betont hatte, schnappte sie sich Nalas Hand, und sie verzogen sich nach drinnen.

»Also. Was ist los?« Cara stützte ihren Kopf auf ihren Händen ab, und ich erkannte, dass sie ihre Ellbogen perfekt auf die beiden Servietten platziert hatte. Brauchte sie Ellbogenschoner, weil sie ein ewig langes Gespräch erwartete?

»Mein Chef beim Magazin …«

»Victor?« Stimmt ja, Cara kannte ihn, weil er mit ihr schon mal Astrologiebeiträge machen wollte, nur hatte sie sich dagegen entschieden, weil sie ihn damals schon unseriös fand. Tja, mein schlechter Orientierungssinn traf wohl nicht nur auf Orte, sondern anscheinend doch auch auf Menschen zu.

»Exakt. Er will meine Kolumne verändern, und ich habe gefühlt kein Mitspracherecht mehr. Er will später mit mir reden. Alles supermühsam. Habe das Gefühl, die Kontrolle über die Kolumne zu verlieren, und …« Ich geriet ins Stocken.

»Und?« Cara bohrte nicht nach, ihr »Und« klang wie eine sanfte Ermutigung, mich zu öffnen.

»Und Quinn kann ich auch nicht helfen, und generell kommt es mir vor, als reden wir aneinander vorbei. Und jetzt mit der ganzen *Druids*-Sache will ich ihn auch nicht mit meinem Kram überfordern.« Ich nahm einen Schluck meines Kaffees, bis ich merkte, dass er längst leer war.

»Du musst Victor aufzeigen, dass er dich braucht.« Cara legte ihre Hand auf meine, zog sie von der Tasse weg. »Und sag jetzt nicht, dem sei nicht so. Du bist das Bild der Kolumne. Vielleicht solltest du noch ein wenig warten, bis du zu ihm gehst, und dir deine Worte genau überlegen?«

Ich nickte.

»Und wegen Quinn. Ich –«

»Kannst du unsere Geburtshoroskope auf etwas … Bestimmtes vergleichen?«, unterbrach ich sie flehend. »Nicht dass ich das nicht getan hätte, aber vielleicht übersehe ich etwas? Bin zu befangen? Keine Ahnung.«

Cara lächelte mich an. »Mach ich. Schick mir später eure Daten. Aber, worum geht es dir da eigentlich genau, was willst du wissen?«

»Ja, eben weil ich das Gefühl habe, Quinn und ich reden oft aneinander vorbei, und ich will ihm mit den *Druids* helfen. Es gibt da einige … wichtige Punkte, nur traue ich mich jetzt mittlerweile schon gar nicht mehr, es anzusprechen und – keine Ahnung.« Ich wollte Cara nicht direkt einweihen, aber so konnte ich dennoch ihre Meinung dazu hören.

»Ookay, ich gucke nach, aber jetzt genießen wir unser Essen und gehen noch mal das Interview durch, lenken dich ab, ja?« Sie nahm ihre Gabel wieder in die Hand und ließ mich los. »Und hol bitte deine Schwester und Nala wieder her.«

Nachdem ich Caras Blick gefolgt war, entdeckte ich erst, wie sie drinnen umherliefen – bewaffnet mit Handtüchern – und ständig verstohlen zu uns linsten. Also winkte ich sie wieder zu uns her, damit sie wussten, wir hatten uns ausgesprochen.

»Alles wird gut, okay?« Cara musste ich das glauben, und ich hoffte, sie hatte recht. Sie hatte immer recht. Wer, wenn nicht sie?

Während ich auf Victor wartete, inspizierte ich das alte Holzbüro mit dem olivgrünen Teppichboden. Es erinnerte mich an ein Office aus einem Siebzigerjahrestreifen, die Dad oft nachts geschaut hatte. Wie oft hatte ich durch die angelehnte Tür gelinst und mitgeschaut, weil ich nicht schlafen konnte? Es war wie eine erzwungen schöne Erinnerung mit ihm, die ich als Kind händeringend gesucht hatte. Um sie aus meinem Kopf zu verdrängen, holte ich mein Handy hervor und schrieb Cara.

Hey, sind Nala und Ró inzwischen bei ihrer Schicht im *Murphy's*? Bin bei Vic.

Jap. Hab sie gerade dort abgesetzt, warum? Und wieso bist du jetzt doch bei ihm, wenn ich dir vorhin noch gesagt habe, geh nicht hin und überlege dir zuerst deine Worte?

Weil ich Löwe bin … Perfekt. Dann hast du Zeit. Ich wollte dir doch noch Quinns und meine Daten für die Geburtshoroskope schicken.

Ach, Henry, Mann. Aber ja, okay. Auch wenn es mich wundert, dass du deiner eigenen Analyse so wenig vertraust.

Keine Ahnung, irgendwie traue ich mich nicht richtig, ins Detail zu gehen, wenn es um uns geht. Weißt du, was ich meine? Keine Ahnung, mein Kopf ist gerade Müll. Als hätte ich ihm etwas voraus, was unfair wäre. Quinn, 20. Mai 2002 – 05:32 in Cork. Henry, 21. August 1997 – 20:15 in Dublin.

Fühl ich. Irgendwie. Könnte ich zwar nicht, aber fühl ich. Gib mir einen Moment.

Du weißt, meine Geduld reicht genau von 12 Uhr bis Mittag.

Hahahhhahha, okay, ich beeile mich, Mr. Ungeduldig.

Während ich auf Caras Antwort wartete, hob ich die erste Kugel eines Kugelstoßpendels an und startete den Prozess des Aneinanderklackerns. Beständig trieben sich die Kugeln an.

Klack. Klack. Klack. Klack.

Einerseits löste es Unruhe in mir aus, andererseits hatte es etwas Friedliches. Dieses: Es ging immer weiter und weiter und weiter.

Ein wenig schüchterte mich das Büro ein, es strahlte so viel Altmodisches aus. So viel altes Gedankengut, das sich immer wieder in leeren, antrainierten Worthülsen manifestierte. Immerhin wusste mein Chef, dass ich pansexuell war, spätestens nachdem ich in meiner Kolumne in Tokio über meine Sexerfahrungen mit verschiedenen Sternzeichen geschrieben hatte.

»Hinode. Äh, Kirwan. Oder Henry? Schön, dass du da bist.«

Wieso hatte ich die Tür nicht gehört? »Henry reicht.«

Mein Handy vibrierte. Das musste Cara sein.

Victor ging um den schweren Holzschreibtisch herum und streichelte einen lebensgroßen Leoparden aus Porzellan, der danebenstand. Er setzte sich, und ein Windzug, der seinen Weg durch das offene Fenster fand, machte sich einen Spaß daraus, seine lichten grauen Haare zu durchwuscheln, die er üblicherweise tadellos über seine Glatze gekämmt trug. »Am Telefon klang es, als wärst du mit den Kürzungen nicht einverstanden.«

Das klang nicht nur so, das war ich auch nicht. In meinem Kopf formulierte ich das in nett um, und heraus kam: »Das klang nicht nur so, das bin ich auch nicht.«

Victor verzog keine Miene. »Du weißt, ich mag deine Ehrlichkeit und Offenheit, aber wir sind auch ein Unternehmen, das auf die Zahlen achten muss.«

»Das macht ihr ja auch toll, indem ihr meine Kolumne abdruckt, die euch viele Verkäufe bringt. Noch mehr mit der Veredelung.«

Victor und ich sahen uns direkt an. Tatsächlich fiel mir Augenkontakt schwer, doch ich hatte gelernt, für mich einzustehen. Wenn er zu den *Druids* gehörte, war es keine gute Idee, wenn ich es mir mit ihm verscherzte. Er hatte Macht, um mir und meiner Kolumne zu schaden.

»Wir alle im Team lieben deine Kolumne und sind dankbar dafür. Wir lieben aber auch die neue Ausrichtung, die wir uns überlegt haben. Schlichter, direkter, ohne Schnickschnack. Das trifft deinen Charme doch perfekt. Ich habe dir ja ein paar Vorschläge per Mail geschickt, von denen bist du hoffentlich ebenso begeistert wie wir.«

Seine rhetorischen Mittel konnte er sich schenken. Die *Vorschläge* sahen so aus, dass meine Kolumne in einem weißen Kasten abgedruckt werden sollte, wahlweise mit abgerundeten Ecken. Oh, nein, ich vergaß: In jeder Ecke war winzig klein mein Sonnenzeichen abgedruckt. Als *Schmuckornament.*

»Ansonsten haben wir noch andere Vorschläge.«

Andere? Wie können wir andere Versionen von nichts haben?

»Ich brauche die anderen Versionen gar nicht zu sehen. Ich mag es, wie es jetzt ist, und eine Erneuerung sollte keine Verschlechterung wegen Einsparungen am falschen Ende sein.« Mein gesamtes Vorhaben, mich zu zügeln, verpuffte.

Klack. Klack. Klack. Die Kugeln schlugen weiter aneinander und imitierten Victors und meinen Schlagabtausch.

»Weißt du, ich wollte das eigentlich nicht ansprechen, aber die Zahlen gehen ein wenig zurück. Deine Beiträge werden nicht mehr so häufig geklickt. Und ich habe den Eindruck, dein Stil ist nicht mehr so locker. Hat sich bei dir in den letzten Wochen etwas verändert?«

Okay, das kam überraschend. Das sah er mir bestimmt auch an. Es konnte unmöglich stimmen. Warum sagte er das?

Klack. Klack. Klack.

»Nun?« Victor verkeilte seine Finger ineinander, legte sein Kinn darauf und beugte sich vor. Seine Ellbogen drückten sich in die Arbeitsmatte. »Du scheinst diesen Stier aus deinem aktuellen Experiment ja wirklich zu mögen.«

Quinn. Sofort ploppte sein Gesicht in meinem Kopf auf.

Quinn. Quinn. Quinn. Quinn. Quinn. Fuck. Ich mochte ihn echt. Ich mochte auf jeden Fall seine Lippen auf meinen. Seinen Körper, der sich wie selbstverständlich gegen meinen gedrückt hatte. *Stopp, ich sitze hier bei meinem Chef und darf jetzt keine – zu spät. Hallo, kleiner Mann.*

Argh. Schluss jetzt. Professionalität!

»Ich muss vielleicht erst mal ankommen in Cork. Tokio ist sehr bunt, laut, groß gewesen, vielleicht macht Cork mich melancholischer, poetischer. Trotzdem will ich im Moment noch keine Neuerungen akzeptieren müssen.« Manchmal hasste ich mich dafür, dass ich damals jung und naiv ihrem Vertrag zugestimmt hatte, ohne genug Selbstbestimmungsrecht eingefordert zu haben. Ich wollte alles, was mir durch den Kopf ging, raushauen, aber ich kannte meine Schwäche, ich musste durchatmen und überlegen.

Klack. Klack. Kla… Victor hielt die Kugel mit seinen Fingern auf, und das Schauspiel stoppte. Ja, alles ging unendlich weiter, bis wir uns einem Hindernis stellen mussten, das uns ausbremste.

»Wir bezahlen dir gutes Geld.« Vic lehnte sich in seinem Stuhl zurück und tippte eine Fingerkuppe nach der anderen aneinander. »Wir haben dich aufgebaut.«

»Und ich mit euch das Magazin.« Nein, wenn er mich kleinmachen wollte, indem er die Fakten verdrehte und mit Psychoterror begann, spielte er mit dem Falschen.

Etwas Finsteres huschte über seine Miene, ein Auge zuckte, vertiefte seine Fältchen auf der sonnengebräunten Haut – vielleicht würde er Geld sparen, wenn er mal auf einen seiner Urlaube verzichtete. Dieser Funke in seiner Mimik wurde von einem nicht weniger bedrohlichen Lächeln abgelöst.

»Ich habe deinen Namen auf der Liste für die Ritualnacht gesehen.« Ich versteifte mich. Worauf wollte Victor hinaus? »Und dann habe ich deine Akte gelesen.«

Die hatten eine Akte über mich angelegt? Mir wurde übel.

»Versteh mich nicht falsch, Henry. Ich schätze deine Arbeit sehr.« Er beugte sich vor. »Doch wie heißt es so schön? Eine Hand wäscht die andere, aber wenn eine Hand die andere beschmutzt, dann …«

Ich schluckte. »Dann?«

»Kann es auch sein, dass wir deine Kolumne kürzen müssen. Eventuell, weil wir stattdessen … Hm, mal sehen.« Victor ließ seine Hand kreisen, als wartete er auf einen Einfall. Doch ich ahnte, er wusste genau, was er sagen wollte. »Einen Artikel über einen gewissen Herrenausstatterladen bringen wollen, der seine Kundschaft betrügt. Was meinst du?« Victor erpresste mich. Mit Quinn. Weil er dachte, Quinn wäre mein fester Freund. Mein ganzer Bodyguard-Fake-Dating-Scheiß ritt Quinn gerade noch mehr in die Scheiße, die ich damit hatte verhindern wollen. Ich beschissener Esel.

Victor klatschte zufrieden die Hände zusammen und stand auf. »Ach. Weißt du was? Wir vertagen das und machen uns beide noch mal Gedanken, ja?«

Klang nach Schonfrist, aber das kam mir ganz recht. Ich konnte mir Argumente überlegen. »Okay.«

Das Gespräch hallte in mir nach, und je mehr Raum sich das Echo der Diskussion und seiner Drohung in meinem Kopf nahm, desto bessere Erwiderungen fielen mir ein, zumindest was die Kolumne betraf. Warum kamen die passenden Gegenargumente immer erst zu spät? War das ein Naturgesetz? *Hmpf.* Die Drohungen Quinn gegenüber machten mich fertig. Ich musste endlich mit ihm über alles reden.

Ich fuhr mir über den Kopf und tat das Richtige. Nämlich von meiner Kücheninsel springen, ins Badezimmer laufen, meinen Kulturbeutel öffnen und den Rasierer herausholen. Mein Spiegelbild sah mich mit zerknautschtem Gesicht an.

»Wir machen das jetzt nicht, Henry«, sagte ich zu mir.

Im nächsten Moment surrte der Rasierer auf und fuhr durch meine nachgewachsenen Haare. Die ersten Strähnen fielen in das sandsteinfarbene Waschbecken.

»Jetzt hab ich einen abrasierten Strich mittig vom Kopf.«

Cork hatte mich die letzten Wochen verändert. Nein, so stimmte das nicht. Es hatte mich wieder zurückgeworfen in die Unsicherheit und Rastlosigkeit, gegen die ich vor meiner Zeit in Tokio so gekämpft hatte. Ich musste wieder mehr Kontrolle über meine Impulsivität gewinnen. Dachte ich und holte im nächsten Moment den Minirasierer aus dem Kulturbeutel, um mir einen Strich an den Rand der linken Augenbraue zu rasieren. »Ich bin offiziell ein Volldepp.«

Mein Handy vibrierte in meiner Hosentasche, und ich zuckte zusammen. »Heilige Scheiße.« Ich legte den Rasierer weg und holte es heraus.

Hallooo? Hat Vic dich in eine Sekte entführt?

Mist, Cara. Ihre Nachricht hatte ich völlig vergessen.

Sorry, bin etwas durch den Wind. Gespräch war eine Katastrophe. Moment, ich lese deine Nachrichten nach.

Cara hatte mir ein paar Texte zu Quinns und meiner Kompatibilität geschickt. Alles in allem schienen unsere Geburtshoroskope zu matchen. So weit nicht überraschend, das hatte ich ja selbst schon gecheckt. Wir hatten vierundzwanzig Aspekte, die Harmonie und Kompatibilität aussagten, fünfzehn exakte Aspekte, die haargenau passten, drei Liebesaspekte, einen Schlüsselaspekt, der sagte, dass wir gut ineinandergriffen, und drei leidenschaftliche Aspekte. Dank meines feurigen, impulsiven Geburtshoroskops gegenüber seinem geerdeten ergaben sich auch ein paar schwierige Konfliktaspekte, die aber nicht unüberwindbar waren. Ich las Caras Nachrichten weiter.

Wie du siehst, passt ihr zusammen. Nur … Du willst immer deine »Alles muss jetzt sofort sein, weil ich ein sechzehnjähriger Drama-Teenie bin, der alles rebellisch ausspricht«-Art durchsetzen, und Quinn fühlt sich unwohl, sich ständig gegen dich behaupten zu müssen, verschließt sich dann, bis du ihn zum Ausbruch reizt.

Ich hasste es, wie recht Cara hatte.

Ihr spürt beide, dass ihr Bemühungen ineinander steckt, die zu nichts führen. Und da ihr gerade dabei seid, euch selbst zu verwirklichen, gebt ihr euch Ratschläge, ohne auf die Sichtweise des anderen einzugehen, bis ihr dann streitet. Wenn es um deine konkrete Frage geht, wie du Punkte am besten ansprichst, bei denen du das Gefühl hast, den perfekten Moment verpasst zu haben, dann ist Abwarten vielleicht erst mal gar nicht schlecht. Wie du oben siehst, platzt du ohnehin oft zu unüberlegt mit allem raus und hättest Quinn nur wieder vor den Kopf gestoßen. Leg dir deine Worte gut zurecht. Geh es behutsam an – nicht so wie bei deinem Chef!! Quinn muss wissen, wie du zu ihm stehst. Sag ihm, wie wichtig er dir ist, was du fühlst, wie es konkret in dir aussieht, damit er weiß, du bist ohne Wenn und Aber auf seiner Seite. Aber dann … mein lieber Henry, spuck es endlich aus und rede verdammt noch mal mit Quinn, denn dieser Stier hier erfährt nicht gern als Letzter von wichtigen Dingen, die ihn betreffen.

Ich scrollte im Chat wieder nach unten.

Danke, Cara. Du hast recht, ich werde mich mehr auf Quinn einlassen und mit ihm reden.

Da Astrologie ein großer Teil meines Lebens war, wünschte ich mir, dass das zwischen mir und Quinn passte. Ich schickte die Nachricht ab und rasierte mir weiter den Kopf.

Kapitel 14

Quinn

Auszug aus *Astro-Logic-y – My Zodiac Love* by Cara Mitsou: Und warum ist es wichtig, exakt anzugeben, wann und wo wir geboren sind? Weil Planeten, Häuser, Sternzeichen alle irgendwo ihre Grenzen haben. In einer Minute könntest du noch Fische im ersten Haus sein, in der nächsten etwas anderes.

Glücklicherweise hatte ich alleine vorgearbeitet, und Dad hatte ebenfalls einige angefertigt gehabt, sodass wir als Team in den letzten paar Tagen die Umhänge fertiggestellt hatten. Ich konnte es nicht fassen. All die Stunden, die Nachtschichten, in denen sich meine Liebsten abgewechselt hatten, um mit mir die Bestellungen fertig zu bekommen. Das war auch nötig, weil mich gestern ein Sticker an der Ladentür an die nahende Deadline erinnert hatte. Ein Sticker mit dem Symbol der *Druids*. Dennoch. Die Hilfe meiner Liebsten rührte mich zu Tränen. Vor allem Rys tat so viel für mich. Beinahe schon zu viel. Als würde er eine Schuld abarbeiten wollen. Deshalb tat es mir auch leid, dass ich keine einzige freie Minute gefunden hatte, in denen wir alleine gewesen waren. Er hatte mich beinah alle paar Stunden nach einem Telefonat, einem Kaffee oder einem Restaurantbesuch gefragt, aber die Umhänge hatten Priorität. Und wenn ich nicht an ihnen hing, zwang ich mich, zu schlafen, um fit zu bleiben. Aber ich hoffte, von nun an mehr Zeit mit Henry alleine zu finden. Die Erlebnisse mit meinen Leuten als Team gehörten dennoch zu den schönsten Erinnerungen, die ich von nun an für den Rest meines Lebens in mir tragen durfte. Na ja, bis auf die Schuldgefühle, weil ich eigentlich alles alleine stemmen wollte.

Da war diese eine Schicht, die ich mit Cara, Owen und Róisín durchgezogen hatte. Róisín hatte uns Milchshakes besorgt, mit denen wir zu Harry Styles im Kreis herumtanzten, als ich gewartet hatte, bis die Pizzabotin das Wechselgeld geholt hatte. Oder jedes Mal wenn ich mich beim Nähen vertat, mussten wir eine Praline essen.

Mit Henry und Robin hatte ich während eines Gewitters die Umhänge mit dem *Druids*-Logo bestickt, nebenbei Dokus über Serienkiller geguckt und bei jedem Donner aufgeschrien, der auf einen Blitz folgte. Wobei mir wieder einfiel, dass Henry Robin nach jedem Gähnen nach Hause schicken wollte. Er hatte ständig versucht, mit mir alleine zu seine. Eigentlich echt niedlich, aber der Nachdruck, mit dem Henry das getan hatte, irritierte mich im Nachhinein. Na ja, jedenfalls hatten wir danach eine Partypizza zu dritt verdrückt.

Oh. Nicht zu vergessen die Nachmittagsschicht mit Róisín und Nala, in der wir uns gegenseitig Umhänge raussuchten, um sie topmodelmäßig vorzuführen. Was hauptsächlich dazu gedient hatte, um eventuelle Fehler zu finden, aber lustig war es trotzdem gewesen. Róisín hatte uns auch anvertraut, dass ihre Eltern die Familienfeste für sie boykottierten, da einige noch ihren Deadname verwendeten und sie deshalb nun extra Feiern mit den unproblematischen Familienmitgliedern organisierten. Henry und sie hatten echt die perfekten Eltern, wofür ich die beiden beneidete. Diese Offenheit wünschte ich mir zwischen meinem Dad und mir auch.

Heute legte ich meinen Arm um Felix, den anderen um Nala, und gemeinsam bestaunten wir den Turm an Paketen, der sich vor uns auftat. »Danke! Wir haben es echt geschafft.«

»Wir sind eben die Besten«, fügte Nala hinzu, und in meinem Kopf ergänzte ich: *Vor allem du, Nala*. Sie hatte mehr und länger als alle anderen mitgeholfen. Keine Ahnung, was ich ohne sie gemacht hätte.

»Hat Hudson sich noch mal gemeldet?« Felix stöhnte erschöpft auf, dehnte seine Arme und setzte sich auf den Hocker neben die Pakete.

»Er hat mir jeden Tag Mails mit irgendwelchen Drohungen geschrieben. Ich bin so froh, wenn ich endlich ausliefern kann, nur … ehrlich gesagt weiß ich nicht, wie ich das aushalten soll auf die Dauer. In Zukunft meine ich. Spätestens nächstes Jahr geht das doch wieder von vorn los. Und den Rest des Jahres über muss ich Anzüge schneidern, die ich nicht mag, für Leute, die ich hasse und die mich jederzeit in den Bankrott treiben können, wenn ich nicht nach ihrer Pfeife tanze.« Ich setzte mich vor Felix auf den Boden und umschloss den Strohhalm des Bechers mit meinen Lippen. Nein, lauwarmer Bubble Tea war nicht so der Hit.

»Beschissen ist, dass es keine leeren Drohungen sind.« Nala kickte die aufgebrauchte Paketbandrolle weg. »Er hat bereits zwei Stammkundinnen dazu gebracht, ihre Bestellungen zu stornieren, und uns direkt danach eine Mail geschrieben mit: ›Na? Gerade zwei Stornos reinbekommen?‹«

Daran musste mich Nala nicht erinnern.

»Boah, als ihr den Screen in die Gruppe geschickt habt, bin ich ausgerastet in meinem Bett.« Ich stellte mir vor, wie Felix unter der Decke strampelte und ins Handy schimpfte.

»Ist dein Dad mittlerweile auf Kur?«, hakte Nala nach.

Ich nickte.

»Wo?« Felix warf seinen Becher in Richtung Mülleimer und verfehlte ihn so weit, dass ich schmunzeln musste.

»Nicht soo weit weg von Cork Stadt. Little Island.«

»Okay, das geht. Ich hoffe ja, dass es ihm bald besser geht und alles, dies, das, bla, bla, aber: Wir konnte er so naiv sein und sich dermaßen auf die *Druids* einlassen, dass ihr nun so abhängig seid?«

»Ich weiß, du hast recht. Aber ich will gerade nicht schlecht über ihn reden, sorry … Außerdem hat er doch selbst diese ganzen Verstrickungen schon geerbt. Klar, dagegen unternommen hat er auch nichts, aber wenn er es nicht geschafft hat, sich daraus zu befreien … vielleicht geht das dann auch einfach nicht?«

»Ja, ach, er tut mir so leid. Wenn ich dran denke, wie er da in der Kur ist und bestimmt Panik hat, noch mal einen Schlaganfall zu bekommen.« Felix fächerte sich mit den Händen Luft zu.

»Felix, bitte. Erinnere Quinn nicht noch daran, du Klischee-Fisch.« Nala warf ihm ihren leeren Becher zu.

»Hey!« Er fing ihn auf und warf ihn ebenso weit am Mülleimer vorbei wie zuvor. »Boah. Ich bin echt nicht gut in so was.«

»Keine Sorge, ich denke auch so ständig darüber nach, was mein Vater durchmacht. Wie gesagt, im Moment fällt es mir schwer, ihm böse zu sein. Denn mein Opa und mein Uropa haben es leichter gehabt. Früher haben reiche Männer einen Herrenausstatter besucht, wenn sie etwas auf sich gehalten haben. Heute, na ja, jeder Klamottenladen hat ein, zwei billige Anzüge im Sortiment.«

»Du musst echt auf dich aufpassen, Quinny. Nicht dass du dir zu viel zumutest. Vergiss nicht, dass deine Eltern zu zweit und viel älter waren und die Unterstützung deines Großvaters hatten, als sie das *Murphy's* geführt haben.« Felix nahm mich in die Arme. »Ja?«

Ich nickte. Doch innerlich fragte ich mich, wie ich das überhaupt anstellen sollte: auf mich aufpassen. Die *Druids* völlig abstoßen konnte ich nicht. Wie sollte ich alleine genug neue Kundschaft finden, die bereit war, unsere Preise zu zahlen?

»Kommst du dann auch ohne Ow und mich klar?« Felix ließ mich los und stemmte die Hände in die Hüften. »Oder soll ich dableiben?«

»Nee, du fährst gefälligst mit zu Owens Familie. Du willst nur eine Ausrede, um hierzubleiben«, mischte sich Nala ein und stellte sich neben mich.

»Ich hasse euch. Ich will aber nicht mitfahren, was, wenn die mich alle nicht mögen?« Felix schnaubte verzweifelt.

»Sie werden dich mögen. Und du hasst uns nicht.« Ich stieß mit meinem Fuß gegen seinen.

»Doch.« Felix schob trotzig sein Kinn vor.

»Sie ertragen sogar Owen. Wie sollen sie da dich nicht mögen?« Nala sagte das so ernst, dass wir alle gleichzeitig losprusteten.

»Was, wenn ich was Falsches mache? Wenn ich mich beim Essen verschlucke, huste und den Tisch vollrotze? Wenn ich Durchfall bekomme? Wenn ich einen Witz mache und keiner lacht? Wenn …«

»Felix.« Ich stützte mich ab und stieß ihn sanft mit meinem Fuß gegen die Stirn. »Schnauze.«

»Fick dich. Geh weg mit deinen Füßen.« Felix spielte einen Würgereiz vor.

»Buch dir lieber, bevor ihr abfahrt, noch eine Doppelstunde bei deiner Therapeutin«, schlug Nala vor und wedelte ebenfalls mit ihrem Fuß vor Felix' Gesicht herum.

»Hört auf!« Lachend sprang Felix auf und nahm eine ungelenke Kampfsporthaltung ein. »Warum eine doppelte? Für dich, oder was?« Felix sah Nala herausfordernd an.

»Die bräuchten wir alle.« Nala schnaubte belustigt.

Jetzt musste ich lachen. »Werde lieber eine reiche Gamerin, dann kannst du den Laden hier aufkaufen, und ich werde dein Manager.«

»Nee, dafür sind mir die Leute im Netz zu gehässig.« Drei, vier Chipstüten brachte Nala zum Rascheln, bis sie in der fünften noch Chips vorfand. »Ich will das endlich hinter mir lassen, sodass es nur ein Ab-und-zu-Hobby ist. Ich will rausgehen, arbeiten, Leute sehen. Wisst ihr?«

»Hast du dann nicht das ganze Computerzeug umsonst gekauft?« Felix deutete auf die Chipstüte, und Nala warf sie ihm rüber.

»Ja, klar, Geld habe ich viel in den Wind geschossen, aber was soll's? Gibt Schlimmeres.«

»Du hast recht.« Felix schüttete sich die Chipskrümel aus der Tüte in den Mund.

»Na ja, kann ich euch alleine lassen, und ihr sperrt dann ab?« Ich schlüpfte in meine Sneakers.

»Klar, viel Spaß bei deinem Date.« Felix wackelte mit den Augenbrauen, und Nala schloss sich ihm an. »Oh, mein Handy. Bye, Quinny.« Als Felix aufstand und in den ersten Stock lief, nahm ich erst seinen Klingelton wahr.

»Es ist kein Date!« Gleich nachdem ich es gesagt hatte, zuckte ich zusammen. *Mist.* »Ich meine, doch, klar habe ich ein Date mit meinem Freund.«

»Quinn, warum sprichst du so komisch?«

Nala ertappte mich bei meiner Lüge. Sie kannte mich mittlerweile zu gut.

»Nichts?« Meine Stimmlage wurde hoch. Zu hoch. Verräterisch hoch.

Eine lange Pause folgte, in der ich Felix oben reden hörte. Was genau, verstand ich nicht, da mein Puls in meinen Ohren pochte.

»Quinn. Du hast drei Sekunden, bevor ich mich auf dich werfe und dich kitzele, bis du dich übergibst.«

Diese Drohung wäre weniger traurig gewesen, wenn das nicht schon wirklich passiert wäre – zu meiner Verteidigung: Wir hatten zu viel Pizza gegessen und Rum getrunken.

»Es ist wirklich nichts. Nur komisch für mich, einen Freund zu haben.«

»Du lügst.«

»Tu ich nicht.«

»Du lügst deine beste Freundin an?« Nala sprach das *beste* übertrieben aggressiv und betont aus. »Quinn!« Sie stampfte auf. »Bist du in Schwierigkeiten?«

»Ja, werde gleich mal nachfragen.« Felix kam mit dem Telefon vor dem Gesicht hinunter. Hatte er schon aufgelegt, ohne sich zu verabschieden?

Er wollte etwas sagen, da grätschte ich dazwischen: »Nein! Ich, hm … Vielleicht, aber sagt es nicht weiter, sind Henry und ich nicht zusammen, sondern tun nur so, damit Hudson mehr Abstand zu mir hält. Wir haben es euch nicht erzählt, weil ich nicht wollte, dass ihr in das ganze *Druids*-Ding hineingezogen werdet. Aber jetzt ist es ohnehin schon zu spät, und ihr wisst es.«

»Ähm, Leute!« Felix fuchtelte mit seinem Handy herum.

»Warte kurz!« Ich holte Luft. »Hudson ist mal da gewesen, nachts, und hat mich bedroht, und Henry kam dazu und hat sich als mein Freund ausgegeben, damit er mich in Ruhe lässt, und ja.« Eine schwere Last fiel von meinen Schultern, als dieses Geheimnis aus mir herausgesprudelt war.

»Ernsthaft jetzt?« Nach Nalas Worten zwickte ich für einen Moment meine Augen zusammen. Danach fiel mir erst auf, dass sie gar nicht wütend klang.

Eher belustigt.

»Bist du nicht sauer?« Ich öffnete ein Augenlid. »Hm?« Oder war das die Ruhe vor dem Sturm?

Ich suchte Deckung. Vielleicht konnte ich den alten Vintagetisch, auf dem wir Schuhe ausstellten, umwerfen und mich dahinter verschanzen?

»Quinn. Erstens: Ihr mögt euch doch. Zweitens: Ihr seid das schlechteste Fake-Dating-Pärchen in der Geschichte des Fake-Datings. Du kannst mir nicht sagen, dass, egal was zwischen euch abgeht und wie viel ihr streitet, ihr euch nicht wirklich mögt.«

Felix gesellte sich zu Nala und nickte bei jedem Wort, das sie sagte. »Das ist alles richtig, nur, ähm …« Er hatte noch immer das Handy in der Hand. »Henry ist am anderen Ende, weil deines schon wieder aus ist und er dich endlich mal sehen will.«

Oh … Mist … Er hatte alles gehört.

Henry und ich hatten uns nach meinem Gespräch mit Nala und Felix vor seiner Wohnung verabredet. Gemeinsam spazierten wir durch Cork. Angeblich wollte er mit mir sprechen und mir etwas zeigen, nur … was? Mit ihm im Schlepptau erlebte ich meine Stadt wie aus einem neuen Blickwinkel. Der Nachtwind fühlte sich wärmer an. Die Sterne strahlten heller. Der River Lee rauschte melodischer neben uns her.

»Na gut, dass Nala und Felix da so gut reagiert haben und sehen, was ich auch immer sage.« Bei einem vorsichtigen Seitenblick erkannte ich, wie Rys sich in die Innenseite seiner Wange biss. »Wir passen gut zusammen.« Jetzt grinste er ein wenig, wirkte aber dennoch nervös.

»Ja, Nala will zwar über alles reden, ist aber zum Glück nicht sauer, dass wir es nicht gesagt haben.« Seinen letzten Satz ließ ich unbeantwortet. Mein Körper jedoch nicht. Er sprach zwar nicht zu Henry, aber zu mir. Oh, und wie dieser Kommentar etwas mit mir machte. Mit meinem Herzen.

»Wieeee dem auch sei. Was wolltest du mir jetzt überhaupt zeigen? Und worüber mit mir sprechen?« Ich sah mich um und erkannte, dass wir in einer Seitengasse waren, in der es nur alte Läden gab. In der Nähe von Fergus' Parfümerie.

»Gleich.« Henry zeigte auf ein Schild. »Da.«

»*Piano Loft Diaz?*« Was machten wir hier?

Henry unterdrückte ein Grinsen und legte dann einen Arm um mich. Mit dem zweiten vollführte er eine ausschweifende Geste zum Laden. »Ich habe mir einen Flügel für meine Wohnung gekauft. Omar Diaz, der Besitzer, hat auch einen Nebenraum, in dem er Klavierstunden gibt, und ich habe, bevor ich nach Tokio gegangen bin, auch Klavierstunden gegeben, und …« Henry öffnete seine Hand, und ein Schlüssel, dessen Ring an seinem Finger hing, klappte samt Anhänger nach unten. »Ich habe einen Schlüssel dafür.«

»Ookay?« Ich sah mich um. »Und du gibst mir jetzt Klavierunterricht?«

»Ja, natürlich.« Henry schenkte mir einen *Dein-Ernst*-Blick. »Nein. Komm mit.«

Bevor Henry mich um die Häuserecke lotste, nahm ich noch mal das Schaufenster mit dem Piano unter die Lupe. Indessen schloss Henry in einer Seitengasse ein Holztor auf.

Im Laden angekommen, schaltete Henry das Licht ein. Zunächst blendete mich die Helligkeit. Nach und nach gewöhnte ich mich jedoch daran. Der rustikale Eichendielenboden gab komische Geräusche von sich, während ich die Backsteinwand entlangging und bei den Bücherregalen anhielt, die eine gesamte Wandlänge einnahmen. Meine Finger strichen über die Buchrücken. Als ich *Madame Bovary* herauszog, kam mir ein Geruch alten Papiers entgegen. Samt Staub, der in meiner Nase kitzelte und sich auch auf die unzähligen Kerzen im Raum ausgebreitet hatte.

»Schön, oder?« Henry wirkte mit seiner olivgrünen Stoffhose samt braunem Gürtel und dem beigen Hemd wie der über die Jahrzehnte vergessene Bibliothekar dieser Sammlung. »Früher habe ich mich oft hier versteckt, diese alten Bücher quergelesen, Klavier gespielt und geträumt, ich würde irgendwann meinen Platz im Leben finden. Oder vielleicht auch, keine Ahnung, mich besser verstehen? So viel Aufmerksamkeit wie Ró bekommen? So kitschige Scheiße eben. Ich bin auch ein echt schlechter Klavierschüler gewesen. Noten und das alles. Nicht mein Ding. Ich habe eher Stücke, die ich mochte, auswendig gelernt.«

»Ja, es ist total schön, nur …« Ich deutete nach links. »Die verspiegelte Wand mit den Rissen irritiert mich.«

»Früher ist das ein Ballettproberaum gewesen.«

Das erklärte auch die Stange, die sich mittig über die Spiegelfläche zog. »Oh.«

»Aber …« Henry zog ein Feuerzeug hervor. *Ratsch.* Er entzündete es, und eine Flamme loderte vor meiner Nase. »Noch fehlt etwas.«

Henry kniete sich vor die Kerzen in goldenen, verzierten

Ständern. Mit dieser Kerze entzündete er die übrigen im Raum. Nach und nach brannten die Dochte. Das Feuer erhellte den Raum, als hätte jemand einen Kübel mit warmem Licht über uns ausgekippt. Nachdem die unzähligen Kerzen brannten, machte Henry das Licht aus.

»Wofür die Kerzen?«

»Es hat vor ein paar Jahren eine kleine Klavierkrise gegeben. Lieferschwierigkeiten, die alte Kundschaft starb weg, Leute haben Keyboards gekauft, bla, bla. Omar konnte die Stromrechnung nicht mehr bezahlen. Deshalb hat er zur Sicherheit Kerzen hiergehabt, denn die Klavierstunden sind damals seine einzige Einnahmequelle gewesen.«

»Ich habe gedacht, die waren kostenlos?«

»Nur die, die ich gegeben habe. Für ärmere Kinder, und mich hat er auch nicht bezahlen müssen.« Ein wenig außer Puste eilte Henry wieder zu mir und zeigte mit seinem Kinn zu meinem Buch. »Hat dir die Geschichte gefallen?«

»*Madame Bovary?*«

»Jap.«

»I-ich habe das nie gelesen.« Hände hoch, wer sich nun völlig albern fühlte? Imaginär hob ich meine: *Oh? Nur ich? Toll. Okay.* Mal wieder kam ich mir wie der Ungebildetste meiner Gruppe vor.

»Ah, na ja, macht ja nichts.« Henry stellte das Buch zurück. »Hast du gewusst, dass Felix schreibt?«

»Äh, ja. Er liebt Weihnachtsbücher. Wie kommst du darauf?«

»Er hat gefragt, ob ich es lese, und es ist echt gut. Also nicht dass ich es ihm nicht zugetraut hätte. Es ist nur also echt erstaunlich gut.« Henry zog ein anderes Buch aus dem Regal hervor. »Das mochte ich immer.«

»*Der Prozess?* Warum?«

»Es gibt so viele Rätsel ohne richtige Lösungen. Irgendwie wie im richtigen Leben. Oft ist's unfair und allen egal.« Kerzenschein glitzerte in seinen Augen, und seine Miene zeigte einen kurzen Anflug von Schwermut.

»Ja, das stimmt. Ich denke mir manchmal, hm … Wie sage ich das …« Ich ging zu dem dunkelbraunen Flügel in der Mitte des Raums und setzte mich auf die Pianobank davor. »Ich verstehe nicht, wieso wir zwar alle wissen, dass das Leben endlich ist, und wir uns trotzdem so sehr in ein Korsett zwängen.«

»Na ja, ist das Leben nicht auch irgendwie ein Prozess? Wir werden ständig be- und verurteilt, bis wir irgendwann so leben, dass wir dazu passen. Um alldem zu entgehen.« Rys hockte sich vor mich hin.

»Warum hast du mich hierhergebracht?«

»Früher habe ich oft alleine hier gesessen und mir gesagt, irgendwann werde ich jemanden kennenlernen, den ich hierherbringe.« Rys sah mich dabei nicht an.

Huch? Wo war denn plötzlich die Luft zum Atmen hin? Ich räusperte mich. Es sollte leise, knapp und kaum auffällig sein. Stattdessen hatte ich ein Globusgefühl im Hals und räusperte mich lauter als ein Erdrutsch. »O-okay.«

»Keine Ahnung, was ich genau damit sagen will. Du sollst wissen, dass ich hinter dir stehe, dass ich so was von nur dich im Kopf habe. Den ganzen Tag über. Ich will nur, dass du eines weißt: Quinn, ich … ich mag di…«

»Warte.« Mein Einwurf klang schneidender als gewollt.

»Was ist?« Henry richtete sich auf. »Bin ich nicht …«

»Nein. Ich. Puh.« Der Raum hatte so hohe Decken, dass alles, was wir sagten, jeder Schritt und jedes Räuspern nachhallte, was es mir schwerer machte, zu reden. Wieder auf den Beinen, ging ich im Kreis. »Es fühlt sich so komisch an, jemandem näherzukommen, wenn ich einfach nicht weiß, wer ich bin, was ich will.«

»Was meinst du?« Henry sah mich an, als hätte ich ihm in einer anderen Sprache geantwortet.

»Bin ich schwul? Bi? Demisexuell? Omnisexuell? Pansexuell? Ich kann es nicht sagen. Wie kann ich dann jemandem näherkommen, wenn ich die Person vielleicht verletze, weil das dann doch nicht das Richtige ist? Egal wie viele Seiten ich durchlese,

Videos ich mir ansehe, TikToks ich inhaliere, nichts gibt mir eine Antwort. Ich oute mich bei meinem Dad und kann ihm nicht sagen, was ich bin.«

Meinen gesamten Monolog über hatte ich es nicht gewagt, in Rys' Augen zu sehen. Bis jetzt. Und was ich entdeckte, erstaunte mich. Es war eine Mischung aus Güte, Belustigung und irgendetwas noch. Es hatte etwas Wissendes in sich.

»Quinn.« Der knarzende Boden gab Ruhe, als Rys vor mir hielt und meine Hände nahm.

»Ja?« Ich schluckte, und es war laut – so laut.

»Du bist du. Labels sind etwas Großartiges, wenn wir uns verloren fühlen und plötzlich etwas entdecken, das uns perfekt beschreibt. Wir fühlen uns plötzlich ein Stück normaler. Gesehener. Aber selbst in diesen ganzen Spektren gibt es so viele Nuancen, dafür könnte es nie für jeden ein Label geben. Du musst dir kein Etikett auf die Stirn kleben, wenn es dich unter Druck setzt. Wusstest du zum Beispiel auch, dass es eine Fahne für Questioning im LGBTQIAP+-Universum gibt? Extra ein Label für Menschen, die sich einfach hinterfragen und eventuell nie auf ein Ergebnis kommen. Oder einfach das alles einschließende Queersein.« Henry schmunzelte, und beide Seiten seiner Wangen zeigten so niedliche Grübchen, dass meine Knie zu Butter wurden. »Du bist eben ein Stier. Du hast analytische Emotionen, du brauchst Struktur, nimmst Änderungen nur langsam an und brauchst Stabilität. Da ist es klar, dass du dich in die Labels einfügen willst, aber wenn es etwas gibt, das wir als queere Menschen lernen mussten, dann, dass sich einzufügen oft scheiße ist. Deswegen lass es bleiben und sei einfach nur Quinn. Das reicht.«

Das reicht. Quinn sein reichte. Es hatte etwas Tröstliches, das zu hören.

»Dann bin ich eben quinnsexuell.«

»Das klingt, als würdest du auf dich selbst stehen.«

Wäre das nicht das höchste Level der Self-Love-Social-Media-Bewegung, das ich erreichen konnte?

»Hm, stimmt.« Oh Universum, was redete ich da? Aber er hatte recht. Ich musste mir kein Label aufzwingen, wenn das nicht mein persönlicher Weg war, ich musste nur wissen, wer ich war. Ich war Quinn, ich war queer, und das reichte, das reichte mehr als aus.

»Wenn, wäre *ich* dann quinnsexuell.«

»D-danke.« Danke? »Du bist echt eine große Stütze für mich, was das alles anbelangt.« Was zum … Warum hatte ich denn das jetzt gesagt?

Henry drehte seine pastellgelbe Cap, sodass die Vorderseite nach hinten zeigte. »Ach, bin ich das? Für dich fungiere ich gerne als Stütze. In jeder Lage.« Natürlich hörte ich das Lachen, das Henry nicht sehr geschickt zu unterdrücken versuchte. »Oder in jeder Position.«

Mein gesamter Körper erstarrte. Ich begann zu schwitzen. Henrys Blick brannte sich in meine Iriden. Die Schwärze darin, die Kerzenflammen, die in ihnen flackerten. Seinen Augen wohnte eine ganz eigene Art von Magie inne. Die mir die Luft raubte. Die mein Unterbewusstsein anzündete. Die mir die Illusion ins Gehirn pflanzte, ich wäre interessant. War ich das? Interessant? Für Henry?

»Ich mag dich, Quinn.« Okay, anscheinend war ich das. Wenn er das sagte. *Oder? Oder!?* »Mehr noch. Viel mehr noch.«

Hitze kam. Worte gingen. Gänsehaut kam. Verstand ging.

»Warum?« Das einzige Wort, die einzigen zwei Silben, die ich noch in meinem Kopf fand und fähig war, auszusprechen.

»Warum?«, äffte Rys mich belustigt nach.

»Ja.« Hörte er dieses *Ja?* Ich räusperte mich. »Ja«, wiederholte ich. Einfach so. Was machten Menschen sonst in dieser Situation? »Ich kann dir bis heute nicht abkaufen, dass du mich wirklich magst … Ich meine, ich –«

Henry Mundwinkel bewegten sich nach oben, was mich erstarren ließ. Seine Lippen bewegten sich voneinander weg. »Du bist da.«

Leere in meinem Hirn. »Hm?« Ich neigte meinen Kopf näher zu seinem. Ein flüchtiger Blick zum Boden. Ich bewegte meine Zehen in meinen Schuhen nervös auf und ab. Sein Blick fing meinen wieder ein und brachte mich dazu, zu sprechen. »Ja. Ich meine, ja, sieht so aus, als ob ich da wäre.«

Henry lachte. Zeigte seine Zähne. »Du bist einfach da. In meinem Leben. Du meldest dich bei mir. Du bist hier und nicht da.« Henry hob seinen Arm und deutete irgendwo nach draußen. Wo war dieses Irgendwo? Dort, wo seine Mutter war? Weg? »Du holst mich auf den Boden. Du redest Klartext mit mir. Du streitest mit mir. Du lässt mich nicht links liegen. Du interessierst dich. Du kümmerst dich, nicht auf eine Babysitterart, eher auf eine Es-kümmert-dich-was-in-mir-vorgeht-Weise. Das kenne ich so nicht. Ja, meine perfekten Eltern, aber sie haben nie *mich* gesehen. Ich bin der Halbbruder von Ró, der pan ist, und das ist okay, nein, es ist toll. Super!« Rys hob seine Arme, als machte er seine Mam nach. »Henry, dessen Mutter gestorben ist, die wir aber nicht ansprechen dürfen, aber wir hängen trotzdem Japanflaggen auf – neben den Regenbogenfahnen –, als würde mir das irgendetwas bringen, und ich bin der, der mitmachen muss, damit für Ró alles perfekt ist.« In seinen Worten lag etwas Unbeholfenes. »Und, keine Ahnung …« Unsere Finger schlängelten sich ineinander. »Ich mag, wie du dich anfühlst. Schon bei unserem Streit im Flughafen hast du so wahrhaftig gewirkt. Das gibt mir die Ruhe, die mir oft fehlt.«

Mein Gesicht glühte, und ich hatte so was von keinen blassen Schimmer, was ich darauf sagen sollte. »Kannst du etwas auf dem, äh, Klavier, Flügel, Piano, was auch immer das ist und wie es genannt wird, spielen?«

Überraschung spiegelte sich in seiner Mimik wider. »Ähm, ja. Setzt du dich neben mich?«

»Ja.« Wie albern ich mir vorkam. All die Begriffe, die ich im Leben gelernt hatte, waren aus meinem Wortschatz verschwunden. Wie ging das noch mal? Dieses Reden.

Henry rieb sich die Hände und setzte sich an das Klavier. Ich folgte ihm. Er spielte ein Paar Testnoten und legte dann seine Finger auf die Tasten. Eine langsame, scheue Melodie begann. Von tief zu hoch. Wieder von vorne. Dann wechselte es sich schneller ab. Tief, hoch, tief, hoch. Irgendwann verschwammen die Melodien, die Tasten, die Töne zu einer melancholischen Sonate. Sie klang nach Mondlicht und nach kleinen Wellen im dunklen Wasser bei Nacht, nach blätterlosen Zweigen und einem abgebrannten Streichholz.

Henry dabei zuzusehen, wie er spielte, seine Finger sich bewegten, als führte er eine geheime Beschwörung durch, wie sein Gesicht eine konzentrierte Leichtigkeit aufwies und sein Körper sich mitbewegte … Ich konnte nicht anders und stand auf.

Ich holte mein Handy hervor, öffnete die Kamera, fokussierte Rys, dimmte die Helligkeit, damit es dunkel, düster und verblasst aussah. Wie ein Nebel in der Wärme der Kerzen. Das erste, verschwommene Bild zeigte Rys, wie er schwungvoll zur Melodie schunkelte. Die Farben seiner Haare, seines Körpers und seiner Klamotten zogen sich verwischt, geisterhaft nach. Beim nächsten Bild hielt ich eine Kerze vor die Linse und drückte ab, sodass der Schleier der Flamme vor dem scharf gestellten Henry loderte. Ich traute mich näher heran und fotografierte Rys von Nahem. Die leicht geöffneten Lippen, die zur Nase hingezogenen Augenbrauen. Die warme Schattierung des Feuers.

Rys spielte wieder nur mit einer Hand. Der andere Arm hing locker herunter. Ich legte das Handy auf das Klavier, knöpfte sein Hemd ein wenig auf, zog es an dem freien Arm hinunter, sodass es halb offen stand. Wieder bewaffnet mit meinem Smartphone, fing ich auch diesen Moment ein.

Das Lied klang sanft aus. Henry fischte ebenfalls sein Handy aus der Hosentasche, tippte etwas ein, und dasselbe Lied, das er gespielt hatte, drang aus dem Lautsprecher.

»*Moonlit Night*«, sagte er. »So heißt das Stück.«

Ich lächelte. Es klang schöner, wenn er es spielte.

Rys legte das Handy auf den Sitz und stand auf, während das Lied weiterspielte. Bei mir angekommen, griff er nach meinem Smartphone und sah sich die Bilder darin an. »Die sind echt gut.«

»Eingebildet.« Meine Worte fanden zurück zu mir.

»Selbstbewusst.« Henry legte mein Handy neben seines.

»Darf ich?« Er griff nach meiner Hand.

Ich nickte. Weg waren die Worte wieder.

Rys legte meine Finger auf seine Brust. »Magst du mich genug? Genug für mehr? Oder willst du mich erst noch besser kennenlernen?«

Ich nickte wieder.

»Auf was ist dieses Nicken bezogen?« Er drückte meine Hand fester an sich.

Ich nickte abermals.

»Quinn.«

»Äh, auf die ersten beiden Fragen.«

»Gut.« Henry bewegte den Kopf ein wenig auf und ab, als wollte er sich selbst bestätigen, dass ich das wollte. »Was willst du mit mir machen, Quinn?«

Worte! Wo waren sie? »Ich, ich weiß nicht, was willst du machen?« *Ah. Da.*

Entschieden, aber langsam schüttelte er den Kopf. »Mach, was du willst. Einmal. Einmal in deinem Leben mach nur, was du willst.« Henry deutete auf sich. »Mach mit mir, was du willst.«

Nicht nur die Worte, sondern auch alle Handlungen, die Menschen ausführen konnten, verpufften aus meinem Kopf. Eine Zeit lang, die sich wie Stunden anfühlte, sagte ich nichts. »Ich weiß nicht, was ich will.« Oh, und auf wie viele Bereiche meines Lebens das zutraf.

Henry näherte seine Lippen meinem Ohr. Meine Hand lag nach wie vor auf seiner Brust. Gleich würde sie abrutschen, weil ich so schwitzte.

»Du weißt es.«

Kapitel 15

Henry

Hope in Our Universe by Takeru: Achtung, es geht heiß her, alle unter dreißig wegsehen. Ja, der Löwe muss den Stier vielleicht ein wenig aus der Reserve locken, aber puh 🥵🔥🌶️ hat der Löwe das geschafft. Jetzt muss ich, er, ER!, darauf achten, nicht von der Hotness des Stieres erdrückt zu werden.

Zugegeben, ein wenig überrumpelt war ich dann doch, als Quinn mein Hemd aufriss, es runterzog und mich an sich drückte. Sein Atem kitzelte meine Ohrmuschel und ließ meine Lust hochlodern. So sehr, dass sie all die Kerzen um uns in den Schatten stellte. Quinn zog seinen Bauch etwas ein, und ich merkte, wie er unter meinem Blick einknickte, wegguckte, sich am Hals kratzte und eine Strähne aus dem Gesicht strich. Immer wieder sagte die Stimme in mir, ich musste das unterbinden. Ich musste Quinn zuerst reinen Wein einschenken. Es durfte keine Lügen zwischen uns geben, keine unausgesprochenen Wahrheiten. Ich hatte es bereits zu lange hinausgezögert. Ja, ich hatte nicht gewollt, dass ihn mein Geständnis so sauer machte, dass er nicht an den Umhängen arbeiten konnte und die Deadline verpasste. Aber das war die halbe Wahrheit. Natürlich hatte ich auch Angst vor seiner Reaktion gehabt. Hatte ich noch. Und alle anderen Gründe, es noch weiter aufzuschieben, jetzt wo ich gesagt hatte, was ich empfand, *für ihn* empfand, waren nur schöngeredet.

Doch dann näherte sich mir Quinn wieder. Er küsste meinen Nacken, und endlich war da diese Nähe, die ich mir seit einer Ewigkeit gewünscht hatte. Mit jeder Sekunde, die verstrich, verlor ich mehr und mehr den richtigen Moment, um das noch zu stoppen und ihm *vorher* von den *Druids* zu erzählen.

Aber *diesen* Moment wollte ich auch um nichts im Universum verlieren.

Er brachte ein wenig Distanz zwischen uns, was das Feuer in mir noch mehr aufstachelte, auf eine grausame Ich-kann-ohne-seine-Berührung-nicht-sein-Weise, auf eine Bitte-komm-zurück-Art. Ihn nicht so fest an mich gedrückt zu wissen war schlimmer als jedes Herzrasen, das er mir bereitete, wenn seine Finger meine Wirbelsäule entlangtippten.

Seine Schuhe standen neben ihm, und darin steckten seine Socken. Er entblößte seinen Oberkörper, und seine Brust hob und senkte sich zittrig.

Einen Schritt machte ich. Auch noch einen zweiten, bis Quinns Hand mich stoppte.

»Zieh dich aus. Ich, ich will dich sehen.« Quinns Stimme wurde ein wenig tiefer, auch wenn ich die Unsicherheit raushörte. Und mit ihr verpuffte mein Wille, mit Quinn zu sprechen. Ich konnte ihm doch auch danach davon erzählen. Er würde es verstehen. Es war Quinn.

Mein Blick verlor sich in dem warmen Kerzenlicht, das Quinn umgab, und seinen sinnlichen Lippen, die mich sirenengleich anzogen. Ich steuerte auf einen Schiffbruch zu. Ich sah von seinen Lippen hoch zu seinen Augen. Seine Augen, die so mit sich haderten.

»Quinn, ich –«

»Nein, du hast gesagt, ich soll sagen, was ich will, und ich will dich. Ich will, dass du dich ausziehst.«

Ein sinnlicher Schauer wanderte über meinen Rücken. Diese

Bitte, nein, dieser Befehl löste etwas in mir aus. Es war wieder dieses, ja, was? Interesse an mir? Dass er mich, *mich,* sehen wollte. Dass ich für ihn nicht nur ein Körper war, den er in diesem Augenblick benutzen wollte. Dass *ich* zählte.

Ich öffnete meinen Gürtel, ohne dabei meinen Blick von Quinn zu nehmen. Ich sah in seine Augen, die an meiner Mitte hingen.

»Ich habe doch gesagt, ich könnte dich echt mögen«, raunte ich grinsend.

Trotz der Klaviermusik aus meinem Handy hörte ich Quinns lautes Schlucken. Die Gürtelschnalle gab ein Poltern von sich. Ein wenig dauerte es, bis ich den Knopf an meiner Hose geöffnet hatte, da ich nur Quinn ansah. Ich linste zu seinem Oberkörper, hinab zu seinem Bauch, und ein reißender Fluss von sehnsüchtigem Verlangen rauschte durch mich hindurch.

Ich stieg aus meinen Schuhen. Meine Hose rutschte zu meinen Knöcheln hinab, und meine Unterwäsche folgte. Mit einem Kick schleuderte ich die Klamotten zur Seite und merkte, wie nervös ich wurde. Noch nie hatte mich jemand einfach nur angesehen. Nackt. Erregt.

Plötzlich merkte ich, dass ich doch nicht selbstsicher war wie sonst, wenn ich mit nahezu Fremden verschmolz und wir uns danach nicht wiedersahen. Erstmalig dachte ich darüber nach, ob ich mein Krafttraining in Cork zu sehr vernachlässigt hatte, meine Zehen komisch wirkten, mein Penis nicht groß genug war.

»Wow.«

Anscheinend waren meine Befürchtungen umsonst.

Quinn schlang die Arme um seinen Körper.

»Nein. Mach das nicht.« Ich ging zu ihm und löste sie.

Quinn wandte seinen Blick von mir ab.

Mein Finger spürte die Stoppeln an seinem Kinn, als ich es hochhob. Er sah mich wieder an. Ich ihn. Ich nahm seine Hand und legte sie auf meine Mitte. »*Du* bist wow. Du musst deinen

Körper nicht verstecken. Fühl dich nicht unwohl. Nicht bei mir. Das ertrage ich nicht.« Den letzten Satz flüsterte ich erstickt.

Endlich. Endlich küssten wir uns wieder. Quinns Lippen waren so heftig gegen meine geknallt, dass ich überrascht zurückgestolpert war. Er schlang seine Arme um mich. Dieses berauschende Gefühl des Begehrens benebelte mich, und ich wollte mehr davon. Immer mehr.

Die Hitze in mir verlangte nach Quinns nacktem Körper. Ich kniete mich vor ihn und zog ihm seine Hose samt Unterwäsche herunter. Je mehr Quinn seine Schüchternheit ablegte, desto unsicherer wurde ich. Keine Ahnung, was dieser Anblick mit mir machte, aber ich brauchte mehr. Mehr Quinn. Er hob seine Beine, um aus seiner Kleidung zu steigen, und schmiegte sich an meinen Körper. Ich kam dieser stillen Bitte, mich spüren zu wollen, nach und drückte ihn fest an mich.

Seine Erregung gab mir meine Selbstsicherheit vollends zurück. Bisher hatte ich darüber noch nie einen Gedanken verloren. Für jemanden im Bett (oder im Aufzug, auf der Toilette, in der Dusche) nicht genug zu sein. Doch Quinn war anders. Für ihn wollte ich gut genug sein.

Für den jetzigen Augenblick schüttelte ich den Gedanken ab und konzentrierte mich auf das Hier und Jetzt. Auf Quinn. Quinn, der meine Hände nahm und sie auf seinen Hintern legte. Quinn, dessen Zunge, Küsse und Berührungen sich überall an meinem Körper wie flüssige, reale Leidenschaft anfühlten.

In einem Augenblick standen wir, im nächsten knieten wir voreinander, dann saßen wir auf dem Boden, wobei mir das alte Holz in den Hintern stach, ehe wir uns auf das Klavier legten. Wie Stroboskoplicht waren wir einmal hier, einmal dort. Immer in Dauerschleife unser Begleiter: die Melodie aus meinem Handy.

Als Quinn unsere fließenden Bewegungen unterbrach und sich auf mich setzte, entkam ihm ein Stöhnen, das mich fertigmachte. Seine Hände wanderten meinen Oberkörper entlang.

Fuck, und wie sein Körper sich dabei auf mir bewegte, entfesselte jedes Verlangen in mir, endlich den nächsten Schritt zu gehen.

Nur, wollte Quinn auch schon so weit gehen? Brauchte er dafür mehr Zeit? Mehr Gefühle?

Quinn beugte sich vor und küsste mich wieder. Meine Hand fuhr durch seinen verschwitzten Haaransatz, und ich fühlte mich benebelt, ja wie betrunken von seiner unfassbaren Nähe. Er knabberte an meinen Lippen, an meinem Hals, rutschte hinunter und verschwand zwischen meinen Beinen. Seine Nägel kratzten leicht an meinen Oberschenkeln entlang. Beim Universum, es fühlte sich an wie der beste Schmerz der Welt.

»Sieh mich an.« Es war nur ein Hauchen meinerseits, trotzdem reichte es, um seine im Kerzenlicht nun feurig braunen Augen zu sehen. Wie er mich mit erröteten Wangen ansah … ich konnte das alles nicht mehr.

Die Zeit mit Quinn verging nicht geradlinig. Es kam mir eher vor wie ein Hurrikan aus Zeit, der anhielt, sich wieder schneller drehte, verlangsamte und dann alles mit sich riss. Und genauso wollte ich auch, dass seine Berührungen überall an meinem Körper zur selben Zeit waren.

Wie in Trance erkannte ich Quinn mal zwischen mir, dann war sein loderndes Gesicht über mir, ehe er noch weiter hochrutschte und ich sanft in seinen Oberschenkel biss, um an seinem leichten Grinsen zu sehen, dass das alles noch real war, wirklich geschah. Nur damit wir uns im nächsten Moment gleichzeitig zwischen den Beinen des anderen vorfanden.

Dann wieder landeten wir nebeneinander auf dem Klavier. Abdrücke unserer verschwitzten Körper auf der glatten Oberfläche verwischten unter unseren Bewegungen. Ich erfasste eine Handvoll von Quinns Haaren und zog ihn an mich.

Er löste sich von mir. Sofort fehlte etwas. Wollte er nicht mehr? Was okay wäre, aber fuck, das wäre eigentlich nicht okay. »Hast du ein Kondom dabei?« Eine hektische, freudige Sonate spielte sich in meinen Gedanken vor Erleichterung ab.

»Ja.« Es klang in meinem Kopf wohl gelassener als in echt.

Es dauerte nicht lange, bis ich mein Portemonnaie geholt hatte. Normalerweise war das nicht der sicherste Aufbewahrungsort, da es dort zu zerknittert wurde, aber vielleicht hatte ich eines in der Hoffnung, Quinn heute näherzukommen, auch erst vorhin da reingepackt.

Erneut fand ich mich zwischen den hungrigen Küssen Quinns wieder und riss die Packung auf. Nach und nach wurde Quinns Zunge forscher, heftiger, selbstsicherer, so wie ich es bisher gar nicht von ihm kannte.

Voller Begierde nahm er mir das Kondom aus der Hand und zog es mir über, als wäre es gekonnt, oft gemacht. In der kaputten Spiegelwand vor uns sah ich unsere nackten, verschwitzten, erhitzten Körper, und am liebsten hätte ich diesen Anblick fotografiert und aufbewahrt. Die Spiegel beschlugen ein wenig, und der aufgeheizte Raum trug noch mehr dazu bei, dass ich mich wie in einem Fiebertraum fühlte.

Quinn drehte sich auf den Rücken, und ich fand mich plötzlich über ihm. Je mehr Quinn seine Selbstbeherrschung verlor, desto mehr verlor ich meinen Verstand und bemerkte, wie ich nur reagierte.

»Da.« Ich hielt meine Hand vor seinen Mund. »Spuck mir in die Hand.«

Das erste Mal, seit wir losgelegt hatten, huschte Verunsicherung über Quinns Gesicht, doch sein Verlangen gewann die Oberhand, und er tat es. Ich benutzte die Feuchtigkeit, um ihm mein gemächliches Eindringen angenehmer zu machen. Gleitgel hatte ich keines dabei.

Quinn bäumte sich auf dem Klavier weit zu mir auf. Sein warmer Atem berührte meine Nasenspitze, und am liebsten hätte ich nur noch seine Lust eingeatmet, für immer.

»Verdammt«, wisperte ich. Ich musste mich konzentrieren.

Quinn legte seine Arme um mich und zog mich zu sich. »Noch nicht.«

»Das sagst du so einfach.«

Wir hauchten beide ein Lachen in das Gesicht des anderen.

Quinn griff neben sich, rückte zurück und zwickte kurz die Lider zusammen, als ich nicht mehr in ihm war. »Dann sieh mir eben nicht ins Gesicht.« Er drehte sich um, und das machte alles ganz und gar nicht einfacher.

Quinn ließ sich neben mich auf das Klavier fallen und atmete laut aus. »Nicht schlecht.«

Noch immer hatte ich Quinns feste Stimme in meinem Kopf. Sein »Mach weiter. Komm nicht« dröhnte in mir nach. Völlig schwindelig blinzelte ich mehrmals, erst dann verstand ich seine Worte und schlug ihm sanft gegen die Brust.

»Was heißt hier«, ich atmete noch mal durch, »nicht schlecht?«, äffte ich ihn nach.

Beim Lachen fühlte ich, wie sich meine Hände, die ich auf meinen Bauch gebettet hatte, auf und ab bewegten.

»Darf ich ein Foto von uns machen?«

Hasste Quinn nicht Bilder von sich selbst?

»Nur wenn du es mir schickst.« Neben all dem Adrenalin, das durch meinen Körper pumpte, all der Lust, die noch in mir steckte, und all den Küssen, die auf meiner Haut brannten, vergaß ich eines jedoch nicht. »Und dann müssen wir wirklich reden, Quinn. Es ist wichtig.«

»Ausnahmsweise.« Quinn griff zu seinem Handy, das neben meinem lag, und wischte den Sperrbildschirm weg. »Oh, eine Nachricht.« Bevor er sie öffnete, machte er noch rasch ein Selfie von uns.

Ich rollte mich zu Quinn. »Ach, zu gerade eben. Was heißt hier ausnahmsweise? Allein dass ich dich vorhin auseinandergeno…« Quinns geschocktes Gesicht ließ mich verstummen. »Was ist los? Etwas mit deinem Vater?«

»Nein.« Quinn reichte mir das Handy.

Hudson.

Ich mag es nicht, belogen zu werden. Und wie ich erfahren habe, sind der Astrologieclown und du gar nicht in einer Beziehung. Ich hasse es, wenn ich verarscht werde und dann wie ein Depp dastehe. Wahrscheinlich habt ihr auch noch über mich gelacht. Deshalb habe ich mir überlegt (jaja, du hast noch Zeit für deine Lieferung, ich weiß), dass ich als kleine Strafe ein paar mehr Leute eurer Stammkundschaft von euch abziehe. Ein paar viele mehr. Die Mails sind schon raus. Aber vielleicht kann dein Nicht-Freund ja Oliver bitten, es rückgängig zu machen. Als bald neues Mitglied der *Druids* kann er da vielleicht etwas machen.

xoxo Hudson

Mein erster Gedanke: Wer schrieb denn heutzutage noch *xoxo?*

Mein zweiter Gedanke: Scarlett hatte es weitererzählt.

»Shit. Dieser beschissene Wichser.« Automatisch griff ich nach Quinn. Ich wollte ihm nahe sein, ihn bloß nicht verlieren. »Quinn, genau darüber wollte ich mir dir reden. Aber –« Ich konnte jetzt nicht sagen, dass er mich ja unterbrochen hatte. Das wäre ein Witz. Ihm die Schuld zuschieben? Kein guter Move.

Quinn riss mir das Handy aus der Hand und sprang auf.

»Es ist nicht so, wie es klingt, ja?« Mir war klar, dass das in dieser Situation der beschissenste Spruch der Welt war. Ich hüpfte hoch und wollte zu ihm, doch Quinns Gesicht zeigte mir, dass er mich nicht in seiner Nähe haben wollte. Er wandte sich ein wenig seitlich ab, als wäre ihm das Nacktsein vor mir nun unangenehm. Zu schutzlos ausgeliefert vor mir, und dieser Gedanke fühlte sich an, wie in ein tiefes Loch zu fallen.

Durch meinen Kopf rauschten tausend Entschuldigungen, Rechtfertigungen, aber sie rauschten eben nur da. In meinem Kopf. Sie fanden nicht aus meinem Mund. Sie konnten sich nicht einigen, wer die Ausfahrt Richtung Quinns Ohren nehmen sollte. Wie brachte ich das wieder in Ordnung? Während all die Panik in meinem Kopf auch in hektische Bewegungen mit meinem Körper umschlug, stand Quinn einfach nur da. Er starrte mich an. Als müsste er das alles erst fassen. Und das brachte mich noch mehr um den Verstand. Ich wollte, dass er mich anschrie, mich beschimpfte, gegen meinen Oberkörper boxte. Ich wollte diese Wut abfangen. Aber dieser starre Blick … Der bedeutete: Ich schließe gerade mit dir ab.

»Quinn, ich …«

»Nein.« Dieses Nein riss Quinn aus seiner Erstarrung. Begonnen mit einem Kopfschütteln, gefolgt von weit aufgerissenen Augen. »Nein, nein, nein, nein.« Er hob abwehrend seine Hände, benutzte sie als Schild, um meine Worte oder meine Präsenz – beides? – von sich fernzuhalten. Er entglitt mir, und ich hasste dieses Gefühl.

»Bitte, lass es mich erklären.« Ich machte einen Schritt vor, hielt aber, um ihn nicht noch mehr zu verschrecken. »Das ist total schiefgegangen, lass uns das klären. Jetzt.«

Quinn hatte seine Sachen aufgeklaubt und hielt vor der Tür. »Warum? Damit du dich besser fühlst? Du weißt, was ich durchmache, und dann bist du bei den *Druids* und hältst es nicht für nötig, es am Rande zu erwähnen? Willst du mich verarschen? Und komm mir jetzt nicht mit, du wolltest es ja gerade sagen. Du hast so viele Chancen gehabt.«

»Ich wollte doch aber mit dir sprechen, habe dich angerufen, ständig versucht, mit dir alleine zu sein. Das mit den *Druids* kam schleichend. Ich, also … Oliver und Scarlett haben mich angesprochen –«

»Nein. Ich …«, Quinn sah mich nicht einmal an, »… will das jetzt nicht hören.« Zumindest hatte er gelernt, zu sagen, was er wollte. »Und ich laufe hier nicht vor einem Missverständnis weg, das mit einem Satz aufgelöst wäre. Du hast mich angelogen, Henry. Du bekommst mit, unter welchem Druck ich stehe, und sagst kein Wort. Solange sie Róisín oder dich nicht mit dem Leben bedrohen, will ich jetzt im Moment nicht weiter mit dir darüber sprechen.« Quinn zog sich fertig an und öffnete die Tür. Er fischte etwas aus seiner Hosentasche und schmiss es mir vor die Beine. Es war ein Schlüsselanhänger mit einer *Inuyasha*-Figur.

»Ich habe nicht mehr gewusst, wie ich da rauskommen soll, und wollte dich nicht verlieren, indem …« Ich bückte mich runter und hob *Inuyasha* auf. *Inuyasha,* der nun nicht nur meine leibliche Mutter, Dad und mich verband, sondern auch Quinn.

»Tschüss, Henry.« Trotz seiner Wut knallte Quinn die Tür nicht zu. Es wackelte und schepperte nichts. Er verließ mich leise und unscheinbar, so wie er sich fühlte und so wie ich ihn wieder dazu gebracht hatte, sich vorzukommen.

Zunächst hatte ich bei Ró angerufen – ohne Erfolg. Ich konnte aber nicht so einfach tatenlos rumsitzen! Der Löwe in mir, das hitzköpfige Feuerzeichen, übernahm die Kontrolle. Deswegen wählte ich, nachdem ich es zum fünfunddreißigsten Mal bei Ró probiert hatte – ja, ich konnte hartnäckig (nervig) sein –, eine andere Nummer.

Nun saß ich in der Aula Maxima im UCC wie am Telefon vereinbart. Frühmorgens. Völlig überdreht vor lauter Müdigkeit, noch mit dem Geruch von Sex in der Nase und dem Geschmack von Lust auf den Lippen. In meiner Hosentasche fühlte ich die *Inuyasha*-Figur wie ein Brandmal. Den enttäuschten Blick von Quinn vor Augen, der sich in meine Netzhaut gebrannt hatte. Voller Emotionen im Herzen und im Kopf. Die besten Voraussetzungen für dieses Gespräch. Nicht.

Ich hoffte inständig, dass Quinn mir verzeihen würde. Aber wie standen die Chancen? Schlecht natürlich. Ich hätte mir auch nicht verziehen. Niemand durfte Quinn so in Bedrängnis bringen, und was tat ich? Ich war beinahe ein Teil dieser Gruppe, die ihm mehr und mehr die Schlinge um den Hals zuzog. Aber vielleicht konnte ich sie ausnutzen. Für Quinn.

»Was gibt's, Henry?«, wollte Oliver wissen.

Zunächst entgegnete ich nichts. Sah mich nur um. Dunkles, rotbraunes Parkett überall. Links und rechts an den Wänden uralte, schwere Bücherregale, bei denen ich Angst hatte, sie würden sich gleich zusammenschieben und uns zerquetschen.

»Hat ja ziemlich dringlich am Telefon gewirkt, und jetzt sagst du nichts mehr, oder wie?«

Die Morgensonne strahlte durch die Bleiglasfenster und färbte die imposante Holzverkleidung der Aula bunt. Auf einmal erschien es mir ganz verführerisch, von den Bücherregalen erdrückt oder von dem goldenen Kronleuchter über mir erschlagen zu werden. Gleich danach verwarf ich den Gedanken. Und zwar direkt nachdem ich den Stierkopf als Symbol auf einem der goldenen Bilderrahmen entdeckte. Sofort erschien Quinn in meinen Gedanken. Ich sollte einmal meine feurige Art im Zaum halten. Quinns Gesicht erdete mich, beruhigte mich, und ich besann mich darauf, Oliver nicht an die Gurgel zu springen.

»Ich brauche deine Hilfe, Oliver«, sagte ich leichthin. Ihn anzufahren brachte ja nichts. Wenn ich Quinn helfen wollte, musste ich mich beruhigen und meine jetzige Lage nutzen, so gut ich konnte.

Wir saßen auf zwei Hartplastikstühlen auf einem frisch polierten Holzpodest. Über uns hingen Gemälde von verschiedenen Menschen in dicken Goldrahmen. Ihre Gesichter machten den Anschein, mich kritisch zu begutachten. Wie auch Oliver. Nach allem, was ich erfahren hatte, dachte ich, dass ich ihn in anderem Licht hätte wahrnehmen müssen. Doch vor mir saß der Typ, der – verletzt von seiner Familie und von Hudson – versuchte, seinen Weg zu finden. Der Typ, der mit mir bei Scars Nachhilfestunden gescherzt und der mir damals wirklich ein gutes Gefühl gegeben hatte, mich den *Druids* anzuschließen. Natürlich konnte ich nicht mit meinen Werten vereinbaren, was diese Leute so alles abzogen. Doch bevor ihn der Löwe in mir anfuhr, musste ich sachlich bleiben. Sachlich bleiben und sie ausnutzen. Genauso, wie sie es mit mir vorgehabt hätten.

»So schnell trauen sich die meisten nicht, den *Druids* etwas schuldig zu sein.« Seine linke Augenbraue huschte hoch, und ein Grinsen kräuselte sich auf seinen Lippen.

Ich stand dann also in ihrer Schuld? Sobald jemand also ein Teil von ihnen war, ging es auf jeden Fall härter zu.

»Was wäre denn die Schuld?«, sagte ich knapp.

Olivers Züge erweichten sich ein wenig. »Ich will dir nichts Böses. Wir sind Freunde, und wenn ich dir helfen kann, ohne dass es etwas mit den *Druids* zu tun hat, gern, ansonsten geht das nicht so einfach.« Er reckte sein Kinn leicht vor. Haderte er mit sich?

»Da hört dann die Freundschaft wieder auf, oder wie?« Warum klang meine Stimme in echt viel böser als in meinem Kopf?

»Hör zu, Henry. Wir haben es alle nicht leicht. Auch mit Geld haben wir unsere Probleme, das hab ich dir doch schon öfter erklärt. Privilegien hin, Privilegien her. Und … die letzten eineinhalb Jahre sind für mich kein Zuckerschlecken gewesen. Meine Familie macht mir Druck und … Egal. Jedenfalls: Auch ich kann es mir aus verschiedenen Gründen nicht leisten, es mir mit meiner Familie oder den *Druids* zu verscherzen. Also, wenn du was von ihnen brauchst und nicht von mir persönlich, werden sie einen Gefallen von dir als Erwiderung wollen, und ich kann nichts dagegen tun. Falls sie überhaupt auf mich hören.« Olivers Pro-*Druids*-Fassade bröckelte. Und auch ohne dass er es aussprach, war mir klar, dass es hier noch um die Beziehung zu Hudson ging, die die *Druids* ihm verboten hatten.

»Das tut mir leid, Oliver. Ganz ehrlich.« Mein Herz drückte sich leicht zusammen, wenn ich mir vorstellte, was er durchmachte. Und leider öffnete sich dadurch in meinem Kopf auch eine Tür im Mitleidszentrum für ihn. Ein Zentrum, das mir sagte, dass es auch bei ihm falsch war, ihn anzulügen. Aber trotzdem: Wir alle trafen unsere Entscheidungen. Oliver hatte sich, warum auch immer, entschieden, bei den Spielchen der *Druids* weiter mitzuspielen, und das würde ich definitiv nicht.

»Und wie könnte so eine Erwiderung aussehen?«, wollte ich wissen. »Was könnten sie oder du von mir wollen?«

Oliver warf mir einen skeptischen Blick zu, den ich nicht deuten konnte. Ein wenig … mitleidig? »Was ist denn überhaupt dein Gefallen?«

»Ich möchte, dass ihr meinem … dass ihr Quinn bei den zukünftigen Arbeiten nicht mehr bedroht. Hab jetzt schon Scarlett geschrieben und so, Hudson weiß auch von Quinn und mir, aber irgendwie lassen sie ihn nicht in Frieden. Ich meine, er ist fertig. Er liefert pünktlich ab. Aber das kann nicht jedes halbe Jahr so weitergehen. Das musst du doch selbst einsehen.«

»Darum geht es dir?« Oliver beugte sich etwas vor und legte seine Hand auf meinen Oberschenkel. »Bist du, nein, anders, ist er es wert, dass du so einen Gefallen einfordern wollen würdest?«

Tausend Worte, Sätze, Erklärungen ploppten in meinem Kopf auf, doch ich beließ es bei einem: »Ja.« Ich hoffte, ich wirkte auch für Oliver so entschlossen, wie ich wahrgenommen werden wollte.

»Gut, dann …« Oliver zog ein gefaltetes Stück Papier aus seinem Sakko hervor. »Will ich dafür deine Unterschrift. Sie bestätigt, dass Scar und ich dich für die Ritualnacht rekrutiert haben. Du bekommst meine Bemühungen für deinen Freund, ich einen Punkt weniger in meinem Schuldenkonto und die *Druids* dich.«

Das Formular raschelte beim Auffalten, und Oliver hielt es mir samt schwarzem Montblanc-Füller entgegen.

»Ich habe keine Versicherung, dass es klappen wird.«

Oliver seufzte. Es klang jetzt etwas gereizt. »Noch einmal: Ich will dir nichts Böses. Aber auch ich muss wissen, wofür ich meinen Kopf hinhalte.« Oliver hielt das Papier noch näher zu mir.

»Fuck.« Ich riss ihm Papier und Stift aus der Hand, las es mir kurz durch, während Oliver sich umdrehte, und hielt die Spitze über das Unterschriftenfeld. Danke für nichts, mein liebes Sonnenzeichen, dass ich mich immer in solche Situationen brachte. Es war, als stieß die Linie für die Unterschrift mich ab. Ich wollte mich ihr nähern, aber es ging einfach nicht. Ein Seufzen entkam mir, und mit geschlossenen Augen drückte ich den Füller gegen das Papier.

»Aua, pass ein wenig auf.« Das Nörgeln konnte Oliver sich sparen. Ich öffnete meine Lider und unterschrieb auf seinem Rücken.

Oliver wandte sich mir wieder zu und nahm das Formular entgegen. »Sehr gut. Dann werde ich sehen, was ich für Quinn tun kann. Das Problem ist nur, dass die Umhangaufträge meine Kompetenzen etwas übersteigen. Die Umhänge sind schließlich eines der wichtigsten Dinge bei der Ritualnacht. Und wenn jemand von oben da Druck macht, bekommt Quinn eben zu spüren, was es heißt, Abmachungen mit den *Druids* eventuell nicht einzuhalten. Da kann ich dann leider nichts machen.« Oliver steckte das Schriftstück weg, stieg vom Podest und war dabei, die Aula Maxima zu verlassen. »Sieh es mal andersrum.« Er drehte sich noch mal zu mir. »Auf meinen Schultern liegt schon viel. Aber Jasira, die uns bei den *UCC-Emerald-Druids* anführt, die hat erst recht eine gigantische Last an Verantwortung zu tragen. Und die bekommt sie wiederum von alten Alumni-*Druids* aufgebürdet, die das ganze System und das Geld dahinter tragen. Deshalb ist sie auch nicht zu unterschätzen. Denn mit ihrer Verantwortung geht auch Einfluss einher. Sie kann so einiges bewirken. Sowohl positiv als auch negativ. Dennoch, wie versprochen, werde ich nachhaken.«

»Will ich hoffen.« Nach und nach wurde mir bewusst, für wie wenig ich meine Unterschrift hergegeben hatte. »Das klingt alles nicht mehr so rosa, wie Scar und du es anfangs gesagt habt.«

Oliver lächelte mir zu. »Jetzt hast du ja auch schon zugestimmt. Was aber wahr ist …« Okay, er wich aus. »Scar und ich wollen etwas verändern. Irgendwann und mit dir als modernem, eigenständigem, erfolgreichem *Druid* wirkt das alles nicht mehr ganz so aussichtslos.«

»Und wenn es dich fertigmacht, bevor ihr das schafft? Ich habe auch nicht gelogen, du könntest noch gehen.«

Dieses Mal erwiderte Oliver nichts mehr. Er nickte mir lediglich zu und ging.

Bevor ich ebenfalls den Raum verließ und Gefahr lief, nochmals auf Oliver zu treffen, der vielleicht noch mit jemandem quatschte, holte ich mein Handy hervor und schlug die Zeit tot.

Eine neue Mail wurde per Notiz auf dem Bildschirm angekündigt, und ich öffnete sie. Vermutlich Spam.

Oder Victor.

Es war Victor.

> Henry, wir haben im Team über die neue Aufmachung deiner Seite gesprochen, und wir alle lieben die Idee, es schlichter zu halten. Das schreit noch mehr nach dir. Alles konzentriert sich auf deine Kolumne. Wir sind alle begeistert, was sagst du? Die paar Einsparungen, die außerdem noch kommen, können bestimmt bald wieder geändert werden, wenn die Zeiten besser sind. Da sind wir uns alle im Team einig. Besinn dich bitte auf unsere tolle Zusammenarbeit, ja? Denk noch mal darüber nach, wir haben Ahnung davon. Es hängt ja einiges davon ab …
> Grüße, Victor

Drohte er mir unterschwellig wieder mit Quinn? Als hätte ich im Moment nicht genug Baustellen. Meine Augen verdrehte ich nach oben, so lange, bis es ein wenig schmerzte. Warum schlief dieser Typ eigentlich nie? Bevor ich überstürzt anwortete, wechselte ich zum Chat mit Quinn.

Hey, Quinn. Rate, wer hier ist. Okay, sorry, ich ... Bitte sprich noch mal mit mir. Ja? Ich wollte das alles nicht. Es tut mir leid, dass ich dich angelogen habe. Oliver und Scarlett haben mich eingelullt. Sie haben etwas von einer großen tollen Gemeinschaft gefaselt, die sich hilft und ... keine Ahnung, Kontakten, die mir helfen könnten. Das hat sich schön angehört, und ich wollte ... dazugehören? Und als ich nach und nach mitbekommen habe, was sie mit dir machen, hat sich nie der richtige Zeitpunkt ergeben. Ich wollte dich nicht verlieren. Ja, alles Ausreden und Rechtfertigungen. Es tut mir einfach leid. Aber ... Ich habe noch mal mit Oliver gesprochen. Wollte ihn anschreien, habe ich nicht. Was ich eigentlich sagen will: Ich habe mit ihnen verhandelt, dass sie dich in Ruhe lassen. Keine Ahnung, ob's was bringt. Ich meine, ich habe Olivers Wort, dass er es versucht, aber ... Ach, keine Ahnung, ich hab es verbockt. Es tut mir leid. Können wir das ... geradebiegen?

Abgeschickt. Nur eine Minute später klingelte mein Handy.

»Na? Da hat ja jemand schnell wieder Sehnsucht nach mir, wenn du so rasch anrufst.« Gänsehaut jagte über meinen Rücken, so sehr schämte ich mich über meine eigene Aussage fremd. »Sorry, bin nervös.«

»Wie kannst du so ein Esel sein und dich mit den *Druids* auf einen Pakt einlassen?«

»Für dich.«

»Für mich? Für mich hättest du mir die Wahrheit sagen können.«

»Ich weiß, ich ...« Ich stand auf und ging im Kreis. Die Aufregung ließ mich nicht ruhig sitzen.

»Nicht wieder die gleiche Leier. Ich habe es verstanden.« Die Kälte in Quinns Stimme verletzte mich.

»Ich will das wiedergutmachen, bitte.«

Stille. Schneidende, erdrückende Stille.

»Ich glaube nicht, dass das etwas bringt. Und wie soll ich den Laden halten, wenn noch mehr Kundschaft wegfällt? Letztes Jahr hat erst der Typ, mir fällt nicht ein, wie der heißt, die Miete für unser Lager in der Seitenstraße erhöht, und die Kosten für die Renovierung vor fünf Jahren hängen uns noch nach. Es …«

»Quinn.« Ich stoppte ihn mitten in seiner Angstattacke. »Wir finden einen Weg. Was ist, wenn du dich unabhängiger machst? Wenn du deine Skizzen, deine Mode in den Laden holst, modernere Sachen bestellst, den Laden zu deinem machst?«

Quinn stieß ein verächtliches Schnauben aus. »Ts. Ja, träum weiter. Nicht jeder hat so viel Glück im Leben, dass er mit seiner Leidenschaft Geld verdient. Wo soll ich da anfangen?«

Autsch. Das saß.

»Sorry, nicht so gemeint. Ich bin im Panikmodus. Aber … Ich meine, du hast mir erzählt, dein Chef will deine Kolumne einschränken. Warum machst *du* dich nicht unabhängig? Weshalb machst *du* das nicht alles alleine? Alles online? Oder einmal im Jahr eine gesammelte Ausgabe deiner Kolumne oder als Kalender, Karten oder so?«

Die Vorschläge von Quinn schlossen sich zu einem imaginären Hammer zusammen. Genau das sollte ich Victor schreiben. »Das … Das ist ja brillant.«

»Was?«

»Ja. Das ist die Idee. Ich brauche Vic weniger als er mich.« Mein Blick verlor sich an den Bücherregalen in der Aula Maxima. »Es gibt bestimmt anfangs finanzielle Einbußen, die ich mit Social-Media-Sachen ausgleichen kann, um das Honorar der Zeitung auszugleichen. Vielleicht modele ich wieder ein wenig öfter.«

»Hey.« Quinn riss mich aus meinem Redeschwall. »Du sollst meine Idee nicht gut finden. Jetzt komme ich mir töricht vor, dass ich deine abgelehnt habe.«

»Oh.« Ich räusperte mich. »Wie kannst du so was nur vorschlagen? Du hast keine Ahnung von meinem Job. Als wäre das so einfach.« Meine gespielte Strenge hielt nicht lange an. »Aber es ist nicht nur das. Victor gehört auch zu den *Druids* und droht, einen schlechten Artikel zu verfassen, wenn ich nicht nach seinen Regeln spiele.«

Quinn sollte sich nicht schlecht fühlen. Lügen sollten aber auch keine mehr zwischen uns stehen.

»Was? Fuck.« Eine kurze Pause schlich sich in unser Gespräch, und ich stellte mir vor, wie Quinn gerade nervös über seine Lippen leckte. »Weißt du was? Egal. Zieh dein Ding durch. Der Artikel könnte nicht noch mehr Schaden anrichten als die *Druids,* wenn die ihr Ding durchziehen.«

Etwas, das wie ein Lachen klang, drang aus dem Handy. Sein Lachen könnte ich ständig hören, bis … ja, bis … bis wann? Hoffentlich eine lange Zeit. Für immer traute ich mich nicht zu denken. Wäre creepy früh.

»Sicher?«

»Rys. Ja. Sicher.«

»Okay. Dann … treffen wir uns später! Ich muss meinen Job kündigen.« Gleich danach legte ich auf. In mir brannte das Feuer der Entschlossenheit, und die volle Hitze dieser Flamme bekam nun Victor ab.

Lieber Victor, danke für alles, ich schmeiße hin. Schicke dir später die Kündigung, die ja laut Vertrag mit Ende jeden Monats erfolgen kann. Wir alle in meinem Team, bestehend aus mir und mir, sind von dieser Entscheidung begeistert.
Herzlichst, Henry

Eine Last fiel von mir ab. Doch gleich danach rief Quinn noch mal an.

»Hey, alles klar?« Mein Gefühl sagte mir, dass etwas nicht stimmte. »Quinn?«

»Ich habe gerade ein Video von den *Druids* erhalten. Von uns. Auf dem Klavier. Also ›uns‹ ist gut gesagt.« Seine Stimme zitterte, und er atmete laut ein und aus. »Nur ich bin zu erkennen. Sobald du erscheinen würdest, gibt es einen Cut. Ich habe Nalas Mitbewohner Morten drübergucken lassen, sie haben mir einen Virus geschickt. Vermutlich über eine ihrer Mails oder so … Wahrscheinlich haben sie uns sogar abgehört. Ich denke, es war Hudson oder Oliver.«

»Was!?« Wie konnten sie so weit gehen? »Aber du bist doch fertig. Du lieferst bald ab und …« Scar musste verraten haben, dass unsere Beziehung fake war. Eventuell sollte uns das auch zeigen, dass die *Druids* nicht von ihm abließen. Und Hudson war vermutlich verbittert, weil er sich einerseits verarscht fühlte, und andererseits, weil er seine Liebe zu Oliver nicht ausleben durfte. Wahrscheinlich hatte er uns schon länger beschatten lassen und nur auf diese Chance gewartet. Deshalb kam auch direkt nach Quinns und meinem … Klavierspaß seine Nachricht.

»Vermutlich eine freundliche Erinnerung, nächstes Mal nicht so lange zu brauchen und mich zu sträuben.« Quinn sprach noch weiter, aber ich dachte nur an mein Gespräch mit Scarlett und Oliver, bei dem sie mich auch nach wichtigen Orten in Cork gefragt hatten. Wussten sie deshalb vom Klavierladen? Stand es in meiner Akte? Oder waren sie uns einfach gefolgt?

Was es auch war. Es ging endgültig zu weit.

Kapitel 16

Quinn

Auszug aus *Astro-Logic-y – My Zodiac Love* by Cara Mitsou:
Kann ich mir mein Geburtshoroskop ansehen, wenn ich nicht an Astrologie glaube? Unbedingt! Es ist niemals verkehrt, sich mit seinen Schwächen und seinen Stärken zu beschäftigen. Sich die Frage zu stellen, warum manches womöglich zu stark ausgeprägt oder zu sehr unterdrückt ist. Und außerdem: Hat ein guter Rat jemals geschadet?

Ich hatte Henry nach seinem Schreibseminar abgeholt. Er hatte mich nach Prinz Harry gefragt, und auch wenn ich Diana-Fan blieb, musste ich mich für ein reines Gewissen ein wenig von Harry in meinen Fantasien verabschieden, aber Henry in einer Uniform war bestimmt auch nicht schlecht.

Und ja: Es war noch komisch zwischen uns. Trotzdem … Vielleicht war es völlig daneben und unklug und … Keine Ahnung, was alles noch, aber … Es war das erste Mal in meinem Leben, dass ich mich für einen Typen interessierte, der auch mir nicht abgeneigt war. Ich wollte das nicht aufgeben. Dieses Gefühl, gemocht zu werden, mehr als das, nicht freundschaftlich, sondern so, dass jemand eine Beziehung mit mir wollte. Es war zu schön, um es gehen zu lassen. Es war nicht die durchdachteste Entscheidung, sein Herz so frei zum Vielleicht-Abschuss zu geben, aber ich wollte es riskieren. Ging es schief, sah ich mich mit gebrochenem Herzen weinend vor einem *The Crown*-Marathon. Aber kämpfte ich nicht um uns, hätte es dasselbe Ergebnis, also … Risiko, würde ich mal sagen.

Noch konnte ich nicht abschätzen, ob ich Henry völlig verziehen hatte, dass er mir das so lange verschwiegen hatte. Abgesehen davon spürte ich, dass Henry nicht falsch und abgebrüht wie die *Druids* war. Eine Stimme in mir sagte, dass Henry es wirklich wiedergutmachen wollte. Ich hatte ja auch keinen Grund, ihm nicht zu glauben, schließlich war er vor der Ritualnacht noch kein vollständiges Mitglied der *Druids,* und er hatte nichts von ihren Drohungen gewusst. Und das hätten sie ihm auch vor der endgültigen Aufnahme bestimmt nicht erzählt. Definiert, was das nun zwischen uns genau war, hatten wir allerdings noch nicht. Das ging auch in meiner Panik unter, dass sie etwas mit dem Video auf dem Klavier anstellen konnten. Überhaupt hatte ich momentan keinen Kopf für Beziehungsdefinitionen. Denn Henry, der mir beweisen wollte, dass er auf meiner Seite stand, hatte in seiner unnachahmlich kurz entschlossenen Art entschieden, mir mit der Auslieferung zu helfen. Gemeinsam hatten wir die Umhänge aus dem Laden geholt und waren nun auf dem Weg zurück zum UCC. Endlich konnten wir die Bestellungen der *Druids* abliefern. Normalerweise brachte sie mein Dad weg, und es hatte eine Ewigkeit gedauert, bis er mir am Telefon verraten hatte, wohin ich musste. Er war kein Fan davon, dass ich die Sache mit den *Druids* regeln musste. Am Ende hatte er eingesehen, dass er mich nach den ganzen Ereignissen über alles informieren musste. Leider stimmte alles. Unsere Verwobenheit mit den *Druids,* dass ihnen ein Teil des Ladens gehörte, fast unsere gesamte Kundschaft *Druids* waren und sie ihn auch seit Jahren bedrohten. Trotzdem halfen mir diese Infos, alles besser einzuordnen.

Wir brachten die Umhänge nun also ins UCC-Büro, wo sie eine uralte Mitarbeiterin abnehmen würde, die laut Dad über die *Druids* Bescheid wusste. Vor etlichen Jahren hatte ihre Tochter eine hohe Summe bei einem Gewinnspiel gewonnen und wurde Teil der *Druids,* seitdem steckte sie mit drin.

Mit dem Transportwagen fuhren wir die letzten Meter Richtung UCC, und diese Zeit wollte ich nutzen. Henry saß am Steuer und behielt den Verkehr im Auge. Hier konnte niemand flüchten. Okay, jemand könnte aus dem Auto springen, aber das schätzte ich als ziemlich unwahrscheinlich ein. Noch.

»Du weißt, dass ich noch sauer bin, oder?« Vor mir bewegte sich der Verkehr stockend vorwärts. Das ständige Abbremsen führte dazu, dass der Duftbaum vor uns so penetrant hin und her wackelte, dass ich den Vanilleduft kaum noch ertrug. Aber auch meine *Inuyasha*-Figur hatte er vor der Fahrt aufgehängt.

»Ja, ich weiß. Noch mal: Meine Aktion war beschissen. Aber ich habe das nur verbockt, weil du mir so unglaublich wichtig bist.« Henry drehte den Rückspiegel zurecht. »Okay, das klingt komisch. Das mit den *Druids* hat sich angebahnt, schon lange bevor ich durch dich erfahren habe, was –«

»Ich weiß, du hast mir das alles am Telefon erklärt, wie Scar und Oliver zu dir waren, und wie die *Emerald Druids* so auf dich gewirkt haben. Bestimmt ist das für erfolgreiche Leute mit Geld auch ein schöner Zufluchtsort. Beziehungsweise glaube ich dir sogar, dass die beiden nicht nur böse sind. Sonst würde ja auch Yoshi nicht so an Scar hängen. Trotzdem fällt mir das schwer, nach allem, was meine Familie mit ihnen durchgemacht hat. Überhaupt, dass du es für eine gute Idee gehalten hast, mir tagelang nichts zu erzählen, nachdem du erfahren hast, was die mit meiner Familie abziehen, aber ich verstehe es … irgendwie.«

»Danke. Das habe ich gar nicht verdient, und ich hätte schon gar nicht so schnell damit gerechnet. Ich werde das so was von nicht selbstverständlich nehmen und dein Vertrauen nie wieder so enttäuschen. Wie gesagt: Du bist mir viel zu wichtig. Unglaublich wichtig.«

Ich war jemandem wichtig. Unglaublich wichtig sogar. Eine

Steigerung, die ich mochte. Die ich gerne mochte. Die ich unglaublich gerne mochte. Hitze schoss mir in den Kopf. Davon durfte ich mich aber nicht vereinnahmen lassen. »Beschissen war's trotzdem. Und ich, ich will nicht wie jemand rüberkommen, mit dem du so was immer und immer wieder machen kannst und ich verzeihe es.«

Der Lenkradüberzeug knarzte, und ich erkannte, wie Henry seine Hände darum verkrampfte. Seine Fingerknöchel traten weiß hervor. »Es tut mir leid, dass du so denkst. Das wollte ich nicht. Ach, fuck.« Flink fuhr sich Henry durch die Haare. »Ich müsste dafür da sein, dass du dich besser fühlst. Und nicht so …« Er deutete zu mir. »An deinen Fingerkuppen herumzwickend und in den Sitz versunken.«

Ich legte meine Hände auf meine Oberschenkel und richtete mich auf. »Ich –«

Henry griff nach meiner Hand. Seine Finger berührten meinen Oberschenkel. Bilder auf dem Klavier blitzten in mir auf. »Ab jetzt gibt es keine Geheimnisse mehr, ja?«

Ich stimmte zu.

So fuhren wir schweigend weiter, und ich genoss es, Henrys Hand auf meiner zu spüren. Während Henry am Ziel den Wagen rückwärts die letzten Meter zum Hintereingang des Hauptgebäudes steuerte, schnallte ich mich bereits ab.

»So, da sind wir.« Henry klatschte mir leicht auf den Oberschenkel. »Bereit?«

Der Motor brummte noch.

»Jap«, sagte ich und verdrängte meine Gedanken an Henrys Hand, die meinen Oberschenkel hochwanderte.

Wir parkten hinter dem alten UCC-Hauptgebäude. Scar hatte uns dafür die Schranke geöffnet. Witzigerweise war dieser Eingang ins Gebäude unweit von dem Fenster entfernt, von dem Cara, Felix und Owen mir erzählt hatten. Das berühmte Fenster, durch das sie damals in das UCC eingestiegen und in das geheime Ritual der *Druids* geplatzt waren. Na ja, zumindest Felix.

»Kommst du?« Henry hatte mehrere Kartons voll Umhänge auf den zweiten Sackkarren geladen und schob ihn vor sich her.

»Ja, sorry.«

Ich schnappte mir den ersten Sackkarren und folgte ihm.

»Hast du über meinen Vorschlag nachgedacht, mehr von deinem eigenen Stil ins *Murphy's* einzubringen?«, wollte Henry wissen.

»Ja.«

»Und?«

»Ich bin zu keinem Ergebnis gekommen.« Alles umzukrempeln, den Laden, das Konzept, das ging mir zu schnell. Ich war nicht so, so – ja, wie? So Henry. Für mich funktionierten diese unüberlegten Handlungen nicht. Ich brauchte Struktur, einen Plan, Sicherheit.

»Okay.« Ich nahm die Verbissenheit in diesem *Okay* wahr, dankte Henry aber innerlich dafür, dass er nicht nachbohrte.

Henry drückte mit dem kleinen Finger eine Türklinke hinunter und zog sie auf. Bevor sie wieder zufiel, stellte er seinen Fuß dazwischen und öffnete sie weiter. »Du zuerst.«

»Lass mich nur ins Messer laufen«, witzelte ich und machte den ersten Schritt in den Steinkorridor des UCC.

Vor mir erstreckte sich der Durchgang hinaus zum Innenhof. Seitlich befand sich die Holztür samt Glaselementen zum Büro für Besuchende des UCC. Genau davor stand Scar.

»Ziemlich windig heute, nicht …« Henry stolperte in mich hinein und entdeckte Scar wohl erst nach mir. »Oh. Hi.«

Scar nickte mir zu und klopfte gegen die Tür des Büros. Sie öffnete sich.

»Poppy?« Henry kannte Ms Gibney?

»Henry.« Sie setzte sich ihre spitz zulaufende Brille, die an einer Goldkette hing, auf und lächelte breit. »Wie schön, dass du auch hier bist. Ich wusste doch, du und Scarlett würdet euch verstehen.« Selbst diese nette Oma hatte Rys eingeredet, zu den *Druids* zu gehen?

»Können wir jetzt das Zeug reinbringen?« Scar spielte an einer roten Strähne, die von ihrer Hochsteckfrisur wie ein Korkenzieher nach unten hing.

»Selbstverständlich.« Ms Gibney machte den Weg für uns frei, und wir betraten das Büro mit unseren Sackkarren.

»Sieht aus wie bei Victor.« Henry rümpfte die Nase.

Es waren nur ein paar Leute anwesend. Sie saßen an ihren alten Rechnern vor grauen Monitoren und klimperten auf den Tastaturen herum. Zwei telefonierten. Es ging wohl um nicht bezahlte Studienbeiträge und um nicht auffindbare Noten im Onlinesystem. Eine Welt, die mir völlig fremd war, von der ich aber seit Ewigkeiten träumte.

»Stellt die Kartons in den Nebenraum.« Ms Gibney zeigte auf eine Holztür neben einem Kopierer. »Sie werden dann später weggebracht.«

»Hudson holt sie ab«, ergänzte Scar. »Perfekt, dann haben wir ja alles erledigt.«

Das Getippe im Großraumbüro hämmerte in meinem Kopf. »Sieht so aus.« Scars harte Maske weichte ein wenig auf, und ich meinte, einen Hauch von Schuld zu erkennen.

Henry verringerte den Abstand zwischen uns. Ich spürte ein Tippen auf den Rücken. Zart wie ein Windhauch. Meist waren die Berührungen seiner Finger nicht mehr als das. Ein Windhauch. Bis sie mehr wurden. Zu einem Hurrikan. Bis wir gemeinsam zum Hurrikan wurden, miteinander verschmolzen, wie auf dem Klavier. *Schluss damit. Nicht hier. Nicht jetzt. Andere Gedanken. Sofort!*

»Wurde ja auch Zeit.«

Die Stimme jagte mir einen Schauer über den Rücken. Scar erstarrte ebenfalls. Henry bemerkte es wohl und sah zwischen uns hin und her.

»Jasira? Was verschafft uns die Ehre?«, brachte Scar hervor. Sie sammelte ihre Kräfte, legte ein Strahlen auf und wandte sich um.

Jasiras Anwesenheit allein reichte, um meine Knie weich wie Butter zu machen. Zimmerwarme Butter, nicht die, die die Löcher ins Brot machte, weil wir vergessen hatten, sie rechtzeitig aus dem Kühlschrank zu nehmen. Dad hatte mich vor Jasira gewarnt. Sie war die Anführerin der *UCC-Druids*, und alle hörten auf sie. Felix hatte in seiner Ritualnacht ja auch seine Erfahrungen mit ihr gemacht, und er hatte damals ebenfalls erzählt, dass alle auf ihre Befehle hörten.

Unbeeindruckt von Scars Charmeoffensive warf sich Jasira die geflochtenen Haare lässig über die Schultern und musterte daraufhin Henry mit einem langen Blick, der eindeutig zeigte, dass sie dabei war, seinen Wert abzuschätzen. Unangenehm. Bevor sie auch mich auf diese Weise sezieren konnte, drehte ich mich weg und tat, als müsste ich husten, um mich unauffällig ein paar Schritte entfernen zu können. Mir war wirklich wohler, nicht so von ihr angestarrt zu werden.

Aber Jasira schien sich sowieso nicht für mich zu interessieren. Sie wandte sich bloß wieder an Scar, als wäre ich ihre Aufmerksamkeit gar nicht erst wert. Fast hätte ich gelacht. *Story of my life.*

»Ich habe einen Termin mit der Leitung gehabt. Wegen der neuen Räumlichkeiten für unser Ritual.« Ihre tiefe Stimme glich dem sanft warnenden Knurren einer Löwin.

»Verstehe.« Scar sagte nicht mehr als nötig. Unter ihrem Lächeln wirkte sie angespannt, als hätte sie Angst, dass jedes falsche Wort Konsequenzen nach sich ziehen könnte. Ich verstand das inzwischen leider sehr gut.

»Gut. Dann kümmerst du dich. Wir sehen uns. Oh, und, Scar?«

Scar sog die Luft ein. »Hm?«

»Richte Oliver aus, dass seine Schuld nicht so schnell beglichen ist, nur weil ihr ein paar gute Fische für uns gefangen habt. Er ist noch lange nicht auf einer Position, auf der er wieder Gefallen erbitten kann. Die Antwort ist also Nein.« Die Worte klangen zuckersüß. Ihre Mimik dazu: zuckerstreuselsüß. Aber der Inhalt: höllenfeuerscharf.

Scar schüttelte schon mitten in Jasiras Satz den Kopf und kratzte sich am Hals, bis sie rote Striemen hinterließ. »Sss…« Ihre Stimme versagte. Sie räuperte sich. »Selbstverständlich nicht. Wissen wir. Ich –«

»Wunderbar. Dann kommt so ein unangemessener Vorstoß ja sicher nicht wieder vor. Bis später.«

Bis Jasira den Raum verlassen hatte, hielten wir gefühlt alle die Luft an. Das Schließen der Tür setzte den Startschuss für Henrys Vorpreschen. »Was hat Jasira gemeint? Lasst ihr uns doch nicht in Ruhe? Soll das jetzt jede Ritualnacht so weitergehen? Was ist mit diesem Video?«

»Rys. Lass es.« Ich wollte ihn besänftigen, nicht alles noch schlimmer machen. Es war so, wie es eben war. Hätte mich gewundert, würde sich etwas ändern.

»Nein.« Henry schob meinen Arm weg, den ich zwischen Scar und ihn als eine Art Schranke gehoben hatte. »Nein. Das können wir ihnen nicht durchgehen lassen. Wofür habe ich Oliver meine Unterschrif…«

»Es reicht jetzt.« Scarlett meldete sich zu Wort, und es schien, als hätte sie ihre Fassung wiedererlangt. Doch es war nicht nur das. Sie sah mich durchdringend an, als wollte sie mir etwas damit sagen. Etwas wie: *Es reicht jetzt wirklich, bitte hör auf mich!*

»Sie hat recht, Rys. Gehen wir.« Ohne großartig darüber nachzudenken, schnappte ich mir Henrys Hand.

Es dauerte danach einen Moment, bis ich mich in Bewegung setzen konnte. Denn Henrys Griff. Seine Haut auf meiner. Seine Wärme, die sich mit meiner verband. Shit. Das war so gut. Zu gut. Gedankenvernebelnd gut.

Endlich machten meine Füße das, was sie sollten. Einen Schritt nach dem anderen gehen. Henry folgte mir, aus dem UCC-Büro, den Gang hinunter bis aus dem Gebäude. Meine weichen Knie gaben ein wenig nach, als wir vom Steinboden auf die Grasfläche des UCC-Hofes gingen.

»Wohin gehen wir?«, rief Henry über meine Schulter.

Woher sollte ich das denn wissen? War das nicht auch egal?

»Hallo? Quinn?«

Ich hielt. Henry lief in mich.

»Wir sollten es gut sein lassen.« Meine Hand glitt aus seiner. »Es bringt nichts. Der Auftrag jetzt ist abgearbeitet, und bis zum nächsten Mal …«

»Was dann? Ruhst du dich für den nächsten Stress aus? Willst du abhängig von ihren Aufträgen sein?« Die Wahrheit aus Henrys Mund zu hören strapazierte meine Nerven.

Augenrollend wandte ich mich endlich um. »Was soll ich denn dagegen machen?«

»Verdammt, Quinn.« Rys huschte näher zu mir. Er umfasste meine Wangen. Wieder und immer wieder setzte dieser Typ mich in Flammen, sobald er mich berührte. Weil diese Berührung, die ging so weit über meinen Körper hinaus. Er berührte meine Seele und – Shit, der Kitsch durchflutete meine Gedanken – mein Herz. »Du sollst machen, was ich dir sage: Glaub an dich. Du kannst das. Das wird was. Ich weiß es.«

»Du weißt genau, dass der Laden anteilig denen gehört und sie mitbestimmen können, wie er geführt wird.«

»Dann mach einen neuen Laden auf. Es ist doch eure Immobilie. Mach einfach was Neues damit. Wickel das *Murphy's* ab und eröffne an gleicher Stelle das *Quinn's* oder so.«

»Ich weiß nicht …«

»Aber ich weiß es für dich. So wie du es für mich gewusst hast.« Henrys Augen flehten mich an, ihm zu glauben, und nichts hätte ich lieber getan.

»Ich versuche es.« Das wollte ich wirklich.

Henrys Miene erhellte sich. »Das reicht. Vorerst.« Gleich im nächsten Moment lagen seine Lippen auf meinen.

Henry küsste mich. Mich. Im UCC. Vor anderen Menschen.

Und es störte ihn nicht im Geringsten, mit Mister Langweilig gesehen zu werden?

Quinn! Gedanken aus. Das Gefühl von Henrys Lippen an.

Irland verformte sich zu einem Hurrikan, und wir waren im Auge des Sturms. Wir waren der Mittelpunkt von allem. Er nahm meine Wahrnehmung komplett ein.

Zögerlich löste er sich von mir. »Sorry, ich habe nicht –«

Ich packte ihn an seinem Kragen und zog ihn wieder zu mir. »Ich will das gerade nicht hören, Rys.«

»Boah, ich liebe es, wenn du machst, was du willst, das –« Zack, lagen meine Lippen wieder auf seinen. Nur für einen Moment wollte ich noch in diesem, nein, unserem ganz eigenen Sturm bleiben, ehe der Wind uns erfasste und das Leben uns wieder herumschleuderte. Ich legte meine Stirn gegen seine.

»Schaffen wir das alles, Henry?«

»Natürlich. Wir erstellen ein Konzept, für uns beide, und dann gehen wir zu einem Steuerberater, der nicht zu den *Druids* gehört. Vielleicht kann Crowley uns da helfen, oder Fergus, oder …« Henrys Handy klingelte, und er guckte darauf. »Oh. In einer Sache … bräuchte ich aber noch deine Hilfe.«

Kapitel 17

Henry

Hope in Our Universe by Takeru: Vielleicht sind wir Löwen ja sehr freiheitsliebend und schnell selbstständig, aber uns ist auch die Familie wichtig, das herzliche Beisammensein, ist das zerrüttet, leiden wir und müssen es in Ordnung bringen.

Ich versteifte mich mehr und mehr und spürte, wie die Anspannung in mir stieg.

»Au!« Was war denn jetzt wieder mit ihr los?

»Oh, sorry, Misses Kirwan. Ich habe manchmal so Knieschmerzen und wollte mich strecken. Ich hoffe, es tut nicht weh?« Quinn hatte meine Mam getreten? Und warum warfen sich Ró und er jetzt merkwürdige Blicke zu?

Oh. Okay. Er wollte wohl meiner Schwester signalisieren, dass sie ruhig sein sollte, damit ich sprechen konnte. Denn Ró hielt unangenehme Situationen oft nicht aus. Deshalb hatte sie die ganze Zeit laut Chips gegessen oder Belangloses erzählt. Wahrscheinlich hatte er *sie* treten wollen. Der Gedanke entlockte mir trotz allem ein Schmunzeln.

Quinn lächelte seine Überforderung weg, und ich erkannte, dass er dabei weder auf den zu dichten Schnurrbart noch auf die eine, letzte Haarsträhne über der Halbglatze von meinem Dad starren wollte. Denn auch das hatte ich Quinn kurz vorher noch gesagt. Mein Dad hatte auf sämtlichen Familienfotos diese Halbglatze und diese eine abstehende Strähne, als wäre er damit geboren, weshalb der Bart meines Dads auch sein Heiligtum war.

»Ach, Quinn, wusstest du, dass Henrys Vater eine beeindruckende Sammlung an –«

»Können wir bitte aufhören damit? Mit diesem: Alles ist perfekt? Und reden? Über das Thema, das ich mit euch besprechen wollte?« Ich fiel Mam ins Wort und stellte mein Glas übertrieben hart auf den Untersetzer.

»Hen«, zischte Ró. »Lass sie doch ausreden.«

»Wie sie mich?«, schoss ich zurück. »Muss ich mit ihr stundenlang smalltalken wie mit einer Fremden, oder kann ich ihr erzählen, wie es mir geht, als wäre sie meine Mutter?«

Ich fühlte mich wie an einem dieser runden Spieltische in Mafiafilmen, an dem sie um Leben und Tod spielten. Keine Ahnung, ob es solche Filme gab, ich guckte gar keine Mafiafilme, aber so stellte ich sie mir vor.

»Liebling …« Meine Mam legte ihre Hand auf meine.

»Nein, Mam.« Ich zog sie wieder weg und nahm stattdessen Quinns. Ich sollte das alles aufgeben und einfach gehen. Das Thema unter den Tisch kehren, wo es von Quinn weggekickt wurde. Nein, Quatsch. So durfte ich nicht denken. Nicht jetzt. Quinn gab mir die Kraft, das durchzuziehen, auch wenn das innere Kind in mir schrie, es allen recht zu machen, damit ich nicht der Einzige war, der diese perfekte Familie ins Ungleichgewicht brachte. »Ich –«

»Du musst doch keine Angst haben, dass wir deinen Freund nicht akzeptieren.«

Ich öffnete den Mund und schloss ihn wieder. Dachte sie wirklich, dass es *darum* ging? Das Licht über uns heizte mich auf. Dar ganze Raum wirkte brütend heiß. Ich fühlte mich wie in einem Backofen. Dazu noch die stickige Luft. Oder bekam ich einfach keine Luft? Schnürte sich meine Kehle zu?

Quinn streichelte mit einem Finger über meinen Handrücken. Von einem Moment auf den anderen fühlte ich mich wieder leichter. Als hätte er Luft aus einem Luftballon gelassen, bevor er platzen konnte.

»Damit hat das hier überhaupt nichts zu tun.« Ich stieß ein verächtliches Schnauben aus. Das war so tpyisch. Nicht nur für meine Familie, auch für mich. Ich hatte mich so lange zurückgehalten, dass sie gar keinen Gedanken an meine Position in der Familie verschwendeten.

Ró griff erneut in die Chipsschale und stopfte sich einige davon in den Mund. Der Rest rieselte auf den Tisch wie Chipsschnee.

»Ihr wisst seit Jahren, dass ich pan bin. Es war nie ein Problem für euch. Warum zur Hölle sollte es ausgerechnet jetzt eins sein?« Ich fuhr mir über den Kopf und lehnte mich zurück. »Ich will über uns sprechen.« Ich ließ Quinns Hand los und deutete einen Kreis über mir und meiner Familie an.

Dad musterte mich. »Du kannst mit uns sprechen.«

Ich stieß einen Laut aus, der eine Mischung aus Lachen und Grunzen war. »Ja? Dad? Über alles? Auch über meine leibliche Mutter?« Wow. Ich hatte nicht gedacht, dass es mich so viel Überwindung kosten würde, es auszusprechen. Selbst jetzt, wo es raus war, stellte sich keine Erleichterung ein. Stattdessen wurde das Magenziehen schlimmer, das mich begleitete, seit ich Mams Nachricht gelesen hatte, und es bildete sich Angstschweiß unter meinen Achseln.

Dad erwiderte nichts. Er strich über seinen Bart und sah mich nicht mehr an.

»Ähm, was geht hier vor sich?«, wollte Ró wissen.

»Rys. Sprich mit ihnen. Hör auf mit den Andeutungen.«

Quinn hatte recht. Es wollte ja aus mir raus. Normal hatte ich keine Hemmungen, Dinge anzusprechen, aber hier hatte ich es mir gedanklich so lange verboten, dass mein Körper heftig darauf reagierte, all diese Dinge herauszuposaunen.

»Rys?«

Ich legte meinen strengen Blick ab, als ich meinen Kopf zu Quinn drehte. Ja, er hatte wirklich recht. Ich konnte das nicht mehr. Ich hatte es satt, es nicht auszusprechen. Ich war vollgefressen bis zum Rand mit dem Verständnis, das ich anderen in meiner Familie entgegenbringen musste.

»Ich … Ich weiß gar nicht, wie ich das ansprechen soll, weil ihr immer so verdammt perfekt seid«, brachte ich zustande.

»D-danke?«, warf meine Mam irritiert ein.

»Jetzt spuck's schon aus, was los ist, Hen.« Manchmal war Ró genauso ungeduldig wie ich.

Quinns Finger legten sich sanft über meine, und mir wurde bewusst, dass ich dabei war, meine Hand vor Unruhe heftig durchzukneten. Sie war schon ganz rot. Ich warf Quinn einen dankbaren Blick zu, ehe ich tief durchatmete und fortfuhr.

»Mein ganzes Leben lang seid ihr immer darauf aus gewesen, alles perfekt zu machen. Und das schätze ich an euch, wirklich. Aber Idealismus aus dem Handbuch ist eben nicht immer richtig. Ihr könnt kein *Queere-Kinder-für-Neulinge*-Buch kaufen und uns das, was ihr da lest, überstülpen.«

»Aber … wir haben dich doch bei deiner Sexualität unterstützt und offen und ehrlich über alles mit dir gesprochen. Wir haben euch immer, immer, immer gesagt, redet mit uns.« Bei jedem Immer tippte meine Mam mit dem Finger gegen die Tischplatte.

»Nein, genau das meine ich doch. Du hast dir durchgelesen, wie gehst du mit schwulen Jugendlichen um, hast Fahnen aufgehängt und mir *Boys Love*-Mangas gekauft. Aber das war's dann. Ihr … ihr habt euch durchgelesen, wie der Plan aussieht für einen schwulen Sohn«, zumindest war es das damals gewesen. Dass ich pan war und ich somit keine Präferenz beim Gender meines Gegenübers hatte, ja es gar keine Rolle spielte, hatte ich erst später selbst für mich entdeckt, »und so musste ich dann auch sein, damit ihr nach den Tipps handeln konntet, die dazu in eurem Buch stehen. Darüber habt ihr mich komplett definiert – als hätte ich nicht auch noch andere Seiten. Oder andere Dinge, die mich traurig gemacht haben. Wie eine leibliche Mutter, die ich nie ansprechen konnte, weil Dad mir eingetrichtert hat, dass es dich – Mam«, ich sah sie nun doch kurz an, »verletzen würde. Und das wollte ich natürlich nicht. Du hast ja genug durchgemacht. Dich um uns gesorgt. Ró hatte es schwer. Aber … immer auf dich und …« Ich schluckte mühsam und zwang mich, zu meiner Schwester zu sehen, deren Gesicht sichtlich entgleist war, »und dich aufpassen zu müssen hat sich angefühlt, als gäbe es gar keinen Platz für *mich* in der Familie. Ich konnte ja nicht mal wirklich ansprechen, dass ich in der Schule gemobbt wurde, weil, Róisín hatte es ja schon schwerer. Ich war ja stark genug, mich zu behaupten und sowieso bald draußen aus der Schule. Dad meinte, ich solle dich damit sowieso nicht belasten, und …«

»Oh mein Gott, Hen, das … das ist schlimm. Es tut mir so leid. Ich hab damals überhaupt nicht mitbekommen, wie es dir ging, ich war so mit mir beschäftigt …« Ró hatte inzwischen Tränen in den Augen.

»Nein, das ist nicht deine Schuld«, warf Dad ein und griff zu ihrer Hand hinüber. »Wir hätten mehr für dich da sein müssen, Henry. Róisín hat alles Recht der Welt gehabt, in dieser Zeit nur an sich zu denken. Wir hätten deine Stütze sein müss…«

»Aber, aber warum hast du Henry gesagt, er darf nicht mit mir sprechen?«, unterbrach Mam ihn harsch.

Dad schluckte laut. »Weil … du bist meine Frau. Denkst du, ich habe nicht mitbekommen, wie du vor Róisíns OPs oder wegen ihrer Zweifel geweint hast? Und –«

»Na und?« Der Stuhl gab gleichzeitig ein quietschendes und knarrendes Geräusch von sich, als Mam sich erhob. »Das gehört dazu, deswegen will ich aber nicht, dass meine Kinder Rücksicht auf mich nehmen müssen. Und noch etwas.« Mam ließ Dad nicht mehr zu Wort kommen und ging zu mir. »Was war das mit deiner leiblichen Mutter, Henry?«

Ich griff wieder zu Quinns Hand. Er schwitzte. Oder war ich es? Waren wir es beide?

»Komm schon«, flüsterte er und drückte meine Hand. Dieses Gespräch verselbstständigte sich so rasch, dass es mir schwerfiel, alles zu fassen. Mein Kopf drehte sich, und ich wusste nicht mehr, was ich eigentlich noch sagen wollte und was bereits geklärt war.

»Dad hat gemeint, er will nicht, dass du verletzt bist, wenn wir über sie reden.« Meine Sicht verschwamm ein wenig. Ein Schleier längst vergangener Tränen, Tränen des Kindes in mir, baute sich auf. Und er drohte zu platzen.

»Ich, ich, ich habe gedacht, du willst nicht, dass wir über sie reden, weil es dich bedrückt.« Keine Sekunde später stand sie wieder vor Dad. »Du hast gesagt, Henry will nicht, dass wir über sie sprechen.«

»Was?« Ich erschrak über meine Lautstärke.

»Dad?« Róisín rutschte mit dem Stuhl zu ihm.

Nun war er es, der Tränen in den Augen und eine gerötete Nase hatte. Er zog sie hoch. So oft, als schinde er Zeit. »Es tut mir leid. Ich wollte nur, dass wir eine glückliche Familie sind. Ich will …« Er sah uns alle an. »Ich will euch nicht traurig sehen, aber ich hab auch nicht bedacht, wie manipulierend das ist und was ich damit angerichtet habe. Es tut mir leid, Henry.«

»Ach, du alter Esel.« Mam nahm Dad in den Arm und küsste seinen halb kahlen Kopf.

»Ich habe nicht gewusst, dass du gar nicht dagegen gewesen bist, über meine leibliche Mutter zu sprechen. Und was ist wegen meines Pseudonyms gewesen?«

»Was ist mit deinem Pseudonym?« Stimmt. Ró ahnte nichts.

Jetzt war es Mam, die sich versteifte. »Ich …«

»Mam?« Róisín stand auf. »Was ist damit?«

»Ich habe sie gefragt, ob ich mir eines zulegen soll, weil ich Hate-Kommentare wegen meiner Sexualität bekommen hab –«

»Henry, nicht jetzt.«

»Nein, Mam.« Róisín bestand darauf, mich aussprechen zu lassen. »Ich hatte vielleicht als Teenagerin keinen Kopf für Hen, aber jetzt, jetzt bin ich immer für dich da.« Róisín ging um den Tisch herum und vor mir in die Hocke.

»Mam hat gemeint, ich soll das Pseudonym nehmen, aber sie ist gar nicht – mal wieder – auf meine Probleme eingegangen. Sie hat nur gedrängt, ich soll mich auf jeden Fall Takeru nennen, damit dich niemand über mich findet und dich hatet.«

Róisíns Gesicht sprach Bände. Ihre Augen weiteten sich. Ihr Unterkiefer klappte nach unten. Sie stieß ein erstauntes Geräusch aus, bevor sie sich erhob. »Dein Ernst, Mam?«

»Ich wollte dich nur beschützen, du hast so viel durchgemacht als kleines Mädchen. Und –«

»Und du bist nicht besser als Dad damit. Ich bin erwachsen, und ich will, dass du mich, meine Identität und mein Leben akzeptierst. Dazu gehört auch, dass du mich als diese starke Frau wahrnimmst und siehst! Sonst machst du leider selbst etwas falsch.« Nach Róisíns harten Worten erkannte ich den Schock in Mams Gesicht sofort. Für sie musste das ein Schlag in die Magengrube sein, nachdem sie sich seit Jahrzehnten mit dem Thema beschäftigte.

»Denkst du, ich biete mit meinen Beiträgen in der Medizinzeitschrift nicht selbst genug Angriffsfläche? Aber das habe ich mir ausgesucht, und das überstehe ich. Weil ich – dank euch – weiß, wer und wie ich bin.« Róisíns Stärke bewunderte ich schon immer. Auch jetzt. Aber … Auch wenn ich mich schlecht fühlte, rollte ich innerlich mit den Augen darüber, dass es wieder nur um sie ging. Ich liebte Ró, aber heute sollte es endlich um mich gehen. Ich seufzte so laut aus, dass meine Familie mich ansah.

»Sorry, Hen, es geht hier um dich. Tut mir leid.« Ró musste sich nicht rechtfertigen, wie unsere Eltern uns sahen, war auch für sie essenziell. Nicht so eine klaffende Wunde wie bei mir, aber dass unsere Eltern sie noch immer nicht als unabhängige

Frau, die mit beiden Beinen im Leben stand, sahen, frustrierte natürlich auch sie.

»Also, Mam, Dad? Können wir bitte wieder zu meinem Bruder kommen?« Ró deutete zu mir.

Dad sah mich an und sprach ein lautloses *Sorry* aus. Vermutlich wollte er nicht vor uns weinen. Da hatte er, zusammen mit dem, er müsste als Mann in der Familie alle beschützen, eben noch ein paar alte Denkweisen in sich.

»Ach, mein Schatz. Es tut mir so leid. Wenn du Henry vor und hinter dem Magazin sein willst, dann bitte, mein Schatz, sei das, und zwar mit Stolz.« Mam umarmte mich im Sitzen, und Dad bückte sich so weit vor, bis er mit seiner Hand meine auf dem Tisch erreichte. »Ich wollte einfach alles perfekt machen und habe dabei vergessen, auf euch als Individuen einzugehen. Das tut mir so leid, Henry. Du kannst mit mir immer über deine leibliche Mutter sprechen, und ich sehe jetzt selbst, dass ich zu wenig Mam für dich gewesen bin. Glaub mir bitte nur, dass es nie darum ging, ob du mein leibliches Kind bist oder nicht. Ich hatte nur das Gefühl, dass du so gut zurechtkommst und Ró mich mehr gebraucht hat, vor allem wegen ihrer OPs damals. Aber dass du einfach nur den Starken gemimt hast, wollte ich nicht sehen.« Sie zog die Nase hoch und küsste mich auf meinen Kopf. »Kannst du mir verzeihen? Ich werde in Zukunft mehr auf dich achten.«

»Danke, Mam. Danke, Dad.« Mehr brachte ich nicht raus. Das war alles, was ich mir als Kind gewünscht hätte zu hören. Meine Sicht trübte sich mehr und mehr ein. Der Tränenschleier verzerrte das Szenario zu einem Farbenmix aus Brauntönen. Die Hitze in meinen Augen löste sich mit der ersten Träne, die meine Wange hinunterrollte.

Es dauerte, bis ich mich gefangen hatte. »Und Ró ... Es tut mir auch so leid, dass ich mich in Tokio so abgeschottet habe. Auch vor dir. Es hat einfach gutgetan, dass ich selbst der wichtigste Mensch in dieser Zeit gewesen bin. Ich hätte mich mehr nach dir erkundigen sollen. Nach deinem Leben in Cork fragen. Sorry.«

»Macht nichts. Ich meine, ja, ich bin sauer gewesen, aber ich verstehe es jetzt. Nächstes Mal sag mir so was bitte, du Esel.« Ró boxte mir gegen die freie Schulter und machte einen großen Ausfallschritt zu Quinn. »Danke, dass du ihn dazu gebracht hast, mit uns zu reden.«

»Ich bin nur die seelische Stütze gewesen«, sagte Quinn kleinlaut.

»Ich denke, es wird Zeit, Quinn in unser Familienritual einzuweihen«, sagte Mam und zwang Dad, aufzustehen.

»Der arme Junge«, erwiderte dieser nur.

»Ähm? Welches wäre das? Weil, je nachdem, was ihr jetzt sagt, müsste ich noch mal weg …« Quinn sah zu mir, und ich wischte mir lachend die Tränen aus dem Gesicht.

»Gruppenumarmung!«, rief Róisín und schenkte Quinn nur ein mitleidiges Lächeln. »Aber das habe ich ja auch schon in unserer Gang etabliert.«

So konnte das also auch sein? Dieses Familiending?

Nach unserem Familiengespräch hatte ich noch einige Zeit gebraucht, um wieder klarzukommen. Ja, es war großartig, dass diese Last von mir gefallen war. Trotzdem war es ziemlich viel auf einmal. Mein Kopf drehte sich noch. Mein Magen rumorte von all den ausgesprochenen Problemen, die sich aufgestaut hatten und nun eine Leere hinterließen. Aber es war auch befreiend. Vor allem befreiend. Wir waren etwas spazieren gegangen, bis wir an der Parfümerie von Fergus Doyle vorbeigekommen waren. Da wir beide Durst hatten, hatte Quinn Fergus geweckt. Zumindest hatte er das gesagt. Mir kam es eher vor, als wäre Fergus noch wach gewesen. Wir hatten uns drinnen vor das Schaufenster gesetzt und ließen uns durch das Mosaikbild darauf vom Mondlicht bestrahlen

»Na?« Quinn setzte sich wieder neben mich auf den Boden

und reichte mir ein Glas Wasser. »Fühlst du dich noch wie in einem Karussell?«

»Woher …«

»So ging es mir nach meinem Gespräch mit meinem Dad.« Wenn Quinn mich anlächelte – so wie jetzt –, ja, dann fühlte ich mich wie in einem Karussell. Eines, das mir den Boden unter den Füßen wegzog und mein Herz durchwirbelte.

»Ah, okay. Ja. Ein wenig. Aber besser so. Schläft Fergus wieder?«

»Ja, na ja, sein Fernseher läuft, und ich denke, er hat noch gar nicht geschlafen.« Quinn lachte auf. »Und? Wirst du dich jetzt umbenennen? Oder bei Takeru bleiben?«

»Weißt du was?« Ich holte mein Handy hervor. »Ich habe mir etwas überlegt, und da ich Henry-ich-handle-ohne-zu-denken-Kirwan bin, werde ich das jetzt beenden. Die Leute finden ohnehin raus, wer ich bin, wenn sie das wollen.« Gleich nachdem ich das gesagt hatte, stellte ich das Glas weg und bereitete mich auf eine Veränderung vor.

»Bist du dir – ah!« Quinn rollte sich zur Seite, als ich die Story anmachte, das Handylicht erleuchtete und er beinah zu sehen gewesen wäre.

»Hey, Leute, Takeru hier, wobei … Nicht ganz. Ab heute bin ich nicht mehr nur Takeru, sondern auch Henry, mein erster Vorname. Aber auch Takeru gehört, wie die Wurzeln meiner leiblichen Mutter, zu mir. Und das wird auch zukünftig meine Kolumne verändern. Ich will mehr ich selbst sein. Mein eigenes Ding machen. Ich wollte mich schützen und meine Schwester, aber ich glaube, Leute, die einem nichts Gutes wollen, finden das auch so raus. Oh, und … Mein Stier sitzt gerade neben mir. Würde sagen: Das Experiment läuft, bald verfällt der Stier dem Löwen.« Ich wackelte mit meinen Augenbrauen und schickte die Story ab.

Quinn benetzte seine Finger mit etwas Wasser aus meinem Wasserglas und spritzte es mir ins Gesicht.

»Hey!« Ich wischte mir über das Gesicht und beugte mich zu Quinn. »Ich könnte eintausend Sprüche zum Thema ins ›Gesicht spritzen‹ rauskramen, aber …«

»Stattdessen machst du es, oder was?«

»Quinn Murphy! Daran habe ich gar nicht gedacht. Ich wollte sagen, stattdessen küsse ich dich.«

»Oooh. Ja, das klingt auch nicht schlecht.«

Ohne zu warten, packte Quinn mich, zog mich zu sich und küsste mich auf den Mund.

Tja, der Stier lernte vom Löwen. Oh, das war gut. Abspeichern für später: Was wir voneinander gelernt hatten.

»Also ich finde, wir sollten auf das Thema mit dem Sprit…«

»Rys! Fergus ist beinahe nebenan.« Quinns Lachen war wie Musik in meinen Ohren. Er legte seine Hand an meine Wange, und als er mit dem Daumen über meine Haut streichelte, fühlte es sich an, als hinterließ er eine wohlig warme Spur aus Sonnenschein. »Aber wir müssen ja nicht hierbleiben.«

»Oh, ich liebe es, wenn du anfängst, wie ich zu denken«, säuselte ich und stand so schnell ich konnte auf.

Ich riss Quinn mit hoch. »Fergus, wir gehen!«

Kapitel 18

Quinn

Auszug aus *Astro-Logic-y – My Zodiac Love* by Cara Mitsou: Was hat es mit den Planeten auf sich? Venus beispielsweise zeigt uns die Liebe auf. Dieser Planet will uns etwas Gutes (solange wir uns selbst nicht in etwas stürzen, das uns nicht guttut). Mars zeigt uns unsere Kämpfe auf, die wir ausfechten müssen. Jeder Planet steht für eine andere Aufgabe.

Die Existenzängste verpassten mir täglich einen Schlag in die Magengrube. Mittlerweile jedoch nicht mehr ganz so heftig. Ich ließ meinen Blick durch den Laden schweifen und war froh, keinen einzigen Umhang mehr zu sehen. Immerhin: Seitdem wir den *Druids*-Auftrag abgeliefert hatten, blieb mehr Zeit zum Durchatmen. Klar, meine Probleme waren damit nicht gelöst, aber ich hatte Zeit gewonnen, um meine Gedanken zu ordnen. Die Zukunft zu planen, und zwar eine ohne *Druids*. Dazu müsste ich nur meinen eigenen Ideen für das *Murphy's* mehr trauen.

»Gleich können wir schließen.« Nala sauste mit dem Wischmopp im Verkaufsraum auf und ab, während sie laut eine Danceversion von *Talking to the Moon* abspielte. »Feierabend.«

Die letzten Tage hatte Nala mir mal wieder bewiesen, wie gut ihre Nähkünste waren, die sie damals im Heim erlernt hatte.

Warum musste meine gesamte Gang so komische Familienverhältnisse haben? Na gut, bis auf Owen. Da war eher er derjenige, der Probleme gemacht hatte. Und bei Robin, ja, keine Ahnung, der sprach nie über seine Familie.

»Denkst du, ich kann einfach gehen?«

»Ja, Quinny. Ich erledige den Rest und ich rufe auch noch gerne bei der Bowlingbahnanlage an, damit Henry und du eine Bahn habt. Euer Wir-haben-Spaß-sprechen-uns-endlich-richtig-aus-und-haben-am-Ende-bombastischen-Sex-Date ist gesichert!« Nala schubste den Mopp zu mir, ich fing ihn auf und machte euphorisch weiter.

Nala klemmte sich ans Telefon und nahm mir den Anruf ab. Sie nahm mir so vieles ab. Sie war meine Retterin, meine Heilerin, meine beste Freundin und meine Schwester im Geiste. Dabei fühlte ich mich manchmal wie ihr lächerliches Anhängsel, das nur Schwierigkeiten machte, während in Wahrheit sie den Laden schmiss, seit mein Dad nicht da war. »Ja, ist bei euch in circa zwanzig Minuten eine Bahn frei? Zwei Leute.« Sie nickte. »Mhm. Mhm.«

Ich schlenderte mit dem Mopp an ihr vorbei.

»Können wir da nichts machen?«

Anscheinend war nichts mehr verfügbar. Was könnten wir stattdessen machen? Kino?

»Mein Chef hat den Lover seines Lebens verloren, gibt es keine Broken-Hearts-Bahn oder so?«

»Nala!«, zischte ich und ließ den Mopp gegen sie kippen. »Das ist eine Lüge!«

Sie wich grinsend aus. »Ja, perfekt, dann beeilen sie sich und spielen nur eine Runde, bis die nächste Gruppe kommt.« Nala legte auf, und wäre es nicht um mich gegangen, hätte ich ihre Managerinnenfähigkeiten bewundert.

»Wir sollten früher abschließen.«

»Aber …«

»Wenn du sagst, es könnte Kundschaft kommen, schreie ich.«

»Du hast recht.«

Der Mopp blieb liegen, neben ihm der Eimer mit dem Wasser, das so grau war wie meine Zukunft, und wir sperrten ab.

»Danke, Nala, bis bald. Viel Spaß mit Róisín und Robin im Kino.« Ich winkte ihr zum Abschied, da kam auch schon Henry mit dem Taxi um die Ecke.

Es dauerte nicht lange, bis ich mit ihm auf dem Weg zu *Horrorbowling by Cynthia* war. Das abendliche Cork brauste an uns vorbei.

»Zeit für ein Bild.« Henry hielt seine Handy über uns und schaltete die Frontkamera ein.

»Boah, nee.« Ich wischte durch die Filter und machte einen an, der für schönere Farben sorgte. »Besser so.«

»Echt jetzt? Wir sehen aus wie Puppen.«

»Egal, besser als meine Augenringe und mein Pickelausbruch, weil ich ein neues Niacinamide-Serum benutze, das mein Gesicht noch nicht verträgt.«

»Wie du meinst.« Rys tippte in die Mitte des unteren Bildschirmrandes. »So, ich verlinke dich mal und stell es in die Story.« Henry war der geborene Geschäftsmann. Das mit seiner Selbstständigkeit konnte nur gut werden. Wohingegen ich meine nach wie vor anzweifelte. Aber wenn ich nichts änderte, würden die Drohungen der *Druids* über kurz oder lang wieder von vorne beginnen. Die Senior-*Druids* würden weiterhin als Hauptkundschaft bleiben, und nach ihnen ihre Kinder und Kindeskinder. Ganz zu schweigen von den Verträgen, laut denen der Laden nicht nur uns gehörte. Henry hatte recht, es *musste* ein Neustart her. Dazu benötigte ich aber zwei Dinge. Die Zustimmung meines Dads und Nala an meiner Seite. Nicht nur als meine Angestellte.

Die Fahrt dauerte etwas länger, weil sich die Anlage außerhalb der Stadt befand, aber wir überbrückten die Zeit mit zu lautem Gesang, weshalb wir einige irritierte Blicke vom Fahrer ernteten. Irgendwann wurde es mir zu unangenehm, und ich ließ mir von Henry berichten, wie er diesen Bowlingtrip für das Experiment in seiner Kolumne verwenden wollte. Dass Henry und ich mehr oder weniger zusammen waren, brachte mir schwitzige Hände. Vor allem wenn ich dachte, was Henry mit seinen Händen an meinem Körper anrichten konnte. Ich konnte es noch immer nicht fassen, dass dieser gut aussehende, erfolgreiche Modeltyp mein nicht mehr nur Fake-Freund war. Zumindest hatte er das, nachdem es seine Familie behauptet hatte, niemals verneint, also … waren wir … zusammen? Ohne Fragezeichen. Oder doch mit? Nein, ohne.

Als wir ausgestiegen waren, bestaunten wir das Gebäude.

»Mit so was hätte ich nicht gerechnet.« Ich nahm den riesigen Killerkürbis am Eingang mit spitzen blutigen Zähnen und teuflisch roten, blinkenden Augen unter die Lupe. Über dem Eingangsbereich waren so was wie rostige Nägel, die sich auf und ab bewegten.

»Die haben da viel Geld reingesteckt.« Henry hakte sich bei mir ein, was mich nervös machte. Gut nervös machte. Ich mochte dieses Gefühl. Ich mochte es unbeschreiblich gerne. »Ist es eigentlich teuer, eine Runde zu spielen?«

»Keine Ahnung, Rys, aber ich zahle und schreibe es von der Steuer ab. Als, keine Ahnung, Kundschaftsgewinnungsscheiß. Idee von Nala.« Ohne Nalas Hilfe wäre ich sowieso schon längst untergegangen. Nicht nur ich brauchte sie, der Laden brauchte Nala.

»Hammeridee!« Henry hatte recht. Nala war großartig, und ich wünschte, wir wären beide nicht so wenig überzeugt von uns selbst. Aber vielleicht konnten wir das gegenseitig ausgleichen, indem wir einander extratoll fanden?

Gemeinsam liefen Henry und ich in das Maul des Kürbisses hinein und duckten uns unter den spitzen Zähnen durch.

Drinnen war es dunkel. Es gab gedimmte Lichter, rote Neonröhren und einen blutähnlichen Schleim an den Wänden, der aussah, als wären wir im Inneren eines Menschen gelandet. Vor den Bahnen angekommen, ging ich zu einer Frau an einem Tresen.

»Wir haben reserviert«, sagte ich.

Im Hintergrund ertönte ein panischer Schrei, und die Halle leuchtete kurz auf.

»Hallo, willkommen bei *Horrorbowling by Cynthia*. Auf welchen Namen?«, hakte die Angestellte nach, die einen Horrorkürbis als Kopfbedeckung trug.

»Bin der mit dem Broken Heart.« Ich deutete auf mich.

»Oh.« Die Frau warf mir einen Blick zu. »Sorry!«

»Hi.« Ich winkte ihr zu.

»Bahn Nummer 13«, sagte sie und drehte das Kartenlesegerät in meine Richtung. Danach huschte ihr Blick zu Henry. »So brokenhearted siehst du gar nicht aus.«

»Ähm, ja, ich lenke mich gerne ab.« Schüchtern bezahlte ich und schob mein schlechtes Gewissen zur Seite.

Nachdem wir von dem nächsten Horrorkürbiskopf unsere Schuhe und eine Einweisung erhalten hatten, betraten wir unsere Bahn. Henry tippte seinen Namen in den Monitor, und ich las mit, wie er auf dem Bildschirm, der über der Bahn angebracht war, erschien.

»Ernsthaft? *CEO des Sonnenzeichens Löwe?*« Belustigt drängte ich mich zwischen Monitor und Rys.

»Na, jetzt bin ich gespannt, was kommt.«

Der Touchbildschirm leuchtete mir ins Gesicht, und ich bemerkte erst, nachdem ich auf *Fertig* gedrückt hatte, dass ich mich vertippt hatte, aber egal.

»*Henrys Familienkonfliktelöserer.* Kreativ. Nicht.« Henry hatte bereits eine durchsichtige Bowlingkugel mit Totenkopf drinnen in der Hand, und ich nahm dieselbe nur mit einer Skeletthand drinnen. »Ich zeige dir jetzt, wie das geht.«

»Bitte, zeig es mir, Löwe Henry.« Zugegeben, ich war echt nicht der Beste im Bowling.

Neben der dunkelroten Bahn, auf die Henry zulief, erstreckten sich grün beleuchtete Rinnen, die die Kugeln weitertransportierten, wenn sie von der Bahn abkamen. Sie sahen aus wie flüssiger Schleim.

»Los!« Henry überkreuzte die Finger. »Komm schon, ich brauche einen Sieg.«

Ein Sieg täte mir auch gut. Die *Druids* kamen mir wieder in den Sinn, doch aneinanderknallende Pins von der Nebenbahn holten mich wieder in die Gegenwart.

»Da!« Henrys Schrei riss mich endgültig aus meinen Überlegungen. »Sieh doch, gleich haue ich alle um.«

Die Kugel war kurz davor, mittig auf die Kegel zu treffen.

»Friss das, Bitc…« Als Henry tatsächlich alle Kegel abräumte, ertönte auch bei uns dieser panische Schrei, den ich vorhin gehört hatte.

Wir zuckten beide zusammen. Das gehörte wohl zur Bahn. Grelle Schreie, wenn jemand alle abräumte.

»Ich weiß gar nicht, ob ich alle treffen will«, sagte ich.

»Ja, vielleicht können wir spielen: Wer die wenigsten Punkte hat, gewinnt?« Henry machte den Platz frei und bedeutete mir, vorzugehen. »Bitte, du bist dran.«

Jedes Mal erschraken wir aufs Neue, sobald ein Schrei durch die Halle ging. Das Gute daran? Wir suchten danach oftmals die Hand des anderen. Wobei die Bahnen neben uns weniger laut waren, weil die mit dicken getrübten Plexiglasscheiben voneinander getrennt waren und die Leute neben uns auch die Bluetooth-Kopfhörerversion ohne Blinklicht spielten, da sie jemanden mit Epilepsie in der Gruppe hatten. Zumindest hatte uns das so der Kürbiskopf-Mitarbeiter erklärt.

»Ah, fuck, jedes Mal«, rief Henry, als er wieder zusammenzuckte und beinah die Bowlingkugel fallen ließ, die er sich für die nächste Runde schon gesichert hatte.

»Ich weiß, es klingt so realistisch, oder?« Mein Wurf verschonte uns zum Glück, da ich nichts traf.

»So, Matchball, Quinn.« Henry stellte sich vor mich hin.

»Es ist die letzte Runde, und du führst haushoch.«

»Sag ich ja.«

»Matchball ist was anderes. Du hast längst gewonnen.«

»Oh. Okay. Na ja, dann: So! Nicht-Matchball, Quinn.« Henry traf und grinste mir entgegen, bevor er mir eine Bowlingkugel reichte.

Ich lachte und nahm die Kugel, um meinen letzten unnötigen Wurf zu machen. Hieß das Wurf? Zug? Keine Ahnung.

»Stell dir vor, du pfefferst die Kugeln gegen die Pins.« Kurze Pause. »Und die Pins sind *Druids.*«

»Gleich zehn?«

»Jap.«

»Na toll.« Ich rollte belustigt mit den Augen

»Quinn, wirfst du jetzt?« Henry sprach so laut, dass ich hoffte, es ging in der schreienden Horrorhalle unter.

»Jaja.« Also lief ich los und hielt die Kugel seitlich von mir. Die Kugel rollte auf der Bahn entlang und schleuderte alle auf einmal um.

»Das ist mein Junge!« Henry rannte zu mir, als blinkte mein Name als Gewinner vom Monitor, nicht seiner.

Gleich nach dem Jubel fiel ein Schwarm Fake-Fledermäuse an Drähten von der Decke, und der Ton von lauten Flügelschlägen dröhnte aus einer Box.

»Ah!«, riefen wir beide, uns noch immer umarmend.

»Raus hier«, sagte ich, und Henry nickte.

Wir holten unsere Straßenschuhe ab und gingen raus.

»Nächstes Mal müssen wir uns zuerst betrinken.« Ich lehnte mich gegen die Mauer. »Sollen wir ein Taxi rufen?«

»Ja! Aber ins *Royal Hotel*«, sagte Henry verschwörerisch.

Im *Royal Hotel Cork* holten wir uns einen Drink an der Bar. Robin und Yoshiko ließen regelmäßig bei ihren Schichten Coupons für Gratiscocktails mitgehen und verteilten sie in der Gang. Als Familienbonus sozusagen.

Henry nippte an seinem Negroni. »Ist das nicht ein fancy Date? Als wären wir zwei Businessmänner nach einem Geschäftsessen, die sich beide an der Hotelbar begegnen. Teuer, das Unternehmen bezahlt. Unsere Blicke kreuzen sich, und wir verbringen diese Nacht und nur diese Nacht miteinander. Behalten sie in unseren Köpfen und sprechen nie wieder darüber. Wir tauschen keine Nummern, keine Namen, nichts. Na ja, bis auf unsere Bakterien und Körperflüssigkeiten beim Sex.«

»Ich glaube, du hast gerade einen Rollenspielfetisch bei mir im Kopf freigeschaltet.« Vor allem da ich ja von den Szenarien wegwollte, in denen ich als neuer Anzugschneider für Prinz Harry ausgewählt wurde. Da war das Businessmanszenario echt kein übler Ersatz.

»Gefällt mir. Mal gucken, was wir beide noch so freischalten können.« Henry drückte die Orangenscheibe in seinen Drink, wie die Barfrau es ihm gezeigt hatte. »Okay, komische Sexandeutung. Lass es mich anders sagen: Ich komme gleich wieder.« Er presste eine Sekunde seine Augenlider zusammen. »Okay, Fail Nummer zwei. Ich meine, ich gehe zur Toilette.« Er stand auf und flüsterte mir ins Ohr: »Du kannst natürlich auch nachkommen.«

Ich sog die Luft ein, und als Rys mir auf die Schulter klopfte, stieß ich sie überrascht wieder aus. Er verschwand, und ich würde auf jeden Fall nachkommen. Nicht! Nicht nachkommen.

Um mich abzulenken, nahm ich mein Handy und schrieb Nala, der ich letztens nicht mehr geantwortet hatte.

Quinn, erzähl, wie läuft es bei euch?

Alles gut. Wir sind in der *Royal Hotel Cork*-Bar und haben einen schönen Abend. Wie ist es bei dir?

Kannst du die *Druids* ein wenig zur Seite schieben? Für heute wenigstens? Ich habe vorhin mit deinem Dad telefoniert. Wir haben über das Lager gesprochen. Kosteneinsparungssachen, für die ich seine Zustimmung brauche, und dich wollte ich nicht damit belästigen. Er findet die Ideen toll. Außerdem lese ich das neue Kapitel von Yoshikos Nami- und Vivi-Fanfiction.

Eine Sekunde lang runzelte ich die Stirn darüber, dass Nala das mit Dad geklärt hatte. Das legte sich rasch. Denn ehrlich gesagt war ich froh drum, mich nicht mit dem Zeug beschäftigen zu müssen. Nala kannte das *Murphy's*, und ich liebte ihre Ideen zur Ladenführung. Und Dad schien sie mittlerweile auch mehr ernst zu nehmen.

Top! Danke, Nala. Aber erzähl mir so was auch ruhig vorher.

Mach ich. Uuuuuuund. Wie läuft es mit Henry? Auf der 🌶🔥-Ebene?

Nala! Wir trinken nur etwas. Obwohl Henry schon echt 🔥 ist. Vielleicht läuft er Harry bald den Rang ab. Am liebsten würde ich aber gerade nicht nur etwas trinken, sondern … ach, ich habe einiges im Kopf.

Hatte ich das gerade echt abgeschickt?

Mein Quinn wird erwachsen und schreibt …

»Ach, ich würde auch gern einiges mit dir machen.« Dieser Satz riss mich aus dem Chat mit Nala. Auf der Stelle fuhr ich zu Henry herum und verdunkelte meinen Bildschirm. »Henry! Ich … Es ging nicht, also … Das ist …«

Henry verpasste mir einen sanften Hieb mit dem Ellbogen gegen meinen und setzte sich. »Jaja, daraus kannst du dich nicht mehr retten. Steh dazu, mach ich doch auch.«

Ich rührte meinen Swimmingpool-Cocktail um. »Was würdest du denn so beispielsweise noch gerne mit mir machen?« Ein wenig komisch fühlte ich mich bei meinem halbwegs bemühten Dirty Talk, aber bei Henry reizte es mich.

Langsam bewegte sich Rys in meine Richtung. Er setzte sich ein wenig breitbeiniger hin, bis sein Knie meines berührte. »Ich würde dich gerne zum Höhepunkt bringen, ohne Gegenleistung.« Er näherte sich meinem Ohr, und sein warmer Atem, gefolgt von den noch heißeren Worten, folgte. »Ich will dich sehen, wenn du kommst. Will sehen, was dein Körper dabei macht. Und du machst es dir einfach nur bequem, während meine Hände den Rest erledigen.« Bei all den Löwen und Stieren auf der Welt, warum war mein Mund plötzlich wüstentrocken?

Henry legte seine Hand auf meinen Oberschenkel. Nur eine Sekunde. Dann lehnte er sich wieder von mir weg. »Und. Wie ist dein Cocktail?«

»Hm?« Okay, das kam superquietschig aus meinem Mund. »Mein Cock … Wer?«

Henry unterdrückte erfolglos ein Schmunzeln. »Cocktail.«

»Oh. Ähm.« Ich atmete ein und beschimpfte innerlich meinen Körper, dass er sich zusammenreißen sollte. Ich guckte noch schnell, ob von außen eine Wölbung da unten zu sehen war, und atmete wieder aus. »Gei… äh, gut, Horn…, äh, Henry.«

Jetzt prustete Henry doch los. Ein paar Leute warfen uns genervte Blicke zu. Pff. Mir egal. Ich hatte diesen Abend heute verdient, also stimmte ich mit ein.

Henrys Blick schweifte ab, und er sah ins Leere. Blinzelte nicht mehr.

»Was ist, Henry?«

»Es ist nur … Ich habe dir ja erzählt, dass Victor zu den *Druids* gehört und dass er einen Artikel gegen dich schreiben könnte. Was ist, wenn er das macht? Aber zeitgleich ist auch diese Angst da, dass ich vorschnell reagiert habe und ich es doch nicht ohne ihn, ohne das Magazin schaffen kann.« Henrys Sorgen taten mir leid, und am liebsten hätte ich sie ihm sofort genommen.

»Noch hat er nichts über den Laden geschrieben. Ich denke auch nicht, dass es so leicht für ein Regionalblatt ist, einfach meinen Laden schlechtzumachen. Da wird seine Rechtsabteilung auch ein Wörtchen mitreden. Also haken wir ihn ab, ja? Oh, und was das Problem mit deiner Arbeit angeht: Du packst das auch ohne ihn. Die Leute lesen das wegen dir, nicht wegen des Magazins.« Ich hoffte, mit meinem Glauben an ihn konnte ich ihn aufmuntern. »Außerdem hast du uns. Mich und die ganze Cork-Gang. Was kann da passieren? Abgesehen von dem einem Mal, als Felix Caras Manuskript gelöscht hat oder Robin Róisíns Haare bei dem River-Lee-Festival in Brand gesteckt hat oder Robin unser Schaufenster eingeschlagen, Nala Felix' mit Stolz getöpferte Vase umgeschmissen, Owen beim Telefonsex mit Felix den Lautsprecher auf der Terrasse angemacht hat oder Yoshi und ich bei Owens Abreise damals in seinen Koffer gekotzt haben, ist immer alles gut gelaufen.« Okay, das ließ meine Leute und mich nicht wirklich kompetent aussehen, aber zumindest hielten wir zusammen.

»Dann glaube ich dir mal. Danke, Quinn.« Henry schnaubte belustigt und drehte das Glas seines Drinks. »Das bedeutet mir echt viel.« In Henrys Gesicht spielte sich einiges ab. Seine Augen zuckten leicht, und auch seine Lippen verzogen sich ein wenig, als führte er eine innerliche, hitzige Diskussion mit sich selbst. Verstand ich gut. Ich wusste, ich musste mir die *Emerald Druids* vom Hals schaffen, aber den Mut, den Laden neu aufzuziehen, das bei meinem Dad durchzuboxen und damit zu beginnen, hatte ich noch nicht.

»Jetzt wirkst du unsicher«, sagte Henry.

Ich blinzelte. »Oh, ja stimmt. Also, ich denke, es ist vor allem wichtig, dass wir uns beide gegen die *Druids* stellen. Wir können diese Verschnaufpause nutzen, aber dann müssen wir herausfinden, wie wir sie uns vom Hals schaffen.« Ich zupfte nervös an der Ecke einer Serviette neben mir.

»Ich wollte noch mal sagen, wie leid es mir tut, dass ich nicht sofort mit dir über die *Druids* …« Henry senkte seine Stimme. »… gesprochen habe. Also von Anfang an. Aber ja, du hast recht. Wir müssen sie aus unserem Leben streichen.«

»Schon gut, ich habe dir ja auch nichts von ihnen erzählt, weil ich dich da nicht mit hineinziehen wollte.«

Nach und nach breitete sich Stille zwischen uns aus. Nicht generell, denn die Barkeeperin schüttelte ihre Cocktails, die Leute um uns tuschelten, ein paar sangen die Lieder aus der Retro-Musicbox nach, und immer wieder ertönte das Aneinanderklirren von Gläsern. Aber ich genoss diese Ruhe zwischen uns. Sie war nicht unangenehm. Es hing kein Groll mehr über uns. Es war beruhigend.

Ich pickte mir eine der salzigen Honig-Macadamianüsse aus dem Glas vor uns, was nicht so leicht war, da ich mich ein wenig durch die Nüsse graben musste. Wobei ich wieder an dieses TikTok dachte, in dem jemand gezeigt hatte, wie viele Fremde täglich in so eine Nussschale griffen. Ich musterte sie kurz. Na ja, egal. Ich warf sie mir in den Mund.

»Magst du die anderen nicht?« Rys deutete auf das Nussglas und nahm sich eine der roten Chilinüsse.

»Nicht so. Die mag ich am liebsten.«

»Okay.«

Die Barkeeperin kam zu uns, als sie Henry bei seinem Blick auf die Karte ertappte. »Darf es noch etwas sein?«

»Noch mal dasselbe«, antwortete er. »Und du? Ich lade dich ein.«

»Äh, brauchst du nicht.« Überrumpelt ging ich alle Cocktails der Welt in meinem Kopf durch.

»Will ich aber.«

»Ähm.« Die Barkeeperin sah mich abwartend an. Ahh, ich hasste es, spontane Entscheidungen zu treffen. Ruhig bleiben. Was war die sicherste Variante? »Okay, dann einen Cuba Libre.«

Die Barkeeperin mit der schwarz-weißen Uniform nickte knapp, wobei ihr blondes Haar über ihre Schultern nach hinten rutschte. »Kommt sofort.«

Henry fuhr mit dem Finger die Ringheftung der Karte nach. Sein Blick wirkte verloren. Er blinzelte kaum.

»Sind deine Eltern noch geblieben oder wieder gefahren?«

»Was? Äh. Ja. Ja.«

Ich griff nach meinem Handy, drehte mich samt Sitzpolster des Hockers zu Rys und nahm seine Hand. »Du kannst stolz auf dich sein, mit ihnen gesprochen zu haben. Das tut euch gut.«

»Ich weiß.«

»Aber warum wirkst du dann bedrückt?«

»Nicht bedrückt. Ich denke nur nach, wie viel Zeit ich vergeudet habe damit, angepisst zu sein, statt es zu klären. Aber es ist gut. Nicht darüber nachdenken.«

»Das stimmt, und jetzt … Foto! Okay?«

»Ähm, was? Ja, okay, aber –« Ich nutzte den Augenblick, in dem Henry überlegte, um ein schnelles, verschwommenes, nicht gestelltes Selfie von uns zu machen, ehe ich das Handy wegsteckte.

Henrys Miene erhellte sich. Seine Lippen öffneten sich.

»Müssen die denn jetzt schon überall sein?« Mehr Kontext brauchte ich nicht, um ruckartig meine Hand von Rys zu nehmen.

»Scheißschwu…«

»Hey!«, kam es von der Barkeeperin hinter uns. Sie zeigte

zum Durchgang in die Hotellobby. »An diesem Eingang hängt eine LGBTQIAP+-Flagge. Wenn Ihnen das nicht gefällt, können Sie sich gerne eine andere Bar suchen.«

Ich hörte einen Stuhl über das dunkle Parkett kratzen, dann erhob sich jemand, und ich entdeckte den Kerl, der gesprochen hatte. Sein schütteres weißes Haar stand etwas ab, und die angepisste Grimasse, die er zog, zeigte seine Abscheu. Sofort verkrampfte sich mein Magen, mir wurde heiß, und ich wollte nur noch weglaufen.

»Was ist Ihr Problem?«, fragte Rys ein wenig zu aggressiv.

Er hob gespielt empört die Arme. »Heutzutage darf man ja gar nichts mehr sagen.« Wenn ich diesen Satz von jemandem hörte, konnte ich jedes Mal kotzen.

»Lass sie, Walt.« Seine Frau neben ihm mit einem braunen Bob und einer schwarzen Brille sah uns nicht an, aber ihre Lippen zuckten, als wollte sie mehr sagen.

»Nein. Ich muss mich nicht von überall vertreiben lassen.«

»Wer vertreibt Sie denn?« Henry erhob sich von seinem Hocker und baute sich zwischen Walt und mir auf.

»Henry, lass es.«

»Sir, wir bitten Sie zu bezahlen und zu gehen, wenn Sie den friedlichen Menschen hier den Abend ruinieren.« Die Barkeeperin sauste hinter der Theke hervor.

Mir war das alles so furchtbar peinlich. Eigentlich war ich doch selbst schuld, weil … Nein, was dachte ich denn da? Ja, ich hätte es mir denken können, dass in dem traditionellen Hotel solche Leute sein könnten, aber es war nicht mein Problem. Wie konnte ich so was nur denken? Ich schüttelte den Kopf und gesellte mich zu Henry. »Lass uns einfach gehen.«

»Nein, ihr müsst nicht«, begann die Barkeeperin.

»Doch! Genau das müsst ihr.« Walt reckte sein Kinn angriffslustig vor, sein Kopf war knallrot vor Wut oder von Alkohol oder beidem, und blaue Adern traten auf seinem Hals hervor. »Das ist Erregung öffentlichen Ärgernisses.«

»Quinn, ich lass mich doch nicht von dem da vertreiben.«

»Ich weiß, aber es bringt doch nichts, und …« Die Blicke der Leute brannten sich in meinen Körper, als träfen mich Giftpfeile von allen Seiten. »Mir wird das gerade zu viel, wenn ich ehrlich bin.« Dass ich mich nicht labeln musste und ich so, wie ich war, mit mir zufrieden war, schön und gut. Auch dass ich, seitdem ich sie akzeptiert hatte, mit meiner komplizierten Sexualität nicht mehr allzu verwirrt war: toll. Dennoch hatte ich mir dafür noch nicht das nötige dicke Fell angeeignet.

»Aber, wir, äh.« Henry drehte sich von mir zu Walt und zurück.

So standen wir da. Walt, Henry, ich, die Barkeeperin.

Seine Miene erweichte sich, als er wohl mein Unwohlsein aus meinem Gesicht ablas. »O-okay. Gehen wir.« Henry drängte sich an mir vorbei und packte sein Portemonnaie aus.

»Schon gut, die zweiten Drinks habe ich noch nicht fertig gehabt«, meinte die Barkeeperin. »Es tut mir leid, dass –«

»Schon okay«, fiel ich ihr ins Wort und eilte aus dem Barbereich.

»Und tschüss!«, grölte Walt uns hinterher.

»Nun zu Ihnen«, hörte ich die Barkeeperin noch sagen, ehe ich vor dem Empfang hielt.

Henry holte mich ein. »Quinn. Alles gut?«

»Ja. Ich hätte nur nicht gedacht, dass mich das so mitnimmt.«

»Ich weiß. Das ist echt scheiße. Irgendwann wird es dir egal.«

Was für Aussichten. Warum musste es mir egal werden? Warum konnte es nicht enden? Warum konnte ich nicht einfach den anderen egal sein? Wie ich diese W-Fragen hasste.

»Gehen wir?« Mehr hatte ich dazu nicht zu sagen.

»Oooooder, wir löschen Walt aus unseren Gedanken und lassen den Abend mit schönen Erinnerungen ausklingen.« Was meinte Henry damit?

»W-was?«

»Also, wenn du magst, könnten wir auch hierbleiben.«

»Hier?« Ich sah mich in der Lobby um.

Henry lachte schüchtern auf. »In einem Zimmer.«

Ich schluckte. »Haben die noch eines frei?«

Henry klingelte an der Rezeption, und es dauerte etwas, bis ein Typ an den Tresen kam. »Wie kann ich Ihnen helfen?«

»Haben Sie noch ein Zimmer für uns? Nur für heute Nacht. Wir … Es ist spät.«

»Puh, also ich …«

»Entschuldigung?« Ich lugte nach hinten und erkannte die Barkeeperin. »Ich bitte Sie im Namen des *Royal Hotel Cork* noch mal um Entschuldigung.«

»Was ist denn passiert, Nerissa?« Der Typ an der Rezeption hob interessiert den Kopf.

»Die beiden sind von einem Gast beleidigt worden, Hugh. Wollten sie sich nicht gerade bei dir beschweren?« Nerissa wandte sich an uns. »Wolltet ihr das nicht?«

Ich schüttelte heftig den Kopf.

»Nein, wir haben nach einem Zimmer gefragt«, erklärte Rys.

»Oh. Und? Hugh? Der Typ war echt ekelhaft. Ich habe den gerade nur mit der Security zum Hinterausgang rausbekommen.«

Hugh richtete sich seine Mütze und tippte auf der Tastatur herum. »Wir hätten ein Zimmer frei, aber ihr müsstet morgen um elf raus, ab da wird geputzt für die nächsten Gäste.«

»Perfekt«, stimmte Rys zu.

»Danke, Hugh. Gib ihnen noch irgendeinen Rabatt oder so, sonst könnte ich heute Nacht nicht schlafen«, sagte Nerissa und lief wieder rüber zur Bar. »Bye!«

Kapitel 19

Henry

Hope in Our Universe by Takeru: Manchmal könnte der Löwe ausrasten, weil der Stier äußerlich ruhig wirkt und lieber in Sicherheit bleibt, während der Löwe umhertollen will. Manchmal tollen sie jedoch auch gemeinsam herum und treten aus ihrer Komfortzone. Zum Beispiel ins Wasser … ins Badewannenwasser.

Das Einzelzimmer war nicht sonderlich groß, büßte jedoch nichts von dem Luxus ein, für den das Hotel bekannt war. Die sandfarbenen Säulen, der Stuck an der Decke, die Wandmalereien, der hochglanzpolierte Boden, alles gab einem den Old-Money-Vibe, als wären wir Reiche aus einem alten Film. »Nicht schlecht, oder?«

»Das ist absolut fantastisch.« Quinn streichelte die Stoffe der Vorhänge vor dem Ausgang zum winzigen Balkon, schmiss sich aufs Bett und rieb seine Wange am Kissenbezug. Danach streifte er sich die Schuhe samt Socken ab, um den Teppich vorm großen Spiegel mit Goldrahmen zu fühlen. »Ich liebe es hier.«

Quinn so unbeschwert zu sehen erfüllte mein Herz. »Geht es dir wieder besser? Nach, na ja, Walt?«

Quinn kam zu mir und nahm meine Hände. »Ja. Der Schock ist vorüber. Zwar werde ich leider jetzt öfter darüber nachdenken, bevor ich jemandes Hand nehme, aber mir geht es gut, danke.«

»Jemandes Hand? Wie viele Männerhände hast du denn noch so vor zu halten?«, scherzte ich.

»Puh, so einige.« Quinns Augen wechselten von angriffslustig zu Schlafzimmerblick. »Kann gar nicht mehr mitzählen, weißt du, ähm. Wie war noch gleich dein Name?« Quinns Fake-Aristokratenakzent passte so gar nicht zu ihm.

»Witzig. Weißt du, was das Zimmer noch hat?« Ich löste mich von ihm und kickte hinter mir die Tür auf. »Eine weiße Marmorbadewanne.«

»Boah, ein Bad, wie lange habe ich kein Bad mehr genommen! Das wäre ideal für meine strapazierten Knochen.« Quinn zog sich seinen pastelllila Pulli über den Kopf, danach knöpfte er das weiße Hemd auf, das er darunter trug. »Du könntest ja einstweilen etwas zu essen besorgen.«

Mir klappte gespielt empört der Mund auf. Sofort trat ich zu Quinn und hob ihn hoch. »Ich gehe nirgendwohin, wenn du dir gerade dein Hemd ausziehst.«

»Ah, Hilfe, Walt, rette mich.« Quinn warf den Kopf in den Nacken und lachte. Dabei blitzte sein nackter Oberkörper zwischen dem halb offenen Hemd hervor, und meine Knie wurden weich.

»Das hast du nicht gesagt!« Das Licht im Badezimmer erleuchtete den weißen Marmor, als wir es betraten. »Scheint, als kämst du nur in diese Badewanne, wenn ich dabei bin.«

Quinn beugte sich, noch immer in meinen Armen, zurück und schraubte an dem goldenen Wasserhahn. Der Strahl plätscherte in die Badewanne, und es dauerte nicht lange, bis ein warmer Dampf den Raum erfüllte. Das Rauschen wurde für einen Moment unterbrochen, als Quinn seine Hand unter das Wasser hielt.

»Perfekte Temperatur.« Er richtete sich wieder auf und umfasste mit den Händen mein Gesicht. »Perfekte Badebedingungen.«

Innerlich seufzte ich beim Anblick seiner Lippen auf. Alles in mir sehnte sich so sehr danach, seinen Mund auf meinem zu spüren. Ich schluckte mein Verlangen hinunter. Denn ich erkannte, dass Quinns Lächeln ein wenig erlosch, ehe er es wieder anknipste, ganz so als ermahnte er sich dazu, die Stimmung aufrechtzuerhalten. »Alles okay? Ist das alles unpassend? Wegen den *Druids?*«

»Schon gut, nur … Manchmal kommt das wieder hoch, und sosehr ich auch durchatmen will, kann ich nicht völlig abschalten, solange das nicht erledigt ist.«

Zu gern hätte ich einen perfekten Plan für Quinn in meiner Tasche. Dennoch wollte ich ihn aufheitern.

»Wir können mit den anderen zusammen brainstormen. Zusammen fällt uns da bestimmt etwas ein, oder?« Ich merkte, wie meine Worte ihm ein ehrliches Grinsen entlockten.

»Stimmt, da fällt mir ein, dass Nala eine Krisensitzung vorgeschlagen hat. Also zumindest mit denen, die Zeit haben oder in der Stadt sind.«

»Gute Idee.« Schnell schlang ich meine Arme um Quinn. »Weil es bedeutet, wir können das für heute noch verdrängen, falls das für dich okay ist, und …« Mein Blick wanderte von ihm zur riesigen Badewanne.

Ein wissendes Grinsen umspielte seine Lippen. »Oh, ja! Sehe ich auch so.«

Das Hemd rutschte von Quinns Schulter auf den weißen, kuscheligen Badezimmerteppich.

»Verstehe ich das als Einladung, dich jetzt küssen zu dürfen?«, fragte ich nach.

»Fuck, ich bitte darum.« Ich liebte es, wie flehend das aus Quinns Mund kam.

Nachdem wir den neuen Weltrekord in Uns-die-Kleider-vom-Leib-Reißen aufgestellt hatten, lag Quinns Kuss auf meinem Mund wie die einzig logische Konsequenz nach unserem Zusammenfinden. Wie etwas, das für mich gemacht war. Etwas, das zu mir gehörte. Etwas, das so sein musste. Quinns plus meine Lippen ergaben eine Einheit.

Wir stiegen ins Wasser. »Boah. Das ist perfekt für dich? Das ist doch eisig.« Keine zwei Sekunden später stellte ich den Wärmeregler weiter in Richtung des roten Punktes.

»Hä? Ist doch voll angenehm.« Quinn legte sich ins Wasser und gab etwas von dem Schaumbad aus der Glasflasche hinein.

Der Duft von Kokos und Vanille erfüllte den Raum. Er war so intensiv, dass ich das Gefühl hatte, in ein süßes Gebäck zu beißen.

Nun fühlte ich mich ein wenig komisch. So vor Quinn in der Badewanne stehend, während ich mich hin und her bewegte, bis das Wasser wärmer wurde. »Sieh ihn nicht so an.«

»Er sieht mich an.«

Ich bedeckte meine Mitte mit meinen Händen. Warum hatte ich nicht draußen gewartet, bis das Wasser wärmer wurde? »Das kommt in die Top Ten meiner Liste mit Dingen, bei denen ich mir denke, ich bin zu peinlich fürs Leben. Obwohl, ich habe mir mal eine Schlafmaske gekauft, sie mir aufgesetzt und wollte im Spiegel gucken, ob ich damit gut aussehe. Mit der Schlafmaske vor den Augen.« Warum plapperte ich jetzt so einen Müll vor mich hin?

Quinn lachte laut auf und hielt sich die Hand vor den Mund. »Rys, Mensch. Aber ich bin nicht besser. Letztes Jahr ist mir mein Handy runtergefallen, und das Display hatte einen Riss, und ...« Quinn stoppte, weil er selbst lachen musste, und ich setzte mich indessen endlich in die Wanne. »Ich habe einen Screenshot gemacht, weil ich den Riss meinem Dad als Bild schicken wollte.«

»Ich sterbe. Hast du nicht?«

»Doch!«

Ich lachte etwas zu lange darüber. »Oh Universum, ich breche ab.«

»Jetzt bist du wieder dran.« Quinn spritzte mir etwas Wasser entgegen. »Hast du bitte etwas Peinlicheres?«

Es fiel mir schwer, nachzudenken, so mit dem nackten Quinn

vor mir. »Ah. In Tokio ist an meinem ersten Tag meine Wohnung, die ich mir für die Zeit gemietet habe, noch nicht frei gewesen, und ich habe mir ein billiges Airbnb genommen. Da hat es so einen Duschvorhang gegeben, und ich finde die immer superekilg, wenn der da schon an tausend Ärschen geklebt hat. Also habe ich ihn in der Waschmaschine gewaschen und wirklich Ewigkeiten überlegt, wo ich den jetzt zum Trocknen aufhänge.« Ich schob den Badeschaum vor mich. »Ich wünschte, ich könnte sagen, ich habe irgendwann gecheckt, dass ich ihn einfach zurück in die Dusche hätte hängen können. Stattdessen bin ich ultrastolz gewesen, auf die Idee gekommen zu sein, ihn an der Deckenlampe aufzuhängen.«

Quinn bewegte sich beim Losprusten so sehr, dass mir der Schaum in den Mund schwappte. Der seifige Geschmack verteilte sich auf meiner Zunge. »Oder …«

»Nein, bitte hör auf, das ist Folter.«

»Oder als ich mir mal ein Fliegennetz zum Selbstzuschneiden mit Kleberolle für den Rahmen der Balkontür gekauft habe. Ich habe also die Klebestreifen, ganz der tolle Handwerker, der ich nicht bin, zuerst angebracht. Vom Balkon aus. Und dann bin ich nicht mehr in meine Wohnung gekommen. Den Zipp zum Öffnen konnte ich aber nur von drinnen erreichen.«

»Henry. Stopp. Aus.«

Es tat gut, gemeinsam mit Quinn zu lachen. In einem Hotelzimmer, das uns wie in eine eigene Welt hüllte. Ohne die *Druids*. Ohne Walt. Warum konnte nicht das gesamte Leben ein prunkvolles Hotelzimmer ohne Sorgen sein, das nach Vanilleeis und Kokostorte roch? Egal. Es kam darauf an, den Moment zu leben und zu nutzen. Das tat ich.

Ich schob mich durch das Wasser vor zu Quinn, machte den Wasserhahn aus und legte mich auf ihn. »Besser so?«

Ein, zwei erstickte Lacher stolperten noch aus Quinns Mund. »Tausendmal besser.« Seine Hände glitten meinen nassen Rücken hinunter zu meinem Hintern.

Dieses Mal küssten wir uns ohne vorheriges zartes Herantasten. Ohne Platz für Späße dazwischen. Von einem Moment zum nächsten war da nur noch dieser Drang, so nah, so fest, so stürmisch wie möglich unserer Lust nachzugeben. Keine Gedanken an das Morgen oder das Gestern. Keine verschwendeten Sekunden an die Wenns und Abers.

Wasser schwappte um uns, als wir unsere Körper aneinander rieben. Etwas platschte auf den Badezimmerboden. Angefeuchtete Strähnen von Quinns Haar klebten auf meinem Gesicht. Ich rutschte nach links und lag nun seitlich neben Quinn. Unser Kuss brach kurz ab, ein sanftes Stöhnen drang aus Quinns Mund, dann fanden unsere Lippen wieder zueinander. Meine Hand glitt über seine Wange, strich seine Haare zurück, ehe ich sie nach unten wandern ließ. Über seinen Oberkörper, seinen Bauch, noch weiter, bis er in meinen Mund seufzte.

Am liebsten wollte ich alles von Quinn auf einmal berühren, ihn halten und nie wieder loslassen. Es war das erste Mal in meinem Leben, dass ich Sicherheit spürte. Ein Netz, das nichts von mir verlangte, sondern einfach nur da war, um mich aufzufangen. Ohne Gegenleistung. Ohne Erwartungen.

»Warte.« Nach Quinns gehauchtem *Warte* stoppte ich. »Wir sollten nicht hier … in der Badewanne.« Er hatte recht. Kondome boten unter Wasser keinen guten Schutz, außerdem hatte ich auch keine dabei.

»Es gibt so viel anderes, was wir machen können.« Unbeirrt fuhr ich mit meiner Hand fort. »Weißt du noch, was ich dir vorhin in der Bar gesagt habe? Was ich gerne mit dir machen würde?«

Quinn sog scharf die Luft ein. »Hm, nein, weiß ich nicht mehr. Da musst du meine Erinnerung noch einmal auffrischen.«

Während meine Finger auf Quinns Bitte hin fortfuhren, küsste ich seinen Oberkörper, bis ich Quinns Hand meinen Oberschenkel hochgleiten fühlte.

»Sag, Rys, wie lange kannst du die Luft anhalten?« Quinns Stimme war nur noch ein Raunen.

Ein wenig perplex unterbrach ich meine Küsse auf Quinns Oberkörper. »Wieso will… Oh.« Ich huschte wieder über ihn, und seine geröteten Wangen, die verschwitzte Stirn und die feuchten Strähnen auf seinem Gesicht machten mich so was von an. »Das müssen wir wohl herausfinden.« Ohne unseren Augenkontakt abzubrechen, küsste ich ihn entlang seines Oberkörpers nach unten.

»Vier zu zwei.« Ja, ich prahlte damit, dass ich zwei Popcornstücke mehr gefangen hatte als Quinn. Es war Spaß, ja, aber ein kleiner Teil in mir war noch immer das Kind, das dachte, ich muss zeigen, dass ich es wert bin, gemocht zu werden. Meine Fresse, ich brauchte dringend wieder Therapiestunden.

»Woher kannst du das so gut?« Quinn kratzte sich an der Nase. Beim Universum, sogar seine Nase war zum Sterben schön. »Okay, okay, jetzt ich.« Das Bett bewegte sich ein wenig, als Quinn sich gemütlicher hinlegte und den Mund weit aufmachte.

Ich unterbrach meinen Seitenblick zu ihm und warf das Popcorn von der Packung auf meiner Brust hoch. Es fiel perfekt auf seiner Seite runter.

»Hab's!« Mit seinem Kopf ein wenig nach links geneigt, fing er es auf.

Etwas mühsam drehte ich mich zu ihm, was in dem Einzelbett nicht so einfach war, und stützte meinen Ellbogen ab, um meinen Kopf auf der Hand abzulegen. Die Popcorntüte fiel auf die Decke. »Gut gemacht. Vier zu drei. Trotzdem habe ich gewonnen.«

»Hm. Du kannst nicht nur länger die Luft anhalten als ich, sondern auch besser Popcorn mit dem Mund fangen.« Quinn schob seine Unterlippe vor, nahm eine Handvoll Popcorn aus der Tüte und stopfte sie sich in den Mund.

»Tja, wer kann, der kann.«

Quinn äffte meinen Spruch kauend und mit vollen Wangen nach. Er schluckte hinunter und legte die Packung auf den Boden neben uns.

»Ich habe nachgedacht.« Quinn bewegte sich ein wenig, was ein Quietschen mit sich brachte.

»Worüber?«

»Deine Idee.«

»Dass ich mal dieses Sextoy ausprobieren will, das an beiden E…«

»Nein.« Quinn schnaubte belustigt. »Das auch, aber ich meine deinen Vorschlag mit dem *Murphy's*. Ich sollte mich durchsetzen und werde mit Dad sprechen, um den Laden auf meine Art zu modernisieren. Ich sollte ein völlig neues Unternehmen anmelden, eines, mit dem die *Druids* dann gar keine Verbindung mehr haben. Nala ist so gut in dem ganzen Organisationskram und kann nähen und was weiß ich, sie ist grandios. Mal angenommen, ich bringe ein paar eigene Ideen ein, kaufe modernere Ware wie, keine Ahnung, Anzüge und Kleider, die mehr Millennial- oder Gen-Z-freundlich sind, für Jüngere eben. Anzüge für schwangere Menschen, genderneutral, Oversize, gewagter, preiswerter. Eventuell könnte ich so mit Social Media einen neuen Stamm an Kundschaft aufbauen, sodass ich die *Druids* gar nicht brauche.« Ich merkte, dass Quinn mit dieser Idee haderte. Er zögerte bei jedem zweiten Wort, und immer wieder linste er zu mir, ob ich drauf und dran wäre, ihn auszulachen.

»Das ist die beste Idee des Jahrtausends. Seit, keine Ahnung, seit dem Coconut Kiss Donut bei *Dunkin' Donuts*.«

»Ernsthaft? Dann weiß ich nicht, ob es so eine tolle Idee ist, wenn das dein bester Vergleich ist.« Quinn stieß sanft mit der Stirn gegen meine. »Aber gut, ich werde es mir überlegen und mit Nala sprechen. Und mit Dad.«

»Wie geht es ihm?«

»Wir schreiben nur wenig, aber ich habe das Gefühl, er genießt die Kur. Er hat sich nie eine Auszeit gegönnt. Sie gehen wandern, picknicken am Meer. Ich glaube, er will gar nicht mehr zurück.«

»Wenigstens erholt er sich.« Quinns Dad konnte diese Auszeit gut gebrauchen, und ich freute mich darauf, ihn danach richtig kennenzulernen. Nicht den mürrischen Ladenbesitzer, sondern den Dad meines Freundes. Jede Wette würde ich eingehen, dass wir diesen Murphy wieder aus seinem Dad kitzeln konnten. Allerdings sollten wir zumindest bei ihm noch ein wenig verheimlichen, dass ich vorübergehend bei den *Druids* war. Eigentlich wollte ich nicht mehr lügen, und das kam mir gerade bei jemandem mit seiner Vorgeschichte vor, als hintergingen wir ihn. Aber zunächst musste ich aus ihren Fängen kommen und Quinn den Laden unabhängig leiten. Danach konnten wir ihm das erzählen. Ich hoffte nur, er würde mich dann als Quasischwiegersohn nicht hassen und in einen Hinterhalt geführt sehen. Apropos Hinterhalt. Da kam mir eine Idee … Ich stand auf und öffnete die Tür zum kleinen Balkon. Kalte Luft begrüßte mich, und ich trat nach draußen. Die Kühle beruhigte mich, doch auch jetzt schien mein Einfall noch ziemlich gut.

Quinn folgte mir und umarmte mich von hinten. Das raue Gestein des Geländers fühlte sich eisig unter meinen Händen an, doch ich stützte mich weiterhin darauf ab. Auf der Fernverkehrsstraße herrschte noch reges Treiben.

»Ich glaube, wir sollten uns bald mit Nala und Co. treffen, ich denke, ich habe eine Idee.«

»Echt?« Quinn drückte mich fester an sich und spielte mit meinem Bauchnabel. »Okay, ich vertraue dir.« Es tat gut, das zu hören. Dass er mir wieder vertraute.

»Ja, aber …« Ich wandte mich um und näherte mich Quinns Ohr. »Ich flüstere dir die Idee zu, bin im Moment noch zu sehr im Wir-werden-überall-von-den-*Druids*-abgehört-Modus.«

Nach und nach erläuterte ich Quinn mein Vorhaben und spürte so dicht an seinem Ohr, wie er die Luft einsog, später die Hand erst an die Stelle vor seinem Herzen, danach vor seinen Mund hielt. »Rys, das … Auf keinen Fall, das ist zu riskant.«

»Ich habe gedacht, du vertraust mir.« Quinn wollte etwas sagen, doch ich hob meine Hand. »Sag mir, meine Idee ist nicht gut.«

Er gab ein knurrendes Geräusch von sich, lehnte sich zurück gegen den Rahmen der Balkontür und musterte mich. »Du hast recht, sie ist wahrscheinlich gut, also ich glaub zumindest nicht, dass uns noch was Besseres einfällt, aber … Es ist so riskant. Nur wenn ich mitmachen darf.«

»Nein, ich bin dran, dir zu zeigen, dass ich mich für dich entschieden habe, und –«

»Und ich habe mich für dich entschieden.« Dieser Satz von Quinn verpasste mir auf der Stelle einen Tränenschleier. »Zusammen oder gar nicht. Okay?«

Ich nickte, zu perplex, um zu antworten.

»Und jetzt? Nutzen wir die letzten Stunden noch zum Schlafen oder …« Quinn küsste meine Wange.

Langsam fing ich mich wieder. »Oder …« Ich drehte mich um und hatte Quinn genau vor mir. »Du schaust dir für mich und, ähm«, ich hob den Zeigefinger, »mit mir *Titanic* an.«

Quinn machte einen Schritt zurück und setzte ein genervtes Gesicht auf. »Nein, Junge, bitte, Rys, bitte. Ich kann das nicht. Der Film ist so uralt und zäh und wäääähh.« Seine Zunge hing raus, und er schüttelte sie bei dem *Wäähh* hin und her. »Tu mir das nicht an. Ich habe dir in der Badewanne gesagt, ich ertrage so alte Heulfilme nicht.«

»Ich steh nun mal auf so einen Mist, und es ist tragisch, dass du ihn nie gesehen hast.«

»Der ist bestimmt total problematisch, der Film.«

»Der ist alt. Und nein, ist er gar nicht.«

»Rys, bitte.«

»Den nächsten Film suchst du aus.«

»Dann gucken wir einen Animefilm.« Quinn wusste, ich hatte für Animes nichts übrig. »Deal?«

»Von mir aus.« Ich ging an ihm vorbei wieder ins Hotelzimmer.

»Sehen wir Leonardo DiCaprio in dem Film auch nackt? Ich frag für eine Freundin.« Quinn folgte mir.

»Wirst du dann sehen. Aber wenn wir den Film ohne Werbung auf dem Handy schauen, hätten wir da trotzdem noch ein wenig Zeit im Hotelzimmer, also könntest du dir noch jemand anderen nackt ansehen.« Ich ließ mein Handtuch fallen.

Wir hatten das Hotelzimmer rechtzeitig verlassen, nachdem Quinn sich durch den Film gekämpft hatte. Nicht weil er ihn schlecht fand, sondern weil er zum Schluss durchgehend geheult und die Tür, auf der Rose DeWitt Bukater im Meer trieb, angeschrien hatte.

Zum Glück hatten Owen, Nala und Ró Zeit für unser Krisengespräch. So konnten wir uns gleich nach unserem Hotelaufenthalt mit ihnen treffen. Bis sie angekommen waren, hatte ich es auch noch geschafft, meinen Artikel – abgesprochen mit Quinn – über mein Löwe-Stier-Experiment zu schreiben, bei dem es natürlich darum ging, wie gut wir im Bett und in der Badewanne und am Klavier und, egal, harmonierten. Schließlich gehörte das ja auch zu einer Kompatibilität dazu, oder? Nicht nur das. Wir hatten auch gemeinsam beschlossen, dass dieser Artikel über uns mein erster Beitrag für meinen Neustart ohne das Magazin sein sollte. Wie ich diese Idee liebte!

Rechtzeitig bevor alle gekommen waren, hatte ich alles abgeschickt. Ró und Owen hatten einen Picknickkorb für uns vorbereitet, den wir auf der von Nala selbst gestrickten Decke auspackten. Hinter uns floss der River Lee, und einzelne Grashalme fanden einen Weg durch die Löcher in Nalas Decke, als ob sie uns beim Essen zusehen wollten.

»Hast du auch Felix nichts gesagt? Der dreht sonst wieder am Rad, weil er denkt, wir kicken ihn aus der Gruppe, wenn er einmal nicht dabei ist.« Direkt nach diesem Satz stopfte sich Ró den halben Blaubeermuffin in den Mund.

»Ja, der könnte sich sonst nicht aufs Lernen konzentrieren, deshalb habe ich ihm nichts gesagt. Außerdem muss er aus der Schusslinie der *Druids* bleiben.«

Jasira hatte Felix damals nach der Ritualnacht laufen lassen, wenn er ihr versprach, den *Druids* nicht mehr in die Quere zu kommen. Kein Wunder, dass Owen ihn aus dieser Nummer hier lieber raushielt.

»Sind die Muffins gut? Habe ich nach Felix' Rezept gemacht.« Owen nahm sich selbst einen aus dem Korb.

Meine Schwester zwang sich den Muffin runter und trank einen Schluck aus ihrer Wasserflasche. »Die sind so lecker. Ich liebe die.« Ró atmete laut durch. »Muss alle essen.« Etwas Unheimliches lag in ihrem Blick. »Alle!«

»Was hast du statt der Eier genommen?« Ich nahm mir einen der Kaffeebecher, die Quinn und ich mitgebracht hatten.

»Das ist ja nicht schwer beim Backen – sage ich, der sich das vor Felix nicht hätte vorstellen können –, du nimmst einfach zerdrückte Bananen oder etwas Apfelmus, fertig.«

Gedanklich notierte ich mir Owens Tipp, da ich selbst mehr auf meine Ernährung achten wollte. »Ah, okay, krass.«

»Also, Leute.« Quinn klatschte in die Hände und rutschte zwischen Nala und mich. »Wir haben uns hier versammelt …«

»Heiratet ihr?«, unterbrach ihn Nala und faltete die Öffnung der Chipstüte wie in diesem Video, das Felix in den Gruppenchat geschickt hatte, damit die Chips darin fest verschlossen länger knusprig blieben.

»Haha«, machte Quinn.

»Eine Gang-Hochzeit, das wäre romantisch.« Ró zog sich ihre Schuhe aus und warf sie ins Gras.

»Ró, bitte. Wir essen.« Ich schob ihre Beine von mir weg.

»Du liebst sie doch, Bruderherz.« Sie hob ihre Füße an und hielt sie mir unter die Nase.

»Ró.« Gespielt würgte ich und rutschte näher an Quinn.

»Grund eintausend, warum ich froh bin, Einzelkind zu sein«,

sagte Quinn und huschte mit seinem Finger unter die Rückseite meines Shirts.

»Na schööön. Ich höre auf. Trotzdem stinken meine Füße nicht.« Meine Schwester setzte sich in den Schneidersitz und widmete sich wieder Quinn. »Mach weiter.«

»Die *Druids.*« Nachdem Quinn das ausgesprochen hatte, verdichtete sich die Atmosphäre.

Hätte jemand eine Kamera in der Mitte der Picknickdecke aufgestellt und sie im Kreis gedreht, hätte sie von jedem von uns einen gesenkten Blick eingefangen.

»Henry und ich …« Quinn streichelte mit seinem Finger über meinen Rücken. Es war nur eine flüchtige Berührung, trotzdem jagte sie mir Hitze über die Haut. Und in den Schritt. Er zog seinen Finger wieder zurürck und richtete sich auf. »… haben vor, dass wir uns von ihnen lösen wollen.« Das hatten wir den anderen schon auf dem Weg hierher berichtet. »Wir brauchen aber eure Hilfe.«

»Verständlich, aber wie macht ihr das?«, fragte Owen.

»Ich habe euch ja das mit Rys erklärt und seiner …«, Quinn sah mich an, »heldenhaften, aber schlecht durchdachten Aktion mit den *Druids,* die so nach hinten losgegangen ist. Wir können das aber vielleicht trotzdem noch nutzen.«

»Wie nutzen?« Ró ließ sich vorkippen, um Quinn besser anzuvisieren, und fing sich mit den Händen ab. »Die *Druids* hintergehen? Ich weiß nicht, ob wir das schaffen, denkt ihr, das klappt?«

Ziemlicher Mindfuck, wie wir hier saßen und über diese reiche Studierendenverbindung sprachen. Surreal, dass so was unser aller Leben gerade so sehr einnahm.

»Ich gehe zum Einführungsritual der *Druids* wie geplant.« Nachdem ich damit rausgerückt war, linste Quinn vorwurfsvoll zu mir, als hätte ich ihm die Show gestohlen. »Mir bleibt ohnehin nichts anderes übrig, ich habe Oliver meine Unterschrift darauf gegeben. Und selbst wenn es die nicht gäbe, die *Druids* haben bereits Akten über mich, sie lassen mich nicht mehr so schnell gehen. Ich weiß zu viel.«

»Genau«, unterstrich Quinn meinen Zwischenruf. »Auch wenn du mich nicht unterbrechen solltest.«

Ich schickte ihm ein Sorry über meinen Blick.

»Was zum Universum! Euer Ernst?« Nala schob sich ihre Sonnenbrille mit den gelben Gläsern hoch.

Ich sah zu Quinn. Ein wenig unsicher kaute er auf seiner Unterlippe herum und wischte sich sein Oversize-Shirt mit Bildern von Prinzessin Diana glatt, was mich wieder an mein Versprechen erinnerte, mit ihm *The Crown* zu schauen.

»Ich weiß, es ist riskant. Aber Henry hat noch eine Nachricht bekommen, erzähl du.« Quinn zeigte auf mich.

Die Augenpaare aller richteten sich von Quinn auf mich.

»Vic ist ja auch ein Teil der *Druids,* quasi ein Alumni-*Druid.* Und leider habe ich jetzt auch noch eine Nachricht bekommen, die mich zum Handeln zwingt. Von Jasira.«

»Was?« Rós Stimme überschlug sich. »Von ihr direkt? Der UCC-Chefin da, von der du letztens erzählt hast?«

»Jap.« Ich warf Ró eine Erdbeere an den Kopf. »Dreh nicht durch, halb so wild. Sie hat gemeint, falls ich überlege, dem Ritual nicht beizuwohnen, sollte ich mich nicht wundern, falls ich Probleme in meinem Studium oder meinem Neustart für die Kolumne bekäme. Sie hat wohl Angst, ich komme nicht mehr und könnte etwas weitererzählen oder so. Keine Ahnung.«

»Kann sie die Leute so beeinflussen?« Nala machte große Augen.

»Ich will es nicht drauf ankommen lassen«, gab ich zu.

»Und jetzt?« Owen rutschte näher. »Wie ist der Plan?«

»Ich werde auch zu den *Druids* mitgehen.« Quinns Verkündung schlug ein wie ein Blitz. Niemand sagte mehr etwas. Niemand regte sich auch nur noch.

Um uns gab es nur das Rascheln der Baumkronen, das Fließen des River Lee und im Hintergrund Autos und andere Leute.

»Du kannst nicht mit. Nicht ohne Einladung.« Owen schüttelte die Idee ab und lächelte, als wäre es zwar lieb gemeint, aber nicht möglich. »Yoshi hat gesagt, dass –«

»Rys meinte, Yoshi hätte noch Einladungen zu Hause. Leer, da der Name und die Unterschrift per Hand ausgefüllt werden. Wir können sie von ihr haben. Wir haben mit ihr telefoniert.« Quinns Zuversicht, die in jedem Wort mitschwang, tat gut. Er glaubte an uns. An unser Vorhaben.

»Und die Anstecknadel? Der Umhang, der brauch…« Nach und nach schien Owen es selbst zu verstehen und unterbrach seine eigene Ausführung. »Oh.«

»Ja. Die Umhänge habe ich gemacht, und die Anstecknadel …«

»Die hast du im Laden«, ergänzte Nala.

»Exakt. Auf dem alten Deko-Hut. Die ist da wohl, seit mein Uropa diesen Deal mit denen gemacht hat, es soll zeigen, dass es ein *Druids*-friendly Geschäft ist, oder so.«

»Okay, so weit, so gut, aber …« Owen schnappte sich seinen Kaffee, öffnete den Deckel und kippte Zucker nach. »Was ist unsere Aufgabe? Wie wollt ihr dort vorgehen?«

Zwei junge Frauen liefen hinter uns auf der weitläufigen Wiese einem Volleyball nach. »Sorry«, sagte die mit dem gepunkteten Bikini, und nachdem sie verschwunden war, wiederholte Owen seine Frage.

»Also? Wie wollt ihr dort vorgehen?«

»Wir hoffen, sie erkennen Quinn nicht allzu schnell. Außerdem hat Oliver erzählt, dass es eine neue Location gibt, in einem alten Herrenhaus. Da können wir besser abhauen. Wir wollen dort Beweise sammeln, um die *Druids* zu zwingen, uns ein für alle Mal in Ruhe zu lassen.« Ich legte mich zurück und beobachtete die vorbeiziehenden Wolken. »Mir ist klar, dass das wie der Plan einer Krimi-Kindergruppe klingt, die ihren verschollenen Goldfisch sucht. Aber was sollen wir machen? Sie lassen uns anders nicht in Ruhe. Entweder sie bauen Quinn Steine in den

Weg, selbst wenn er sich neue Kundschaft sucht, oder sie machen mir das Leben mit meiner Kolumne schwer. Die können leicht irgendwelche Onlineskandale faken oder meinen Namen anderweitig verbrennen. Leute lieben Shitstorms, da komme ich nicht dagegen an. Die Polizei können wir vergessen. Entweder wir geraten an jemanden, der zu ihnen gehört, oder wir haben keine richtigen Beweise. Alle Mails von ihnen sind verschlüsselt, selbst Nalas Mitbewohner Morten kann nichts zurückverfolgen, und niemand würde das ernst nehmen. Machen wir nichts, dann … dann müsste ich wieder nach Tokio oder so gehen, um neu zu starten.«

»Nein.« Das platzte zu laut aus Quinn, jedoch freute ich mich innerlich ein bisschen über seine Sorge, dass ich Cork verlassen könnte. »Ich meine, das wird nicht nötig sein.«

»Genau.« Er räusperte sich. »Dann, ähm, kommen wir jetzt zu eurem Part in dem Ganzen.«

Kapitel 20

Quinn

Auszug aus *Astro-Logic-y – My Zodiac Love* by Cara Mitsou: Wie sollen die Planeten uns schaden können? Planeten haben Sternzeichen, die zu ihnen gehören, dort sind sie safe und zeigen ihre beste Seite. Zum Beispiel: Wenn dein Mondzeichen Krebs ist, ist der Mond in seinem Zuhause, wo er die beste Version sein kann. Aber im Skorpion fühlt er sich nicht wohl, woraus wir aber auch lernen können.

Bald würden wir sehen, ob wir in unsere Planung alles mit einkalkuliert hatten. Ein paar Tage nach unserem Picknick stand jedoch zunächst Caras großer Tag an. Ihre Buchveröffentlichung. Obwohl es auch eher Henrys noch größerer Tag war. Denn Cara wirkte wie die Ruhe selbst, und Rys war schon die ganze Zeit ein Wrack. Er wollte das unbedingt gut machen und Cara gefallen. Na ja, hauptsächlich freute ich mich, Cara endlich wiederzusehen. In den letzten Monaten war sie so beschäftigt gewesen, dass mir ihre beruhigende Aura sehr gefehlt hatte. Vor allem bei den Ereignissen der letzten Wochen.

Mit dem *Water Pumping Station & Lifetime Lab Cork* hatte ihr Verlag eine zauberhafte Location gebucht. Ein restauriertes viktorianisches Wasserwerk mit roten Ziegelsteinen, einem gigantischen Schornstein und wunderschönen geschwungenen Fenstern. Hinter dem Gebäude auf einem weitläufigen Schotterplatz saßen wir und blickten hoch zum Podest, wo wir Cara erwarteten.

Der Tag zeigte sich von seiner besten Seite. Sonnenstrahlen erwärmten meine Wangen, kein Windzug brachte meine Haare durcheinander, und Pollen flogen wie kleine Wölkchen durch die Gegend. Gut, Letzteres war nicht unbedingt so toll für Leute mit Allergien. Wie Owen, zum Beispiel.

»Ich hasse den Frühling.« Als Bestrafung für Owens Aussage folgte ein Niesanfall.

»Tust du nicht, und jetzt sei still«, sagte Felix und vertiefte sich wieder in seine Notizen auf dem Handy. »Sekiz-Oghusen, Dokuz-Oghusen, Otuz-Oghusen und, äh, ach, fuck. Ich werde mir all die Gruppen, die es in Zentralasien gegeben hat, niemals merken. Das sind so viele, und dann sollen wir noch die wichtigsten Daten über die auswendig lernen. Sollte ich jemals in einem Job arbeiten, in dem ich darüber forsche, kann ich das doch auch nachlesen, oder? Ich breche einfach das Kulturwissenschaftsstudium ab.«

Felix' Augenringe sprachen für sich. Nein, ihn durften wir auf keinen Fall einweihen. Das mit den *Druids* wäre zusätzlich zum Prüfungsstress zu viel für ihn.

»Machst du nicht«, antwortete Owen, einen erneuten Niesanfall unterdrückend. »Komm, wir gehen zu Cara und Henry in ihren Raum, wünschen ihnen da noch viel Glück und sehen von der Seite aus zu. Da hast du auch mehr Ruhe, ja?« Er wuschelte seinem Freund durch die Haare.

Eigentlich hatte ich erwartet, Felix würde protestieren, aber er war nur auf seine Notizen fokussiert, murmelte ein Ja und erhob sich gemeinsam mit Owen.

»Ich bin so aufgeregt.« Nala rieb sich ihre Hände. »Wir kennen einen echten Star.«

»Und was ist mit meinem Bruder?« Ró beugte sich vor.

»Der auch, klar.« Nala hob ihr Handy hoch und machte ein

Bild von der Bühne, die mit alten Teppichen und Retrotischlampen sowie Ohrensesseln ausgestattet war. Um die Bühne herum hatten die Veranstalterinnen Eisenstäbe in den Boden gesteckt und daran Planeten sowie Sternzeichenbilder angebracht.

Ich genoss die Vorfreude auf Cara, den schönen Tag mit meinen Leuten und bald Henry auf der Bühne zu erleben. Immer wieder driftete ich dabei in meinen Gedanken ab. Zurück in die Badewanne im *Royal Hotel.*

»Sie kommen!«, rief Nala und begann zu filmen.

»Siehst du alles?«, erkundigte sich Ró.

»Ja. Das ist so aufregend«, kreischte Nala.

Ich beugte mich zu Róisín vor.

Rys trug einen samtigen pastellgelben Anzug und Cara ein langes Abendkleid mit Schlitz. Darauf war ihr Sonnenzeichen Stier, das wir teilten, gestickt. Ich konnte das alles gar nicht glauben. Dass ich mit diesem Typen Sex hatte und er nun auf einer Bühne stand, um meine Freundin zu interviewen. Ich platzte vor Stolz. Noch vor wenigen Jahren war ich alleine gewesen, und jetzt hatte ich diese Leute gefunden.

Henrys Blick fiel auf mich. Shit. Ein einziger Blick dieses Mannes genügte, und alles in mir bebte. Seine Augen ruhten auf meinem Körper, und sofort spürte ich all die Berührungen auf meiner Haut, mit denen er mich bisher verwöhnt hatte.

»Meine lieben Astrologiefans, ich darf euch heute an diesem herrlichen Nachmittag begrüßen. Mein Name ist Takeru oder, wie ihr mich nun mittlerweile auch kennt, Henry, und meine liebe Freundin Cara Mitsou wird euch heute mit ihrem Buch *Astro-Logic-y – My Zodiac Love* verzaubern.« Das Mikrofon in seiner Hand stand ihm so toll. Moderieren sollte er auf jeden Fall weiterverfolgen.

»Aww, danke, Henry.« Cara umarmte ihn.

Applaus setzte ein, und die beiden ließen ihren Blick durch das Publikum schweifen.

Cara unterdrückte ein Grinsen. Dann setzten die beiden sich.

Zwischen ihren kuscheligen Ohrensesseln stand ein Tisch, auf dem Caras Buch thronte. Passend in einem 90er-Style-Cover in Pink und mit einer dicken, knalligen Schrift.

»Ich würde sagen, wir starten am Anfang. Beim Urknall sozusagen. Wie ist dieses Buch entstanden?« Henry nahm einen Schluck von seinem Wasser.

»Du kennst es ja, Henry. Das Internet liebt gerade Astrologie, und ich meine, wer kennt deine Kolumne nicht, richtig?« Cara sah ins Publikum, und viele applaudierten.

Ich auch, nur etwas versetzt, da ich zu vertieft in Henrys Anblick war. Es war nicht nur sein Aussehen. Seine gesamte Ausstrahlung, sein Charisma und sein Mut, auf dieser Bühne zu stehen, alles machte ihn so verführerisch.

»Jedenfalls hat mich die Astrologie aufgefangen, nachdem ich mich oft einsam in Cork gefühlt habe und mit dem Selbstmord meiner Schwester umzugehen lernen musste. Da ich damit nicht alleine sein wollte, habe ich auf TikTok begonnen, über Astrologie zu sprechen, und dann hat sich das verselbstständigt.« Cara so ruhig und bodenständig dort oben sitzen zu sehen war auch eine Bewunderung wert.

»Das kann ich bestätigen, und ist es nicht herrlich, dass die Astrologie endlich wieder ernst genommen wird? Die letzten Jahre haben wir gegen das Vorurteil gekämpft, dass sie nur Quatsch ist, allgemeingültige Aussagen trifft und toxische Vorhersagen macht. Aber ich denke, bei dir sieht jeder, dass du dich da reinhängst. Du gibst auch offen zu, dass du keine Medizinfragen beantwortest oder auch mal nicht weiterweißt.« Henry nahm Caras Buch in die Hand und hielt es ein wenig in die Höhe. »Das ist auch ein Kapitel in deinem Buch, nicht wahr?«

»Ja, genau. Ich denke, es gibt Dinge, die muss jeder für sich entscheiden, also, ob du darüber sprechen willst.« Cara nahm Rys das Buch ab und streichelte über den Buchrücken, als könnte sie es nicht fassen, dass das ihr Buch war.

»Das stimmt. Würdest du dein Buch Menschen empfehlen,

die keine Ahnung haben von Astrologie, oder ist es eher für Fortgeschrittene?« Wenn ich daran dachte, dass Rys vorhin noch so aufgeregt im Kreis gelaufen war, bewunderte ich, wie sehr er es nun genoss, im Rampenlicht zu sein.

»Die ersten Kapitel beschäftigen sich mit den Grundlagen. Es gibt jeweils einen Mitmachteil, und am Schluss folgt eine Anleitung, um sein eigenes Geburtshoroskop zu erstellen.«

»Gibt es auch etwas zu Liebeskompatibilität?«

»Tatsächlich nicht. Das wäre zu umfangreich, aber …« Cara stellte ihr Buch weg. »Dem Thema widmest du dich ja gerne. Wäre das nicht etwas für ein gemeinsames Buch?«

»Jaaaaaaa«, kam es von jemandem aus dem Publikum, und sofort jubelten alle der Idee zu. Applaus hallte durch den Hinterhof des Wasserwerks.

»Ich wäre sofort dabei«, sagte Henry und grinste gelassen, wobei ich ahnte, dass er die Vorstellung liebte und am liebsten selbst losgejubelt hätte.

»Ich werde meine Agentin anrufen und ihr Bescheid geben.« Cara warf einen bösen Blick ins Publikum. »Wagt es ja nicht, diese Idee im Internet zu teilen.«

Ein kollektives Lachen erklang.

Einige Zeit ging die Fragerunde weiter, bis die Lesung begann und alle in ihren Bann zog. Als die letzten Vorbereitungen für die Signierstunde getroffen und Stühle herumgerückt wurden, machten Róisín, Nala und ich Platz.

Die Leute sprachen alle darüber, wie toll die beiden waren. Meine Freude trübte sich jedoch zu schnell, um es zu genießen. Ihre Stimmen rückten in den Hintergrund, denn drinnen im Bereich des Büfetts, das sich hinter den beiden riesigen Fenstern im Wasserwerk befand, hatte ich jemanden entdeckt. Jemanden, den ich nicht erwartet hatte.

»Hudson.«

»Was ist?« Nala stieß mit ihrer Schulter gegen meine. »Was sagst du zu unseren Superstars?«

»Ähm, ja, sie waren klasse. Ich komme gleich wieder. Suche die Toilette.« Auffällig schnell wandte ich mich von Nala ab, um sie nicht zu beunruhigen, und hastete ins Innere.

Drinnen war es deutlich kühler, weswegen ich meine Arme um mich schlang. Hudson hatte sich neben die grünen Metallsäulen verzogen und stand an eine der Säulen gelehnt neben der Treppe. Diese führte hinauf zu einer Galerie, von der aus die riesigen alten Maschinen des Wasserwerks begutachtet werden konnten.

»Was machst du hier?«

»Begrüßt du so einen Freund?«

»Du bist kein Freund.«

Hudson zog gespielt verletzt eine traurige Schnute. »Ach, wie gemein.«

»Hudson.«

»Darf ich nicht die Buchpremiere einer berühmten Corkerin besuchen?« Sein selbstgefälliges Grinsen und die arrogant gehobene Stimme nervten mich nur noch. Sie bereiteten mir eine unangenehme Gänsehaut.

»Nein. Was willst du hier?«

»Vielleicht bin ich nur gekommen, um dir Angst zu machen.« Das war Hudson gelungen.

»Okay? Dann: Gut gemacht? Bye?« Hatten sie etwas über unseren Plan herausgefunden? Es kostete mich Kraft, meine Atmung ruhig zu halten.

Hudson strich seinen blonden Mittelscheitel zurück, und der Drang, meine Frisur zu ändern, kam in mir auf. Er stellte sich auf die Zehenspitzen und blickte hinter mich. »Es gibt noch Essen.«

»Hudson, bitte.«

Er lachte. Er lachte mich aus. »Schon gut. Ich wollte nur sichergehen, dass du und dein Freund«, das letzte Wort setzte er mit seinen Fingern in Gänsefüßchen, »nicht irgendetwas plant.«

»Was sollen wir planen?« Ein Stoßgebet ans Universum, dass

es so lässig klang wie erhofft. »Spioniert ihr uns aus?« Was für eine Frage, klar taten sie das.

Ein Lächeln zupfte an Hudsons Mundwinkel. »Das klingt negativ. Wenn ihr irgendwo picknickt, können doch auch Leute von uns in der Nähe sein, oder? Oder wenn Henry und du eine Hotelbar besucht, in der zufällig jemand von uns ist ... Das ist doch nicht Spionage.«

Mittlerweile war ich mir sicher, dass ich nicht mehr gelassen wirkte. Nein, ich spürte förmlich, wie meine Mimik alles hängen ließ und sich selbst enttarnte. »Wir haben nichts vor.« Mehr brachte ich nicht heraus.

Hudsons Miene erweichte sich, nicht mitleidig oder liebevoll, eher, als ob er mich veralbern wollte. »Oh, Quinn. Hab dich nicht so.« Er beugte sich zu mir und setzte eine überzeichnet belustigte Grimasse auf. »Du wirkst ja beinah paranoid.«

»Und wenn, wär's egal. Wir haben ja nichts vor.« Ich schluckte, und es war zu laut. Genervt spannte ich meinen Kiefer an.

Hudson schlug mir mit der Hand gegen die Schulter. »Mach dich locker, genieß das Büfett. Ich wollte mir auch etwas holen, aber irgendwie habe ich das Gefühl, ich bin hier fertig. Bye, mein Hübscher.« Ein Zwinkern, und ich sah nur noch seinen Rücken, der mit jedem Schritt kleiner wurde, bis er aus meinem Sichtfeld verschwand.

Wir hatten ein Problem.

»Sag aber noch nichts. Heute ist Caras und Henrys Tag, ja?« Bei jedem Wort drehte ich mich um und hoffte, niemand hörte, was ich sagte. Denn das wäre in diesem hallenden Wasserwerk nicht unmöglich.

Nala stockte. Sie presste ihre Augen zusammen, schürzte die Lippen und seufzte dann. »Ja, okay«, sagte sie nach einer gefühlten Ewigkeit. »Aber danach müssen wir mit ihnen über Hudsons Anwesenheit sprechen.« Lange hatte mein Vorsatz, Nala nicht zu beunruhigen, ja nicht gehalten.

»Okay.«

Nala warf mir einen Da-kommt-jemand-Blick zu. »Hey.« Henrys Stimme jagte mir einen Schauer über den Rücken. Dieses Mal keinen wohligen. Ich hoffte, er hatte nichts mitbekommen.

»Ich lasse euch allein.« Nala nippte an ihrem Drink und zog sich zurück.

Sofort wandte ich mich zu Henry um. »Hey.«

»Na? Wie bin ich gewesen? Echt gut, oder? Warte.« Rys hob einen Finger. »Das musst du sagen.«

Sein Selbstbewusstsein war so furchtbar anziehend, weil es witzig und charmant war, schließlich kannte ich seine Unsicherheiten. Er machte keinen auf eingebildeten Arsch, er war einfach er selbst.

»Du warst klasse.«

In Henrys Gesicht spiegelte sich Skepsis wider. »Das hätte ich mir euphorischer gewünscht. Was ist los?«

»Was? Gar nichts ist los. Du warst der Hammer, und das weißt du selbst. Ich wäre gern so locker vor so vielen Leuten.«

»Schon besser. Also ab zum Büfett, oder? Ich habe noch nichts gegessen und Megahunger.« Rys rieb sich die Hände und wirkte wie ein Hund, der sehnsüchtig wartete, die Erlaubnis zu bekommen, sich über das Essen herzumachen.

Schmunzelnd ging ich an ihm vorbei. »Wenn du noch nichts gegessen hast, frage ich mich, was das für eine rote Soße an deinem Mundwinkel ist.«

»Warte.« Henry holte mich ein. »Das ist …«, er hob die Hand und wischte sich über den Mund, »Blut. Ich bin ein Vampir.«

»Mhm. Genau. Aber selbst dann hättest du ja schon gegessen.« Ich unterdrückte ein Lachen. »So viel dazu, wir holen uns gemeinsam was vom Büfett, sobald du fertig bist.«

»Ich … Quinn! Das ist Blut. Ich bin ein Vampir. Echt. Und ich musste es vor dir verheimlichen! Magiegesetze und so.« Sogar Rys selbst musste lachen.

Ich schnappte mir eines der Avocadobrötchen und wandte mich wieder zu Henry. »Kommst du mit zu Cara?«

Rys nickte, die Backen vom Essen aufgebläht. Gemeinsam drängelten wir uns zu Caras Signiertisch vor. Wir ernteten ein paar böse Blicke, aber bevor die Signierstunde losging, hatten wir noch ein paar Minuten.

»Cara! Du bist so ultra-, gigantisch, megagut gewesen!«

»Was? Dieses Lob bekommt Cara, und ich ein *klasse?*« Henrys Worte tat ich mit einem breiten Grinsen ab, ehe ich neben Cara in die Hocke ging. »Du Star.«

Cara strich sich ihre lila Strähne, die unter ihrer schwarzen Mitternachtsmähne hervorlugte, hinter das gepiercte Ohr. »Quinn, bitte, übertreib nicht.« Cara so ausgelassen und freudig zu sehen erwärmte mein Herz. Die letzten Wochen war sie meistens gestresst und enttäuscht gewesen. Enttäuscht, dass sich ihre Eltern noch immer nicht mit ihrem Astrologiezeug anfreunden konnten. Zwar verstand ich, dass sie Caras verstorbene Schwester vermissten. Sie ständig mit Cara zu vergleichen war jedoch unfair. »Danke, dass ihr gekommen seid.«

»Natürlich.« Ich nahm ihre Hand, die ein neues Tattoo zierte. All die Planeten des Horoskops in Farbe. »Ich bin stolz auf dich.«

»Danke«, hauchte Cara. »Das täuscht allerdings nicht darüber hinweg, dass ihr etwas ausheckt und mich außen vor lasst. Wenn ich wieder mehr Zeit habe, will ich wissen, was los ist, ja?«

»Woher …«, begann ich.

Cara warf mir einen *Dein-Ernst*-Blick zu und hob ihr eigenes Astrologiebuch hoch. »Astrologie, Baby.«

»Hm, okay, gut. Aber kümmere dich erst mal um dich, ja?« Ich stand wieder auf, als jemand das Absperrband vor Caras Tisch wegmachte. »Viel Spaß.«

»Hau rein«, warf Henry hinterher.

»Danke. Und Henry? Danke für heute.« Cara lächelte dem

ersten Mädchen entgegen, das mit zitternden Händen ihr Smartphone hochhielt.

Henry schüttelte belustigt den Kopf und folgte mir die lange Schlange entlang zurück zum Gebäude. »Ähm. Was hältst du davon, wenn wir abhauen und –« Rys wurde von jemandem aus der Menschenmasse unterbrochen, weil sie noch ein Bild mit ihm wollten. Als wir weitergingen, fuhr er fort. »Wo war ich? Ah! Lass uns ein wenig Zeit miteinander verbringen. Die nächsten Tage werden anstrengend genug. Lust?«

»Ob ich Lust habe, mit dir von hier«, ich breitete meine Arme aus, »abzuhauen? Hat Prinzessin Diana mal eine Choreografie zu *Uptown Girl* einstudiert und aufgeführt?«

»I-ich, ich weiß nicht?« Henrys verwirrter Gesichtsausdruck war unbezahlbar.

»Ja!«

Wie unartige Schulkinder stahlen wir uns von der Veranstaltung und nahmen uns zwei Leihfahrräder, die Cork zur Verfügung stellte.

Mit Henry das San Francisco Corks auf und ab zu radeln hatte etwas Magisches. Vom St. Patrick's Hill aus genossen wir den Panoramablick über Cork. Danach nahmen wir den hügeligen Weg durch die schmalen Gassen runter zur Shoppingstraße Corks. Wir sausten an einem knallblauen Haus vorbei, streckten waghalsig unsere Arme vom Lenker weg und ließen den Wind auf uns wirken. Ein wenig packte mich aber auch die Wehmut. Mit meinem Dad war ich als Kind öfter hier entlangspaziert, und er hatte mir erzählt, wie belebt die Straße früher gewesen war. Meine Gedanken zwangen mich dazu, mir meinen Dad als jungen Mann mit einem imaginären Koffer voller Hoffnungen vorzustellen. Wie er den St. Patrick's Hill hinunterflanierte und er vor Stolz, meine Mam, seine Frau, an der Hand zu haben, beinah geplatzt wäre. Wie er seinen alten Hut lüftete, um hierhin und dorthin zu grüßen, weil die Menschen in Cork die beiden und das *Murphy's* kannten. Ich sendete all die positive Kraft, die ich hatte, ins Universum und bat es, meinen Dad wieder fit zu machen.

»Ich mag Quinn Murphy«, grölte Henry und holte mich zurück ins Hier und Jetzt.

Henry schaffte es, mich wieder grinsen zu lassen, also sammelte ich meine gesamte Lautstärke in mir, um zu rufen: »Und ich Henry Takeru Kirwan. Sehr sogar.«

Nach einiger Zeit wurde die Straße breiter, und Rys radelte nun neben mir. Ich streckte meine Hand nach ihm aus, er umschloss sie, und auch wenn es ein wenig wacklig war, genoss ich es, der Stadtmitte mit seiner Hand in meiner entgegenzufahren.

Wir hielten vor dem neuen Frozen-Yogurt-Laden am River Lee. Henry und ich gingen einzeln hinein, um für den anderen eine perfekte Kombi zusammenzustellen.

Ich verdeckte meinen Becher mit der Hand, bis ich mich vorsichtig in das Gras am Flussufer gesetzt hatte. Henry tat es mir nach. Grasflecken auf den Klamotten? Egal. Nichts konnte so schlimm sein, dass ich es nicht aushielte, wenn Henry neben mir war.

»So, was ist deines?« Er stellte den Becher neben sich.

»Ich habe dir Kiwi draufgemacht, weil du Kiwis als Bildschirmhintergrund auf deinem Laptop hast. Erdbeersirup und, ähm, was ist das noch schnell? Ach ja, Ananas, weil …«

»Weil dir Nala letztens von diesem Video erzählt hat, was Ananas so bewirkt?«

»Nein, Rys, nein.« Ich räusperte mich. »Weil sie lecker ist, wie du.«

»Oh, okay. War's das?«

»Und Haferflocken und diese Proteinbällchen, die wie Planeten aussehen, weil du trainierst und ein Astrologyboy bist.«

Ich überreichte ihm seinen Frozen Yogurt wie einen Pokal. Ganz genau verfolgte ich, wie er den ersten Löffel nahm. »Und? Und?«

»Okay, das ist echt lecker.« Henry nahm noch einen zweiten, ehe er den Becher abstellte. »Jetzt ich.«

Zufrieden beobachtete ich, wie Henry seinen Becher hochhob. »Ich habe Zartbitterschokolade genommen, weil du mal gesagt hast, du magst es nicht so süß. Sesam, weil da Eisen drin ist und du ja so gut wie kein Fleisch mehr isst. Diese salzigen Honig-Macadamianüsse, die du so magst, Karamellsirup, weil der süß ist …« Henry räusperte sich, als wäre es ihm peinlich, weiterzusprechen. »Und weil die Farbe mich an deine Augen erinnert.«

Okay, das war zuckriger als Zucker. Ich starb. Vor Zucker. Vor imaginärem Zucker. Vor Wortzucker. Er hatte sich sogar das mit den Macadamianüssen gemerkt.

»Das war's.« Henry überreichte mir meinen Becher nicht weniger feierlich, als ich es getan hatte.

»Wir sind echt komisch, oder?« Ich nahm ihn entgegen und zückte meinen Holzlöffel.

»So was von«, gab Henry zu.

Das Gefühl von Peinlichkeit verflog, als ich den Frozen Yogurt probierte. »Oh Universum, ist das mega. Da müssen wir öfter herkommen.«

»Auf jeden Fall.« Henry fischte sein Handy hervor und machte ein Bild von uns. »Soll ich etwas Musik anmachen?«

»Ja, okay. Wie wär's mit Stevie Wonder?«

Henry verzog die Lippen. »Weiß ich nicht. Muss nicht sein.« Er leckte den Löffel ab, und ich fühlte mich wie ein pubertierender Junge, den plötzlich alles scharf machte, was sein Freund tat. »Olivia Rodrigo?«

»Quinn. Neiiiin.«

»Okay, dann schlag du was vor.«

»Hmm. Was ist mit Taylor?«

»Taylor Swift geht immer, aber ist auch nicht sehr gewagt von dir, Rys, wir alle lieben Taylor.«

»Dann machen wir es so.« Henry tippte etwas in sein Handy und hielt es mir hin.

»Quenry Playlist? Ist das eine Kombi aus unseren Namen? Was ist mit Henrinn? Oder Hennn?« Mein Herz raste.

»Ich habe erst Hennin gehabt, aber das wäre etwas egoistisch, also habe ich Quenry genommen.« Rys wischte auf dem Handy herum. »Oder was sagst du?«

»Nein, ich find's gut, wenn ich an erster Stelle stehe. Oder wir machen mal eine Umfrage im Gruppenchat. So. Und jetzt?« Ich sah mir das Playlistbild an. Es war das Bild, das er mal von uns gemacht hatte, und darauf stand in Pink und Gelb *Quenry.*

»Wir packen abwechselnd einen Song drauf, dann haben wir immer eine Playlist, die wir hören können.«

Rys' Idee gefiel mir, also fing ich an, einen Song auszuwählen. Das ging einige Male hin und her, bis wir einige Songs auf der Liste hatten, danach legte Rys das Handy zwischen uns und spielte die Playlist ab. Wir aßen unseren Frozen Yogurt und genossen den Anblick des Flusses.

»Was ist das gruseligste Erlebnis, das dir je passiert ist?« Henry lehnte sich zurück und stützte sich auf seinen Ellbogen ab. »Hm?«

»Puh. Da fällt mir ga…, ah, doch. Ich war mit meinem Dad in einer Kindertherme, so mit sieben, und da gab es einmal in der Stunde so eine Wellenfunktion. Jedenfalls bin ich genau, als es losging, an diesem Gitter, wohinter das Teil war, das diese Wellen erzeugt hat, getaucht. Dann wurde ich an dieses Gitter gesaugt, und ich kam da nicht mehr weg. Bin megapanisch geworden und habe mir gedacht, bye-bye, das war's jetzt. Zum Glück bin ich irgendwie losgekommen, ist aber creepy gewesen.« Es schüttelte mich jedes Mal durch, wenn ich daran dachte. »Bei dir?«

»Boah, echt schlimm. Bei mir waren es meine Nachtwanderungen mit Ró.« Henry schien sich in dem anbrechenden Nachthimmel zu verlieren. »Wir haben uns oft aus dem Haus gestohlen und sind nachts um den Block geschlichen. Wir haben uns dann immer vor Autos und Leuten versteckt, weil wir meinten, wir sind Spione, alle anderen die Bösen, und niemand darf uns sehen, kein Autolicht uns berühren. Ist so ein Spiel gewesen von uns. Einmal sind wir aber in unserem Spielmodus in einen Garten geraten. Um eben einem Autolicht auszuweichen. Na ja, über einen Bewegungsmelder ist Licht angegangen, und der Typ, dem das Haus gehört hat, kam einfach mit einer Schaufel in den Garten gelaufen.«

Mein Mund klappte auf. »Waaas?«

Henry nickte heftig. »Jap. Und er hat einen Morgenmantel getragen. Nur einen Morgenmantel. Einen offenen. Weiß nicht mehr, was schlimmer gewesen ist. Jedenfalls hat seine Frau uns erkannt, ihn beruhigt, und wir sind abgehauen.«

»Stell dir vor, der hätte euch erschlagen oder so. Schlimm.« Dieser Gedanke brachte meinen Magen zum Rumoren. Henry niemals kennengelernt zu haben fühlte sich falsch an.

»Stell dir vor, du wärst ertrunken.« Ich meinte, in Henrys Gesicht zu erkennen, dass wir denselben Gedanken teilten.

»Tatsächlich habe ich daran oft als Kind gedacht und mir vorgestellt, dass ich dann wenigstens bei meiner Mam gewesen wäre. Na ja, jetzt nicht mehr, mittlerweile glaube ich nicht mehr daran, irgendjemanden irgendwo wiederzusehen …«

Stille kehrte ein nach meinem traurigen Ausflug zu meiner Mam. Um uns wippten die Grashalme im Wind, Bäume raschelten über unsere Songs hinweg, und der Fluss bewegte sich gleichmäßig in seine Richtung.

»Verstehe ich. Ich habe ähnliche Gedanken gehabt«, gab Rys zu. »Wie ist es sonst mit deiner Mam? Also, wenn du an sie denkst. Spürst du da irgendwas?« Henry spielte nervös an der Serviette herum.

»Ja und nein. Ich merke, dass etwas fehlt, vermisse auch etwas, aber ich verspüre keine Sehnsucht nach ihr. Wenn ich Bilder betrachte, spüre ich eine Wärme, eine Verbundenheit, sehe aber auch eine Fremde. Es ist komisch. Ich habe mir oft eine Mutter oder eine größere Familie gewünscht. Es hätte nicht nur den Druck von mir genommen, so schnell ins Familiengeschäft einzusteigen, sondern …«

»Ja?« Rys rutschte zu mir.

»Ich wäre freier gewesen. Freier in all meinen Entscheidungen. Meine Eltern hätten den Laden geführt, mein Dad wäre nicht so verbittert geworden. Ich wäre offener aufgewachsen, was Sexualität anbelangt. Es hätte eine Berufswahl gegeben. Zum Beispiel habe ich mir oft gewünscht, am UCC zu studieren. Ich bin unheimlich, wirklich creepy oft, auf den Campus gegangen und habe so getan, als wäre das auch mein Leben.« Aber das war es leider nicht, und dieses alternative Universum, in dem meine Mam noch lebte, war eben nicht die Paralleldimension, in der ich lebte. Toll, jetzt beneidete ich diesen anderen Quinn. In meinem Kopf liefen die Jahre vor meiner Freundschaft mit Nala, Felix und der Gang wie eine Filmcollage ab. Ich, wie ich mich in der Welt der Royals verlor, weil ich eine Doku gesehen hatte und mich dann in einen Strudel gelesen und geguckt hatte. Wie ich mich irgendwie mit Harry und Diana verbunden gefühlt hatte – zumindest nach dem, was mein dramatisches Teenager-Ich so oberflächlich mitbekommen hatte. Jetzt hatte ich ja zum Glück meinen Henry-Harry. Irgendwo in meinem Kopf notierte ich mir für später – in einer Zeit, in der wir die *Druids* überlistet hatten –, dass ich ihm noch mal die Sache mit den Uniformen im Schlafzimmer näherbringen wollte.

»Ich bin in einer Stadt aufgewachsen und habe nie wirklich Menschen kennengelernt. Manchmal beneide ich Felix, wie er das trotz seiner Ängste geschafft hat.« Auf einmal war die Nacht da, und sie war präsenter denn je. Ich spürte ihren finsteren Druck auf mir.

»Felix hat auch eine Mitbewohnerin gehabt, ist aufs UCC gegangen. Da hat das seinen Lauf genommen. Aber du bist immer bei deinem Dad im Laden gewesen. Ich glaube, das ist gar nicht so untypisch, wie du denkst. Weißt du, wie riesig Tokio ist? Ich habe oft das Gefühl gehabt, dort einsame Menschen zu sehen. In einer

Stadt fällt es auch weniger auf, und wir können in unseren Sorgen untergehen oder sie verdrängen.« Rys stupste mit seinem Finger meinen an. Unsere Blicke trafen sich, und er erhellte meine Stimmung wie ein Lichtblick in diesem oft so schwierigen Leben.

»Hast du das auch gemacht? Etwas verdrängt in Tokio?«

Rys seufzte. »Mittlerweile glaube ich schon. Ich habe mir oft eingeredet, dass ich in Tokio nur auf mich geachtet habe, mehr über meine Wurzeln lernen wollte, aber ich habe viel von meinem Familienkonflikt in Cork verdrängt«

»Hast du noch Kontakt zu Tokio-People?«

»Manchmal, ja. Wir schreiben uns auf Whatsapp, damit ich die Sprache nicht verlerne, schicken uns Videos oder lustige Bilder. So was eben.« Rys zeigte mir einen Chatverlauf auf seinem Handy in japanischer Schrift. »Und dann sind da noch Takeru und Yoshi, mit denen ich mich viel austausche und spreche. Ich freue mich, wenn die beiden wieder zurück in Cork sind und ich mit ihnen noch mehr in diese Kultur eintauchen kann, auch hier.«

»Vielleicht kannst du mir mal ein wenig beibringen? Dann verlernst du es auch nicht.«

»Das klingt witzig. Und für jeden Fehler, den du machst …« Mit jedem Wort war Rys dichter an mich herangerückt. Seine Lippen strahlten eine magische Anziehung aus. Sie weckten pures Verlangen in mir, und ich konnte nicht anders, als diesem Mann zu verfallen. »… lecke ich dich ab.« Blitzschnell änderte er seine Richtung und leckte mir über die Wange.

»Ahhhh, Henry!« Ich wischte mir die Spucke weg.

»Oder hier.« Er wiederholte es, nur dass er jetzt meinen Hals ableckte.

»Nicht besser«, rief ich lachend und hob den Kragen meines Oberteils an, um mich abzuputzen.

»Es soll ja auch eine Bestrafung sein.« Zufrieden rutschte Rys wieder etwas von mir weg und blickte hoch in den Nachthimmel, dort, wo die funkelnden Sterne nur für uns zu strahlen schienen.

Ohne zu überlegen, setzte ich mich auf Henry und drückte ihn auf den Grashügel. Nun waren es meine Lippen, die über seinen schwebten. »Da fällt mir aber Besseres ein.«

Rys hob seinen Kopf an, um mich zu küssen, doch ich verwehrte ihm dies. Stattdessen fing ich seinen Blick ein und zog meinen Kopf gerade so weit zurück, dass er ihn nicht erreichte.

»Hast du Angst, gesehen zu werden?«, fragte Rys.

»Nein, ich will dich bloß ärgern.« Ich leckte mir über die Lippen und küsste seine Wange. Erst links, dann rechts.

Dann wiederholte ich das auf seinen Mundwinkeln. Erst links, dann rechts.

Wieder wollte Rys hochschnellen und mich küssen, doch dieses Mal legte ich meine Hände an seine Schultern und drückte ihn harscher nach unten. Kopfschüttelnd warf ich ein »Nein« hinterher.

Rys schluckte laut.

Wenige Millimeter mit meinem Mund von seinem entfernt, spürte ich seinen Atem, der mich sanft wie ein Schmetterlingsflügel an der Oberlippe kitzelte. Mit meinen Lippen streifte ich seine, doch als er mehr wollte, vergrößerte ich erneut den Abstand zwischen uns.

»Bitte«, hauchte Rys, und ich merkte, sah und spürte, dass er diesen Kuss unbedingt wollte, mehr noch als das.

»Hmm, nee.« Ich sprang auf, was mir selbst nicht sonderlich leichtfiel, da ich nichts lieber getan hätte, als betrunken von Henrys Geruch mit ihm zu verschmelzen. »Ich werde nach Hause gehen.«

Henry richtete sich auf. »Das ist nicht dein Ernst.« Ich liebte es, wie viel Verzweiflung in seiner Stimme lag.

»Halt mich doch auf«, sagte ich und lief rückwärts in Richtung Gehweg.

Rys funkelte mich böse an und guckte in seinen Schritt. »Gleich.«

»Beeil dich, außerdem müssen wir reden.«

»Worüber?«

»Sag ich dir dann.« Ich war bereits auf dem Gehweg angekommen. »Klemm ihn hinter deinen Gürtel und steh auf, wir haben einiges zu klären.«

»Du bist ein Sadist.« Hinter mir hörte ich, wie Rys mir nachlief. In Wahrheit hatte ich keine Ahnung, was ich ihm sagen wollte. Es gefiel mir einfach, dass ich es schaffte, einen Kerl wie Henry zur Verzweiflung zu bringen, weil er mich nicht haben konnte, und ich freute mich auf sein Gesicht, wenn ich ihm das eröffnen würde.

»Deswegen magst du mich doch, oder?«

»Deswegen habe ich mich verliebt in dich.« Seine Worte fingen mich wie ein Lasso ein und zwangen mich, stehen zu bleiben.

Er hatte sich, was, in wen? Meine Wangen, meine Stirn und mein Hals begannen zu glühen. Danach breitete sich dieses Feuer an Gefühlen über meinen gesamten Körper hinweg aus. Ich stand in Deswegen-habe-ich-mich-verliebt-in-dich-Flammen.

»Und ich mich in dich.« Mit diesem Geständnis eilten wir nach Hause, um diesem Abend einen würdigen Abschluss zu verschaffen.

Kapitel 21

Henry

Hope in Our Universe by Takeru: Wenn der Stier den Löwen etwas runtergebracht und der Löwe den Stier zum Handeln bewegt hat, können sie gemeinsam Großes erreichen. Sie müssen nur aufeinander zugehen. Und manchmal ihre Liebsten (den Krebs, Fische, den Widder, den Skorpion und so weiter) fragen. Denn gemeinsam lässt sich im Universum mehr erkennen als nur ein paar Sterne. Manchmal sehen sie dort die Lösungen, irgendwo auf dem Mars oder dem Jupiter.

Die Nacht war angebrochen. Die Ritualnacht, auf die wir uns vorbereitet hatten. Sosehr ich auch nur den Abend mit Quinn in meiner Wohnung genießen wollte, so sehr ahnte ich auch, wie wichtig es war, fokussiert zu bleiben. In den letzten Tagen hatten wir gemeinsam die Lage des neuen Ritualorts der *Druids* abgecheckt und unseren Plan perfektioniert. Also zumindest, so gut es ging. Wir hatten alle unsere Bedenken geäußert und diese durchleuchtet. Ganz konnten wir Unvorhersehbares nicht ausschließen. Quinn und ich hatten bei ein paar Dingen noch Unstimmigkeiten, aber die würden sich klären. Hoffentlich. Oh, Shit, ich hoffte sehr, dass sie es würden. Denn als Quinn mir erzählt hatte, dass Hudson ihm auf Caras Buchpremiere gesagt hatte, sie behielten uns im Auge, war das ein schlechtes Zeichen. Obwohl heute ja mein offizielles Ritual stattfand und ja sogar mit Nachdruck erwünscht war, dass ich dort aufkreuzte, machte ich mir um Quinn Sorgen …

»Vielleicht könnte er eine Maske aufsetzen?«, murmelte ich vor mich hin, als ich Quinn aus meinem Schlafzimmer kommen hörte, und versuchte, meine Skepsis zu überspielen.

»Warum guckst du so besorgt?« Quinn trug ein schwarzes XL-Shirt, auf dem Prinz Harry im 80er-Style abgebildet war, was mich ein wenig eifersüchtig machte, und hatte es sich locker in seine lockere Stoffhose gesteckt.

Was sagte ich jetzt? Er sollte nicht wissen, dass ich mich sorgte. Zumindest nicht, wie sehr. »Stimmt doch nicht. Ich habe nur gesungen.«

»Hab nichts gehört.«

»Ein gemurmelter Poetry-Slam.«

»Lass hören.«

»Ich hab den Text direkt wieder verworfen.«

»Henry.«

»Quinny.«

Er seufzte. »Na gut. Bist du bereit für den Tag aller Tage?«

»Nein, du?«

Quinn schüttelte den Kopf. »Nope.«

Ich nahm Quinns Hand, und gemeinsam schlenderten wir zur Glasfront meiner Wohnung. Die Lichter Corks, der Sternenhimmel, alles breitete sich vor uns aus wie ein Teppich aus Möglichkeiten und Erinnerungen. »Wir schaffen das.«

Meine Schulter wurde schwer, und ich bemerkte, dass Quinn seinen Kopf darauf abgelegt hatte. »Bestimmt.«

»Wie laufen die Vorbereitungen fürs *Murphy's* nach der *Druids*-Ära? Und was sagt dein Dad dazu?«

»Er ist skeptisch, hat es aber eingesehen. Er hat es überraschend gut verkraftet. Ich glaube, die Kur hilft ihm. Nala hat zugestimmt, dass sie mir mit dem Laden hilft, worauf sogar Dad gemeint hat, ob sie nicht mit mir zusammen Geschäftsführerin werden will. Das war natürlich eine super Basis, um vorzuschlagen, dass wir den Laden abwickeln und neu gründen, quasi. Äh.« Quinn pausierte.

»Was ist?«

»Na ja, ich habe gemerkt, dass Nala ein wenig niedergeschlagen war, ich bin aber zu sehr in meinen eigenen Problemen versunken gewesen. Seit Dads Idee ist sie wie ausgewechselt. Sie meinte, seitdem sie das Gaming runterschraubt, hat sie so was wie Entzugserscheinungen und das Gefühl, als fehle ihr etwas. Dass sie nicht wüsste, was sie will, und die Sache mit dem Laden ist wie eine neue Perspektive.« Quinn lehnte sich gegen die Glasfront und sah mich an. »Es wirkt, als hätte ich ihr geholfen, dabei hat Nala mir das Leben gerettet. Ohne sie würde ich das niemals schaffen. Ich bin froh, dass sie da so forsch war und nach mehr Verantwortung gefragt hat, sonst hätte ich mich nie getraut, sie um mehr Hilfe zu bitten. Sie ist immer da, und das ist echt schön.«

»Ach, Quinn.« Ich küsste ihn auf die Stelle zwischen den Augenbrauen. »Das freut mich für dich. Es ist aber auch kein Wettkampf. Keiner rettet den anderen mehr. Ihr rettet euch gegenseitig.«

Quinn nickte, und wir wandten uns wieder dem Ausblick zu.

»Nalas Mitbewohner, Morten, hat die Website auch so weit fertig. Die Muster meiner Skizzen, die Nala angefertigt hat, stehen auch schon online, und ich habe neue, modernere Ware bestellt. Nala hat in die Wege geleitet, dass der Name von *Murphy's Gentlemen's Outfitters* zu *Murphy's & Okai's Classy Outfittery for You* geändert wird. Es gibt Anzüge, Sakkos, Kleider für besondere Anlässe, Hemden und Blusen für alle.«

»Okai? Nalas Nachname?«

Quinns Kopf bewegte sich auf meiner Schulter auf und ab. »Nala ist äußerst geschäftstüchtig. Mehr noch als ich.« Meine Schulter wurde wieder schwer, und ich lehnte meinen Kopf gegen seinen.

Eine Zeit lang blieben wir so stehen.

»Das finde ich eine schöne Idee. Ihr schafft das.« Sanft hob ich Quinns Kopf an, drehte mich zu ihm und stahl mir einen flüchtigen Kuss.

»Und du?«

»Morten schaut sich mal meine alte Website an, jetzt wo er mit eurer fertig ist, und bringt sie für mich in Schuss, damit ich meine Kolumnen dort unkompliziert und sicher posten kann. Außerdem hab ich mir ein Influencer-Management in Dublin gesucht, das mich wohl vertreten wird; müssen wir noch genauer besprechen. Und Cara hat mich da auf eine Idee gebracht. Ich überlege, ein Crowdfunding zu starten, um mein eigenes Astrologiemagazin zu gründen.« Letzteres war mir unangenehm, weil es ein hochgestecktes Ziel war, und peinlich, falls es nicht klappte. »Und ich will meine besten Kolumnen und Tweets auf Japanisch rausbringen.«

»Das sind großartige Ideen.« Quinn fiel mir um den Hals. »Mit deiner Reichweite und Cara als Unterstützung schafft ihr das. Du kannst es dann im *Murphy's … & Okai's* auslegen. Ich denke, mit der neuen Zielgruppe finden wir bestimmt Leute, die auf so was stehen.«

»Das klingt toll.« Ich drückte Quinn zurück, um ihn anzusehen. »Dann müssen wir nur noch den heutigen Abend durchstehen.« Falls wir es schafften, aber das auszusprechen fühlte sich falsch an. Als beschwörte ich einen Fluch auf unser Vorhaben.

»Werden wir.« Quinn nahm meine Hand, und gemeinsam widmeten wir uns ein letztes Mal dem Ausblick. Obwohl ich ahnte, dass er mich nur aufmuntern wollte. So wie ich ihn. Niemand wollte das Unaussprechliche laut in die Welt hinausbrüllen: Was, wenn wir versagten?

Erst nach ein paar Minuten erkannte ich, dass Quinn nicht Cork im Visier hatte, sondern die Anstecknadel der *Druids* auf meinem Oberteil.

»Seid ihr bereit?« Nala sah uns durch den Rückspiegel an.

»Noch könnt ihr es euch anders überlegen«, fügte Ró hinzu, die sich vom Beifahrersitz aus zu uns umdrehte.

Die beiden führten sich auf, als wären sie unsere Eltern.

»Wir haben ohnehin keine Wahl«, sagte Quinn und sprach aus, was ich dachte.

»Ihr schafft das. Wir haben alles geplant. Yoshi hat uns alles anvertraut. Eileen weiß, dass wir, sollten sie uns entdecken, zu ihr in die Bar kommen, weil sie von uns allen die Adressen kennen. Owen lenkt Felix ab, damit er lernen kann. Robin hat Nachtschicht und zugestimmt, unsere Standorte zu checken.« Ró kratzte sich am Hinterkopf. »Passt auf euch auf, ja? Ich will euch nicht verlieren.« Die Augen meiner Schwester waren auf mich gerichtet. Das rote Licht einer Ampel aus der Nebenstraße verlieh ihr einen aggressiven Lichtschein. »Pass auf Quinn auf.«

»Ich passe auf mich selbst auf«, wandte Quinn ein und schnippte zwischen uns mehrmals mit den Fingern. »Ja? Verstanden?«

»Wünscht uns lieber Glück.« Quinn öffnete die Autotür.

»Okay, okay. Viel Glück«, kam es von Nala und Ró.

Wir stiegen aus und fanden uns in der Seitengasse des alten Herrenhauses wieder. Pompöse, alte Villen reihten sich aneinander, gemeinsam mit riesigen Bäumen, die im sanften Wind umherwehten.

»Hier.« Ró verteilte die Umhänge, und Quinn befestigte die Anstecknadel daran. »Ich bleibe im Eingangsbereich, da ich nur die Rolle von Yoshi als offizielle Vertretung annehme.«

Quinn dachte selbst in diesem Moment daran, von uns allen ein Bild zu machen. Zum Glück ohne Blitz.

»Wird niemand fragen, was du machst?«, kam es von Quinn.

»Nee, ich bin denen nicht wichtig, bin ja nur ein Helferlein und nicht wirklich im Club. Ich habe das hier.« Ró kramte aus ihrem Portemonnaie eine Münze mit einer Prägung, die der Anstecknadel glich, hervor. »Damit lassen sie mich in den Eingangsbereich. Ist wie deine Anstecknadel nur für die, ja, Gehilfen der *Druids,* wie Yoshi von Scar.«

»Wann sollen wir noch mal Hilfe holen?«, ließ sich Nala vernehmen, die ihren Arm lässig aus Rós Schrottkarre hängte.

»Gar nicht«, sagte Quinn. »Wen wollt ihr holen?«

»Eileen«, rief Nala.

Ich musste lachen. »Beste Idee, Nala.«

»Wir dürfen schlicht und ergreifend nicht versagen.« Damit hatte Quinn recht. Es gab keine andere Lösung.

»Felix wird echt enttäuscht sein. Er hätte sich für heute bestimmt dunkel gekleidet, einen Geheimagenten-Walk geübt, *Jeanne, die Kamikaze-Diebin* geguckt und euch einen genialen Spionage-Soundtrack rausgesucht, den ihr hören könnt, während ihr wartet.« Wie recht Quinn damit hatte.

»Moment, das kriegen wir auch selbst hin.« Nala schaltete das Radio an, und jemand sang: *This is a losing game.*

»Mach das aus«, zischte Ró.

»Es geht nicht, der Schalter klemmt«, sagte Nala gereizt, bis es klick machte und die Musik verstummte. »Jetzt.«

Ró wandte sich zu uns. »Wie dem auch sei: Viel Glück.«

Großartig. Tolle Vorzeichen für diese Mission.

Wir verabschiedeten uns und liefen los. Ró wartete an der Ecke, da sie nicht mit uns gemeinsam eintreffen wollte. Zwar hätte sie besser vor uns ankommen sollen, aber da gab es so viele Leute, es würde hoffentlich nicht auffallen, wenn ein Helferlein zu spät kam. Das opulente Herrenhaus tat sich vor uns auf. Die drückende Finsternis, das große Gebäude vor uns – all das versinnbildlichte für mich den enormen Einfluss, den die *Druids* hatten.

»Furcht einflößend schön.« Damit beschrieb er es perfekt.

Die grauen Backsteine passten zum meist nebeligen Wetter Irlands. Die einzigen Farbkleckse waren Ziegelsteine, die die weißen Fenster einrahmten, und rote, länglich gemauerte Streifen, die wie einbetonierte Säulen wirkten. Grüne, sich herumschlängelnde Kletterpflanzen rundeten das ab.

Wir betraten das Anwesen, wobei wir zunächst eine Treppe hinabstiegen. Im Vorgarten erwartete uns ein Labyrinth. Die Büsche, die die Irrwege begrenzten, waren gepflegt, und nirgendwo stand auch nur ein Ast ab. Wir liefen den Kieselsteinweg entlang darauf zu, und ich merkte, wie Quinn immer nervöser wurde.

»Denkst du, wir scheitern schon hier?«, meinte er.

»Nein, wir sind ja letztens hier gewesen, und ich habe danach mithilfe von Google recherchiert. Wir müssen einfach nur am Labyrinth-Eingang die linke Wand mit der linken Hand berühren und so hindurchlaufen, dass wir eben auch ständig mit der Hand in Kontakt mit dieser Wand bleiben. Dafür machen wir zwar auch Umwege, aber irgendwann erreichen wir automatisch den Ausgang und sind durch.«

Quinn blickte zu mir und erkannte, dass ich die linke Pflanzenwand entlangfuhr. »Wer hätte gedacht, dass ich dir mal durch ein Labyrinth folge, nachdem du dich im Flughafen verlaufen hast … aber gut. Ich vertraue dir.«

»Tja, so ändern sich die Dinge.« Hinter uns hörten wir Geraschel von Neuankömmlingen, und auch vor uns nahm ich öfter Gelächter und Gerede war.

Nach einiger Zeit hatten wir es tatsächlich durch das Labyrinth geschafft. Ein Springbrunnen begrüßte uns mit seinem Prasseln, und dahinter erkannte ich Lichterketten auf der weißen Steintreppe hoch zum Eingangstor. Davor witzelten ein paar Leute miteinander, teilten sich eine Zigarette, schlürften an Sektgläsern und waren verdammt elegant gekleidet. Und sie alle trugen die Umhänge von Quinn.

»Die hast du geschaffen«, flüsterte ich Quinn ins Ohr.

Mein Rücken knackte ein wenig, als ich ihn durchstreckte, und auch Quinn nahm eine geradere Haltung ein. So mischten wir uns unters Volk. Wasser vom Springbrunnen benetzte meine Wange im Vorbeigehen.

»Hey, ihr zwei.«

Wer hatte das gesagt?

Kapitel 22

Quinn

Auszug aus *Astro-Logic-y – My Zodiac Love* by Cara Mitsou: Wie können wir die Person finden, die zu uns passt? Liebeskompatibilitäten sind oft tückisch. Es reicht nicht nur, die Geburtshoroskope zu vergleichen. Manche Menschen hätten zum Beispiel eine impulsive Ader, diese wurde aber von Erlebnissen in der Vergangenheit unterdrückt. Deshalb ist es wichtig, aufeinander einzugehen, sich seiner selbst bewusst zu sein und dann die richtige Person zu einem kommen zu lassen. Dann passen auch bestimmt die Geburtshoroskope zueinander.

Wir hatten nicht erkannt, wer uns gerufen hatte, doch die Rich Kids vor dem Eingang fixierten uns, also blieb uns keine Wahl. Rys und ich nickten uns zu. Wir wussten, wir mussten mitspielen. Aus der offenen Tür drang der Geruch von Hanf, gemischt mit teurem, schwerem Parfüm.

Sobald wir das alte Herrenhaus betreten hatten, verloren die anderen das Interesse an uns. Die Eingangshalle des Vantry House, so hieß das nämlich, mit dem hellen Holzboden, dem Gong neben der Treppe und den unpassenden Klappstühlen zwischen dem Retromobiliar konnten wir kaum begutachten, da stolzierte uns bereits jemand entgegen. Eine rothaarige Gestalt, die wir beide kannten. Jetzt hieß es, Ruhe zu bewahren.

»Hey, sorry für mein Brüllen, aber wie ich sehe, habt ihr weder ein Bronze- noch ein Goldarmband, also seid ihr gerade angekommen. Ich bin angewiesen, da streng zu sein. Keiner soll ungeprüft hier herumlaufen. Darf ich eure Anstecknadel kurz checken?« Scar sprach extralaut und näherte sich uns dabei noch weiter. »Ihr seid doch nicht ganz dicht, dass ihr wirklich zusammen hierherkommt«, zischte sie, als sie uns erreicht hatte. »Die wissen doch sofort, ihr plant etwas.«

»Wir haben keine andere Wahl.« Hoffentlich sprach ich nicht zu laut. Dass Scar uns bemerken würde, war klar gewesen, und sie war ein Faktor in unserem Plan, den wir nicht absichern konnten. Wir mussten darauf vertrauen, dass ihr die Freundschaft zu Yoshi und Henry – von deren Echtheit Henry nach wie vor überzeugt war – wichtig genug war, um uns nicht zu verpfeifen.

Auch Rys sah Scarlett eindringlich an. »Bitte verrate uns nicht, okay? Ich … wollte ihn einfach dabeihaben.«

Scarlett schnaubte und schüttelte den Kopf. »Lasst euch ja nicht von Hudson erwischen. Der Rest sollte dein Gesicht hoffentlich nicht kennen.« Ihr helles Lachen warf sie wieder in ihre Rolle zurück. »Also zeigt her eure Anstecknadeln.«

Henry und ich zeigten ihr unsere Anstecknadel.

»Eure Einladungen?«

Henry zeigte ihr seine, und auch ich tastete meine Taschen ab – als sich jemand zu uns stellte.

»Hey, Scar, brauchst du Unterstützung? Hab gerade Zeit.« Der Typ mit dem purpurnen Anzug grinste mich an. »Du kannst auch mir deine Einladung zeigen. Dann kommen wir hier schneller voran.«

»Lenny, hey.« Scar lächelte ihm ein wenig angestrengt zu. »Ziemlich viel abzuchecken diesmal, nicht wahr?«

»Ja, finde die neuen Regelungen auch mühsam, aber seit dem Eindringling auf dem Ritual vor anderthalb Jahren ist Jasira wie besessen von dieser dritten Überprüfung mit der Einladung«, sagte Lenny und machte eine wegwerfende Geste mit der Hand. Also seit der Ritualnacht, in die Felix gestolpert war und er Jasira kennengelernt hatte, dachte ich unbehaglich. »Na ja, egal. Dauert ja nicht lange.«

Ich hielt ihm meine gefälschte Einladung von Yoshi hin, jedoch mit dem Unterschied, dass ich sie sofort wieder wegpackte.

»Wer hat dich eingeladen?« Lenny folgte mit seinen Augen meiner Einladung. »Das konnte ich so schnell nicht lesen.«

»Äh, Yoshiko. Von Scarlett.« Keine Ahnung, ob es gut war, Scarletts Namen zu erwähnen. Sie anzugucken, traute ich mich jedenfalls nicht.

»Echt? Scar?« Er stieß belustigt mit seiner Schulter gegen ihre. »Darf ich die trotzdem noch mal sehen? Die Einladung? Ist da auch Scarletts Unterschr…« Lenny wurde mitten im Satz unterbrochen.

»Lenny, hast du einen Moment? Ichigo löst dich ab. Und ich glaube, Henda auch, keine Ahnung, wo die ist.« Eine Frau mit einem viel zu übertrieben weit ausgestellten Kleid kam hinter der Treppe hervor, blieb aber dort stehen.

»Ähm, ja, klar. Hey, Lucy, warte!« Lenny folgte ihr und deutete etwas zu Scar, das ich nicht verstand.

»Hier, eure Armbänder. Ich darf sie euch geben. Lasst sie immer an, sonst dürft ihr später nicht mehr rein.« Scar lächelte uns noch mal zu. »Viel Spaß, ihr müsst oben durch die weiße Flügeltür rein.« Danach lief sie in Lennys Richtung zur geschwungenen Treppe, die nach oben führte.

Sofort machte ich mir die Goldkette um das Handgelenk und atmete tief durch. »Das war knapp.«

»Oh, ja.« Henry kämpfte mit dem Verschluss.

Wir hatten zwar Scars Unterschrift mit Yoshis Hilfe auf meiner Einladung gefälscht, aber keine Ahnung, wie exakt Lenny sie untersucht oder verglichen hätte. Und ob Scarlett wirklich mitgespielt hätte, wenn Lenny Verdacht geschöpft hätte? Gute

Frage. Aber wir hatten zum ersten Mal an diesem Abend Glück gehabt. Das konnte ruhig so weitergehen.

»Los, lass uns keine Zeit verlieren.« Henry ging voraus, und ich gab mein Bestes, niemandem direkt ins Gesicht zu sehen, obwohl mich ohnehin kaum jemand vom UCC kannte.

Der Teppichläufer auf der Treppe fühlte sich weich beim Hinaufgehen an, und selbst das Geländer wirkte so glatt geschliffen, dass ich am liebsten meine Wange daran gerieben hätte.

»Du siehst heiß aus in deinem Rich-Guy-Look«, flüsterte Henry über seine Schulter.

»Also ich finde die Aussicht auch nicht schlecht.«

»Wir sind echt schlimm, oder? Sollten wir nicht angespannter sein?«

»Ach, Rys, sind wir doch, wir überspielen es nur.«

»Wahr. Wie wahr.«

Oben angekommen, zeigten wir den Typen unsere Armbänder, und sie öffneten die beiden Flügeltüren. »Willkommen im Kobaltsaal«, sagten sie feierlich im Gleichklang.

Der prunkvolle Saal wirkte wie eine andere Welt, und sein Name passte wie die Faust aufs Auge. Die Wände waren kobaltblau mit blassweißen Malereien. An der Decke erspähte ich Spiegel mit verschnörkelten Goldrahmen, die uns alle wie in einem Paralleluniversum darstellten.

Henry beugte sich zu mir. »Wow, oder?«, zischelte er.

»So was von.« Ich ging an zwei grauen Marmorsäulen vorbei, an denen Kellner und Kellnerinnen mit Tabletts voller Gläser standen. Natürlich ließ ich es mir nicht nehmen und schnappte mir ein Glas Sekt oder Champagner, was es auch immer war.

»Entschuldigung?« Die Typen, die uns reingelassen hatten, waren uns gefolgt.

»Ja?« Henry sagte das so herablassend wie möglich, aber ich hörte ein Zittern in seiner Stimme.

Hatten sie uns ertappt? Erkannt? War Lenny uns auf die Schliche gekommen? Hatte Scar uns doch verpfiffen?

»Wir haben vergessen, um eure Handys zu bitten. Die sind leider nicht gestattet. Wir verschließen sie in einem Schrank, der sich im Untergeschoss hinter der Treppe befindet.«

Das konnten die nicht ernst meinen, oder?

»Ähm, aber wie können wir sichergehen, dass sie nicht gestohlen oder durchsucht werden?«, wandte ich ein.

»Das würden wir niemals tun. Diskretion steht an oberster Stelle, das ist doch bekannt.« Der Kerl mit den zurückgegelten roten Haaren gab das etwas zu laut von sich, sodass ein paar Leute zu uns sahen. Anscheinend war das für niemanden ein Problem.

Dabei brauchten wir die Handys, um Fotos, Sprachaufzeichnungen und Videos als Beweise zu machen und sie direkt an Nala zu schicken. Das schmiss unseren gesamten Plan um. Mist!

Glücklicherweise hatte ich einen Plan B, auch wenn der umständlicher und risikobehafteter war.

»Natürlich.« Henry holte sein Handy aus der Innentasche seines Sakkos und händigte es ihm aus. »Sollte es auch nur einen Kratzer bekommen …«

Ich lachte innerlich. Als ob ein Kratzer bei seinem völlig zerstörten Display auffiel. Ich mochte den Bad-Boy-Henry.

»Niemals.« Der Rothaarige überreichte uns jeweils einen alten Goldschlüssel mit einer Nummer darauf.

»Die Schlüssel zu euren Schrankfächern«, fügte er hinzu und nahm auch mein Handy entgegen. »Sobald ihr hier drinnen seid, dürft ihr erst wieder nach dem Ritual aus diesem Saal und auch erst dann eure Handys holen.«

»Was machen wir jetzt?«, sagte Henry, nachdem wir wieder alleine waren.

Wir stellten uns vor einen knisternden Kamin im Saal, dessen Feuer meine Hand zum Glühen brachte. »Hab einen Plan B, aber psst«, wisperte ich, mein Blick in die Flammen versunken. Nicht dass uns jemand abhörte oder etwas mitbekam.

»Perfekt! Du bist großartig, Quinn. Ähm. Vielleicht sollten

wir uns aufteilen und mit den Leuten sprechen, bis das Einführungsritual losgeht? So können wir vielleicht auch etwas erfahren, das wir gegen sie verwenden können.« Mit schwingendem Umhang vollführte Henry einen perfekten Zaubererabgang. »Mach das auch mal, das macht Spaß«, fügte er etwas lauter hinzu und mischte sich unter die Reichen.

Schmunzelnd entfernte ich mich ebenfalls vom Kamin und schritt zu einer Wand, an der zwei gigantische Bilder mit den pompösesten Goldrahmen der Welt hingen: mit geschwungenen Ornamenten, die sich bis weit nach außen kräuselten und beinah die ganze Wandlänge einnahmen. Auf den Bildern war eine Frau in einem weißen, fließenden Kleid abgebildet. Zwischen den Gemälden hing ein mit Goldfäden bestickter Wandteppich.

»Faszinierend, oder?« *Fuck.* Diese Stimme. Die kannte ich doch von den Videos, die mir Felix damals von ihm gezeigt hatte, als er Oliver und Hudson auf Instagram gestalkt hatte. Ich erinnerte mich noch genau daran. Felix hielt mir das Handy hin und schrie: *»Das ist er! Der war auch dabei.«*

»Ja, tota…, also, dem kann ich mich nur anschließen. Oliver, richtig?«

Ich nippte an meinem Sekt- aka Champagnerglas und wünschte mir, in der Flüssigkeit versinken zu können. Mit fließenden Bewegungen wandte ich mich von der Wand ab, hin zu ihm.

Henry war natürlich sofort mit einer Gruppe *Druids* ins Gespräch gekommen. Während er mit ihnen sprach, linste er zu mir. Seine Augen weiteten sich, als er Oliver erkannte.

»Ich weiß, wer du bist, Murphy. Beleidige mich nicht. Als würde ich nicht die Leute derer, die ich anwerbe, durchleuchten.« Oliver bedeutete mir, ihm zu folgen, und stellte sich vor das Fenster, das uns den beleuchteten Hinterhof zeigte. Unter einer pflanzenverwachsenen Kuppel stand ein Whirlpool, in dem sich ein paar Leute rekelten.

Shit. Shit. Shit. Er wird mich gleich ausliefern, und dann ist alles vorbei.

»Normalerweise müsste ich dich an Jasira übergeben.«

»Ich, ich weiß nicht, was du meinst. Ich bin nicht dieser Murphy. Weißt du, ich kenne das. Manchmal sehen wir Leute über Social Media und denken, der sieht doch aus wie der und so.« Die Anspannung in mir ließ mich zittern, und das hörte ich auch an meiner Stimme.

»Und wer willst du bitte sonst sein?«

Verdammt, was sagte ich denn jetzt.

»Ein neuer Anwärter? Äh. Harry ... Harry Murdock. Aus Lahinch, im Westen. Ziemlich kleiner Ort am Meer. Meine Eltern haben dort ein Unternehmen aufgebaut, und jetzt wollte ich nach Cork. Ausbrechen, alleine sein, studieren.« Ich erinnerte mich an ein paar Interviews, die ich von Diana und ihrem Sohn Harry gesehen hatte. »Ich habe mich oft wie in einem goldenen Käfig gefühlt. Und ...« Ich blinzelte mich aus meinen Gedanken und merkte, dass es auch viel mit meinem Aufwachsen im *Murphy's* gemein hatte.

»Das ist ... erstaunlich ehrlich. Aber es verletzt mich, wenn du mich für so töricht hältst.« Olivers Augen richteten sich starr auf seine Spiegelung im Fenster. »Du und Henry, ihr seid doch zusammen, nicht wahr?«

Ähm, was sollte das jetzt, warum verriet er mich nicht einfach? »J-ja.« Ich konnte es ohnehin nicht mehr leugnen, Quinn zu sein.

»Es tut mir leid, dass wir dich mit deiner Sexualität erpresst haben. Ich weiß, wie das ist. Ist es schwer gewesen, es deinem Vater zu sagen?« Wow, hörte ich da gerade richtig?

»Na ja, ich selbst zu sein fällt mir leichter jetzt.«

Oliver schlug sich leicht gegen die Wange, als würde er sich zwingen, mit seinem Gerede aufzuhören. »Irrelevant.« Er zwinkerte mir zu. »Heute wollen wir feiern, nicht wahr?«

Ich grinste ebenso verwirrt wie verkrampft und trank erneut

einen Schluck von dem ekeligen Zeug, das nach bitterer Asche schmeckte oder einem in Alkohol eingelegten Geldschein.

»Worauf ich hinauswill«, fuhr Oliver fort. »Eigentlich sollte ich dich jetzt Jasira übergeben. Aber …«

Ein lauter Ton erklang, und ich erschrak. Jemand begann an dem weißen Flügel in der Ecke zu spielen. Ich erkannte ihn nicht, aber es war nicht Henry. Die Person spielte ein schweres, melancholisches Stück, das sich langsam steigerte.

»Wir könnten eine kleine Abmachung treffen.«

»So wie du mit den *Druids,* damit sie Hudson und dich nicht verpfeifen? Hat ja toll geklappt.« Woher kam denn dieser Mut?

Olivers Kiefermuskel spannte sich an. »Es läuft nichts zwischen Hudson und mir. Es darf da auch nichts sein. Nicht mehr. Nicht einmal hier. Aber …« Er atmete tief ein. »Weißt du, ich warte jedes halbe Jahr auf diese Ritualnacht.« Oliver nahm mein Glas und stellte es auf ein Tischchen, das bestimmt teurer als das gesamte *Murphy's & Okai's* war.

»Worauf willst du hinaus?«

Oliver verringerte den Abstand zwischen uns, und ich vergrößerte ihn wieder. »In den Ritualnächten ist alles erlaubt. Und nichts wird nach außen getragen.« Er legte seine Hand über mir auf die Säule und war mit seinen Lippen so nah an meinen, dass sich meine Kehle zuschnürte. »Es ist die Nacht, in der ich mich einmal ausleben kann. Unverbindlich. Solange es nicht Hudson ist, nichts Festes, nichts Ernstes, ist es okay. Also erlaube ich es mir hier. Dieses Ich-selbst-Sein. Und morgen können meine Eltern dann wieder die Augen rollen, es auf den Alkohol und die Drogen schieben, und ich werde ihnen reuig weismachen, dass ich mich schon noch irgendwann von ihnen verheiraten lassen werde.«

Was sollte ich machen? Felix' Geschichten von seiner berauschten Ritualnacht kamen mir in den Sinn. Ich durfte kein Aufsehen erregen, und das würde es definitiv, wenn ich jemanden wie Oliver abwies. Nicht nur das, er würde mich auffliegen lassen. Das war der Deal, ich verstand es jetzt. Sex gegen Schweigen. Paralysiert verfolgte ich das Ganze wie von außen. Noch nie in meinem Leben war ich in eine ähnliche Situation geraten.

»I-ich sollte, glaube ich, noch mal die Toilette hier im Saal aufsuchen.« Was Besseres fiel mir in meiner Überforderung nicht ein.

In Olivers Augen blitzte etwas auf. War meine Ausrede eine Herausforderung für ihn? Oder …

»So weit müssen wir gar nicht laufen.« Er grinste etwas schräg und reckte sein Kinn seitlich an mir vorbei. »Da.«

Zitternd bewegte ich meinen Kopf nach rechts und erkannte eine edle Trennwand in Weiß, mit aufwendiger Stickerei und Goldelementen, die von den Flammen im Kamin in ein sanftes Rot getaucht wurden. »Dahinter können wir auch privater werden«, raunte er in mein Ohr, und mir lief es eiskalt den Rücken hinunter.

»Das willst du mir doch nicht nehmen, oder?«, flüsterte Oliver weiter. »Ein-, zweimal im Jahr ich selbst sein zu können.« Aus der Nähe schien seine gehobene, elegante Art ein wenig zu bröckeln. Mir fiel auf, dass er ein wenig lallte, und seine Augen schienen wie in ein anderes Universum zu blicken. Wie viele Drogen und alkoholische Getränke hatte er bitte zu sich genommen? Wie *verzweifelt* war dieser Typ?

»Ich, also …«

Oliver packte mein Handgelenk. »Du kommst jetzt mit.«

Kapitel 23

Henry

Hope in Our Universe by Takeru: Schon mal das Gefühl gehabt, nicht sein zu können, was ihr wollt? Angst davor, was tief in euch steckt? Checkt ab, wo Saturn in eurem Geburtshoroskop steht. Beschäftigt euch mit eurem Unterbewusstsein, und ihr werdet belohnt. Nur mal so als Tipp von einem Löwen an einen gewissen Zwilling. (Dem Stier geht's gut. Noch.)

Als ich mich zu einem Kellner drehte, um mir ein Champagnerglas zu nehmen, erspähte ich Oliver. Oliver, der Quinn hinter sich herzog und eine Trennwand anpeilte. Jene Trennwand, von der mir diese Neureiche eben noch erzählt hatte, dass es dahinter ordentlich zur Sache ging. Natürlich nicht nur dort, es gab auch noch drei abgetrennte Erker. Und später das gesamte Herrenhaus als Spielfläche. Aber jetzt …

Ich machte einen Schritt in Richtung Quinn. Doch ein Gedanke hielt mich auf. Was, wenn Quinn mit Oliver gehen *wollte?* Mein Unterbewusstsein schimpfte mit mir: *Denk nicht an so was. Quinn ist nicht so. Also los!*

Ich drängte mich durch mehrere Grüppchen von *Druids,* bis ich Oliver und Quinn erreicht hatte. Meinen Instinkt, Oliver anzubrüllen, unterdrückte ich und baute mich bloß drohend vor ihm auf. »Was wird das?«

»Hey, Henry, was kann ich heute für dich tun? Willst du mitmachen?« Oliver legte ein süffisantes Grinsen auf und warf mir einen frechen Blick zu. »Ausnahmsweise.« Er wischte sich mit dem kleinen Finger Spucke aus dem Mundwinkel. »Wir könnten ihn in die Mitte nehmen.« Er deutete hinter sich auf Quinn, der erschrocken die Luft einsog.

Im ersten Moment war ich sprachlos. Das war definitiv nicht der Oliver, den ich kennengelernt hatte. Das war ein Typ, der sich mit Alkohol und Drogen vollpumpte, um zweimal im Jahr ein gefaktes Gefühl von Leben zu haben, während der Rausch ihm half, all seine Bedenken zu unterdrücken. Egal was dahintersteckte, nichts entschuldigte dieses Verhalten.

Aber ich konnte nicht vor allen eine Szene machen. Ein einziges Mal musste der Löwe sich ein paar Sekunden zurückhalten. Für Quinn. Und unseren Plan.

Sosehr es mich auch ekelte, legte ich meinen Arm um Oliver und ging mit ihm und Quinn hinter die Trennwand. Dort angekommen, huschte gerade ein Pärchen hinaus.

Noch einen Moment zwang ich mich, zu warten. Ich kannte das Stück vom Klavier her, ich hatte es früher gern gespielt. Die Musik war auf meiner Seite. *Gleich.*

»Also, wo fangen wir an?« Oliver rieb seine Hände.

»Ich …« Quinn sah verzweifelt zwischen uns hin und her.

Jetzt. Das Stück schlug um. Die nostalgischen Klänge kippten, und der Flügelspieler haute ordentlich und mit raschen Wechseln in die Tasten.

»Wenn du noch einmal meinen Freund anfasst, schmeiße ich dich durchs Fenster.« Meine Stimme bebte, da sich die Wut in mir kaum noch zügeln ließ.

In Olivers Gesicht erkannte ich, dass er mich null ernst nahm. »Und weiter? Du bist doch dabei. Außerdem hat er nicht Nein gesagt.« Er deutete auf Quinn.

»Ich bin … Es tut mir leid, Rys. Ich bin so perplex gewesen und wollte keinen Aufstand, und –«

»Nein.« Ich schritt auf Quinn zu und nahm sein Gesicht zwischen meine Hände. »Du brauchst dich nicht zu entschuldigen. Dein Blick und deine Haltung haben Nein genug geschrien.«

»Red dir das nur weiterhin ein.« Oliver richtete sich sein Sakko und trug noch mehr von diesem selbstgefälligen Gesichtsaufdruck auf. »Er will mich genauso, wie sein Freund Felix mich wollte.«

Alles an und in mir bebte, aber ich durfte mich nicht von ihm dazu verleiten lassen, unsere Aufgabe hier zu zerstören. Vor allem aber wollte ich ihm nicht die Macht über mich geben, die Macht, mich dazu zu treiben, ihm eine zu verpassen. Denn damit schadete ich nur mir selbst. »Du solltest dir lieber überlegen, was *du* dir so einredest.«

»Macht euch …«, Oliver steckte zwei Finger in seine Seitentasche und zog eine Zigarette hervor, die er sich in den Mund steckte, »doch nicht ins Höschen.« Er hielt das Ende der Zigarette in die Kerzenflamme neben ihm und zog daran, bis der Tabak orange aufglühte und Rauch aufstieg.

Seine Worte brachten einen Stein in mir ins Rollen. Emotionen stießen andere an, und ich dachte nicht länger über die Konsequenzen nach. Wie ferngesteuert packte ich Oliver an seinem Hemd. Vielleicht knurrte ich sogar.

Er lachte, womit er die Glut in mir weiter anfachte. »Und jetzt? Großer, böser Wolf? Soll ich euch rauswerfen lassen, oder darf ich am Leben bleiben?« Er hielt seine Zigarette gefährlich nah an mein Gesicht und nahm erneut einen Zug.

»Findest du es nicht erbärmlich, dass dein ganzes Leben daraus besteht, auf diese Rituale zu warten, in denen dein einziges Motto ist …« Ich räusperte mich, um seine aristokratische Stimmlage zu treffen, und nahm seine gerade Haltung ein: »Was in den Ritualnächten passiert, bleibt in den Ritualnächten.« Ich hörte auf, ihn nachzuahmen. »Wie lange studierst du überhaupt noch? Bleibt ihr alle auf ewig hier, weil ihr nur hier etwas wert seid? Weil ihr sonst nichts könnt? Du wartest das ganze Jahr auf zwei Tage, an denen du ein wenig mehr du selbst sein kannst, weil es hier unter euch bleibt, ist das nicht armselig?«

»Rys«, zischte Quinn. »Reiz ihn nicht.«

Oliver reizen? Ich? Er reizte *mich!* Und diesen Kerl und seine *gute Seite* hatte ich innerlich wochenlang verteidigt! Aber so, wie er sich jetzt präsentierte, brauchte ich sein Geburtshoroskop nicht zu sehen, um zu wissen, dass es zutiefst böse war. Sein Lilith und Chiron, die die Schattenseiten und Wunden unseres Selbst zeigten, und Saturn, der oftmals zuständig für schwere Schicksale war, mussten enorm schlecht stehen.

»Sehr schön, dass ich mich offenbar umsonst so weit für dich aus dem Fenster gelehnt habe, Henry. So dankst du es, wenn Leute sich um dich bemühen?« Das letzte Wort sprach Oliver bereits zu laut aus. »Acht…«

Er sackte plötzlich in sich zusammen und fiel in meine Arme. Hinter ihm erkannte ich rote, lockige Haare, zu einer edlen Frisur hochgesteckt.

»Scar?«, quietschte ich mit Oliver in den Armen.

»Scar?«, wiederholte Quinn kurz nach mir.

»Fragt nicht. Keine Ahnung, was in mich gefahren ist.« Scarlett lachte zu hell. »Ich hab euch hier reinschleichen sehen, und ihr saht nicht glücklich aus, und ich weiß, wie Oliver abgehen kann bei den Ritualnächten … na, jedenfalls dachte ich, ich kann euch da nicht so ins Messer laufen lassen, vielleicht denke ich, ich bin euch das schuldig, weil ich Henry nicht helfen wollte und ihn überhaupt erst den *Druids* vorgestellt habe. Weil ich hier einfach nicht rauskomme und nicht den Mut habe, den ihr habt.« Sie hielt noch immer eine goldene Obstschale in der Hand und wirkte etwas verstört, als könnte sie nicht glauben, was sie da redete … und vor allem, was sie da getan hatte. Normalerweise klappte so was ja auch nicht einfach wie in Filmen, hatte ich mal gelesen. Also entweder Scar war geübt darin, Leute von hinten ohnmächtig zu schlagen, oder sie hatte nichts davon gewusst und einfach Glück gehabt. Das wirkte zwar ein wenig wie aus einem Comic, aber okay, manchmal erzählte das Leben die besten Geschichten.

»Er ist doch nicht tot, oder?« Quinn half mir, Oliver auf den Boden zu legen. »Oder?«

Ich drückte zwei meiner Finger auf seinen Hals, wobei ich nicht sagen konnte, ob sein Herz pochte oder ich zitterte. Scar tat es mir nach, danach legte sie zwei Finger an sein Handgelenk und vergewisserte sich über den Luftstrom an seiner Nase, dass er atmete. Zuletzt bettete sie ihren Kopf an seine Brust und beobachtete seinen Bauch, vermutlich um zu sehen, ob er sich hob und senkte.

»Er lebt. Ist nur kurz weggetreten.« Scar stellte die Schale wieder auf die weiße Säule, die ihr bis an die Hüfte reichte. »Vielleicht wäre er auch einfach so gleich umgekippt, so voll, wie der schon ist.«

»Warum habe ich den Eindruck, als hättest du das schon öfters getan?« Damit sprach Quinn aus, was auch ich mir dachte.

»Ich liebe nur diese ganzen CSI-Serien, das ist alles.« Scar lachte kurz auf und strich ihr pinkfarbenes Cocktailkleid zurecht. »Ich behalte ihn im Auge. Macht ihr, was auch immer ihr vorhabt.«

»Hast du keine Angst, dass er dich verklagt oder so?« Ein wenig machte ich mir trotz allem noch Sorgen um Scar.

»Was in der Ritualnacht passiert …«, begann Scar.

»Bleibt in der Ritualnacht«, beendete ich.

»Die *Emerald Druids* sind unsere Bestimmung.« Aus Scars Mund klang das wie auswendig gelernt, doch in ihren Augen glänzten Tränen. »Und jetzt vermasselt das bitte nicht.«

»Danke«, sagte Quinn und nahm meine Hand, um mich hinter der Trennwand hervorzuzerren.

Drei Leute kamen uns entgegen. Wollten die dahinter?

»Ähm, ist jetzt nicht so günstig. Da hinten, also, wir haben da ein wenig, geht besser nicht rein. Sie holen jemanden zum Saubermachen.« Quinn schob den prunkvollen Raumteiler näher an die Wand und grinste die drei an.

»Euer Ernst, Jungs?« Corinna, ich glaube, so hieß die Studentin aus meinem Kurs, drehte sich zu den beiden anderen. »Und jetzt, Javier?«

Javier musterte uns genervt. Er rümpfte die Nase, und sein Kleid schwang beim Umdrehen samt Umhang mit. »Dann gehen wir zu dem hinteren Erker, dabei mag ich es hier lieber, na ja, komm, Klaudius.«

Sie zogen ab, und Quinn drehte sich zu mir um. »Warum wird das gerade mehr und mehr zu einem einzigen großen Chaos?«

»Weil wir beide ein einziges Chaos sind«, entgegnete ich und küsste ihn auf die Stirn. »Und jetzt los, das Ritual scheint zu beginnen, und wir haben nicht viel Zeit. Oliver wird nicht ewig weggetreten sein.«

Ungeduldig schnippte ich mit meinen Fingern, verlagerte mein Gewicht von einem Fuß auf den anderen, bis Quinn an meinen Unterarm fasste und mir einen weichen Blick schenkte. »Wir schaffen das.« Taten wir das? Was war sein Plan B überhaupt?

Mein gesamtes Hemd fühlte sich inzwischen komplett vollgeschwitzt an. Ständig wischte ich mir mit dem Ärmel den Schweiß von der Stirn und schluckte gegen meinen trockenen Hals an. Seit der Auseinandersetzung mit Oliver war wirklich gar nichts von meiner Zuversicht übrig geblieben.

Quinns Augen hingegen strahlten eine beruhigende Wärme aus, die meine angespannten Muskeln ein klitzekleines bisschen löste, mich sanft umschlang und wieder erdete.

Gemeinsam nippten wir an unserem Champagner und sahen uns um. Der Alkohol kribbelte auf meiner Zunge, und es erleichterte mich, als ich merkte, dass er endlich meine Sinne angenehm benebelte.

»Da«, sagte jemand neben uns, und im nächsten Augenblick passierte jede Menge.

Quinn deutete zur Flügeltür. Die Musik erlosch. Die Gespräche endeten. Kein Lacher hallte mehr durch den Saal. Die Türen öffneten sich, und Jasira nahm den Raum mit ihrem Charisma vollkommen ein. Ihre Erscheinung war umwerfend. Selbstbewusstsein, Eleganz und Sicherheit, ohne auch nur einen Anflug von Unsicherheit.

Erst als ein Windzug durch das geöffnete Fenster drang und ihre langen Haare nach hinten flattern ließ, ging ein kurzes Zucken durch ihre Wangen. Für einen winzigen Moment gab der Vorhang ihrer Haare den Blick auf die Seiten ihres Körpers frei.

»Sie hat Skoliose, hat sie Felix gesagt, oder, na ja, er hat es …«

»Ich kenn die Geschichte«, unterbrach ich Quinn flüsternd. »Felix hat sie mir schon mindestens dreimal erzählt.«

»Schön, dass ihr alle gekommen seid.« Jasira strich ihre Mähne wieder nach vorne, sodass sie ihre Seiten bis auf Hüfthöhe bedeckte.

Ihre Unsicherheit diesbezüglich tat mir leid, andererseits war es ein gutes Beispiel dafür, dass niemand perfekt war. Jasira hielt in der Mitte des Saals unter dem riesigen, goldenen Kristallleuchter an. Alle Augenpaare waren auf sie gerichtet. Ich lehnte mich an einen alten Vintage-Apothekerschrank, um betont lässig zu wirken.

»Wir haben uns heute hier versammelt, um die neuen Studierenden bei den *Emerald Druids* willkommen zu heißen«, begann Jasira

»Was machen wir jetzt? Wir haben noch immer nicht unsere Handys«, wisperte ich in Quinns Ohr.

Als würde uns das Universum zeigen wollen, dass das nicht unser einziges Problem war, tauchte Hudson unweit von uns in der Menge auf.

»Plan B, schon vergessen? Ich habe zur Sicherheit noch das mit.« Quinn schob vorsichtig seinen Pulli hoch, und ich erkannte eine superflache Digitalkamera, die er in seinen Hosenbund gesteckt hatte.

»Das … das ist genial.« Dieser Kerl überraschte mich jede Stunde aufs Neue. »Und wie machen wir das unauffällig?«

»Danke, tja, gut, dass ich früher keine Freunde oder Freundinnen hatte und mich unter anderem ganz in die Fotografie gestürzt habe. Jedenfalls: Sieh zu und lerne.« Quinn drehte sich etwas um und zog die Schublade des Vintage-Apothekerschranks heraus. Zum Glück standen einige Leute vor uns und konzentrierten sich auf Jasiras Rede, in der sie gerade von der Pflicht der Geheimhaltung sprach.

Ich stellte mich ein wenig vor Quinn, um ihn abzuschotten, während er die Kamera auf Videofunktion schaltete. Danach steckte er sie senkrecht in die Schublade, sodass nur noch das Objektiv rausstand, und schob die Schublade wieder in ihr Fach. Sie ließ sich nun natürlich nicht mehr schließen, doch die Kamera war fixiert, und die Aufnahme lief. Instinktiv schob ich die langen Ausläufer einer Topfpflanze, die auf einem der Schrankregale stand, noch davor und achtete darauf, dass sie die Linse nicht bedeckten.

»Die *Emerald Druids* sind eine Vereinigung, die es seit Ewigkeiten gibt, und sie dient dem Schutz unserer Vermögen, unseres Einflusses und unserer Macht. Diejenigen, die zu den *Druids* gehören und ihren Abschluss am UCC machen, halten auch danach noch zusammen, vernetzen sich und gründen gemeinsam Projekte. Auf diese Weise leisten wir als Einheit einen Beitrag für die Allgemeinheit.« So redeten sie es sich also schön, dass sie Vetternwirtschaft betrieben, um Geld schacherten und die Leute betrogen.

»Wir *Emerald Druids* bleiben in unseren Kreisen und brechen diese Regel nicht. Nicht wie Regina und Richard.«

Wer?

»Wer?«, wisperte eine junge Frau neben mir, im selben Moment, in dem ich es dachte.

»Regina ist eine von uns gewesen, bis sie den wohlhabenden Nicht-*Druid* Richard Hastings geheiratet und ihm von uns erzählt hat. Regina ist danach von den *Druids* ausgestiegen, hat die Kontakte aber noch ausgenutzt, bis Jasiras Eltern dahintergekommen sind. Regina ist Jasiras Schwester. Ein Skandal«, antwortete ihr Begleiter, der hinter ihr stand.

»Und was ist mit ihnen passiert?«

»Komischerweise ist ein paar Tage, nachdem es herauskam, ihre Steuerhinterziehung aufgeflogen, wofür wir normalerweise auch unsere Leute von den *Druids* im Finanzamt haben.«

Wow. »Hast du das gehört?«, fragte ich Quinn.

Dieser nickte. »Ich hoffe, die Kamera auch.«

»Das sollte uns allen eine Warnung sein, dass wir uns gegenseitig zur Vorsicht ermahnen müssen«, meinte Jasira, was ich in meinem Kopf übersetzte als: *Spioniert euch gegenseitig aus.*

Im Saal wurde es heißer, obwohl das Fenster offen stand. Es roch penetrant nach Hanf und Alkohol. Eigentlich wollte ich derjenige sein, der für Quinn eine Stütze war, und jetzt bibberte ich neben ihm, während er einen auf Geheimagent machte. Ich beäugte die Leute um mich, leerte meinen Champagner und wurde mein Glas los, wobei ich erkannte, wie Hudson sich zurückzog. Wo ging er hin?

Die High Society Corks um mich zu haben übte dann doch einen enormen Druck auf mich aus, vor allem nachdem ich jetzt wusste, was Jasira mit ihrer eigenen Schwester abzog.

»Lasst uns mit dem Ritual beginnen. Dieses Jahr werde ich alleine darüber entscheiden, wer aufgenommen wird.« Gemurmel ging durch die Runde. Stimmt, Felix hatte gemeint, bei ihm waren es drei Leute, damals noch maskiert, gewesen. »Hat jemand einen Einwand?«

Funkstille.

»Sehr gut. Wer möchte beginnen?« Ihre Frage in die Runde glich einem Witz. Als würde sich jemand freiwillig melden und sich in die Hungerspiele werfen.

»Wir brauchen mehr Material.« Quinn hob seinen Kopf über die Leute, die vor uns waren. »Und wir müssen näher ran.«

»Wie willst du das machen? Wir dürfen nicht auffliegen.«

Quinn riss die Kamera aus der Schublade und stellte das Drehrädchen statt auf Videofunktion oder Fotoaufnahme auf das Mikrofonsymbol, ehe er sie sich wieder zwischen Hosenbund und Körper klemmte. »Ja, aber ich will nicht mehr unter ihrer Beobachtung stehen. Das halte ich nicht länger aus.«

»Gibt es ein Problem?« *Fuckfuckfuckfuck.* Meinte Jasira uns?

Die Menge vor uns trat zur Seite.

Jasiras Blick fiel auf uns.

»Ähm …« Was sollte ich sagen?

»Ich. Ich will anfangen.«

Kapitel 24

Quinn

Auszug aus *Astro-Logic-y – My Zodiac Love* by Cara Mitsou: Was, wenn ich es immer noch nicht so ganz kapiere? Das ist kein Wunder. Unsere Geburtshoroskope sind ein ständiges Neuentdecken. Wir lernen uns selbst ja auch immer wieder neu kennen. Geht immer weiter in die Tiefe, macht Fehler, beginnt von vorne, arbeitet mit euch, an euch.

Da war ich also. In der Saalmitte, umgeben von *Druids,* und alle Augen waren auf mich gerichtet.

Wie konnte ich nur so naiv sein?

Nein, Naivität war es gar nicht. Eher die Aussicht auf Freiheit. Darauf, dass dieser Druck der *Druids* nach Jahrzehnten von meiner Familie abfiel. Es war zu verlockend, um es nicht zu versuchen. Deshalb war meine Angst, zu versagen, auch riesig. Eine zweite Chance gäbe es nicht.

»Du kommst mir bekannt vor.« Scheiße. Hatte Jasira doch mein Gesicht gesehen oder kannte mich von meinem Dad? »Wie ist dein Name?«

Wie war noch gleich mein Fake-Name von vorhin gewesen? Oh, Shit. Murphy würde jeder erkennen. Meinen Dad kannten sie. Seine Umhänge waren eine legendäre Tradition, alle trugen sie. Ich hoffte, mein Vorteil, dass ich nur im Laden vor mich hin vegetierte und mich niemand kannte, galt hier auch. Dass ich den Laden übernahm, dafür war es noch zu früh, niemand rechnete damit, dass mein Vater jetzt schon in Rente gehen würde. Nur Hudson durfte nichts sagen.

Da fiel es mir wieder ein. »Murdock. Harry Murdock. Ich stamme aus dem Nordwesten, aus Lahinch, genauer gesagt, und bin neu in Cork-Stadt.«

»Verstehe. Harry also. Womit kannst du den *Druids* dienlich sein? Was macht deine Familie?«

»Meine Familie … Die, die, die, die, die, äh, die machen Immobiliengeschäfte.«

»Und du übernimmst eines Tages das Geschäft?«

»Ja, nein, ich würde gerne Mode machen.« Auf meine Aussage hin kicherten die Leute vor mir hinter vorgehaltener Hand.

Ich erinnerte mich an die Royals und wie sie immer ihre Würde bewahrten. So behielt auch ich meine Contenance. Kopf hoch, Schultern zurück.

»Ruhe.« Jasiras tiefe Stimme hallte durch den Saal. »Es wäre mal etwas Neues und angenehm, wenn wir jemanden hätten, der vernünftige Mode in Cork machen würde. Luxuriös, mit tollen Stoffen und innovativen Designs.«

»Das wäre auch mein Talent, das ich einbringe. Das Talent, nach dem du ja in den Ritualnächten suchst, nach Leuten, die euch etwas bringen. Meine Eltern haben das Geld und die Kontakte, sodass ich sofort durchstarten würde. Ich kann sogar jetzt sofort ein perfektes Kleid für dich zeichnen.« Ob ich mich damit nicht übernahm?

Belustigung umspielte Jasiras Lippen. »Das kann niemand. Ich habe eine persönliche Schneiderin, die ich seit über –«

»Testen wir es.« Was tat ich denn da? Hatten die mir Drogen in den Alkohol gemischt, oder woher kam diese Forschheit?

Jasira klatschte in die Hände. »Bringt einen Tisch samt Stuhl.«

Ich entspannte mich ein wenig.

»Du würdest dein Modeunternehmen in Cork aufbauen, nehme ich an?«

Ich nickte, weil mein Hals sich sofort zuschnürte, als ihre Nachfragen losgingen.

»Du würdest *Druids* bei dir aufnehmen? Ausnahmslos?«

Ich nickte.

»Du könntest *Druids* Immobilien deiner Eltern verschaffen?«

Ich nickte.

»Du bist bereit, anderen *Druids* in Steuerangelegenheiten zu helfen? Beispielsweise ... dass sie in dich investieren für Abschreibungen, du ihnen das Geld aber anders wieder zurückgibst?«

Ich nickte.

»So haben wir es ja auch bei meiner Schwester Regina gemacht, die die *Druids* verlassen wollte, nicht wahr? Sie wollte weg von den *Druids,* also haben wir ihr auch ihre Steuervorteile genommen und die Dienste jener Leute, die die Steuern für uns geradebiegen.« Das klang hart. Trotzdem nickte ich wieder.

Doch als ich sah, wer den Tisch brachte, erstarrte ich endgültig. Hudson.

»Das ist –« Seine Gesichtszüge entglitten ihm. Ganz langsam klappte sein Mund auf, als hätte sein Gehirn noch nicht verarbeitet, wen er hier sah. Erst jetzt weiteten sich seine Augen mit. Nach und nach realisierte er vollends, wer ich war. Er guckte nach links und rechts, vermutlich in der Hoffnung, dass noch jemand erkannte, wer ich war.

»Hudson, habe ich dir erlaubt, zu sprechen?«, schnitt Jasira ihm das Wort ab. »Mir wird das langsam zu bunt mit euch. Wieso denkt ihr alle, ihr könnt reden, kichern und flüstern, ohne dass ich es anordne?«

»Aber ich muss –«

»Hudson, du weißt genau, was deine Position hier ist. Noch ein Wort, und du wirst es bereuen.«

Hudson biss die Zähne zusammen. Seine Kieferknochen traten vor. Langsam atmete er aus und warf mir dann einen Blick zu. Ein Grinsen huschte über sein Gesicht. Das hatte ich nicht erwartet. Aber was sollte mir das sagen? War es Belustigung, weil er wusste, ich flöge sowieso noch auf? Oder weil Jasira ihm nicht zuhörte und sie sich damit selbst schadete? Er senkte den Kopf und stellte mit einer Frau zusammen den Tisch vor mir ab, während eine weitere Person mit langen, blonden Engelshaaren einen Stuhl brachte.

Der Stuhl quietschte über den Boden, und ich setzte mich. Trotz Polsterung hatte ich das Gefühl, auf einem Nadelkissen zu sitzen. Sofort begann ich zu zeichnen, um mich abzulenken.

Keine Ahnung, wie viel Zeit verging, doch als ich fertig war, erhob ich mich und ging zu Jasira. Sie nahm die Skizze, und ihre Augen weiteten sich. Die Brauen zogen sich in Richtung Nase, und ihre Nasenflügel blähten sich auf.

»Was bildest du dir eigentlich ein?« Jasiras erstickte Worte klangen bedrohlich und giftiger als der Stachel eines Skorpions. »Diese Frechheit«, sie spuckte das Wort aus, doch ich unterbrach sie.

»Nein, das sollte nicht …«

»Was soll das?«, schrie sie und zeigte auf meine Skizze.

Darauf hatte ich ein Kleid gezeichnet, das an der Taille links und rechts ausgeschnitten war und somit ihre Skoliose betonte.

»Das ist nicht abwertend gemeint, im Gegenteil. Ich denke, dein Charisma, das alle einnimmt, sobald du einen Raum betrittst, spricht für sich. Du musst dich nicht verstecken. Oder dich mit Haaren verdecken. Wir sind alle nicht perfekt. Du brauchst nicht zu verheimlichen, wer du bist, nur weil wir in einer Welt leben, die jede Schwäche ausnutzt. Würde es nicht eher deine Stärke unterstreichen, wenn alle sehen, wie wenig Normschönheit für unser Charisma bedeutet? Sieh es dir genau an und sag mir, es stünde dir nicht.«

Jasira warf einen weiteren Blick auf meine Zeichnung. Ihre Kiefermuskeln spannten sich an, ihre Augen glänzten, und sie biss auf ihren Lippen herum, was irgendwie unpassend für sie wirkte. »Ich … doch, also …«

»Hör nicht auf sie, Jasira, das sind Betrüger«, rief Hudson nun doch aus der Ferne.

Ein Raunen zog sich durch die Menge, die sich plötzlich teilte und Hudson vortreten ließ. Jasira schien zunächst nicht erfreut über seinen Ausbruch und schürzte die Lippen. Erst dann sickerte Hudsons Information zu ihr durch, und sie lenkte ihren Blick wieder auf mich. Von oben bis unten inspizierte sie mich, als könnte sie einen Hinweis darauf finden, dass Hudson die Wahrheit sprach.

»Das ist Murphy, Quinn Murphy, der Sohn des –«

»Ich weiß, wer Murphy ist.«

»Sein Freund Henry ist auch da, der mit der Astrologiekolumne, die beiden stecken irgendwie unter einer Decke, sie kennen sich länger.«

»Ist das wahr?« Dass Jasira mir die Möglichkeit gab, mich zu erklären, wunderte mich. »Nein, warte, deshalb kenne ich dich. Dein Bild habe ich mal in der Akte deines Vaters gesehen, aber ich habe nicht damit gerechnet, mit dir zu tun zu haben, bis dein Vater …« Stirbt? In Rente geht?

»Ich, ähm. Ja. Ich bin Quinn Murphy, aber ich … also unser Laden, der versorgt eure Eltern und Großeltern mit Kleidung. Wäre es nicht fair, wenn ich bei euch mitmachen darf? Und Henry, er wurde angeheuert und ist freiwillig hier. Wir haben darüber gesprochen und sind zu dem Schluss gekommen, dass wir die *Emerald Druids* unterstützen möchten.«

»Das erlaubt dir nicht, dich bei uns einzuschleichen und uns anzulügen. Wenn du nicht ausgewählt wirst, gehörst du nicht dazu, und du bist kein Student am UCC.« Jasira drückte meine Zeichnung an sich.

»Ich kann mich einschreiben.«

»Er hat recht.« Henry gesellte sich neben mich. »Wir beide wären euch eine große Hilfe.«

Obwohl Jasiras Miene hart blieb, erkannte ich an ihren wandernden Augen, dem Kauen an der Innenseite einer Wange und dem Zupfen an ihrer Nagelhaut, dass sie überlegte.

»Und wegen der Skizze.« Ich deutete mit meinem Kinn auf

die Zeichnung in Jasiras Hand. »Das habe ich ernst gemeint. Ich verstehe, dass du in deiner Position keine Schwächen zeigen darfst, allerdings ist das keine. Das bist du.«

»Du kannst ihnen unmöglich glauben, Jasira«, sagte Hudson, nachdem ich schwören hätte können, in Jasiras Gesicht einen Anflug von Vertrauen mir gegenüber erkannt zu haben.

Wieder herrschte Gemurmel um uns herum. »Hudson hat recht«, sagte jemand hinter mir.

»Ja.« Weitere Laute der Zustimmung folgten.

»Hudson hat recht. Sie wollen uns reinlegen.« *Shit.* Mein Blick huschte zu dem Raumteiler, woher der Ruf gekommen war.

Scar brauste seitlich hervor und mischte sich unter die Leute, während alle nur auf Oliver achteten, der am anderen Ende hervorkam. »Sie wollten mich davon abhalten, es zu verraten. Die beiden wollen alles, aber nicht ein Teil hiervon sein.«

Oliver näherte sich mit schnellen Schritten und gliederte sich neben Hudson ein, während Jasira für ein paar Sekunden die Augen schloss, als würde sie diese Hinweise bedauern.

Ich machte eine hektische Bewegung nach vorne. »Jasira, das Kleid, ich …« Als wäre Hudsons und Olivers Meinung nicht Grund genug, uns nicht mehr zu vertrauen, schenkte das Universum Jasira noch einen Beweis unserer Lüge mehr. Denn ich verstummte, als die Kamera aus meiner Hose rutschte. Sie fiel auf den Boden, und in dem Moment war es das Lauteste, das ich je gehört hatte.

»Eine Kamera«, hauchte Jasira erstickt.

Hastig hob ich sie auf. Henry packte mich am Oberarm.

»Schnappt sie euch«, rief Jasira und hob ihre Hand.

Henry riss mich mit sich und eilte voraus. Er machte Anstalten, Jasira wegzuschubsen, die sich erschrocken wegdrehte.

»Henry, nein.« Ich wollte nicht, dass er Jasira verletzte, da ich null Ahnung über ihre Krankheit hatte und nicht wusste, ob das ihr schadete.

Ich drängte ihn, seitlich an ihr vorbeizulaufen. Der alte Parkettboden knarzte, als sich die Leute hinter uns in Bewegung setzten, doch auch vor uns waren einige *Druids,* die uns aufhalten wollten. Gerade als ich dabei war, nachzugeben, ging ein lauter Knall durch die Halle, der alle zum Stehenbleiben bewegte.

Henry ließ sich nicht beeindrucken und rannte mit mir im Schlepptau weiter, während ich mich wie die anderen umdrehte. Dort erkannte ich Scar vor einem der gigantischen Wandgemälde. Sie hatte eine riesige Vase mit Glasmalerei umgeschmissen. »Ups, sorry, ich war so aufgeregt, dass –«

»Kümmert euch um sie«, unterbrach Hudson Scarlett und deutete auf uns.

Ich fokussierte mich wieder auf die beiden Flügeltüren, als ich *Druids* von der Seite auf uns zustürmen sah. Innerlich gab ich bereits auf, da stieß jemand die beiden Türen auf, sodass sie gegen die Wand knallten. »Los!«

»Ró!« Henrys erleichtertes Rufen brachte auch mich dazu, wieder zu hoffen.

Ein paar der Leute, die hinter Jasira im Saal gestanden hatten, bauten sich vor den Flügeltüren auf, hinter uns kamen die Leute immer näher. Was sollte ich machen? Róisín hinter einer Mauer aus *Druids* zu sehen und ihren angsterfüllten Blick zeigte mir, dass wir verloren hatten. Komischerweise lief Henry ungerührt weiter, beschleunigte sogar seine Schritte. Was hatte er vor? Er konnte doch unmöglich durch sie hindurchlaufen.

Gleich nach diesen Gedanken griff Henry hinter sich, zog etwas aus seiner Hosentasche, und ein Zischen ging durch den Raum. Vor uns schrien ein paar Kerle auf, und die daneben sprangen zur Seite.

»Du hast Pfefferspray dabei?«

»Nala«, beantwortete Henry meine Frage, und wir brachen durch die Mauer. »Augen und Mund zu.«

Ich freute mich.

Bis der Nebel des Sprays auch uns traf. Ich hielt die Luft an und presste Augen und Mund zu.

Jemand griff nach meinem Arm. Meine Augen brannten, tatsächlich brannte es überall, aber es war aushaltbar. Wir konnten es doch schaffen! Wir *würden* es schaffen!

Doch dann verpuffte meine Zuversicht.

Rys und ich wurden zurückgerissen. Einen Spaltbreit öffnete ich ein Auge. Eine junge Frau, die mit dem Pfefferspray kämpfte, hatte meinen Unterarm erwischt und mit ihm die Hand, an der meine Kamera hing.

»Lass die Kamera fallen.« Henry zog an mir.

»Niemals.«

»Lass meinen zukünftigen Schwager in Ruhe«, rief Róisín und schlug mit ihren Händen, die sie über ihrem Kopf zu einer großen Faust geballt hatte, auf die Arme der Frau.

Die Spannung löste sich, und ich fiel beinah auf Henry. Wir liefen weiter, auf dem Weg nach unten. Ein paar der Leute, die Wache schoben, waren zunächst verdutzt und bewegten sich nicht. Erst als die anderen aus dem Saal stürmten, kam auch dort Bewegung ins Spiel.

Róisín grinste uns über ihre Schulter hinweg an. Dem Universum sei Dank waren wir vorab schon zum Anwesen gekommen, hatten uns von außen ein Bild verschafft und auf Social-Media-Plattformen Hashtags zum Vantry House gesucht, um es von innen auszukundschaften. Daher wussten wir, dass es andere Wege nach draußen gab, ohne nach unten zu müssen. Statt die Treppe zu nehmen, bogen wir nach links ab.

»Welches Zimmer ist es?« Meine Frage klang gehetzt und außer Atem.

»Unsere Handys«, fiel es Rys ein.

»Die habe ich. Habe vorhin mitbekommen, wie ihr nach oben gegangen seid. Bin euch gefolgt. Habe gesehen, dass die euch die Handys abnehmen. Kenne die zwei Typen vom Cateringunternehmen. Sind die Söhne von dem Typen, der euch die Handys abgenommen hat. Habe ihnen gesagt, ich nehme sie ihnen ab und bringe sie nach unten, damit sie die Tür bewachen können«, stieß Róisín kurzatmig aus. Sie war ein Schatz!

»Und wo sind die beiden jetzt?«, wollte ich wissen.

»Toilette. Konnten den ganzen Abend nicht die Finger voneinander lassen. Hab gemeint, geht, ich passe auf.« Róisíns Worte erinnerten mich an einen alten Gedichtband meiner Mam, in dem ich mal etwas wie *Die aufkeimende Lust der Jugend kann ein Fluch sein* oder so gelesen hatte. Wie passend das gerade war.

»Da rein.« Róisín öffnete eine weiße Tür mit blauen Türleisten. »Hab's vorhin abgecheckt.«

»Was würden wir nur ohne dich machen«, sagte Rys.

»An diesen Spruch werde ich dich ewig erinnern«, warf Róisín zurück.

Drinnen hatte sie bereits das Fenster geöffnet, und wir kletterten hinaus auf das Vordach des Wintergartens. Ein Fluchtweg, den wir uns vorab überlegt hatten, sollten wir in so eine Situation geraten. Der zweite war im Erdgeschoss, falls sie uns von Anfang an misstraut hätten.

Die Nacht war angebrochen, die Sterne empfingen uns, und der irische Wind rauschte um unsere Köpfe. Er kühlte meine Nerven ein wenig ab, trotzdem blieb die Anspannung. In der Theorie hatte das viel einfacher gewirkt. Doch jetzt, voller Hektik und mit zitternden Beinen und Wackelpudding-Knien, kam es mir vor, als tanzte ich auf kaputten High Heels über einen unebenen Boden, statt ein Flachdach entlangzulaufen.

»Geht runter! Holt sie draußen«, brüllte Hudson, als er hinter uns aus dem Fenster blickte, was ich dank eines flüchtigen Schulterblicks erkannte.

»Springen«, rief Henry.

Róisín sprang als Erste in den Pool. Das Platschen erfüllte die Nacht, und Wasser spritzte hoch. Das schimmernde Licht des Pools flirrte durch die Wellen.

»Zusammen?«, fragte Rys.

Ich nickte, reden konnte ich nicht mehr. Leute erreichten unseren Teil des Gartens. Hinter mir hörte ich jemanden auf das Dach springen.

»Nein, warte!« Zu spät. Rys fiel bereits. Gleich danach sprudelten Wasserbläschen um ihn. Henry tauchte auf und schwamm zum Rand.

»Die Kamera! Ich kann nicht in den Pool«, rief ich.

Als Henry aus dem Wasser stieg, warf ich ihm die Kamera zu.

Die Leute kamen näher.

»Beeil dich«, brüllten Henry und Róisín im Chor.

Endlich überwand ich mich und sprang. Aufgewärmtes Wasser wirbelte um mich und stieg mir in die Nase, da ich vergessen hatte, sie zuzuhalten. Chlor legte sich auf meine Zunge, doch all das drang in den Hintergrund, bis ich die Kante des Pools erreicht und mich hochgezogen hatte.

»Wo müssen wir noch mal hin?« In unpassenden Situationen die Orientierung verlieren? Konnte Henry.

»Da!« Róisín deutete vor sich.

Wir liefen auf die Büsche zu. Hinter uns eine Horde Menschen, die wie ein gefährlicher Sturm auf uns zukamen. Wir rannten. Ein paar der *Druids,* die wohl besonders sportlich waren, sprinteten aus der Gruppe hervor und auf uns zu, als hätten sie übermenschliche Fähigkeiten. Was mich auch nicht mehr gewundert hätte. Okay, ich musste mich zusammenreißen.

Als wir an den Büschen angekommen waren, sprangen wir zwischen ihnen hindurch und purzelten auf der anderen Seite über die Grenze des Anwesens. Zum Glück stand dort Nala mit unserem Fluchtauto. Die Lichter gingen an, der Motor startete. Wir liefen zu ihr.

»Sie kommen«, sagte Nala erstickt zu sich selbst.

Sie startete das Auto, aber … Róisíns Rostlaube beschloss, einfach bockig zu sein. Na ganz große Klasse.

»Komm schon, Mama will hier nicht sterben«, rief Róisín.

Im Auto kippte ich nach hinten gegen den Autositz und ging

im Kopf unsere Optionen durch. Ausreden würden nicht klappen. Was konnten wir ihnen anbieten? Sollte ich die Polizei rufen? Sogar der Gedanke, ob Ró eine Waffe im Auto hatte, ploppte in mir auf, doch ich verwarf ihn natürlich sofort.

Der Motor jaulte auf, der Wagen brummte, und die Karosserie begann sanft zu schaukeln. Wieder warf ich einen Blick auf Nalas Spiegelbild, und auch Henry drückte sich gegen seinen Sitz und beobachtete sie. Rys' Arm schnellte nach hinten, und ich ergriff seine Hand.

Wir hielten alle die Luft an. Keiner sagte etwas. Das Auto gab ein lautes Geräusch von sich, machte einen Satz nach vorne und erstarb.

»Sorry.« Nala rieb ihre Hände und sah zum ersten Mal in den Rückspiegel. Ihre Augen weiteten sich. Wieder startete sie das Auto. »Komm schon …«

»Scheiße, komm schon, mein Baby«, sagte Róisín, sprang vor und schlug mit ihrer flachen Hand gegen die Mittelkonsole des Autos.

Das Auto startete endlich, raste los, und Róisín warf es wieder nach hinten zu uns. Nicht als hätte ihr Schlag wirklich geholfen, aber der Zufall ließ sie auflachen. »Danke!«

Henrys und meine Hand rissen sich voneinander los, und ich spürte, wie es mich in den Sitz drückte. Das laute Aufheulen des Motors gab mir die Hoffnung, dass wir es doch noch schaffen konnten.

Kapitel 25

Henry

Hope in Our Universe by Takeru: Der Löwe und der Stier leben selten alleine. Und wenn, tut ihnen das nicht so gut – je nachdem, was ihre anderen Planeten und so sagen. Auf jeden Fall ist es umso schöner, wenn wir die Tierkreiszeichen gefunden haben, die uns glücklich machen. Wer schneidet denn hier Zwiebeln? Ich weine nämlich nicht!

Es kam mir wie eine Ewigkeit vor, aber vermutlich waren es nur wenige Sekunden, in denen absolute Stille im Auto herrschte. Niemand bewegte sich, niemand redete, niemand atmete, und niemand schluckte. Ja, selbst meine Augen blieben starr auf die Straße gerichtet. Bis ich mich traute und in den Rückspiegel sah.

»Äh, wir haben es geschafft«, wisperte ich.

»Äh, wir haben es echt geschafft«, flüsterte Nala.

»Äh, wir haben es, wir haben es geschafft?«, hauchte Quinn.

»Äh, fuck, wir haben es geschafft«, sagte Róisín.

Nala kurbelte das Fenster hinunter. »Wir haben es geschafft!«, schrie sie in die Nacht.

Ich tat es ihr nach, dann Quinn und zuletzt Róisín.

»Wir haben es geschafft«, grölten wir alle zusammen aus den Autofenstern, und danach klopften wir uns gegenseitig auf die Schultern.

»Danke, Nala.« Lachend bettete ich meine Stirn auf ihre Schulter. »Und danke, Róisín.«

»Das habt ihr echt klasse gemacht, danke«, setzte Quinn nach.

Es war uns klar, dass es einiges zu besprechen gab. Beispielsweise: Wie gingen wir weiter vor? War das Material, das wir gesammelt hatten, ausreichend und überhaupt nutzbar? Vielleicht war die Tonqualität mies, vielleicht war das Bild zu verschwommen? Wie würden wir die *Druids* damit am besten konfrontieren, um unsere Bedingungen zu verhandeln?

Doch hier und jetzt wollten wir nichts anderes, als unseren Triumph zu feiern. Wir drehten das Radio auf. *Overdrive* von Conan Gray. Mit meinem Finger rollte ich über den Drehregler, und das Lied dröhnte in der höchsten Lautstärke aus den Boxen. Der Bass wummerte durch das Auto. Noch an der Grenze, bevor die Ohren stachen, also die perfekte Mischung, um all die negativen Vibes aus unseren Köpfen zu vertreiben.

So fuhren wir durch die Nacht. Zu laut. Zu schnell. Nicht angegurtet. Voller Adrenalin. Zu schlecht mitsingend. Keine Vorbilder. Keine guten Beispiele. Lange hatte ich das Leben nicht mehr so heftig gefühlt.

»Ich glaube, ich habe mich ein bisschen angepisst«, schrie Nala gegen die Musik an, »aber scheiße, wir haben es geschafft!«

»Ich glaube, ich auch«, brüllte Róisín und tanzte auf dem Rücksitz zum Beat. »Ja, ganz sicher sogar!«

Quinn lachte laut auf, dieses kehlige, ausgelassene Lachen, das ich an ihm liebte. Über den Rückspiegel warfen wir uns Blicke zu, und sobald ich spürte, wie sie sich verbanden, verankerte sich in mir die Gewissheit, dass alles gut werden würde. Immer. Hierzubleiben. Nicht mehr wegzulaufen. Sanft, federgleich streifte dieser Gedanke mein Unterbewusstsein. Er nahm mich in den Arm und deckte mich zu.

Der Song ging nahtlos in den nächsten über. *How You Like That* von Blackpink.

»Wie gefällt euch das?« Róisín beugte sich von ihrem Platz in der Mitte aus über Quinn, um ebenfalls aus dem Fenster in die Nacht hinauszurufen. Der nächste Song. *Seasons* von Alexz Johnson.

»Róisín, du fällst noch raus«, sagte Quinn erstickt, da Róisín sich an seinem Bauch abstützte.

Ich schlug ihr von vorne auf den Hintern. »Setz dich hin, Róisín.«

Róisín reckte mir ihre Mittelfinger entgegen. »Besser so, Bruderherz?«

Ich verdrehte lachend die Augen. Nala fuhr das Auto Richtung Cork-Stadtmitte, die Lichter zogen an uns vorbei, die Welt da draußen vermischte sich zu einem finsteren Mix aus Schwarz, Dunkelblau und ein paar hellen Sprenkeln. Die kalte Luft, die durch das Auto brauste, beruhigte meine Nerven, und meine Ohren gewöhnten sich an die Lautstärke der Musik, nach der sich die wenigen wachen Menschen, die uns begegneten, mit zusammengekniffenen Augen umdrehten.

Mein Kopf ließ die vergangenen Stunden Revue passieren, obwohl es mir nicht gelang, einen klaren Gedanken zu fassen. Erinnerungsfetzen waberten in mir herum, und kaum hatte ich einen gefasst, löste er sich auf, platzte wie eine Blase und verschmolz mit einem anderen. Ich schüttelte mich. Diese Nacht musste ich ein anderes Mal verarbeiten.

In meiner Hand hielt ich Quinns, der sich zu meinem Sitz vorgebeugt hatte, und jetzt, in diesem Moment, gönnten wir uns die Ruhe. Der Sturm würde bald kommen, darauf konnten wir uns verlassen, denn die *Druids* würden diese Niederlage nicht einfach hinnehmen.

Wir alle schliefen im zweiten Stock über Eileens Bar, dort, wo sie lebte, auf einer großen Matratze, die wir auf den Holzboden gelegt hatten. Die Matratze war uralt, hatte gelbe Flecken, aber für diese Nacht war sie der bequemste Schlafort der Welt. Da wir nicht wussten, ob die *Druids* uns bei uns zu Hause aufsuchen würden, erschien uns Eileen die beste Möglichkeit, um in Ruhe zu schlafen. Soweit wir Bescheid wussten und auch Yoshi im Gruppenchat erzählt hatte, glaubten die *Druids* nicht, dass wir Eileen eingeweiht hatten. Und sahen sie auch nur als Barfrau unserer Stammkneipe und nicht als Freundin.

Am nächsten Morgen wachten wir nach und nach alle auf, blieben aber noch liegen. Selbst Róisín, die jammerte, dass sie auf die Toilette musste. Die aber im Moment Nala besetzte.

»Denkt ihr, Eileen macht uns Frühstück?« Meine Schwester setzte sich auf, nur um sich gleich danach wieder hinfallen zu lassen. »So schwach. Ich bin so schwach.«

Als hätte Eileen den Ruf meiner Schwester gehört, betrat sie das Zimmer und riss die Vorhänge zur Seite.

»Ich fühle mich wie in *The Crown*, wenn jeden Morgen die Bediensteten kommen und die Queen wecken«, jammerte Quinn und rieb sich die Augen.

»Du bist aber nicht die Queen und ich nicht deine Bedienstete, also steht auf.« Eileens Grinsen zeigte mir, wie viel Vergnügen es ihr bereitete, uns zu ärgern, und ihre in die Hüfte gestemmten Hände unterstrichen das noch. »Frühstück gibt's unten.«

»Hast du schon geöffnet?« Zwar richtete ich meine Frage an Eileen, doch meine Augen hingen an Quinns Körper fest.

Sein Shirt war hochgerutscht, die Sonnenstrahlen kitzelten seinen nackten Bauch, und je mehr Quinn sich streckte und von seinem Körper zeigte, desto lieber wollte ich unter dieses Shirt huschen.

»Ich habe gar nicht erst geschlossen. Junge, Junge, ich brauche echt eine Auszeit. Jedenfalls ... Da unten sitzen zwei Saufbolde, die nicht gehen wollten, und Geld stinkt nicht, also ...« Eileen trat gegen die Matratze. »Hört ihr mir überhaupt zu?«

»Ja-ha«, antwortete Ró und sprang hoch.

Sie reichte Quinn die Hand. »Kommst du?«

»J…«, Quinn gähnte laut. »Jap.«

Eileen ging vor, und Quinn sowie meine Schwester warteten an der Tür auf mich.

»Was ist?«, fragte Quinn,

Ich riss meinen Blick von Quinn los und sah ihm ins Gesicht. Gleich danach zog ich die Decke ein Stück höher. »Geht schon mal vor.«

»Boah, Heeeenryyyy.« Ró verzog das Gesicht, und ich hörte sie die Treppe hinunterstampfen. »Zum Glück bist du ausgezogen«, brüllte sie.

»In meinem Haus wird nicht geschrien! Komm lieber und verwende deine Energie, um Orangen auszupressen.« Eileen stand meiner Schwester im Stimmvolumen in nichts nach.

»Das ist kein Haus, das ist eine Bar«, hielt Ró dagegen.

Quinn grinste mich an, wissend, warum ich noch nicht aufstehen wollte, während im Hintergrund Eileen und meine Schwester weiterdiskutierten.

»Guck nicht so. Geh lieber.« Das Kissen neben mir flog in seine Richtung.

Quinn fing es und warf es auf die Matratze. »Okay, okay, wenn du nichts hiervon …«, er fummelte an seiner Hose herum und zog sie ein Stück runter und das T-Shirt hoch, »willst. Bitte.«

»Warte. Hey! Quinn!« Zu spät. Meine Rufe gingen in seinen Schritten auf der Treppe unter. »Großartig.«

Bis sich mein Blut wieder gerecht in meinem Körper verteilt hatte, ließ ich mich zurückfallen und schnappte mir mein Handy – wo in diesem Moment eine Nachricht von Scar aufploppte.

»Was zum …« Eine Sekunde später saß ich aufrecht auf der Matratze und öffnete die Nachricht.

Hey, Henry. Jasira und Co. sind stinksauer. Sie will euch sehen. Ihr habt sie echt aus der Fassung gebracht. So kenne ich sie gar nicht. Oliver ist … er schämt sich in Grund und Boden. Entschuldigt nichts, aber er ist, na ja, weg. Keiner weiß, wo er ist. Vielleicht hat dieser Absturz irgendetwas in ihm ausgelöst, und er will sein Leben ändern. Oder er ist in ein, zwei Tagen wieder da, weil er doch nicht von uns loskommt, was wahrscheinlicher ist. Egal. Jedenfalls wird Jasira mit Quinn und dir sprechen wollen. Ich schicke dir die Daten zu eurem Treffen, sobald ich mehr weiß …

Nachdem ich die Nachricht gelesen hatte, realisierte ich erst, dass ich auf dem Weg nach unten war. Wieder und wieder las ich den Text, bis ich in Eileens Garten ankam, wo die anderen am Tisch saßen. Ró hatte gerade noch getönt, sie wollte wieder mal Felix' berühmten Kartoffel-Blumenkohl-Brokkoli-Auflauf, da fing es an, in meinem Kopf zu rauschen. Meine Lippen bewegten sich, doch kein Ton kam hervor. Ich schloss sie wieder.

Nala entdeckte mich zuerst. Sie hatte gerade ein Brötchen aufgeschnitten, jetzt hielt sie in der Bewegung inne und musterte meine Mimik. Mein Gesicht sprach wohl Bände.

Gleich danach erkannten auch Quinn, Ró und Eileen, dass etwas nicht stimmte. Letztere suchte gerade einen freien Platz für ihre fünfhundert Marmeladesorten.

»Henry?« Quinns Messer klirrte gegen den Teller, und er erhob sich. »Was ist?«

»Was ist da auf deinem Handy?« Meine Schwester stellte ihren Kaffee ab. »Hen?«

Quinn sprang auf. Der Wind wirbelte seine Haare durcheinander, und als er bei mir ankam, spürte ich die Sanftheit seiner Hände an meinem Nacken. »Was …?«

»Scar. Jasira will uns treffen. Sie und die anderen *Druids* sind sauer, sie schickt uns bald Daten für ein Treffen.«

»Das heißt, wir sind unserem Ziel näher. Sie wird bestimmt

die Aufnahmen haben wollen, und das ist unsere Chance, zu verhandeln. Uns Freiheit auszuhandeln.« Quinn hatte recht. Oh, wie ich hoffte, dass er das hatte.

»Ich danke euch für eure Hilfe, doch von hier an müssen Quinn und ich alleine weitermachen.« Mein Arm rutschte um Quinns Taille. »Nein, Ró«, stoppte ich sie, als ich den Anflug von Aufbegehren in ihrem Gesicht erkannte.

»Aber –«

»Nein.«

»Aber –«

»Nein.«

Ró knurrte und ging im Kreis.

»Seid ihr euch sicher?« Nala nahm einen Schluck von Eileens Blutorangensaft.

»Ja. Hier geht es um uns, darum, dass Henry und ich da rauskommen.«

»Und was ist mit mir?« Ró hielt eine zerknüllte Einladung für das Ritual hoch, die sie aus der Hosentasche gefischt hatte.

»Wir kümmern uns darum, dass sie uns alle als Gruppe alleine lassen.« Ich sah zu Quinn, und er nickte mir aufmunternd zu.

In seinem Gesicht erkannte ich jedes Mal diese stille Unterstützung, dieses unausgesprochene Einfach-für-mich-da-Sein, ohne Bedingungen, ohne Haken, ohne späte Einwände à la *Aber ich habe das für dich getan, jetzt musst du das für mich machen.*

»Aber wie wollt ihr das machen?«, wandte Eileen ein.

»Scar wird sich ohnehin bald mit genauen Daten bei uns melden. Jasira wird das nicht hinnehmen, dass wir die Aufnahmen haben«, sagte Quinn.

»Und dann werden wir sie treffen und verhandeln.« Tja, das klang so einfach, doch wenn Verhandlungen mit den *Druids* eines nicht waren, dann einfach.

Kapitel 26

Quinn

Auszug aus *Astro-Logic-y – My Zodiac Love* by Cara Mitsou: Zu den großen Drei, über die immer gesprochen wird, gehört doch auch der Aszendent, also neben dem Sonnen- und Mondzeichen, oder? Ja. Der Aszendent zeigt unsere Wirkung auf andere Menschen an: Wie ist unsere Erscheinung, mit der wir durchs Leben gehen? Das Sonnenzeichen ist unser Ich. Wie zeige ich mich? Wie sehe ich mich. Das Mondzeichen ist unser Innerstes. Der Aszendent unsere Außenwahrnehmung. So sehen dich andere.

Die Koordinaten hatten Rys und mich zu einer alten Bibliothek in Cork geführt. Der Glendale Library, etwas südwestlich gelegen. Hudson hatte uns von Jasira ausgerichtet, sie wolle uns treffen. Na ja, nicht nur treffen, sondern über das Material, das wir aufgenommen hatten, verhandeln. Warum sie gerade diese Bibliothek ausgewählt hatte? Vielleicht um abgeschottet zu sein? Ein Ort, an dem sie Kontrolle hatte? Keine Ahnung, aber nachdem wir ihr ein paar Beweise unserer Aufnahmen geschickt hatten, wollte sie uns sehr schnell treffen. Es war unsere Chance, aus dieser Nummer rauszukommen.

»Ist es hier?«, fragte Rys.

»51.88491, -8.498476«, las ich vor.

»Musst du das so genau vorlesen?«

»Du hast gefragt, ob es hier ist.«

»Das war kein Zweifel, ob du uns richtig gelotst hast, das habe ich nur so dahingesagt. So wie wenn du mir immer ein Bild von deinem Kaffee schickst und ich antworte, *Oh, trinkst du gerade Kaffee.* Ich meine, es ist offensich…«

»Henry.« Ich lachte. »Ist okay, ich habe es verstanden.«

»Ich bin nicht nervös.« Henry verschränkte die Arme vor seinem zartgrünen Shirt, das lose in seine braune Hose gesteckt war.

»Habe ich nicht gesagt.«

»Okay, ich bin nervös, bist du jetzt zufrieden?« Henry ging vor dem Torbogen vor der Steinstufe zu dem alten Gebäude hin und her.

Ich behielt meine Erwiderung für mich und blickte zu den schwarzen, gusseisernen Buchstaben über dem Torbogen. Der alte Charme des rostroten Gebäudes mit dem weißen Stuck an der Fassade gefiel mir, und ich verband es nur ungern mit den *Druids.* Dennoch beschloss ich, es war Zeit, dass wir es hinter uns brachten.

»Komm.« Ich reichte Rys meine Hand.

»Das wollte ich auch gerade vorschlagen.« Rys hielt den Kopf hoch und ergriff meine Hand. »Ich passe auf dich auf.«

»Mhm, ja.« Meine belustigte Skepsis hörte Henry bestimmt raus, doch er sagte nichts.

Gemeinsam stiegen wir die grauen Steinstufen hoch. Bei dem braunen Tor angekommen, öffneten sich die beiden Flügeltüren von alleine. Thrillerverdächtiger Empfang. Die Scharniere des Tors quietschten, und nach unserem Eintreten schloss es sich wieder. Rechts und links von uns erkannten wir jeweils einen Typen, die uns bewusst nicht ansahen.

»Zumindest keine Magie im Spiel«, flüsterte mir Rys zu.

Kerzen und ein paar elektrische Lichter an den Wänden erhellten den Eingangsbereich. Nach und nach entdeckte ich die herrschaftliche Einrichtung. Mit jedem Schritt knarrte der alte Holzboden. Mein Hals schmerzte nach einiger Zeit, da ich mir jede Ecke genau ansah und meinen Kopf in jede Richtung bog. Einerseits, um mich zu vergewissern, dass nicht doch irgendwo Armbrüste angebracht worden waren, andererseits, weil mich die Gemälde, die urigen dunklen Möbel sowie der riesige handgeknüpfte Songhorteppich verblüfften. Überall standen kleine Stapel antiker Bücher und prunkvolle Regale mit Globen, Sextanten und Schiffsfiguren, die noch aus der Zeit stammen konnten, in denen Cork das Venedig des Nordens genannt worden war.

Vor uns taten sich zwei Treppenaufgänge auf. Diese schienen jedoch nicht für uns bestimmt zu sein, denn sobald wir die Mitte der Halle erreicht hatten, öffnete eine Frau mit strengem Zopf eine Flügeltür.

Wir traten ein, und sofort schwebte der einzigartige Duft von altem Papier, Holz und Leineneinbänden in der Luft. Die Atmosphäre war geladen mit der flirrenden Spannung Tausender Geschichten, die sich in den dunkelbraunen Holzregalen türmten, und am liebsten wäre ich die schwarze Wendeltreppe hochgelaufen, um mir auf der Galerie einen Überblick zu verschaffen. Das war jedoch nicht unser Ziel. Unser Ziel lag vor uns.

Hand in Hand gingen wir den Weg zwischen den Regalen entlang, wo wir bereits den Tisch in der Mitte erkennen konnten. Dort saß Jasira. Auf dem Tisch eine grün-goldene Bürolampe. Sonst nichts. Sonst niemand. Zwar hörte ich manchmal das Knarzen von Schritten, ein Räuspern oder ein Husten, natürlich sicherte sie sich ab, aber an dem Tisch war sie allein.

Bei ihr angekommen, erhob sie sich nicht, sondern bedeutete uns mit einer schwungvollen Geste, dass wir uns setzen sollten.

Lasset die Spiele beginnen.

Jasira zupfte ihre beigen Puffärmel zurecht, ehe sie doch entschied, den braunen Mantel anzuziehen, der über ihrer Lehne hing. »Etwas kalt, oder?« Wollte sie jetzt Small Talk starten?

»Kann sein. Deshalb sind wir aber nicht hier.« Die Härte in Rys' Stimme kannte ich so gar nicht. War das seine *Ich bin ein Geschäftsmann*-Stimme? Was es auch war, ich wollte, dass er so mit mir im Bett sprach. *Okay, stopp.* Es gab gerade Wichtigeres als das.

»Nicht? Schade. Ich spreche so selten mit Leuten. Aber von mir aus. Was wollt ihr?« Jasira fischte Zigaretten aus der Tasche, und ich fürchtete, sie würde sie benutzen … in der Bibliothek. Sie fing meinen Blick auf und schmunzelte. »Für danach, keine Angst, ich erkenne den Wert von Büchern. Du machst Dinge, um dich und deine Liebsten zu schützen, und ich ebenfalls. Die Welt ist nicht –«

»Ja, ja, ja. Kommen wir zum Punkt.« Rys' Finger trommelten auf der Tischplatte. So hatte ich ihn noch nie erlebt, war das nur eine Fassade?

»Warum so aufgebracht?« Jasira verzog den Mund, als würde sie wirklich nicht verstehen, warum wir hier nicht lächelnd dasaßen und mit ihr scherzten.

»Warum?« Rys lehnte sich vor und zeigte auf Jasira, gleich danach breitete er seine Arme aus, »Deinetwegen! Ihr alle habt meinem Freund das Leben schwer gemacht, ihm angedroht, seinen Laden in den Ruin zu treiben. Es interessiert mich nicht, dass dir dein goldenes Löffelchen zu schwer ist oder warum auch immer du jetzt anfangen wolltest, zu erklären, warum du irgendwelche Dinge tust. Mich interessiert, wie es meinem Freund geht, und ich werde nicht zulassen, dass er noch mal nächtelang nicht schläft und in Sorgen versinkt.«

Darum ging es Henry? Um mich? Deshalb war er so außer sich? Ich hielt meine Hand vor den Mund und kratzte meine Wange, damit niemand den Anflug meines schüchternen Grinsens erkannte.

Jasira zog eine Wasserflasche aus ihrer Handtasche und trank einen Schluck. »Dramatisch.« Sie schraubte die Flasche zu und steckte sie weg. »Mein Goldlöffel wartet. Also? Was wollt ihr?«

Rys ließ sich zurück auf den Stuhl fallen, und ich legte meine Hand auf seinen Oberschenkel. Ich übernahm nun.

»Habt ihr keine Bedingungen?«

Zum ersten Mal schien Jasira sichtlich überrascht. »Ist das nicht offensichtlich? Alles Material, das ihr aufgenommen habt, und die Gewährleistung, dass unser Geheimnis bei euch sicher ist. Und ihr wollt …« Sie machte eine kreisende Handbewegung, als wollte sie die ganze Sache beschleunigt haben.

»Dass ihr uns in Ruhe lasst. Dass ihr dieses und jede andere Video von Henry und mir oder einem von uns löscht! Keine Hetze oder Intrigen mehr gegen das *Murphy's & Okai's*. Und für's Protokoll: Der Laden gehört bald nur noch Nala und mir alleine. Ihr könnt eure Leute, die wir als Kundschaft haben, gerne abziehen, aber …«

»Das ist doch ohnehin klar, dass ich das machen werde.« Jasira überschlug ihre Beine und sah auf die Uhr. »Weiter?«

»Henry. Er bekommt auch seine Freiheit. Er ist aus dem Magazin von Victor raus.«

Henry hob seine Hand. »Ich will auch zukünftig nicht plötzlich Steine in den Weg gelegt bekommen, weil ich ausgestiegen bin. Ihr lasst uns, uns *alle* in Ruhe.« Er stockte, als wollte er weiterreden, hätte aber keine Ahnung, was er noch sagen wollte.

Beim letzten Satz nickte Jasira, als wüsste sie Bescheid, und rümpfte verächtlich die Nase. »Von mir aus.«

»Okay.« Meine Brust hob und senkte sich, und meine Hände verkrampften sich um meine Oberschenkel.

»Wie? Das war's?« Jasira kratzte sich an der Schläfe und fuhr sich durch ihr nach hinten geknüpftes Haar. »Kein Geld?«

»Ja, also, das wäre das Nächste, wir …« Ich stieß Rys mit dem Ellbogen in die Seite und warf ihm einen strengen Blick zu.

»Das ist alles«, sagte ich. »Wir sind nicht wie ihr, wir brauchen euer schmutziges Geld nicht.«

»Spielverderber«, zischte Henry und rutschte tiefer in den Stuhl.

Jasira unterdrückte offenbar ein Schmunzeln und streckte ihre Hand aus. »Wie ihr wollt. Also. Die Daten.« Gleich danach winkte sie mit ihrem Finger jemanden zu sich, obwohl ich niemanden sah. Noch nicht. Denn gleich danach huschte jemand aus einer Ecke zu ihr. Ein kleiner Typ mit goldroten Haaren blieb neben Jasira stehen und neigte seinen Kopf.

»Ich will das schriftlich«, sagte Rys.

Der Typ neben ihr grinste, und Jasira stieß ein Lachen aus, das zeigte, wie sehr sie auf uns herabschaute. »In unserer Welt gibt es so gut wie nichts schriftlich.«

»Dann gibt es auch keine Daten.« Die Speicherkarte in meiner Hosentasche glühte.

»Dann gibt es für euch keine Ruhe.«

»Wollt ihr, dass wir alles hochladen? Ins Internet?« Rys erhob erneut die Stimme.

Jasira seufzte. »Wenn ich euch mein Wort gebe, ist darauf Verlass. Fragt euren Freund Felix.«

Ich schluckte. »Felix?«

»Tu nicht so, bitte verarsch mich nicht. Ich gebe zu, dass wir euch unterschätzt haben. Beziehungsweise habe ich niemals auf dem Radar gehabt, dass du irgendeine Gefahr für uns sein könntest.« Jasira schenkte mir ein Grinsen, ein … anerkennendes? Als ob es sie unterhalten hätte. All das. Mit uns. Diese Spiele. Eine Flucht aus ihrer Welt. »Deine Familie kriecht den *Druids* seit Generationen in den Hintern. Wir brauchen euch nicht, falls du das gedacht hast. Aber wenn ich gewusst hätte, was du und …«, Jasira deutete zu Henry, ohne ihn anzusehen, »er geplant habt, hätten wir euch das natürlich nicht so einfach durchgehen lassen. So was traut sich sonst niemand, das hätte ich nicht erwartet. Für den Mut habt ihr meinen Respekt. Doch bitte, macht das nicht mit mir. Ich habe Felix keine Sekunde aus den Augen gelassen, ich weiß, dass eure ganze Bagage von uns weiß. Ich weiß, wer in diesem Auto war. Und ich sage euch, was ich Felix gesagt habe, ihr könnt gehen. Doch noch einmal kommt ihr nicht so einfach davon. Legt euch kein drittes Mal mit uns an. Noch einmal unterschätzen wir euch nicht.« Jasiras Worte wurden leiser und leiser, doch sie verloren nicht an Schärfe. »Verstanden?«

Henry und ich nickten. Es hatte keinen Sinn, auf der Verschriftlichung zu beharren, das ahnten wir beide. Und irgendwie hatte ich auch das Gefühl, dass Jasira die Wahrheit sagte. Vielleicht weil sie tatsächlich auch bei Felix bisher ihr Wort gehalten hatte. Und wir hatten ja aufgepasst, dass Felix nicht noch mal mit den *Druids* aneinandergeriet, also hatte Jasira da nichts zu bemängeln.

»Gebt sie ihm.« Jasira deutete zum Goldrotschopf.

Ich sah Rys an, und er nickte. Gleich danach holte ich die Karte aus meiner Tasche, als wäre sie glühend heiß. Wie einen Fluch übergab ich sie dem Typen. Gleich danach verschwand er wieder zwischen den Regalen.

Ich hielt die Luft an und sagte nichts dazu.

»Danke. Ich verspreche euch, ihr werdet mit eurer neu gewonnenen Gewöhnlichkeit zufrieden sein. Jetzt geht.«

Henry und ich standen auf. Langsam bewegten wir uns aus der Bibliothek. Wir drehten uns mehrmals um, und als wir dem Ausgang näher kamen, öffnete sich dieser wieder für uns.

»Rys? Geh schon mal vor, ja? Ich muss noch mal rein.«

»Quinn, also beim besten Willen, ich lasse dich da nicht alleine reingehen.« Henry verlagerte angespannt sein Gewicht von einem Fuß auf den anderen. Ständig huschte sein Blick zwischen mir und dem Weg nach draußen hin und her.

»Vertrau mir, ja? Warte auf der Straße auf mich.« Ehe Rys etwas einwenden konnte, hob ich meine Hand. »Ich muss noch etwas mit Jasira klären.«

Schwer seufzend biss sich Henry auf die Unterlippe und nickte widerwillig. Seine Zustimmung untermalte er mit einem leichten Knurren und kratzte sich gleich danach mit zusammengekniffenen Augen am Ohr. »Aber beeil dich.«

Als könnte Rys es nicht ertragen, mich zurückgehen zu sehen, beschleunigte er seine Schritte.

Ich lief hinein, bevor sie die Tür zur Bibliothek geschlossen hatten. »Jasira?«

Zwei Leute neben ihr huschten zurück zwischen die Bücherregale. Einen davon schien ich zu überraschen, weswegen er zunächst gegen ein Regal stieß und die Bücher darin gefährlich wankten, ehe er verschwand.

»Was willst du noch? Geld gibt es keines, dafür seid ihr zu spät.« Sie schlang sich den Mantel um den Körper und richtete sich ihre langen Haare, die seitlich links und rechts neben ihrem Körper wie Vorhänge herabhingen.

»Was ich in der Ritualnacht gesagt habe, meine ich so. Du musst dich nicht verstecken. Ich meine, ich hasse dich, aber du bist stark.« Etwas außer Atem stützte ich mich an meinen Oberschenkeln ab und lachte kurz auf. »Falls du also mal ein Kleid brauchst, melde dich.«

Ein Grinsen zupfte an Jasiras Mundwinkeln. »Hau ab.«

Zum zweiten Mal verließ ich die Bibliothek. Meine Ohren rauschten, und dennoch war ich froh, es ihr gesagt zu haben. Sie sollte nicht denken, ich hätte das nur aus reiner Täuschung zu ihr gesagt. Dann würde sie sich in ihren Zweifeln bestätigt sehen. Das konnte ich nicht mit meinem Gewissen vereinbaren.

Ich wollte nur noch zu Henry.

Kapitel 27

Henry

Hope in Our Universe by Takeru: Fazit meines Experiments: Der Löwe liebt den Stier, und wie!

Auf unserem Weg zurück zum *Murphy's & Okai's* hatten wir bereits unsere Leute kontaktiert. Wir hatten sie gebeten, in den Laden zu kommen. Natürlich supertheatralisch mit einer Nachricht, die wie folgt lautete: »Die Verhandlungen sind vorbei … kommt alle in den Laden … Wir müssen reden …«

Wie viele dramatische Punkte konnte jemand in einer Nachricht einbauen? Egal. Quinn übertraf die Person auf jeden Fall.

Nach all den Strapazen der letzten Zeit gab es nichts Schöneres, als mit Quinn Hand in Hand an dem Schaufenster vorbeizugehen und drinnen die Gesichter seiner selbst zusammengewürfelten Familie zu sehen. Jenen Menschen, die auch langsam zu meiner zweiten Familie wurden.

Die Glocke über dem Ladeneingang bimmelte, noch bevor wir die Tür geöffnet hatten.

»Was ist los? Alles okay?«, rief meine Schwester.

Gleichzeitig presste sich mit ihr zusammen Felix hinaus. »Geht es euch gut? Haben sie euch ausgezogen und durchleuchtet? Müsst ihr jetzt alles machen, was sie von euch wollen? Auch wenn es …«

»Felix.« Owen schnappte seinen Freund und zog ihn wieder mit sich hinein. »Lass die beiden erst mal ankommen.«

»Genau, wir erzählen euch alles.« Ich deutete meiner Schwester an, voran reinzugehen, und schenkte ihr ein beruhigendes Lächeln.

Sie atmete tief aus und lief nickend zu Cara, Owen, Felix und Robin hinein.

Cara wirkte ziemlich gefasst, doch sobald Quinn vor mir in den Verkaufsraum kam, brach ihre Maske. Sie legte ihre Hand auf ihren Oberkörper und eilte zu Quinn. »So schön, dass es euch gut geht.« Sie seufzte erleichtert aus, bevor sie ihn in die Arme nahm. »Es tut mir so leid, dass ich so wenig für euch da gewesen bin.«

»Ach, Cara. Kein Ding. Ja? Deine Arbeit ist wichtig.« Quinn streichelte Cara über den Rücken. Ich musste gestehen, dass es für mich noch komisch war, dass Quinn so selbstverständlich mit Cara umging. War sie für mich doch so etwas wie ein berühmtes Vorbild.

»Aber ihr auch.« Cara löste sich von Quinn und küsste ihn auf die Stirn. »Wir Stiere müssen doch zusammenhalten.«

»Ich habe gespürt, dass du in Gedanken bei mir gewesen bist.«

Caras Rührung war ihr ins Gesicht geschrieben. Sie hob ihre Augenbrauen und zwinkerte ihm zu. »Immer doch«, sagte sie, bevor sie sich an mich wandte.

Ich schenkte ihr mein breitestes Lächeln. »Immer doch.«

»Wir sollten bald mal darüber sprechen, etwas gemeinsam zu schreiben. Ich denke, das könnte klappen. Auch wenn ich Löwen anstrengend finde.« Cara boxte mir gegen die Schulter und ging mit uns zu den anderen.

»Und jetzt …« Róisín hob zwei Sektgläser vom Schreibtisch hinter ihr und überreichte sie uns. »Sagt uns, wie es gelaufen ist.«

Wir warteten noch ab, bis alle ein Glas hatten. »Oh, sagt mir, wir trinken hier gleich auf einen Erfolg, und nicht, um uns in einen komatösen Zustand zu bringen«, sagte Robin.

Nala kam die Treppe hinunter. »Sorry, habe noch mit deinem Dad gesprochen, Quinn.« Sie sprang die letzten beiden Stufen hinab und schnappte sich ein Glas. »Ich hoffe, ihr wolltet nicht ohne mich anstoßen.«

»Ja, nur worauf?« Felix verlagerte sein Gewicht abwechselnd auf das linke, danach auf das rechte Bein. »Kommt schon, wie lief es? Ist es nicht schlimm genug, dass Owen mir alles erzählen musste und ich nicht eingeweiht wurde? Ich brauche ein Hustenbonbon, das ist mir alles zu aufregend gerade.« Felix und seine Leidenschaft für scharfe Hustenbonbons würde auch nie enden.

»Als ob du dann gelernt hättest.« Cara legte ihren Arm um Felix. »Und fang jetzt ja nicht an, dass du dich ausgeschlossen fühlst. Wir wollten nur nicht, dass sie einen Grund haben, dich wieder anzufeinden. Außerdem musstest du lernen.«

»Glaub mir, ich wäre gern ausgeschlossen gewesen«, witzelte Róisín und setzte ihr Glas an.

»Hey.« Robin stieß ihr mit dem Ellbogen in die Seite. »Nicht vorab trinken, das bringt Unglück.«

»Noch mehr?« Owen hielt sein Glas tiefer als gerade eben noch. Gleichzeitig überreichte er Felix ein Hustenbonbon.

»Sollen wir?«, fragte ich Quinn belustigt.

»Ja«, platzte es aus Owen. »Sorry.«

Quinn bedeutete mir, anzufangen.

»Also gut. Wir haben Jasira bei den Koordinaten getroffen, die sie uns geschickt hatte, und … Wir sind sie los.« Ich hob das Sektglas. »Also stoßen wir erst mal darauf an.«

»Oh, scheiße, ja!« Ró hob ihr Glas an meines.

Nach und nach folgten die der anderen. Glas klirrte gegen Glas. Erleichterte Blicke trafen aufeinander. Eine riesige Last verflüchtigte sich aus der dicken Luft im Laden. Die Atmosphäre entspannte sich, wurde fluffig leicht. Endlich tranken wir den

Sekt, und ich musste gestehen, noch nie hatte es sich so gut angefühlt, etwas Alkohol zu trinken.

»Und?« Cara schluckte laut. »Wie sind die Bedingungen?«

»Wir mussten ihnen die Daten und alle Kopien geben. Nichts weitererzählen und so weiter. Ihr …« Dabei meinte ich Nala und Quinn. »… bekommt die komplette Kundschaft der *Druids* abgezogen und ich jegliche Hilfe für meine Kolumne, aber …«

»Dafür legen sie uns auch keine Steine in den Weg«, fuhr Quinn fort. »Wir können jetzt online durchstarten, den Shop weiter befüllen, das Konzept an unsere Vorstellungen anpassen und Henry ohne Druck seine Kolumne starten. Es wird vermutlich echt hart in der ersten Zeit, aber … Wir sind frei.«

Vor allem der letzte Satz von Quinn bestätigte auch mir noch mal, dass es geschafft war.

»Ich glaub's gar nicht.« Nala stellte das leere Glas ab. »Endlich können wir das gemeinsam auf die Beine stellen, Quinn. Ich danke dir, dass du mir diese Chance gibst. Dank dir weiß ich endlich, was ich machen will oder … Ich habe es schon immer gewusst. Ich liebe dieses Businessgirl-Ding, aber du gibst mir einfach diese Chance, mit dir den Laden zu schmeißen, und dafür danke ich dir von ganzem Herzen.« Sie legte sich direkt die Flasche an die Lippen. »Was für eine Erleichterung.« Im nächsten Atemzug hob sie die Flasche an und trank.

»Nehmen wir doch gleich direkt alle die Flasche«, sagte Robin und nahm sie Nala ab. »Ich werde gleich auch mal Yoshi anrufen und ihr sagen, wie es lief.« Oh, Yoshi. Da musste ich wieder daran denken, wie sehr ich mich darauf freute, Takeru und Yoshiko wiederzutreffen. Robins Art musste ich allerdings noch durchschauen. Noch kam es mir vor, als mochte er mich nicht. Und das wäre nicht so gut, denn seitdem er damals mit Yoshiko so lange im *Royal Hotel Cork* zusammengearbeitet hatte, waren sie echt eng miteinander.

»Oh, gute Idee, und ich gebe Fergus Bescheid.« Owen hob sein Handy und ging mit Robin zur Seite.

»Ahhh, und Eileen, ich melde mich bei Eileen.« Felix fischte sein Handy hervor. »Dann kann ich auch so tun, als könnte ich jemandem etwas vorab erzählen. Und vergiss nicht, Quinn, ich schulde dir noch ein Eis vom letzten Mal. Dafür haben wir jetzt auch endlich mal Zeit.« Alles schien wieder ein bisschen an Normalität zu gewinnen.

»Und wir holen noch eine Flasche Sekt von oben, oder? Oder zwei?« Nala nahm die Hand meiner Schwester, woraufhin Ró etwas rosa um die Nase wurde.

»Gute Idee! Ich komme mit«, sagte Cara und musterte mich, als ob sie ahnte, dass ich kurz mit Quinn allein sein wollte.

Quinn exte den Inhalt seines Sektglases und stellte es ab. »Ich fühle mich richtig –«

»High? Als ob du über allem schweben würdest?« Meine Mutmaßungen schienen ins Schwarze zu treffen, da Quinn bei jedem Wort wild mitnickte.

»Das war erst mal genug Babymafiaaction für mich. Ich wollte …« Robin machte Musik an und stellte sie lauter. »Äh, können wir doch kurz vor die Tür gehen?« Ich bot Quinn meine Hand an, um ohne lautstarke Gesangseinlagen mit ihm zu sprechen.

»Ähm, ja, klar.« Quinn legte seine Hand in meine, und wir verließen den Laden, eilten über die Straße und setzten uns auf eine Parkbank gegenüber, sodass wir den Laden und den Sonnenuntergang über uns im Blick hatten. Eine Weile saßen wir so da. Die Autos, die an uns vorbeihuschten. Menschen, die hinter uns vorbeieilten. Alles schien ein wenig an Lautstärke zu verlieren, und ich hatte das Gefühl, mit Quinns Berührung ein wenig runterkommen zu können.

»Was gibt's, Rys?« Er setzte sich etwas seitlich hin, ließ mich los und legte seinen Arm auf die Lehne der Parkbank.

Ich tat es ihm gleich und sah ihm direkt in die Augen.

»Hier habe ich dich früher manchmal durch das Schaufenster beobachtet. Nicht so creepy stalkermäßig, eher … Okay, ja, schon ein bisschen creepy, aber ich habe mich oft gefragt, wie du so bist, wer du bist, wie es gewesen wäre, wenn wir geschrieben hätten, uns getroffen hätten.«

Quinn strich sich seine Haare zurück und guckte weg. »Rys, bitte. Als ob ich so besonders wäre.«

Ich fasste an Quinns Kinn und drehte seinen Kopf sanft zu mir. »Fang nicht wieder damit an. Für mich bist du besonders, genau so, wie du bist. Sieh doch mal, wie sehr du dich verändert hast.«

»Ich bin der Typ, der in Cork aufgewachsen ist und trotzdem bis jetzt keine Kontakte hatte? Der total langweilig ist und Prinzessin-Diana-Artikel sammelt, seinen Mittelscheitel morgens Strähne für Strähne perfekt zurechtlegt, damit es unordentlich aussieht, und sich anzieht, als wäre er ein Soap-Dad aus den Neunzigern. Der keine richtige Schulbildung hat und einen Laden führt, mit dem er überfordert ist, und du –«

»Ich bin dein Freund.« Nach meiner Unterbrechung verschlug es Quinn die Sprache.

»Bist du das, ja?«

»Oh, ja, so schnell wirst du mich nicht mehr los, also wenn du mich so supertoll findest, dann musst du auf mich hören.« Gespielt überheblich beugte ich mich vor und küsste Quinn. »Und zwar immer.«

»Na ja, darüber reden wir noch.« Quinn stieß mich liebevoll zurück. »Und du denkst, das bleibt so? Dein Interesse an mir? Mister reicher, berühmter, intelligenter Model-Kolumnist?«

»Ich habe immerhin das UCC abgebrochen, damit mir die *Druids* da auch nichts mehr anhaben können, was ja, wenn es nach dir geht, ziemlich unklug ist. Nein, sag jetzt nicht, dass das nur für dich gilt und bei mir was anderes wäre. Intelligenz zeigt sich doch nicht nur an unserer Bildung. Ich hab kaum jemanden kennengelernt, der so klug, interessiert, scharfsinnig und begabt ist wie du. Mister Ich-mache-megagute-Klamotten-habe-ein-krass-geniales-neues-Konzept-für-einen-erfolgreichen-Laden-und-bin-ultrascharf.«

Obwohl Quinn auflachte, erkannte ich in seinen Augen einen Anflug von, ja, was? Einem Tränenschleier? »Wenn du das so sagst, höre ich mich gar nicht so langweilig an.«

»Das bist du auch nicht. Und niemand von deinen Leuten denkt, du wärst weniger wert oder ungebildeter als sie, nur weil du keinen hohen Schulabschluss hast. Ja?« Die Sonnenstrahlen malten einen dunkelorangen Filter über Quinns Gesicht und seine braunen Strähnen, die ihm locker ins Gesicht fielen.

»Okay, fein. Ich werde mir das versuchen zu merken.«

»Und wenn nicht, sage ich es dir, bis du mir glaubst, aber ich habe noch etwas für dich.« Ich kramte etwas Zerknittertes aus meiner Hosentasche. »Ist zwar kein richtiger Gutschein, sondern selbst gemacht, aber immerhin etwas.«

Ich überreichte Quinn mein Kunstwerk – ein viereckiges, zerknülltes Stück Papier mit ein paar Kugelschreiberkritzeleien auf dem in der Mitte – »Ein Spike-Island-Gutschein?«, las Quinn aufgeregt vor – stand.

»Du hast doch erwähnt, deine Mam hätte das gerne gesehen, weil die Insel ja nicht weit weg von Cork ist, und ich habe gedacht, wir fahren gemeinsam hin. In Cobh gibt es Boote, die wir leihen und rüberfahren können. Und da unsere Mütter immer hier sein werden – ich griff an die Stelle über Quinns Herzen –, nehmen wir sie beide dorthin mit. Was sagst du?«

Quinn zog die Nase hoch. Sein Kinn zitterte ein wenig. Er öffnete den Mund, als wollte er zustimmen, stattdessen nickte er und fiel mir um den Hals. »Danke«, wisperte er erstickt.

»Nala hat schon zugestimmt, dass sie den Laden auch mal alleine schmeißen kann«, sagte ich, um Quinn sofort diese Bedenken zu nehmen.

Wieder zog er die Nase laut hoch. »Danke. Und, Rys?« Quinn löste sich aus unserer Umarmung. »Damals am Fluss …«

»Als ich dir meine Gefühle gestanden habe und du auf und davon bist? Ja? Kann ich mich flüchtig erinnern.« Ich griff gespielt verletzt an meine Brust. »Au.«

»Sorry. Ich … Ich konnte das damals einfach noch nicht hören, weil ich es nicht glauben konnte, und jetzt … Jetzt auch nicht, aber ein wenig mehr, und na ja, Henry?« Quinn richtete sich auf und räusperte sich. »Ich habe mich in dich verliebt. In deine forsche, offene, direkte Art. In deine Kreativität. In deine unerschütterliche Sichtweise auf die Welt und in deinen …«

»Körper?«, warf ich ein.

»Ja, in den auch.« Quinns Augen schweiften über meinen Schritt, der danach sofort heiß wurde. Mist, ein einziger Blick von diesem Typen reichte, um mich scharfzumachen. Doch bevor ich darüber weiter nachdachte, kamen mir seine Worte wieder in den Sinn.

»Und du, du bist verliebt in mich. Soll das heißen, ich habe es endgültig geschafft, dich abzuschleppen und rumzukriegen? Also nicht nur im Bett oder am Klavier, in der Badewanne …«

»Henry!«

»Sondern auch in deinem Herzen?«

Quinn nickte. »Ich gebe mich geschlagen.« Er schnaubte belustigt.

»Sag es noch mal«, sagte ich leicht flehend.

»Ich habe mich in dich verliebt.«

»Quinn Murphy hat sich in mich verliebt«, jubelte ich.

»Wird ja auch Zeit«, riefen Ró und Nala aus dem Laden, und als wir uns wieder zu ihnen wandten, erkannte ich auch Felix, Owen, Cara und Robin im Schaufenster.

»Haben die uns zugeguckt?«, fragte Quinn.

»Sieht so aus.«

»Nicht nur die.« Eileen kam um die Ecke, mit Fergus eingehakt im Arm.

Wir lachten beide und standen wieder auf.

»Ach, und Quinn.« Ich wartete, bis das Auto an uns vorbeifuhr, nahm seine Hand und ging mit ihm über die Straße. »Ich habe mich natürlich auch in dich verliebt. Schon lange. Und alleine dieses Gefühl gibt mir die Zuversicht, dass trotz allem, was auf der Welt so vor sich geht, es noch Hoffnung in unserem Universum gibt. Hoffnung, dass sich alles immer irgendwie zum Guten wenden wird.«

Drinnen im Laden nahmen uns die anderen wieder in Empfang, Fergus und Eileen stießen dazu, und unsere Party konnte richtig starten.

Denn es gab etwas zu feiern: nämlich uns!

Danksagung

Da sind wir wieder. Ein paar Monate, bevor ihr *Hope in Our Universe* und die Geschichte von Quinn und Henry (Takeru, für alle, die die Danksagung zuerst lesen) kaufen könnt.

Ich bin ein wenig sentimental, wenn ich daran denke, dass ich nur noch das Lektorat zu Band drei vor mir habe, und dann ist es wirklich vorbei. Dann muss ich mich von Felix, Quinn, Owen, Henry, Nala, Cara, Yoṣhi, Robin, Ró, Eileen, Fergus und Co. verabschieden. Diese Truppe bedeutet mir so viel. Nicht nur, weil sie mir so einiges als Autor ermöglicht. Hauptsächlich aus einem Grund: Ich durfte Themen, die mich beschäftigen, einbauen. Queere Themen. Anxiety-Themen. Mobbing-Themen. Fragen, die mich nachts wach halten. Erlebnisse, die mich geprägt haben. Dinge, die mir angetan wurden. Sätze, die ich gehört habe. Gefühle, die ich gefühlt habe. Dinge, mit denen ich meistens alleine zurechtkommen musste. Und hier zu sehen, dass meine Cork-Gang sich hat, dass sie mit allem aufeinander zählen können, bedeutet mir sehr viel. Nicht nur das. Auch eure Nachrichten. Mails, DMs und Kommentare von älteren queeren Menschen über sechzig, von jüngeren Leuten teils aus der LGBTQIAP+-Community oder auch Supportende davon. Menschen, die verstehen oder sich verstanden fühlen. Die Repräsentation gefunden haben. Die mit mir geweint haben, dass es solche Storys nicht schon vor zehn, zwanzig Jahren für uns gegeben hat. Ihr wisst nicht, wie schön das ist – nicht dass wir Ähnliches oft erlebt haben –, sondern dieses kollektive Gesehen-werden-Gefühl. Ich habe mir damals bei *Starlight in Our Dreams* gesagt, wenn ich nur einer Person damit helfen kann, mit meiner kleinen

Story, wäre das schön. Und jetzt sind es so viele mehr geworden.

Danke auch an all die tollen Bloggenden auf Instagram und TikTok – allen voran wirklich BookTok. Ihr habt mein Buch so liebevoll aufgenommen und mir gezeigt, dass es wirklich etwas bringt, wenn ich für mein Buch kämpfe, sei es mit Tausenden Videos von mir dazu oder mit Posts. Danke für eure TikToks dazu. Ihr wisst nicht, wie befreiend es ist, wenn ich als Autor sehe, dass ich mit meinen Videos Leute erreiche, die das gerne annehmen. Es hilft mir, wenn ich merke, ich kann etwas für meine Geschichten damit bewirken. Sie verschwinden nicht einfach.

In diesem Atemzug muss ich aber auch all den super Leuten in den Buchhandlungen danken. Ihr habt mein Buch angenommen, es in die Welt getragen und den Leuten mitgegeben. Wow! Einfach nur D A N K E!

Quinn Murphy und Henry Takeru Kirwan (Hinode) haben es mir nicht leicht gemacht. Rys ist superoffen, extrovertiert und spricht aus, was er denkt. Es ist nicht immer leicht gewesen, einen Charakter wie ihn als das genaue Gegenteil von mir zu schreiben, aber es hat mir auch etwas gebracht. Ich habe mich vielleicht mal ein paar Minuten früher getraut, eine Pizza zu bestellen, einen Termin bei einem Arzt/einer Ärztin zu machen, einen Tisch zu reservieren oder jemanden anzusprechen.

Quinn im Gegenzug ist mir als Mensch wieder etwas näher gewesen. Er ist zwar viel, viel mutiger und mehr outgoing als ich, aber ich kenne das. Diese Fragen. Wer bin ich? Was bin ich? Was ist mit Labels? Was denken andere darüber? Bin ich gut genug? Bin ich zu langweilig? Zu ruhig? Gehe ich unter? Was will ich wirklich? Auch das Gefühl, niemanden zu haben, und wenn dann Leute in dein Leben treten, wollen wir sie unter keinen Umständen nerven oder zu viel sein, damit wir sie nicht wieder verlieren. Nicht wieder alleine sind.

Ich hoffe, euch haben auch die Momente mit Felix und Owen

wieder gefallen. Genauso wie das Wiedersehen mit den anderen Charakteren. Und solltet ihr Band zwei zuerst gelesen haben – kein Problem. Ihr könnt alle Teile wild durcheinander und unabhängig voneinander lesen. Aber falls ihr sie chronologisch gelesen habt: Freut euch auf Band drei mit Robin und Brodie (der ja schon mal kurz in den Bänden eins und zwei aufgetaucht ist). Es wird seeeehr explosiv. Ich sage nur: Zwilling vs. Skorpion, Lover-to-Haters-to-Lovers, Second Chance und gaaanz viele Emotionen.

Eine dreiteilige Reihe in diese schnelllebige Bücherwelt zu entlassen ist nicht leicht, und auch wenn ich wirklich alles für meine Cork-Gang gebe, würde ich mich über eure Unterstützung auch weiterhin freuen.

Es wäre wunderbar, wenn ihr die Bücher der Reihe auch weiterhin so toll supportet. Sie kauft, empfehlt, lest, verschenkt, vorbestellt und rezensiert (es reichen ein, zwei kleine Sätze, um ein Buch mit eurer Rezension auf den Verkaufsportalen oder auf Social Media sichtbarer zu machen). Teilt der Welt eure Freude auf Band drei mit, haha. Außerdem liebe ich all eure Bilder und Videos zu meinen Büchern auf TikTok, Instagram und Co. Damit macht ihr wirklich viel für meine Bücher, danke! Denn mit dieser Hilfe können wir zeigen, wie sehr solche Geschichten gebraucht werden, um sie weiterhin für uns alle möglich zu machen.

Danke an meine Agentin Eva, die an diese Reihe geglaubt und mir gesagt hat, ich soll sie unbedingt schreiben.

Danke an Bo, Anh & Sam fürs Drüberlesen über Rys', Jasiras, Nalas & Rós Background-Storys.

Danke auch wieder an den gesamten Droemer Knaur Verlag. Ihr habt der Zodiac-Love-Reihe einen wunderschönen Platz bei euch gegeben. Vielen Dank für die schöne Zeit mit euch und auf der Buchmesse. Danke an Sabine, dass du immer ein offenes Ohr für mich hast. Danke, Jess, für deine Arbeit, deine Zeit und deine Hilfe. Danke an Sarah, Katharina, Yvonne, Marion, Elisa,

Sandra, Patricia und alle anderen Beteiligten für die schönen Veranstaltungen und Lesungen, die ich machen durfte. Danke an Rahel, Vanessa, Natalja, Monika und an all die tollen Mitarbeitenden im Verlag, der Verlagsleitung und den Vertreterinnen und Vertretern. Danke für die wunderschönen Cover und die tolle Gestaltung der Reihe!

Eine Milliarde Dankeschöns auch an Anika Beer für deine grandiose Arbeit am Text. Ich weiß gar nicht mehr, wie ich das Arbeiten an meinen Büchern und mein Autorenleben ohne dich bestreiten könnte. Ich hoffe, du hast noch nicht die Nase voll von meinen Geschichten.

Danke an meine Familie, an Stavo, PP, July, Maren und noch viele weitere Schreibende, Bloggende und Menschen, die für mich da sind.

Schreibt mir auch gerne auf Instagram (andreasdutter) oder TikTok (andreasdutterautor).

Euer Andreas, Mai 2023

Liste sensibler Inhalte / Content Notes

- Konsum von Zigaretten und Alkohol
- Probleme mit Familien sowie mit der eigenen Identität
- Übergriffiges Verhalten gegenüber LGBTQIAP+-Menschen
- Verlust von Familienangehörigen – vor der Handlung des Buchs
- Schlaganfall
- Beschreibung von Sex, Drohungen, Erpressung und Stalking

Liebe Lesende,
falls ihr Hilfe benötigt – und Hilfe anzunehmen ist ein Zeichen von Größe –, schreibt Einrichtungen, die sich mit der Unterstützung von queeren Menschen beschäftigen. Ihr seid niemals alleine (auch wenn wir uns ganz oft so fühlen).
Euer Andreas

Nachtschichten, Herzklopfen und heimliche Träume:

DIE ST.-ALEX-REIHE VON ANNE LÜCK

Das St. Alex – Nachtleuchten

Samira, die als Krankenschwester auf der Kinder-Palliativstation des Berliner St.-Alex-Krankenhauses arbeitet, hat eigentlich keine Zeit für die Liebe. Doch dann kommen sie und der junge Arzt Louis bei einer gemeinsamen Nachtschicht dem seltsamen Fall einer jungen Patientin auf die Spur – und einander näher.

Das St. Alex – Tagmond

Tessa weiß genau, was sie will: nach der Ausbildung zur Krankenschwester ein Studium absolvieren, im Management Karriere machen und ihre Jugendliebe Martin heiraten. Länger als nötig auf der Kinderonkologie-Station zu bleiben gehört nicht zu Tessas Plan. Und schon gar nicht Beck, der planlose Rettungsassistent mit dem großen Herzen …

Das St. Alex – Abendstern

Krankenschwester Maya hat großen Respekt vor ihrer Versetzung auf die Intensivstation. Zum Glück erfährt sie von allen Seiten Unterstützung. Besonders die stellvertretende Stationsleiterin Ella steht ihr zur Seite und geht ihr zunehmend unter die Haut. Doch dann erfährt Maya etwas, das die Schmetterlinge in ihrem Bauch ins Straucheln bringt …